حضرت عبدالبهاء

مثل اعلی

به قلم: داریوش لمیع

ترجمه: مژده طایفی

سال نشر: ۲۰۲۳

شماره استاندارد بین المللی کتاب:

ISBN 979-8-218-20014-5

First edition: May 2023

Printed in the United States

طرح جلد: Rene Steiner

تقدیم

به بهائیان ایران

فهرست

مقدّمه مترجم

هزاران بار ساحت کبریائی جمال اقدس ابهی را سپاس می‌گویم که به این بنده درگاهش قابلیت و لیاقت شناسایی هرچند ناچیز امر مبارکش را عطا نمود. اگرچه سراسر حیاتم با نام طلعات مقدسه این آیین نازنین آراسته و مزیّن شده است ولی همیشه خجل و شرمسارم که خدمتی لایق آستانش از عهده‌ام برنیامده است. در سالی که مزیّن به نام مبارک حضرت عبدالبهاء است؛ مفتخر شدم ترجمه‌ی کتاب استاد گران‌قدر، جناب داریوش لمیع، با عنوان «حضرت عبدالبهاء، مثل اعلی» را به سرانجام برسانم. این ترجمه را نشانه‌ای هرچند ناچیز از تلاشم برای بروز عشق و عبودیت به درگاه حضرتش می‌دانم و تقدیم خوانندگان عزیز در سراسر عالم می‌نمایم.

جا دارد در اینجا مراتب تقدیر و تشکّر خویش را ابراز نمایم. ابتدا از روح پاک شهید مجید دکتر فرهاد اصدقی که اگرچه در زمان کودکی افتخار آشنایی با ایشان را پیدا کردم؛ ولی حضور حمایت‌های روحانی ایشان در سراسر زندگی برایم مشهود بود. همچنین از روح پدرم تشکّر می‌کنم که حبّش به جمال اقدس ابهی باعث ایمانم به این امر مبارک گردید و همچنین سپاس ویژه از مادر مهربانم و خانواده‌ام به خاطر همراهی‌شان.

امید دارم خوانندگان محترم هرگونه اشکال و خطا در ترجمه این کتاب را بر من ببخشایند.

مژده طایفی

طهران- ۲۰۲۱ م/ ۱۴۰۰ ه.ش

تقدیر و تشکّر

در نگارش این کتاب از مساعدت‌های بی‌دریغ هیلاری چاپمن بسیار بهره بردم تا بتوانم با راهنمایی‌های هوشمندانه وی نحوه نگارشم را ارتقا ببخشم. همچنین باید از جناب جان لارو که در طی این چند سال همواره در تشویق و تحریص من کوشید و در بازبینی نسخه‌ی نهائی همکاری نمود، سپاسگزاری نمایم. تشکّر صمیمانه‌ی خود را نثار دکتر امید قائم‌مقامی و دکتر ورقا بلودو طائفی می‌نمایم که در تهیّه متن دقیق و ترجمه اصطلاحات مطابق با ادبیات بهائی بسیار مساعدت و همراهی نمودند. همچنین از مرکز جهانی بهائی بسیار ممنون و سپاسگزارم که برای تهیّه مستندات این تحقیق نهایت همکاری را فرمودند. از دکتر نادر سعیدی نیز به خاطر نظرات ارزشمندشان، از دکتر رابرت استاکمن و دوان تروکسل که در تهیّه‌ی موارد بیوگرافی، کمک‌حال من بودند؛ بسیار ممنون هستم و در آخر از نانسی آکرمن و رنه استینر سپاسگزاری می‌کنم که در طراحی گرافیکی و ویراستاری متن کمک شایانی نمودند.

دیباچه

ارزیابی دقیق از تأثیر بسزای زندگیِ شخصی که حضرت بهاءالله ایشان را «سرّالله الاعظم» نامیده‌اند خارج از بیان و تفسیر قوای بشری است. به نظر می‌رسد آن‌قدر به دوره‌ی حضرت عبدالبهاء نزدیک هستیم که نمی‌توانیم به‌درستی میزان اثراتی را که حیات مبارکش بر عالم انسانی نهاده است؛ ارزیابی نماییم. با تبعید از وطن خویش در سن هشت‌سالگی به همراه پدر بزرگوارشان، زندگی ایشان تا آخر عمر در زندان و تبعیدهای متوالی گذشت. بعد از صعود حضرت بهاءالله، هیکل مبارکش به مدّت قریب به سی سال قیادت و رهبری جامعه‌ی بهائی را بر عهده داشتند که در طی این دوران با تلاش و مجاهدت‌های بی‌نظیر و خستگی‌ناپذیر، نه‌تنها به امور جامعه‌ی بهائی در سراسر عالم رسیدگی می‌فرمودند که تأثیر شگرفی در جوامع مختلف داشتند. با در نظر گرفتن جایگاه ایشان در زمره‌ی برجسته‌ترین نویسندگان و متفکّران قرن ۱۹ و ۲۰ میلادی، آثارشان که عمدتاً به زبان‌های فارسی و عربی است، جای تعمّق و درک و تحقیق بسیار دارد که شاید زمان مدیدی باید بگذرد تا بشر توان بسط و فهم مطالب عالیه‌ی مندمج در این آثار را بیابد. حال که به صدمین سالگرد صعود این شخصیّت برجسته نزدیک می‌شویم شایسته است کتب و مقالات بسیار دیگری نیز در تبیین تأثیراتشان نگاشته شود، چراکه شخصیّت ایشان، نه‌تنها در دیانت بهائی، بلکه در سراسر تاریخ ادیان جهان بی مثیل و فرید بوده است. بدون شک این کتاب نیز در زمره‌ی آثار متعدّد دیگر، به‌عنوان گرامیداشت حیات حضرت عبدالبهاء، مثل اعلی و مرکز عهد و میثاق حضرت بهاءالله، به ساحت اقدسش تقدیم می‌گردد. این کتاب هدیه‌ی عشقی است به حضور حضرت عبدالبهاء. عشقی که خود انگیزه و معنا بخش حرکت و تحقیق در این زمینه بود. عشقی که در تمام صفحات آن موج می‌زنند. با مطالعه‌ی صفحات این کتاب، خوانندگان به عمق زحمات و مصائبی که حضرت عبدالبهاء در راه پیشبرد اهداف عالیه‌ی دیانت بهائی، لحظه‌ای از آن غافل نبودند پی خواهند برد. از حیاتش درس خواهند گرفت، از حیاتی که در زمان زندگانی حضرت بهاءالله، به‌مانند پناهگاهی جهت حمایت و مراقبت از پدر

بزرگوارشان بودند. از مقام و منزلت ایشان به‌عنوان مبیّن آیات حضرت بهاءالله و مَثَل اَعلای تعالیم دیانتش خواهند آموخت. خوانندگان این کتاب از میزان و عمق تعهّد هیکل مبارکش به عدالت، برابری و وحدت آگاه خواهند شد. همچنین از مساعی خستگی‌ناپذیر حضرتش در ارتفاع بنیان مقام اعلی، انتشار آیین گران‌قدر پدربزرگوارش با نگارش آثار و کتب متعدد و پایه‌گذاری جوامع مختلف بهائی در کشورهای متعدد در سراسر جهان مطلع خواهند گردید. به قلب رؤوف، تعشّق خالصانه، محویّت و فنا، سادگی و توجّه به دل‌نگرانی‌های ایشان نسبت به عموم مردم پی خواهند برد و در آخر تشویق خواهند شد حیات ایشان را به‌عنوان نمونه و مثال بارز بلند همّتی، خوش‌خلقی و وقار ملکوتی، سرلوحه زندگانی شخصی خویش قرار دهند.

امید قائم‌مقامی

نیوهمپشابر ۲۰۲۰

مقدّمه‌ی نویسنده

این کتاب معرّفی مختصری از حیات و آثار حضرت عبدالبهاء است. از دوران کودکی، همیشه افتخار زیارت آثار طلعات مقدسه دیانت بهائی به زبان اصلی را داشته‌ام و همواره درصدد بودم که برداشت‌های خویش از این آثار را با دیگران به اشتراک بگذارم. در سال‌های اخیر، تحقیقات و مطالعات خویش را بر حیات حضرت عبدالبهاء متمرکز نمودم. در ابتدا نتیجه این مطالعات را تنها با تعداد اندکی از دوستان مطرح نمودم؛ امّا به‌زودی دریافتم شاید این نتایج برای تعداد بیشتری از افراد کاربرد داشته باشد؛ بنابراین تصمیم گرفتم که نتایج تحقیقات و مطالعاتم را به صورت کتاب، منتشر نمایم تا خوانندگان بتوانند دریابند که چرا حضرت ولی امرالله، حیات حضرت عبدالبهاء را مثل اعلای تعالیم دیانت بهائی خوانده‌اند. در طی این مطالعات به‌راستی پی بردم چرا تنها ایشان می‌توانند به این عنوان دست یابند زیرا که به‌راستی مظهر تمامی صفات عالیه و ممتاز آثار مبارکه‌ی حضرت بهاءالله بودند و تمامی دوستان و اقربا نیز به بزرگی و علو مقام ایشان شهادت می‌دادند. امیدوارم مطالعه این کتاب رغبتی در دل خوانندگان ایجاد نماید تا بتوانند براثر اقدام ایشان حرکت نمایند. با تعمّق در حیات ایشان، درمی‌یابیم که زندگی حضرت عبدالبهاء مظهر قوای مکنونه به ودیعه گذاشته‌شده از طرف خداوند در وجود بشر است. چه نیکوست که هرکدام از ما نیز با بهره از حیات مبارکش، زندگی خویش را آراسته سازیم.

عبدالبهاء تنها نامی بود که توسط ایشان پذیرفته و مقبول گردید و از همه می‌خواستند که به این نام شناخته شوند. خوانده شدن به این صفت مایه سرور حقیقی خاطر مبارکش بود.

هنگامی‌که ۱۳ ساله بودم پدرم را از دست دادم و همین امر باعث شد که عشق و عبودیت من نسبت به حضرت عبدالبهاء بیشتر زبانه کشد. از زمانی که شوق زیارت آثارشان در وجودم شعله‌ور گردید به عمق و وسعت کلمات و مفاهیم عالیه در آثارشان پی بردم. این کتاب تنها به بخش بسیار کوچکی از این اقیانوس عظیم می‌پردازد ولی امیدوارم همین مختصر بتواند این مفهوم را منتقل نماید که همگی بر اساس و اثر حیات ایشان زندگی نماییم.

داریوش لمیع / کالیفرنیا- ۲۰۱۸

معرّفی

جایگاه حضرت عبدالبهاء

حضرت بهاءالله در موقعیّت‌های مختلف از پسر ارشد خود با عناوینی مانند «مرکز عهد و میثاق»، «غصن اعظم»، «الذی انشعب من هذا الاصل القدیم» ذکر فرموده‌اند. در «کتاب عهدی»، حضرت عبدالبهاء را به‌عنوان رئیس دیانت، مبیّن آیات و مرجعی که همه‌ی بهائیان ملزم به اطاعت از ایشان هستند؛ منصوب فرمودند.

حضرت عبدالبهاء چه در دیانت بهائی و چه از منظر تاریخی دارای مقام و جایگاهی یگانه می‌باشند. در هیچ‌یک از ادیان سابق، شخصیّتی قابل قیاس با حضرتش وجود ندارد. خداوند محض نمایش اقتدار خویش در جهان خاکی چنین شخصیّتی را خلق کرد. حضرت بهاءالله راجع به مقام و قدرت روحانی «سرکار آقا» چنین فرموده‌اند:

« قل یا قوم فاشکروا الله لظهوره لانّه لهو الفضل الاعظم علیکم و نعمة الاتمّ لکم و به یحیی کلّ عظم رمیم.»[1]

برای فهم مقصود الهی، قلوب و افکارمان را متوجّه حضرت عبدالبهاء می‌نماییم. ایشان مظهر تمام‌نمای ویژگی‌های الهی در یک انسان هستند. بیان مبارک حضرت بهاءالله شاهد این مدعاست:

« انّه لودیعه الله بینکم و امانته فیکم و ظهوره علیکم و طلوعه بین عباده المقرّبین. ... انّا قد بعثناه علی هیکل الانسان ...»[2]

حضرت بهاءالله، حضرت عبدالبهاء را «سرّ مکنون الهی» نامیده‌اند، چنان‌که خاکِ زیر اقدام ایشان مسرور و مفتخر و با گذر ایشان محصور در غم می‌گردد. گویی این حلاوت عشق در تاریخ سابقه نداشته است. لوح مبارک حضرت بهاءالله خطاب به

---

۱ - بهاءالله، حضرت؛ ایّام متبرّکهٔ بهائی، سورهٔ غصن، پاراگراف ۶ (کتابخانه‌ی آثار بهائی).
۲ - همان، پاراگراف‌های ۶ و ۸ (کتابخانه‌ی آثار بهائی).

میرزا آقاجان کاتب گواهی است بر این مقام. در این لوح به مقام حضرت عبدالبهاء اشاره می‌فرمایند که در آن زمان در سفر بیروت تشریف داشتند.

« حمداً لمن تشرّف ارض البآء بقدوم من طاف حوله الأسمآء بذلک بشّرت الذّرّات کلّ الممکنات بما طلع و لاح و ظهر و اشرق و خرج من باب السّجن و افقه شمس جمال غصن اللّه الأعظم العظیم و سرّ اللّه الأقوم القدیم متوجّهاً الی مقام آخر بذلک تکدّرت ارض السّجن و فرحت اخری تعالی تعالی ربّنا فاطر السّمآء و خالق الأشیآء الّذی بسلطانه فتح باب السّجن لیظهر ما انزله فی الألواح من قبل انّه لهو المقتدر علی ما یشآء و فی قبضته ملکوت الانشآء و هو المقتدر العلیم الحکیم.

طوبی ثمّ طوبی لأرض فازت بقدومه و لعین قرّت بجماله و لسمع تشرّف باصغآء ندائه و لقلب ذاق حلاوه حبّه و لصدر رحب بذکره و لقلم تحرّک علی ثنائه و للوح حمل آثاره ...»۳

حضرت ولیّ امرالله پدربزرگشان حضرت عبدالبهاء را «... مثل اعلای تعالیم و مبیّن مصون از خطای آیاتش و جامع جمیع کمالات و مظهر کلّیه صفات و فضائل بهائی ...»۴ توصیف فرموده‌اند که البته شناخت مقام واقعی «سرکار آقا» بسیار مشکل است. حضرت شوقی افندی در بیان مقام شامخ حضرت عبدالبهاء می‌فرمایند:

«حال وقت آنست که شأن و مقام حضرت عبدالبهاء روشن شود. فی الحقیقه ما چنان به عهد حضرت عبدالبهاء نزدیک و مجذوب قوّه معنویّه مغناطیس وجودش میباشیم که به آسانی نمیتوانیم به هویّت و مقام آن حضرت که نه فقط در ظهور حضرت بهاءالله بلکه در سراسر تاریخ ادیان مقام فرید و وحیدی را داراست پی بریم.»۵

حضرت ولی امرالله، جایگاه ویژه حضرت عبدالبهاء را این‌گونه تشریح می‌فرمایند:

«حضرت عبدالبهاء در رتبهٔ اولی مرکز و محور عهد و میثاق بی مثیل حضرت بهاءالله و اعلی صنع ید عنایتش و مرآت صافی انوارش و مثل اعلای تعالیم و مبیّن مصون

---

۳ - بهاءالله، حضرت؛ مجموعه‌ای از الواح جمال اقدس ابهی، لوح ارض با (کتابخانه‌ی آثار بهائی).

۴ - ربّانی، شوقی؛ دوربهائی؛ ص ۵۸.

۵ - همان؛ ص ۳۵.

از خطای آیاتش و جامع جمیع کمالات و مظهر کلّیه صفات و فضائل بهائی و غصن اعظم منشعب از اصل قدیم و غصن الأمر و حقیقت من طاف حوله الأسماء و مصدر و منشاء وحدت عالم انسانی و رایت صلح اعظم و قمر سماء این شرع مقدّس بوده و اِلی الأبد خواهد بود و نام معجز شیم عبدالبهاء به نحو اتمّ و اکمل و احسن جامع جمیع این نعوت و اوصاف است و اعظم از کلّ این اسماء عنوان منیع «سرّ اللّه» است که حضرت بهاءاللّه در توصیف آن حضرت اختیار فرموده‌اند و با آنکه بهیچوجه این خطاب نباید عنوان رسالت آن حضرت قرار گیرد مع الوصف حاکی از آن است که چگونه خصوصیّات و صفات بشری با فضائل و کمالات الهی در نفس مقدّس حضرت عبدالبهاء مجتمع و متّحد گشته است.»٦

حضرت بهاءاللّه، فرزند ارشدشان را با این عناوین توصیف فرموده‌اند:

«... قد انشعب من سدرة المنتهی هذا الهیکل المقدّس الابهی غصن القدس فهنیئاً لمن استظلّ فی ظلّه و کان من الرّاقدین. قل قد نبت غصن الامر من هذا الاصل الّذی استحکمه اللّه فی ارض المشیّة و ارتفع فرعه الی مقام احاط کلّ الوجود فتعالی من هذا الصّنع المتعالی المبارک العزیز المنیع. ان یا قوم تقرّبوا الیه و ذوقوا منه اثمار الحکمة و العلم من لدن عزیز علیم و من لم یذق منه یکون محروماً عن نعمة اللّه ولو یرزق بکلّ ما علی الارض ان انتم من العارفین.

قل قد فصّل من لوح الاعظم کلمة علی الفضل و زیّنها اللّه بطراز نفسه و جعلها سلطاناً علی من علی الارض و آیة عظمته و اقتداره بین العالمین لیمجدنّ النّاس به ربّهم العزیز المقتدر الحکیم و یسبّحنّ به بارئهم و یقدّسنّ نفس اللّه القائمه علی کلّ شییءٍ ان هذا الّا تنزیل من لدن علیم قدیم.

قل یا قوم فاشکروا اللّه لظهوره لانّه لهو الفضل الاعظم علیکم و نعمة الاتمّ لکم و به یحیی کلّ عظم رمیم. من توجّه الیه فقد توجّه الی اللّه فمن اعرض عنه فقد اعرض عن جمالی و کفر ببرهانی و کان من المسرفین. انّه لودیعه اللّه بینکم و امانته فیکم و ظهوره علیکم و طلوعه بین عباده المقرّبین.

---

٦ - همان؛ صص ٥٧-٥٨.

کذلک امرت ان ابلّغکم رساله اللّه بارئکم و بلّغتکم بما اُمرت به اذاً یشهد اللّه علی ذلک ثمّ ملئکته و رسله ثمّ عباده المقدّسین. ان استنشقوا رایحه الرّضوان من اوراده و لا تکونّ من المحرومین. ان اغتنموا فضل اللّه علیکم و لا تحتجبوا عنه.

و انّا قد بعثناه علی هیکل الانسان فتبارک اللّه مبدع ما یشآء بامره المبرم الحکیم. انّ الّذینهم منعوا انفسهم عن ظلّ الغصن اولئک تاهوا فی العرآء و احرقتهم حرارة الهوی و کانوا من الهالکین.»۷

و نیز به خطّ مبارک خطاب به حضرت عبدالبهاء چنین نازل:

«یا بصری علیک بهائی و بحر عنایتی و شمس فضلی و سماء رحمتی نسئل اللّه ان ینوّر العالم بعلمک و حکمتک و یقدر لک ما یفرح به قلبک و تقرّ عینک.»۸

و نیز در لوحی دیگر چنین مسطور است:

«البهآء علیک و علی من یخدمک و یطوف حولک و الویل و العذاب لمن یخالفک و یؤذّیک طوبی لمن والاک و السّقر لمن عاداک.

انّا جعلناک حرزاً للعالمین و حفظاً لمن فی السّموات و الارضین و حصناً لمن آمن باللّه الفرد الخبیر نسأل اللّه بان یحفظهم بک و یغنیهم بک و یرزقهم بک و یلهمک ما یکون مطلع الغنی لأهل الانشاء و بحر الکرم لمن فی العالم و مشرق الفضل علی الاُمم.»۹

و نیز در مناجاتی که در حقّ حضرت عبدالبهاء نازل گشته می‌فرماید:

«انت تعلم یا الهی انّی ما اریده الّا بما اردته و ما اخترته الّا بما اصطفیته فانصره بجنود ارضک و سمائک ... اسألک بولهی فی حبّک و شوقی فی اظهار امرک بان تقدر له و لمحبّیه ما قدّرته لسفرائک و اُمناء وحیک انّک انت اللّه المقتدر القدیر.»۱۰

---

۷ - بهاءالله، حضرت؛ ایام متبرکه بهائی، سورهٔ غصن، پاراگراف‌های ۸-۴ (کتابخانه‌ی آثار بهائی).

۸ - ربانی، شوقی؛ دور بهائی؛ ص ۶۰

۹ - همان؛ صص ۶۱-۶۰.

۱۰ - همان؛ ص ۶۱.

يوم ميثاق

«يوم ميثاق» توسّط حضرت عبدالبهاء تعيين گرديد. ميل هيكل مبارک اين بود که به جشن‌هايی که عده‌ای از احبّاء از سر ارادت خويش برای ولادت ايشان برگزار می‌کردند خاتمه دهند. علاوه بر جشن ميلاد، برخی از بهائيان روز ۲۹ ماه می ۱۸۹۲ (روز صعود حضرت بهاءالله) را گرامی می‌داشتند چراکه بنا بر نصّ صريح کتاب عهدی، حضرت عبدالبهاء را به‌عنوان رهبر و وصیّ خويش منصوب فرموده بودند. حضرت عبدالبهاء در شب اظهار امر حضرت اعلی به دنيا آمدند (۲۳ می ۱۸۴۴) و چون ميل نداشتند که از ميزان تقدّس آن يوم، کاسته شود؛ بنابراين روز ۲۶ نوامبر را جهت تکريم افتتاح ميثاق حضرت بهاءالله مناسب تشخيص دادند.

ايادی امرالله جناب حسن باليوزی می‌نويسد:

«حضرت عبدالبهاء به‌تمامی بهائيان فرمودند که تحت هيچ شرايطی اين روز را به‌عنوان روز ميلاد ايشان جشن نگيرند. اين يوم، يوم اظهار امر حضرت اعلی است و مختص بزرگداشت ايشان است. امّا به دليل اصرار بهائيان برای اختصاص روزی جهت تکريم و جشن مخصوص حضرت عبدالبهاء، هيکل مبارک ۲۶ نوامبر را معين فرمودند که در آن روز، جشن مخصوص عهد و ميثاق برگزار گردد. اين جشن با الهام از لقب «غصن اعظم» با نام «جشن اعظم» شناخته شد. در کشورهای غربی اين روز به‌عنوان يوم ميثاق شناخته می‌شود.»۱۱

۲۶ نوامبر به اين دليل انتخاب شد که ۶ ماه از زمان صعود حضرت بهاءالله گذشته بود و در شرق اين روز به‌عنوان روز جلوس هم شناخته می‌شد. در غرب اولين بار اين روز در سال ۱۹۱۰ جشن گرفته شد و به «روز سرکار آقا»۱۲ شهرت يافت ولی درنهايت به يوم ميثاق ناميده شد.۱۳

در جملات ذيل، حضرت ولی امرالله درباره‌ی اهميّت عهدوميثاق می‌فرمايند:

۱۱- موقر باليوزی، حسن؛ «عبدالبهاء»؛ ص ۵۲۳. (ترجمه)

Master - ۱۲

۱۳- «اعمال مقدس، ايام مقدس»؛ صص ۲۴۴-۲۴۵. (ترجمه)

«عهد و میثاقی که جمال اقدس ابهی تأسیس فرمود در کتب و صحف مقدّسه و الواح و زبر سماویّه در اعصار و ادوار ماضیه حتّی در بین آثارمبارکهٔ حضرت ربّ اعلی نظیر و مثیل ندارد چه که در هیچیک از شرایع و ادیان سالفه چنین میثاق عظیم و پیمان قویم که در این دور کریم بنیان گردیده موجود نیست و چنین قدرت و اختیار عمیم که بنصّ صریح من دون تأویل و تلویح از طرف شارع قدیر بمرکز منصوص و مقرّ مخصوص عنایت شده مذکور و مشهود نه.»۱۴

---

۱۴ - ربّانی، شوقی؛ قرن بدیع؛ ص ۴۷۱.

حیات مبارک حضرت عبدالبهاء در یک نگاه

- ۲۳ می ۱۸۴۴: اظهار امر حضرت اعلی و تولّد حضرت عبدالبهاء

- آگست ۱۸۵۲: در سن هشت‌سالگی، پدرشان حضرت بهاءالله به مدّت ۴ ماه در زندان سیاه‌چال مسجون شدند.

- ۱۲ ژانویه ۱۸۵۳: سفر حضرت بهاءالله و عائله‌ی مبارک به سمت بغداد آغاز شد درحالی‌که حضرت عبدالبهاء هشت‌ساله بودند.

- ۱۰ آوریل ۱۸۵۴: در نه‌سالگی، پدرشان حضرت بهاءالله به کوه‌های سلیمانیه مهاجرت فرمودند.

- ۱۶ آگست ۱۸۶۳: ورود حضرت بهاءالله به استانبول زمانی که حضرت عبدالبهاء نوزده سال داشتند.

- ۱۲ دسامبر ۱۸۶۳: ورود حضرت بهاءالله به ادرنه.

- ۳۱ آگست ۱۸۶۸: در سن بیست‌وچهارسالگی حضرت عبدالبهاء به همراه پدر بزرگوارشان به عکّا ورود فرمودند.

- ۲۳ جون ۱۸۷۰: صعود میرزا مهدی غصن اطهر

- ۸ مارچ ۱۸۷۳: ازدواج هیکل مبارک حضرت عبدالبهاء در سن ۲۸ سالگی.

- ۱۸۷۵: نگارش کتاب «اسرار الغیبیه لاسباب المدنیه» (رساله‌ی مدنیه) به اشاره‌ی مبارک حضرت بهاءالله

- ۱۸۸۹: نگارش کتاب «مقاله شخصی سیاح که در تفصیل قضیه باب نوشته است».

- ۱۸۹۳: نگارش «رساله سیاسیه»

- ۲۹ می ۱۸۹۲: صعود جمال مبارک، حضرت بهاءالله، زمانی که از سن مبارک حضرت عبدالبهاء ۴۸ سال می‌گذشت.

- سپتامبر ۱۹۰۸: حضرت عبدالبهاء در سن ۶۸ سالگی از زندان آزاد شدند.

- ۱۹۰۸-۱۹۰۱: دوره‌ای که گمان می‌رود حضرت عبدالبهاء الواح وصایا را مرقوم فرمودند.

- ۱۹۰۸: اولین چاپ کتاب مفاوضات که بر اساس پاسخ مبارک به سؤالات در بین سال‌های ۱۹۰۴-۱۹۰۶ بوده است.
- ۲۹ آگست ۱۹۱۰: حضرت عبدالبهاء به سمت مصر حرکت فرمودند در این زمان ایشان شصت‌وشش سال داشتند.
- سپتامبر ۱۹۱۱: ورود هیکل مبارک به لندن.
- ۱۹۱۰-۱۹۱۳: خطاباتی که در طی این سال‌ها ایراد فرمودند بعدها جمع‌آوری و تحت عنوان کتاب‌های «ترویج صلح جهانی»، «خطابات پاریس» و «حضرت عبدالبهاء در لندن» منتشر شد.
- ۱۱ آوریل ۱۹۱۲: ورود هیکل مبارک به آمریکا.
- دسامبر ۱۹۱۲: ورود حضرت عبدالبهاء به لندن.
- ۵ دسامبر ۱۹۱۳: بازگشت حضرت عبدالبهاء به ارض اقدس در سن شصت‌ونه‌سالگی.
- ۱۹۱۴-۱۹۱۵: جنگ جهانی اوّل، خطابات مبارک در این برهه تحت عنوان کتاب «تذکره الوفا».
- مارچ ۱۹۱۶ الی مارچ ۱۹۱۷: نگارش الواح ملکوتی و فرامین تبلیغی.
- ۱۷ دسامبر ۱۹۱۹ و ۱ جولای ۱۹۲۰: حضرت عبدالبهاء اولین و دومین الواح خطاب به کنفرانس لاهه را مرقوم فرمودند.
- ۱۹۲۱: حضرت عبدالبهاء لوح دکتر فورال را مرقوم فرمودند.
- ۲۸ نوامبر ۱۹۲۱: صعود حضرت عبدالبهاء در سن هفتادوهفت‌سالگی. در طی این سال‌ها امر مبارک به سی‌وپنج کشور مختلف گسترش پیدا کرده بود.
- ۵ ژانویه ۱۹۲۲: برای اولین بار الواح وصایای حضرت عبدالبهاء در بین عموم قرائت گردید. این لوح در فوریه سال ۱۹۲۲ ترجمه گردید.
- ۱۹۲۲: انتشار کتاب ترویج صلح جهانی برای اولین بار.
- ۱۹۲۴: انتشار کتاب تذکره الوفا برای اولین بار در حیفا.

فصل اوّل

حیات حضرت عبدالبهاء: سال‌های صباوت و تبعید

بر اساس نظر صالح مولوی نژاد[15] می‌توان حیات حضرت عبدالبهاء را به سه دوره‌ی اصلی تقسیم کرد:

۱. از سال ۱۸۴۴ الی ۱۸۵۴ میلادی یعنی از زمان تولّد تا ۱۰ سالگی؛ زمانی که پدرشان، حضرت بهاءالله، بغداد را به نیّت انزوا در کوه‌های سلیمانیه ترک کردند. این واقعه، انتهای دوره‌ی اوّلیه بود و حضرت عبدالبهاء به‌عنوان فرزند ذکور ارشد خانواده نقش تکیه‌گاه عائله‌ی مبارکه را داشتند.

۲. بین سال‌های ۱۸۵۴-۵ الی ۱۸۹۲ میلادی، یعنی از سال‌های غیبت حضرت بهاءالله در کوه‌های سلیمانیه (۱۸۵۴-۱۸۵۶) تا زمان صعود جمال مبارک در سال ۱۸۹۲. در تمام این دوران، حضرت عبدالبهاء همواره مسؤولیّت مراقبت و حمایت عائله‌ی مبارکه را بر عهده داشتند و با لقب «سرکار آقا» که نشان از احترام داشت شناخته می‌شدند. حضرت بهاءالله و عائله‌ی مبارکه در سال ۱۸۶۳ از استانبول تبعید شدند. باوجودی که تنها نوزده سال از سنّ مبارک حضرت عبدالبهاء می‌گذشت، همیشه استوار و خستگی‌ناپذیر مشغول رتق‌وفتق امور بودند تا رفاه و آسایش پدر بزرگوار و خانواده را تأمین نمایند. در زمان سفر، از یک محل به محل دیگر، زودتر از بقیه حرکت می‌کردند تا بتوانند اقدامات لازم برای تهیّه‌ی مایحتاجِ موردنیاز اقامتِ شبانه را بنمایند. در سفر صدوده‌روزه میان بغداد تا استانبول آن حضرت همیشه سواره در کنار کجاوه‌ی مبارک حضرت بهاءالله می‌راندند.

۳. از سال ۱۸۹۲-۱۹۲۱ میلادی، یعنی از زمان صعود حضرت بهاءالله تا زمان صعود حضرت عبدالبهاء. این دوره را می‌توان دوره‌ی استقرار امر مبارک در غرب و توسعه‌ی جامعه‌ی بهائی نامید. امّا از جهتی دوره‌ای خطرناک محسوب می‌شود زیرا نقض عهد، حقانیّت ایشان را مورد هدف قرار داده بود و حتّی خطر جانی ایشان را

تهدید می‌کرد. حضرت عبدالبهاء سه مرتبه به مصر تشریف بردند. به غرب نیز سفر کردند (۱۹۱۳-۱۹۱۱) که در این سفر بیش از چهل شهر در آمریکا و نوزده شهر در اروپا به قدوم مبارک مزیّن گردید. مردم از اقصی نقاط برای ملاقات با ایشان می‌آمدند و حضرتش صدها خطابه برای هزاران نفر ایراد فرمودند.

سال‌های صباوت ۱۸۵۴-۱۸۴۴

حضرت عبدالبهاء در تاریخ ۲۳ می سال ۱۸۴۴ میلادی در شهر طهران در خانه پدری متولّد شدند. والدین ایشان میرزا حسین‌علی نوری و آسیه خانم بودند. طبق رسوم آن زمان در خاورزمین، فرزند ذکور ارشد به نشانه‌ی احترام، به نام پدربزرگ نامیده می‌شد. نام پدربزرگ ایشان میرزا عبّاس بود. بعدها حضرت عبدالبهاء نیز نام فرزندشان را به‌افتخار پدر بزرگوارشان حسین نام نهادند.

سال‌های اوّلیّه‌ی حیات حضرت عبدالبهاء در یک منزل بزرگ متعلّق به خانواده‌ی متموّل و اشرافیِ ایشان بی‌دغدغه سپری شد. در این منزل، تعداد زیادی خدمتکار بودند. منزلِ دوّم عائله‌ی ایشان، در روستای نور، واقع در کوه‌های شمال ایران در استان مازندران واقع شده بود. جایی که خانواده‌ی مبارک از گرمای تابستان به آنجا پناه می‌بردند. ولی اقامتگاه اصلی ایشان در شهر طهران بود که در آن زمان به گفتۀ کنت دوگوبینو حدوداً هشتادهزار نفر جمعیت داشت. حضرت عبدالبهاء هیچ‌گاه از ایّام کودکی خود سخنی به میان نیاوردند و مطلبی ننگاشته‌اند و البتّه که خیلی زود این زندگی راحت و آسوده تا به ابد از بین رفت.

ایران در آن زمان تحت حکومت قاجار بود. (۱۹۲۵ - ۱۷۸۶ میلادی) کشور به دلیل مداخله دو امپراتوری بریتانیا و روسیه در امور اقتصادی و سیاسی، درواقع دچار آشفتگی شده بود. ایران ازنظر هر دو امپراتوری حائز شرایط ویژه و مهم ژئواستراتژیکی در خاور نزدیک بود. امّا نتایج این سیاست‌ها به قیمت آسیب رسیدن به تولید و بازرگانی ایران تمام شد. از طرف دیگر دولتمردان و روحانیون ایران مدام در حال درگیری و نزاع با یکدیگر بودند که این امر به ایجاد یک سیاست یکدست و طولانی مدّت برای توسعه ایران بسیار صدمه زد.

تلخی شهادت حضرت باب و برانگیخته شدن حسّ انتقام‌جویی، سه نفر از بابیان را بر آن داشت که در تاریخ ۱۵ آگست ۱۸۵۲ دست به ترور ناصرالدین‌شاه بزنند که درنهایت ناکام ماند. اگرچه شاه فقط جراحت‌های سطحی برداشت امّا در اثر این حمله بسیار ترسیده بود و ضربه‌ی ناشی از این حادثه باعث شد اقدام به شکنجه و آزار گسترده‌ی بابیان بنماید.

شکنجه‌ی بابیان و بعدها بهائیان، در تمام دوران سلطنت ناصرالدین‌شاه از سال ۱۸۴۸ تا ۱۸۹۶ میلادی ادامه پیدا کرد تا حدّی که خودش و دولتش، چه در ایران چه در خارج از ایران، به تعقیب و شکنجه‌ی بابیان و بهائیان ادامه دادند.

اگرچه پدرش، محمّد شاه قاجار تا حدودی نسبت به ادعای حضرت باب کنجکاوی به خرج داد؛ امّا ناصرالدین‌شاه کاملاً نسبت به پیروان آیین جدید رفتاری کینه‌توزانه داشت. البتّه در مقابل این رویکرد و بر اساس تعالیم مبارکه، بهائیان همچنان به اصل وفاداری و عدم اعمال هرگونه خشونت مسلّحانه پایبند بودند. این آزار و شکنجه‌ها نه به روح زنده و نبّاض جامعه‌ی بهائی خدشه‌ای وارد آورد و نه باعثِ توقفِ گسترش دیانت گردید؛ بلکه برعکس، خون شهدا منبع نیرو و استحکام رشد امر مبارک شد.

در زمان سوءقصد به‌جان شاه، حضرت بهاءالله به‌عنوان برجسته‌ترین فرد بابی شناخته می‌شدند و درنتیجه متّهم ردیف اوّل بودند. حضرتش در زیرزمینی مخوف در طهران به نام سیاه‌چال زندانی شدند. عائله‌ی مبارکه در فصل تابستان به‌واسطه‌ی بیماری حضرت عبدالبهاء در طهران تشریف داشتند. روزی حضرت عبدالبهاء تقاضا نمودند تا ایشان را به ملاقات پدر بزرگوارشان ببرند. ایشان بسیار نگران بودند ببینند چه بر سر پدرشان آمده است. در زمان ملاقات، با ملاحظه‌ی وضعیّت پدر در آن دخمه‌ی وحشتناک چنان ضربه‌ی هولناکی به ایشان وارد آمد که از هوش رفتند:

«... محلّ سرازیری بسیار تاریک بود دو پلّه از در تنگ محقّری پائین رفتیم ولی چشم جائی را نمیدید در وسط پلّه یکمرتبه صدای مبارک بگوش رسید فرمودند او را نیاورید لهذا مرا مراجعت دادند بیرون نشستیم و منتظر نوبت بیرون آوردن

محبوسین بودیم یکمرتبه جمال مبارک را بیرون آوردند در حالتیکه با چند نفر هم‌زنجیر بودند چه زنجیری که از شدّت سنگینی بصعوبت حرکت می‌دادند ...»۱۶

بعد از مدّت زندان، در سال ۱۸۵۳ میلادی، حضرت بهاءالله و عائله‌شان به همراه چند نفر از پیروان به بغداد تبعید شدند. در آن زمان این شهرِ تاریخی و مهد علم، تحت حکومت امپراتوری عثمانی بود.

سال‌های ۱۸۵۴ تا ۱۸۹۲

سال‌ها بعد حضرت عبدالبهاء درباره‌ی عظمت غیرقابل درک و اهمیّت این تبعید در جهت توسعه‌ی امر مبارک چنین فرمودند:

«... این هجرت سبب شد که جمیع اوروپا در ظلّ اله اسرائیل درآمدند و اکثر آسیا نیز در این سایه وارد شد ببین چه قدرتیست که شخص مهاجری همچنین خاندانی تأسیس کرد و همچنین ملتی تأسیس نمود و همچنین تعالیمی ترویج فرمود حال کسی میتواند بگوید اینها همه تصادفی است؟ پس انصاف باید داد این شخص مربی بود یا نبود و قدری دقت باید نمود که هجرت ابراهیمی از ارفهٔ حلب بسوریه بود و نتائجش این گشت آیا هجرت جمال مبارک از طهران ببغداد و از آنجا باسلامبول و از آنجا برومیلی و از آنجا به ارض مقدس چه نتائجی خواهد داشت پس ببین که حضرت ابراهیم چه مربی ماهری بوده است»۱۷

حضرت عبدالبهاء مظهر خلوص و ایمان یک بهائی حقیقی به حضرت بهاءالله بودند؛ بنابراین بدیهی است که در این زمان از موقف عظیم پدر بزرگوارشان آگاه بوده باشند. البته در بغداد به هیچ مدرسه‌ای وارد نشدند و تنها تحت هدایت و دلالت آب بزرگوار بودند و مشتاقانه الواح حضرت باب را زیارت می‌فرمودند. در طی سال‌های تبعید در بغداد، حضرت عبدالبهاء آثار پدر بزرگوارشان ازجمله کتاب ایقان را نسخه‌برداری می‌کردند.

---

۱۶ - زرقانی، میرزا محمود؛ بدایع الآثار، ج ۲؛ ص ۲۰۶.

۱۷ - بارنی، لورا کلیفورد؛ مفاوضات عبدالبهاء؛ صص ۱۱-۱۰.

برادر ناتنی حضرت بهاءالله، میرزا یحیی به همراه شریک فتنه‌هایش بر ضد ایشان دسیسه می‌کردند. بابیان کاملاً نسبت به رفتار نفاق‌افکنانه‌ی این دو نفر که از سر حسادت و منفعت‌طلبی شخصی بود، مبهوت و حیران بودند.

یکی از ملازمان نزدیک به خاطر می‌آورد که «در آن ایّام چنان آثار حزنی از وجه مبارک مشهود بود که ارکان وجودم بلرزه می‌آمد»۱۸ بنابراین حضرت بهاءالله به دلیل اینکه محل افتراق بیشتر در جامعه نگردند تصمیم به خروج از بغداد گرفتند.

« چون فی‌الجمله بر امورات محدثه بعد اطّلاع یافتم از قبل مهاجرت اختیار نمودم و سر در بیابانهای فراق نهادم و دو سال وحده در صحراهای هجر بسر بردم ... قسم بخدا که این مهاجرتم را خیال مراجعت نبود و مسافرتم را امید مواصلت نه و مقصود جز این نبود که محلّ اختلاف احباب نشوم و مصدر انقلاب اصحاب نگردم و سبب ضرّ احدی نشوم و علّت حزن قلبی نگردم غیر از آنچه ذکر شد خیالی نبود و امری منظور نه ...»۱۹

حضرت بهاءالله ملبّس به لباس درویشی به کوه‌های کردستان مهاجرت فرمودند و یک زندگی مشحون از تآمل و تفکّر را گذراندند. حضرت ولیّ عزیز امرالله زندگیِ ایشان را در تنهایی و انزوا چنین توصیف می‌فرمایند:

«در لوح مریم جمال احدیّت در وصف آن غربت پر کربت باین کلمات درّیات ناطق «فرداً واحداً هجرت اختیار نمودم و سر بصحراهای تسلیم نهادم بقسمی سفر نمودم که جمیع در غربتم گریستند و جمیع اشیاء بر کربتم خون دل بباریدند با طیور صحرا مؤانس شدم و با وحوش عراء مجالس گشتم.»۲۰

و نیز در کتاب ایقان شرح آن ایام پر احزان را بدین بیان توصیف می‌فرمایند:

«... از عیونم عیون جاری بود و از قلبم بحور دم ظاهر چه لیالی که قوت دست نداد و چه ایّام که جسد راحت نیافت ... بخود مشغول بودم و از ماسوی غافل ....»۲۱

<hr>

۱۸ - ربانی، شوقی؛ قرن بدیع؛ ص ۲۴۹.

۱۹ - بهاءالله، حضرت؛ کتاب ایقان (کتابخانه‌ی آثار بهائی).

۲۰ - ربانی، شوقی؛ قرن بدیع؛ صص ۲۵۱-۲۵۲.

۲۱ - کتاب ایقان، (کتابخانه‌ی آثار بهائی).

به‌تدریج شیوخی در شهرهای سلیمانیه و کرکوک، از حضور یک شخص مقدّس آگاه شدند و مایل به ملاقات گشتند. حضرت بهاءالله به شرح مشکلات و سؤالات علوم دینی پرداختند و بینش‌های جدیدی درباره‌ی متون پیچیده و فنّی ارائه فرمودند. «علما و اعاظم کردستان بر مراتب فضل و علوّ درجات علم و حکمت جمال قدم جلّ ثنائه واقف گردیدند و به احاطه‌ء ذاتیّه‌ء آن طلعت عظمت پی بردند.»۲۲ در این زمان، حضرت عبدالبهاء به همراه عائله‌ی مبارکه در بغداد بودند.

«غفلت و جسارت بابیان بمقامی رسید که بیست و پنج نفر از آنان بشهادت مرکز عهد و میثاق الهی جسورانه ادّعای مقام من یظهره اللّهی و موعودیّت بیان را نمودند و اوضاع و احوالشان به درجه‌ای تباه و منفور گردید که جرأت عبور در معابر و حضور در مجامع را نداشتند.»۲۳

درحالی‌که تنها ده سال از سنّ مبارک حضرت عبدالبهاء می‌گذشت و از دوری پدر بسیار محزون بودند، بار بسیاری از مسؤلیت‌های بالغانه را به دوش می‌کشیدند. بیشتر اوقات ایشان صرف زیارت الواح حضرت باب می‌شد. در سنین جوانی با افراد سرشناس و مطلع شهر، مُصاحب بودند و درباره‌ی موضوعات مختلف با آنان سخن می‌گفتند. تا جایی که یکی از مشاهیر بزرگان که مخالف حضرت بهاءالله بود نیز مجبور به اقرار گردید که تنها وجود حضرت عبدالبهاء برای گواهی دادن به شخصیّت یگانه حضرت بهاءالله کفایت می‌کند.

زوال و انحطاط شرایط بابیان در بغداد، مقتضی بازگشت حضرت بهاءالله بود.

«فو الله الذی لا اله الا هو اگر بخاطر آن نبود که امر مبارک نقطه اولی در شرف محو و اضمحلال و دماء مقدّسه ای را که در سبیل الهی ریخته شده بی ثمر و اثر مشاهده مینمودم هرگز برجوع باهل بیان راضی نمیشدم و آنان را به پرستش اصنام و اتّباع ظنون و اوهام خویش وا می‌گذاشتم.» (ترجمه)۲۴

در روزهای آخر بازگشت به بغداد، حضرت بهاءالله به یکی از همراهان فرمودند که آن روزها تنها روزهای آرامش و آسایش ایشان بوده است. روزهایی که دیگر تکرار

---

۲۲ - ربانی، شوقی؛ قرن بدیع؛ صص ۲۵۷- ۲۵۶.

۲۳ - همان؛ ص ۲۶۱.

۲۴ - همان؛ ۲۶۲.

نخواهد شد. «این ایّام آخرین ایّام سکون و آرامش ماست ایّامی که دیگر نظیر آن نصیب این مظلوم نخواهد گردید» (ترجمه)۲۵.

حضرت بهاءالله در ۱۹ مارچ ۱۸۵۶ دقیقاً بعد از دو سال قمری از مهاجرتشان، به بغداد بازگشتند. حضور ایشان برای جامعه‌ی بابی به‌عنوان نقطه‌ی اتّکا و تکیه‌گاهی محسوب می‌شد که می‌توانستند از راهنمایی‌های الهام‌بخش ایشان بهره ببرند. جامعه بار دیگر جان گرفت و شکوفا شد و طلایع احیاء و نوسازی در آن آشکار گردید. با اعتبار شایسته‌ای که حضرت بهاءالله به‌طور فزاینده‌ای آن را شکل می‌دادند، جامعه‌ی نوپای بهائی آغاز پیدایش نمود.

تغییرات سیاسی در ایران هم بر جامعه‌ی بابی اثرگذار بود. شاه که می‌ترسید فردی با جایگاه قدرتمند ممکن است باهمدستی دیگران درصدد مخالفت با او قد عَلَم کند، میرزا آقاخان نوری را از مقام صدراعظمی عزل کرد. (۱۸۵۸ میلادی) چراکه او مدافع بابی‌ها شمرده می‌شد و از طرفی رابطه‌ی خویشاوندی با حضرت بهاءالله داشت. ازآنجاکه حضرت بهاءالله پیش‌بینی وقوع برخی مشکلات را می‌فرمودند، بنابراین به بابیان توصیه نمودند که برای حفظ امنیّت خود به تابعیّت دولت عثمانی درآیند. میرزا آقاخان در نامه‌ای به شاه گوشزد کرد که کشتن یا اخراج بابیان از بغداد به‌منزله‌ی دخالت در امور داخلی عثمانی‌هاست و باعث به خطر افتادن روابط ایران و عراق می‌گردد.

دشمنان داخل و خارج جامعه‌ی بابی شروع به فعالیّت نمودند و به تشویش فکر ناصرالدین‌شاه پرداختند. در بغداد پیروان حضرت بهاءالله رو به ازدیاد بود. جمعیت بابیان ساکن در بغداد رو به افزایش گذاشت و این عده، شروع به مراوده و ارتباط با بابیان ایرانی نمودند که برای زیارت عتبات عالیات به بغداد وارد می‌شدند. همه‌ی اینها باعث نگرانی شاه ایران درباره‌ی ماهیت فعالیت‌ها و اقدامات بابیان گردید.

عداوت مراجع اقتدار در ایران به حدّی رسید که یکی از دوستان نزدیک حضرت بهاءالله به ایشان پیشنهاد داد به خاطر حفظ جان خویش از خطر شهادت، بهتر است مدّتی مخفی شوند امّا ایشان از این کار امتناع فرمودند. در عوض حضرت

---

۲۵ - همان؛ ص ۲۶۳.

بهاءالله نامه‌ای به میرزا سعید خان، وزیر امور خارجه، درباره‌ی شرح شرایط و موقعیّت ارسال فرمودند که البتّه هیچ اقدامی صورت نگرفت.

یکی از مجتهدان سرشناس بغداد به نام شیخ عبدالحسین طهرانی، با کلماتی به‌ظاهر دوستانه به حضرت بهاءالله پیشنهاد کرد که به جهت اثبات صحّت مدّعای ایشان با یکدیگر ملاقات نماید تا بتواند از دشمنی با حضرت بهاءالله دست بردارد. بنا بر پیشنهاد شیخ، مقرر شد ده روز بعد مجلسی تشکیل گردد، امّا زمانی که حضرت بهاءالله این پیشنهاد را پذیرفتند، شیخ مجتهد امتناع کرد. حضرت بهاءالله دو مرتبه‌ی دیگر به شیخ نامه نوشتند و آمادگی خود را جهت اثبات حقّانیّت شان ابراز فرمودند؛ ولی شیخ بازهم از آمدن امتناع کرد.

کنسول ایران در آن زمان مبلغ زیادی را به شخصی به نام رضا پرداخت کرد تا حضرت بهاءالله را از بین ببرد و به شهادت برساند. از طرفی شیخ مجتهد تهرانی جلسه‌ای ترتیب داد و در آن از عدّه‌ای دیگر از مجتهدان سرشناس دعوت کرد تا فتوایی صادر کنند و بر اساس آن، هر کس مجوز داشته باشد به بابیان حمله کند یا آنان را بکشد. در میان مجتهدان، شخص مشهوری بود به نام «شیخ مرتضی انصاری». این شخص در جلسه شرکت کرد؛ امّا از مقصود این جلسه، خبر نداشت. بعد از شنیدن مباحثات ابراز کرد که هیچ‌چیز درباره‌ی بابی‌ها نمی‌داند و سپس آنجا را ترک کرد و به همین سبب جلسه منحل شد.

ناصرالدین‌شاه و میرزا سعید خان نهایت تلاش خود را می‌نمودند تا حضرت بهاءالله و بابیان را از مرزهای ایران دور کنند. زمانی که سلطان عبدالمجید در سال ۱۸۶۱ فوت کرد، سلطنت به برادرش عبدالعزیز رسید که با بابیان رفتاری خصمانه داشت. این سلسله اتفاقات منجر به تبعید حضرت بهاءالله به استانبول گردید. در همین هنگام میرزا حسین‌خان مشیرالدوله، سفیر ایران، طرح دوستی با مسؤولان حکومت عثمانی را آغاز نمود که در وقایع منجر به تبعید حضرت بهاءالله به ادرنه بی‌تأثیر نبود.

بر اساس آنچه در اسناد دولت عثمانی به اثبات رسیده است؛ دولت ایران در تمام این سالیان از راه‌های گوناگون، تلاش کرد که حضرت بهاءالله و خانواده‌شان و مؤمنین به ایشان را یا به ایران بازگرداند یا به مکان‌هایی بسیار دورتر از مرز ایران بفرستد؛ امّا در رسیدن به این هدف ناکام ماند؛ زیرا سران دولت عثمانی از حضرت

بهاءالله و بابیان به علت متابعت از قوانین امپراتوری عثمانی راضی بودند و حضرت بهاءالله مورد احترام خاص عبدالحمید و نامق پاشا بودند.

در سال ۱۸۶۳ میلادی، صدراعظم عثمانی، کمال پاشا، گزارشی را جهت ارائه به سلطان عبدالعزیز آماده نمود. او سلطان را تحذیر کرد که محض تأمین رضایت خاطر ناصرالدین‌شاه از بابت بابیان و همچنین عدم ایجاد بلوا و آشوب، حضرت بهاءالله و خانواده‌شان را به استانبول تبعید نمایند. امضای سلطان پای این گزارش، به معنی موافقت با این تصمیم بود.۲۶

متعاقباً نامه‌ی عالی پاشا خطاب به نامق پاشا در مسجد جامع به حضرت بهاءالله تسلیم شد. نامه با لحنی مؤدبانه تنظیم شده بود و از حضرت بهاءالله درخواست می‌کرد که به استانبول نقل‌مکان نمایند. جهت آمادگی برای عزیمت به استانبول حضرت بهاءالله به باغ نجیب پاشا تشریف بردند که بعدها «باغ رضوان» نام گرفت. حضرت ولیّ محبوب امرالله میزان اهمیّت تحقق نبوّت را این‌گونه توصیف می‌فرمایند:

«در اثر این ابلاغ عظیم و جلیل سنین مهلت ده ساله که به مشیّت سبحانی بین سطوع تجلّیات الهی بر قلب ممرّد جمال اقدس ابهی در سجن طهران و اظهار امرش به پیروان حضرت باب مقدّر گردیده بود منقضی شد و «میقات ستر» که بفرمودهٔ جمال مختار شاهد «اشراق آیات و ظهور آثار حضرت ربّ البیّنات» (ترجمه) بر آن هیکل اعزّ صمدانی بود منتهی گردید.

سلطان ظهور از خلف «الف الف حجاب من النّور» قدم بیرون نهاد و اقلّ از «سمّ ابره» از انوار وجه منیر بر عالم و عالمیان مکشوف ساخت. دوران «رجاست ویرانی» که امتدادش طبق اصحاح اخیر کتاب دانیال «هزار و دویست و نود روز» مقرّر گردیده خاتمه یافت و «یک‌صد سنه قمری» فاصلهٔ بین میعاد مذکور و یوم مبارک معهود (۱۳۳۵ روز) که حضرت دانیال در همان اصحاح بشارت داده آغاز شد و نوزده سنه «واحد» اوّل که در کتاب بیان از قلم مبشّر حضرت رحمان مسطور و مثبوت اتمام پذیرفت. ربّ ملکوت، مسیح موعود در جلال اب ظاهر و بر سریر سلطنت و

---

۲۶ - وهمن، فریدون؛ امانت، عباس؛ از طهران تا عکّا؛ ص ۱۶۵.

عظمت جالس گردید و عصای قدرت و عزّت ابدیّه بدست گرفت. جامعهٔ اسم اعظم «اصحاب سفینهٔ حمراء» که ذکرشان در قیّوم الاسماء باحسن القاب و اوصاف مذکور است تشکیل شد و مصداق بیان نقطهٔ اولی جلّ ذکره الاعلی راجع به «رضوان» که مطلع انوار الهی و مشرق اسرار ربّانی است واضحاً مشهوداً تحقّق پذیرفت.»۲۷

بعد از دوازده روز، حضرت بهاءالله سفر خود را به همراه عائلهی مبارکه و همراهان آغاز کردند. جهت حفاظت ایشان، نامق پاشا یک افسر به همراه ده سرباز اعزام کرد تا در این سفر ایشان را همراهی کنند. کاروان متحمّل سختی بسیاری برای سفر به استانبول شد. بعدازاینکه تمام اسباب و متعلّقات سوار ارابهها شد در میان ناله و گریه بسیاری از دوستان بدرقه شدند. حضرت عبدالبهاء مسؤولیّت تهیّه ترتیبات سفر و کمک به سایرین را به عهده داشتند.

«حضرتشان بسیار کوشش میکردند که زحمت و رنج سفر را برای دیگران کاهش دهند. شب هنگام همراه دیگر مسافران به کاروانسرا وارد میشدند و شرایط آسایش کاروان را فراهم نمایند. هر زمان که با کمبود آذوقه و توشهی راه مواجه میشدند؛ هیکل مبارک شبانه به دنبال تهیّه غذا تشریف میبردند و سحرگاه نیز زودتر از بقیه بر میخاستند تا کاروان را برای حرکت در طی روز آماده کنند. در تمام طول روز ایشان در کنار کجاوه پدر بزرگوار خود حرکت میکردند تا بتوانند دائماً از ایشان مراقبت فرمایند.»۲۸

در طی چهار ماه سفر زمینی و دریایی، عائلهی مبارکه در تاریخ ۱۶ آگست ۱۸۶۳ به استانبول وارد شدند و به مدّت چهار ماه در آن شهر اقامت نمودند. مصیبت غمانگیز این دوره، صعود دختر دوسالهی جمال مبارک و خواهر ناتنی حضرت عبدالبهاء، به نام ساذجیه خانم بود.

سلطان عبدالعزیز و دیگر رؤسای سیاسی اصلاحات ازجمله فؤاد پاشا، وزیر امور خارجه و عالی پاشا صدراعظم، نسبت به حضرت بهاءالله و عائلهی مقدّسه با احترام

<hr>

۲۷ - ربانی، شوقی؛ قرن بدیع؛ صص ۳۰۹-۳۱۰.
۲۸ - موقر بالیوزی، حسن؛ عبدالبهاء؛ ص ۱۷. (ترجمه)

رفتار می‌نمودند و برای رسالت ایشان ارزش ویژه‌ای قائل بودند. حضرت عبدالبهاء نیز به خاطر حکمت و سجایای اخلاقی‌شان بسیار ستایش شدند.

صاحب‌منصبان دولت عثمانی با بابیان آشنایی قبلی داشتند. ملّا علی بسطامی، دومین حرف حیّ، به شهرهای مقدّس در امپراتوری عثمانی سفر کرده بود و نهایتاً در طی همین سفر به شهادت رسید. حضرت طاهره تنها زن، میان حروف حیّ و شاعر بزرگ، در شهرهای مقدّس مسلمانان در امپراتوری عثمانی زندگی کرده بود و تا قبل از مراجعت به ایران، آموزه‌های ظهور جدید را تعلیم می‌داد؛ امّا اوضاع تغییر کرد. در ایران ناصرالدین‌شاه و دولت ایران مجدداً اقدامات خود را علیه دیانت جدید از سر گرفتند. ازآنجاکه تحت هدایت حضرت بهاءالله، بابیان، شهروند دولت عثمانی شده بودند؛ دست حکومت ایران بسته بود؛ امّا میرزا حسین‌خان مشیرالدوله، آن‌قدر درباره‌ی حضرت بهاءالله به بهتان و افترا متوسل شد که بتواند حسّ سوءظن و بدگمانی ترک‌ها را درباره‌ی آن حضرت برانگیزاند.

چهار ماه بعد از ورود حضرت بهاءالله به استانبول، سلطان عبدالعزیز حکمی صادر کرد. هنوز از ورود مهاجرین به مدینه‌ی کبیره بیش از چهار ماه نگذشته بود که آن مظلومان را در بحبوحه‌ی سرمای زمستان به ارض سرّ (ادرنه) که در اقصی نقاط سرحدی مملکت قرار داشت به وضع ناهنجار و فظیعی تبعید نمود. در مقابل این پادشاه مقتدر و جبّار (سلطان عبدالعزیز) در بین تاجداران و امرای ارض، نخستین پادشاهی بود که دعوت الهی را دریافت نمود و نیز در میان زمامداران شرق، اولین زمامداری شمرده می‌شد که عدل منتقم الهی در حق وی اجرا و به کیفر اعمال زشت خود مبتلا گردید. حضرت بهاءالله پادشاه را به سخط و انتقام الهی وعده دادند:

«لوح مبارک بالنّسبه مفصّل بوده و با خطاباتی بشخص سلطان آغاز می‌گردد. در آن لوح جمال اقدس ابهی اعمال وزراء سلطان را مورد انتقاد و ملامت شدید قرار داده عدم بلوغ و لیاقت آنانرا تصریح میفرمایند. قسمتی از بیانات مبارکه مستقیماً خطاب بخود وزراء است و آنان را دلالت و انذار مینمایند که بشؤون دنیا و ما فیها

مغرور نشوند و بعزّت و شوکت ظاهره که تطوّرات و تقلّبات زمان آن را از کفّ آنها خارج خواهد ساخت متّکی نگردند.»۲۹

برخلاف نحوه‌ی ورود حضرت بهاءالله و همراهان به استانبول که درنهایت حشمت و جلال بود؛ در هنگام خروجشان به نهایت سختی و مشقّت دچار گشتند. حضرت بهاءالله بعدها در سوره‌ی ملوک، سلطان را این‌چنین عتاب نمودند:

«فاعلم بانّا جئناک بامرک و دخلنا مدینتک بعزّ مبین و اخرجونا عنها بذلّه الّتی لن تقاس به ذلّه فی الارض ... و حین اخراجنا عن مدینتک حملونا علی خدور الّتی تحمل علیها العباد اثقالهم و اوزارهم کذلک فعلوا بنا ان کان حضرتک لمن المستخبرین.»۳۰

حضرت بهاءالله و عائله‌ی مبارک، در تاریخ اوّل دسامبر ۱۸۶۳ میلادی استانبول را ترک فرمودند و در تاریخ ۱۲ دسامبر ۱۸۶۳ به ادرنه وارد شدند. ادرنه در قرن چهاردهم میلادی پایتخت امپراتوری عثمانی بود. به علت جمعیت زیاد مسیحیان و کلیمیان، این شهر به‌پایگاه مبلّغان مذهبی تبدیل شده بود؛ بنابراین رؤسای حکومت همیشه تمام فعالیت‌های شهر را کاملاً رصد می‌کردند. میرزا حسین‌خان، سفیر ایران با استعانت از مراودات سیاسی خویش همچنان به اذیّت و آزار تبعیدشدگان ادامه می‌داد.

تبعیدشدگان در ادرنه با مشکلات مالی فراوان مواجه شدند. حضرت بهاءالله و حضرت عبدالبهاء برای پرداخت مخارج روزانه، اشیاء و لوازم منزل را فروختند. تعدادی از پیروان مخلص حضرت بهاءالله به استانبول بازگردانده شدند. همراه آنان سه رأس اسب عربی که در بغداد موسی جواهری به‌عنوان پیشکش به حضور حضرت بهاءالله تقدیم کرده بود تا هیکل مبارک هر زمان که لازم دانستند آنها را بفروشند را نیز پس فرستادند که البتّه قبل از ورود به شهر توسط مأموران عثمانی، مصادره و فروخته شد.

---

۲۹ - ربانی، شوقی؛ قرن بدیع ، ص ۳۲۵.
۳۰ - بهاءالله، حضرت؛ ندای ربّ الجنود، سورة ملوک، پاراگراف‌های ۷۵-۷۴ (کتابخانه‌ی آثار بهائی).

سال‌های ادرنه شاهد فوران و استیلای ظهور حضرت بهاءالله بود. حضرت ولی‌امرالله درباره‌ی سوره‌ی ملوک چنین می‌نویسند:

«در این لوح امنع اقوم سلطان ظهور برای اوّلین بار امرا و رؤسای ارض را در شرق و غرب بخطابات عمومیّه مخاطب ...»۳۱

و همچنین:

«در بین آیات قیّمه و الواح لمیعة عظیمه که پس از حدوث «فصل اکبر» از کلک مقدّس مالک قدر در ارض سرّ نازل گردیده ابدع و اعظم آنها سورة ملوک است که مخاطباً لأمراء و الملوک صادر شده.»۳۲

در این لوح، حضرت بهاءالله «حقیقت رسالت و مأموریّت عظیمهٔ خویش را بسلاطین و امرای ارض ابلاغ و آنان را بقبول و اعتناق امر الهی دعوت میفرمایند و همچنین حقّانیت ظهور حضرت باب را تثبیت و آنان را از عدم توجّه و اقبال بامر مبارکش ملامت و بسلوک در طریق عدل و نصفت نصیحت و امر اکید میفرمایند که در رفع اختلاف و اصلاح ذات البین بکوشند و میزان جیوش و عساکر خود را تقلیل دهند. در این لوح مبارک طلعت عظمت مصائب خود را تشریح میفرماید و حفظ و حمایت فقرا را برؤسای ارض میسپارد و آنان را تحذیر مینماید که اگر نصایح الهیّه را نپذیرند عذاب من کلّ الجهات آنان را اخذ خواهد نمود «و ان لن تستنصحوا بما انصحناکم فی هذا الکتاب بلسان بدع مبین یأخذکم العذاب من کلّ الجهات» و راجع بغلبه و نصرت محتومة الهیّه میفرمایند «انّا کتبنا علی نفسنا نصرک فی الملک و ارتفاع امرنا ولو لن یتوجّه الیک احد من السّلاطین.»۳۳

الواح ملوک در اواخر سال ۱۸۶۷ تا اوایل سال ۱۸۶۸ میلادی نازل شد. همه‌ی الواح به‌استثنای لوح سلطان ایران، توسط کنسول کشورهای متبوعه در ادرنه به سفارت‌خانه‌ها در استانبول ارسال شدند. همزمان با اظهار امر علنی، حضرت عبدالبهاء به‌عنوان نماینده‌ی حضرت بهاءالله، به همه‌ی امور اجتماعی رسیدگی می‌فرمودند و متحمّل بار سنگین این مسؤولیّت بودند. در این سال‌ها حضرت بهاءالله

<hr>

۳۱ - ربانی، شوقی؛ قرن بدیع ؛ ص ۳۴۷.

۳۲ - همان‌جا.

۳۳ - همان؛ صص ۳۴۸ و ۳۴۹.

سوره‌ی غصن را نازل فرمودند که خبر از علوّ مقام و منزلت آتی حضرت عبدالبهاء می‌داد:

«قد انشعب من سدره المنتهی هذا الهیکل المقدّس الابهی غصن القدس فهنیئاً لمن استظلّ فی ظلّه و کان من الرّاقدین. قل قد نبت غصن الامر من هذا الاصل الّذی استحکمه اللّه فی ارض المشیهۀ و ارتفع فرعه الی مقام احاط کلّ الوجود فتعالی من هذا الصّنع المتعالی المبارک العزیز المنیع. ان یا قوم تقرّبوا الیه و ذوقوا منه اثمار الحکمۀ و العلم من لدن عزیز علیم و من لم یذق منه یکون محروماً عن نعمه اللّه ولو یرزق بکلّ ما علی الارض ان انتم من العارفین.»۳۴

به‌رغم همه‌ی امتحانات و دسایسی که برادر ناتنی حضرت بهاءالله در قبال آن حضرت کرد؛ اظهار امر علنی تحقّق یافت. میرزا یحیی، خود را پنهان ساخته بود و در تمام مدّت نسبت به مقام و اعتبار حضرت بهاءالله حسادت می‌کرد. به‌رغم همه‌ی اقدامات خصمانه‌ی حکومت ایران نسبت به حضرت بهاءالله و خانواده مبارکشان، هیکل مبارک هیچ‌گاه خود را پنهان نساختند. میرزا یحیی توطئه‌ی قتل چندین نفر از بابیان را در سر پروراند. در ادرنه حضرت بهاءالله را مسموم کرد که نه‌تنها باعث درد و رنجوری شدید هیکل مبارک برای چندین ماه شد بلکه لرزش دست مبارک تا آخر حیات با ایشان بود. امّا هیچ‌کدام از این اقدامات مانع نفوذ امر مبارک نشد. میرزا یحیی مجدداً تلاش‌هایی برای شهادت حضرت بهاءالله نمود که همگی ناکام ماند. درنهایت حضرت بهاءالله طی لوحی مقام و رسالت خویش را اظهار فرموده و به برادرشان ارسال نمودند و از وی پاسخ قطعی و نهائی‌اش را خواستند. در مقابل، آنچه میرزا یحیی به‌عنوان پاسخ فرستاد اعلان امر متقابل بود. حضرت بهاءالله تصمیم گرفتند که یک بار و برای همیشه جدایی و انفصال خود را از برادرشان اعلّام نمایند؛ برادری که آن‌قدر مورد شرف خطاب حضرت اعلی قرار گرفته بود. امّا پاسخ میرزا یحیی بی‌وفایی بود. به نشانه‌ی فصل اکبر، جمال مبارک منزلشان را جدا کردند.

«حضرت بهاءالله برای آنکه آتش ضغینه و بغضائی که در صدور معاندین افروخته شده ساکن گردد و هر یک از مهاجرین در اختیار هیکل اقدس و یا متابعت از میرزا

<hr>

۳۴ - بهاءالله، حضرت؛ ایّام متبرّکۀ بهائی، سورۀ غصن، پاراگراف ۴ (کتابخانه‌ی آثار بهائی).

یحیی کاملاً مختار و آزاد باشند در تاریخ ۲۲ شوّال ۱۲۸۲ با عائلۀ مبارکه بخانه رضا بیک که بامر مبارک اجاره شده بود انتقال و مدّت دو ماه از کلّ عزلت اختیار فرمودند و باب لقا بر وجه یار و اغیار بستند.»۳۵

این اختلاف، ناخواسته باعث جلب توجّه بیشتر دولت عثمانی به سمت ادرنه گردید؛ زیرا این شهر مرزی اخیراً کانون ناآرامی‌هایی بین بلغارستانی‌های مقیم این شهر شده بود. از طرف حکومت عثمانی چندین جلسه برای مشخّص شدنِ واقعیتِ امر تشکیل شد. عالی پاشا گزارشی به سلطان عبدالعزیز ارسال کرد و درنتیجه‌ی این گزارش حضرت بهاءالله، حضرت عبدالبهاء و عائله‌ی مبارکه و تعدادی از همراهان به شهر عکّا و میرزا یحیی و تعدادی از پیروانش هم به فاماگوستا در قبرس تبعید شده بودند.

در تاریخ ۱۲ آگست ۱۸۶۸ میلادی، حضرت بهاءالله و عائله‌ی مبارکه و حدود هفتاد نفر از همراهان، ادرنه را به مقصد عکّا ترک فرمودند و چهار روز بعد وارد بندر گالی‌پولی در غربی‌ترین نقطه‌ی ترکیه شدند. در تاریخ ۲۱ آگست ۱۸۶۸ با یک کشتی اتریشی به اسکندریه در مصر اعزام شدند تا اینکه نهایتاً به حیفا وارد گشتند. در تاریخ ۳۱ آگست ۱۸۶۸ پس از چند ساعت توقّف در حیفا، حضرت بهاءالله و همراهان و یکی از پیروان یحیی ازل، سوار بر یک قایق از کنار ساحل خلیج حیفا دریای متلاطم و مواج را به مقصد عکّا ترک کردند. اوضاع و شرایط زندان شهر بسیار وحشتناک و هولناک بود.

«تبعید شدگان از زن و مرد و خرد و بزرگ در عکّا از کشتی پیاده شده و در مقابل دیدگان مردم کنجکاو و بی عاطفۀ آن سرزمین که برای مشاهدۀ «خدای اعجام» در بندر مجتمع شده بودند به قشلۀ عسکریّه رهنمائی و در غرفه‌های مخروبۀ آن مسجون و زندانی گردیدند و نگهبان مخصوص برای محافظت آنان گماشتند. جمال اقدس ابهی در این مقام در لوح رئیس می‌فرماید «شب اوّل جمیع از اکل و شرب ممنوع شدند ... حتّی آب طلبیدند احدی اجابت ننمود». منبعی هم که در حیاط قشله قرار داشت آبش به درجه‌ای شور و کثیف بود که احدی را امکان نوشیدن نبود. سه رغیف نان سیاه و شور برای هر یک از مسجونین تخصیص داده شده بود

---

۳۵ - ربانی، شوقی؛ قرن بدیع، ص ۳۳۹.

که بعداً اجازه دادند تحت نظر محافظین ببازار رفته بدو قرص نان دیگر که بالنّسبه قابل اکل باشد تبدیل نمایند سپس مؤونهٔ نقدی قلیلی دربارهٔ آنها مقرّر گردید که بجای نان تأدیه می‌کردند. در همان اوائل دخول بسجن جمیع مظلومین باستثنای دو نفس کلّ مریض و علیل و ملازم بستر گردیدند و در آن هوای گرم و کثیف به تب و اسهال شدید مبتلا شدند بطوریکه سه نفر از آنان در بدو ورود بدرود حیات گفتند. ازجمله دو برادر بودند که در یک شب بفرمودهٔ مبارک «دست بگردن هم» برفیق اعلی شتافتند و بملکوت اسرار پرواز نمودند.»۳۶

«مدینهٔ مزبور بی آب و پر از کیک و مرطوب و دارای کوچه‌های تنگ و تاریک و کثیف و پیچ در پیچ بود. از قلم کبریا در لوح سلطان دربارهٔ عکّا نازل شده قوله الاعزّ الاعلی «و ممّا یحکون انّها اخرب مدن الدّنیا و اقبحها صورهً و اردئها هواء و انتنها ماء کانّها دارالحکومه الصّدی لا یسمع من ارجائها الّا صوت ترجیعه» و در ردائت هوا و کثافت محیط بقدری معروف بوده که در افواه ناس شیوع داشت که اگر پرنده‌ای از آسمان عکّا عبور کند بلادرنگ هلاک و بر زمین ساقط خواهد شد.»۳۷

امّا عکّا از لسان حضرت داود به «مدینه محصنه» موسوم و هوشع آن را «باب امید خدا» نام نهاده. حزقیال در وصف آن می‌فرماید: «الباب المتّجه نحو الشرق و اذاً بمجد الله اسرائیل جاء من طریق الشّرق و صوته کصوت میاه کثیره و الارض اضائت من مجده.»۳۸ چنانکه جمال اقدس ابهی تأیید فرموده از حضرت رسول اکرم منقول است که می‌فرماید؛ قوله تبارک‌وتعالی: «طوبی لمن زار عکّا و طوبی لمن زار زائر عکّا.»۳۹

تبعیدشدگان از تنها دروازه‌ی شهر وارد شدند، دروازه‌ای که با یک در آهنی بزرگ و چند نگهبان حفاظت می‌شد.

<hr>

۳۶ - همان؛ صص ۳۷۵-۳۷۶.
۳۷- همان؛ صص ۳۷۴- ۳۷۳.
۳۸ - همان؛ ص ۳۷۱.
۳۹ - همان‌جا.

حضرت بهاءالله می‌فرمایند؛ قوله العزیز: «وجدنا قوماً استقبلونا بوجوه عزّ دریّاً ... و کان بایدیهم اعلام النّصر ... اذاً نادی المناد فسوف یبعث الله مَن یدخل النّاس فی ظلّ هذه الاعلام». ۴۰

در آن زمان جمعیت شهر عکّا به ده هزار نفر می‌رسید. امّا در زمان سکونت حضرت عبدالبهاء در آن شهر، تعداد ساکنان به شش‌هزاروپانصد نفر تقلیل پیدا کرد. در گذشته عکّا شهری نظامی محسوب می‌شد که تعداد زیادی از سُفرا در آن اقامت داشتند. امّا بعد از جنگ سال ۱۸۴۰ این شهر روی سعادت ندید.

زندانیان در اتاق‌های زندان جا داده شدند. زندانی که در اصل پادگان سربازان جزارپاشا بود. در مسجد مجاور، اعلامیه تبعید حضرت بهاءالله برای عموم خوانده شد. در همین مسجد بود که حضرت عبدالبهاء نمازهای واجب را به‌جا می‌آوردند.

گرمای تابستان، شرایط پرازدحام و غیربهداشتی، باعث بیماری بسیاری از مسجونین شد. بسیاری دچار مالاریا، اسهال و تیفوئید شدند و سه نفر جان باختند. حضرت عبدالبهاء به‌رغم بیماریِ خودشان، هم از دیگر بیماران پرستاری می‌کردند هم درنهایت مدارا رفتار خصمانه زندانبانان و مردم شهر را تقلیل می‌دادند و هم از جان حضرت بهاءالله محافظت می‌فرمودند.

«سرکار آقا هرگونه مشقتی را به نفس مبارکشان روا می‌داشتند. نظر به راحتی دیگران و تنها به خاطر اینکه بقیّه درنهایت امن و امان باشند، یک تنه به مقابله با جهان و مردمانش قیام می‌فرمودند. ایشان مأمن مقتدر و حصن حصین همه‌ی ما بودند». ۴۱

امّا فراتر از همه این سختی‌ها و مشکلات، داغ و مصیبتی دردناک‌تر و مُدهش‌تر از صعود پسر حضرت بهاءالله، میرزا مهدی، غصن اطهر نبود. حضرت ولیّ امرالله این واقعه‌ی مؤلمه را چنین توصیف فرموده‌اند:

---

۴۰ - همان؛ ص ۳۷۲.

۴۱ - ترجمه : بالیوزی؛ صص۲۵-۲۶؛ مضمون بیانی از حضرت بهاءالله که حاجی میرزا حیدرعلی در خاطرات خود نقل کرده است.

«این غصن ریّان سدرهٔ سبحان هنگام غروب در حالی که بر فراز بام قشله مشی میفرمود و بروش معهود بتوجّه و مناجات بساحت حضرت معبود مألوف و در دریای اذکار مستغرق بود از غایت جذب از خود بیخود و از ثقبه ای که جهت روشنائی حجرهٔ زیرین تعبیه شده بود بزیر افتاد و هیکل اطهرش با صندوق چوبی که در همان حجرهٔ تحتانی قرار داشت تصادم نمود و اعضاء و اضلاع صدمهٔ شدید یافت. در اثر این حادثه پس از مضی بیست و دو ساعت طیر روحش بمعارج قدس علیا پرواز نمود و در رفارف اسنی لانه و آشیانه ساخت و آن رزیّهٔ کبری یوم ۲۳ ربیع الاوّل ۱۲۷۸ هجری (مطابق با ۲۳ ژوئن ۱۸۷۰ میلادی) اتّفاق افتاد و آن ساذج وفا در لحظات اخیر حیات از ساحت اقدس رجا نمود که جان گرانبهایش چون فدیه‌ای در سبیل تحقّق آمال دوستان قبول و بارادات خفیّه شدائد سجن مرتفع و باب لقا بر وجه اهل بهاء بهاء گشوده گردد.»۴۲

در آن روزها، ناقضان عهد، عدّه‌ای از پیروان حضرت بهاءالله که بنای تمرّد گذاشته بودند و خود را از اجتماع یاران جدا ساخته بودند، در مجاور دروازه شهر عکّا چند اتاق کرایه کردند. هر زمان که زائری برای زیارت حضرت بهاءالله به شهر وارد می‌شد سریعاً به مأمورین خبر می‌دادند و مأمورین از ورود بهائیان به شهر جلوگیری می‌کردند. خوش‌اقبال‌ترین زائر می‌توانست امیدوار باشد دستمال سفیدی که توسّط هیکل مبارک از پنجره اتاق واقع در برج زندان حرکت داده می‌شد را زیارت کند.

به‌تدریج مأموران متوجّه تمایز و تشخّص روحانی زندانیان شدند. اینکه این افراد، تهدید به‌حساب نمی‌آیند و حق دارند از آزادی‌های بیشتری برخوردار گردند. در ابتدا زندانیان را به منزلی در همان حوالی که متعلّق به یک فرد مسیحی به نام «عودی خمار» بود انتقال دادند. منزل عودی خمار با این خانه مجاور بود؛ اگرچه صاحب‌خانه دیوار بین دو خانه را تخریب کرد تا سهم منزل حضرت بهاءالله بیشتر شود؛ اما این منزل گنجایش همه‌ی زندانیان و همراهان حضرت بهاءالله را نداشت. در حال حاضر هر دو منزل به نام بیت عودی خمار شناخته می‌شوند. در اتاقی واقع در طبقه‌ی دوّم این بیت، حضرت بهاءالله امواج دریا را می‌نگریستند که به دیوارهای

---

۴۲ - ربانی، شوقی؛ قرن بدیع؛ صص ۳۷۹- ۳۷۸.

سنگی عکّا برخورد می‌کردند. در همین مکان، جمال مبارک کتاب احکام خود، «کتاب اقدس»، را نازل فرمودند که با این بیانات آغاز می‌گردد:

«بسمه الحاکم علی ما کان و ما یکون

انّ اوّل ما کتب الله علی العباد عرفان مشرق وحیه و مطلع امره الّذی کان مقام نفسه فی عالم الأمر و الخلق من فاز به قد فاز بکلّ الخیر و الّذی منع انّه من اهل الضّلال ولو یأتی بکلّ الأعمال اذا فزتم بهذا المقام الأسنی و الأفق الأعلی ینبغی لکلّ نفس ان یتّبع ما امر به من لدی المقصود لأنّهما معاً لا یقبل احدهما دون الآخر هذا ما حکم به مطلع الالهام».۴۳.

بعد از سال‌های طولانی اسارت و سجن، برای حضرت بهاءالله این امکان فراهم شد که مجدداً طبیعت سبز را ملاحظه فرمایند؛ بنابراین حضرت عبدالبهاء باغی در بیرون شهر عکّا اجاره فرمودند که «باغ رضوان» نامیده شد. در این مکان حضرت بهاءالله، لحظات آرامش‌بخشی داشتند. در تابستان سال ۱۸۷۷ حضرت عبدالبهاء یک عمارت دوطبقه در حومه‌ی مزرعه، اجاره فرمودند. جمال مبارک تا سال ۱۸۷۹ در این محل اقامت فرمودند و توانستند پس از نه سال اسارت در سجن عکّا، از هوای خوش ییلاق و مناظر و تپه‌های جلیلیه و دریا لذت ببرند. عاقبت مأموران دولت اجازه دادند که حضرت بهاءالله در خارج از حصار زندان عکّا سکونت داشته باشند.

در وضعیت جدید، هیکل مبارک تعداد فزاینده‌ای از زائران را به حضور می‌پذیرفتند و همچنین بر تعداد مکاتبات نیز هرروز افزوده می‌شد. ازجمله سفیر فرانسه ژوزف آرتور،۴۴ کنت دوگوبینو۴۵ (۱۳ اکتبر ۱۸۸۲ - ۱۴ جولای ۱۸۱۶) که در روزنامه‌ی «کورير دی اورينت»۴۶ درباره‌ی تبعید حضرت بهاءالله و عائله‌شان به عکّا مطلبی خوانده بود و باعث تأثّر عمیقش گردید. او طی نامه‌ای به حضرت بهاءالله مراتب حزن و همدردی خود را ابراز نمود و حضرت بهاءالله به نامه‌ی وی پاسخی عنایت

---

۴۳ - بهاءالله، حضرت؛ کتاب اقدس، بند ۱ (کتابخانه‌ی آثار بهائی).

۴۴ -Joseph Arthur

۴۵ -Comte de Gobineau

۴۶ - Courier d' Orient

فرمودند. در نیمه‌ی قرن ۱۹، تنها تعداد معدودی از شهروندان فرانسوی در عکّا زندگی می‌کردند که حتّی محل کار و زندگی و حضورشان غیررسمی بود. گوبینو با حضرت بهاءالله مراوده داشت و از طریق دفتر کارش در عکّا، نامه‌های خود را در سجن عکّا برای حضرت بهاءالله ارسال می‌کرد. کنت گوبینو در یکی از نامه‌هایش به یکی از همکارانش اظهار کرد که نزدیک به سیصد هزار ایرانی که بیشتر آنان بابی هستند در بغداد زندگی می‌کنند. همچنین وی در کتابی به نام «ادیان و فلسفه‌ها در آسیای میانه»۴۷ که به رشته‌ی تحریر درآورده، ذکر می‌کند که از هشتاد هزار نفر جمعیت طهران حداقل پنج هزار نفر بابی بودند. گوبینو از طریق تماس با افراد متنفّذ و سرشناس ازجمله سفیر اتریش تقاضا کرد که این شخص به‌طرفداری از حضرت بهاءالله با اولیای حکومت عثمانی درباره‌ی وضعیت هیکل مبارک مذاکره نماید تا اینکه در شرایط بهائیان تسهیلی ایجاد شود. تلاش‌های وی برای کاهش فشار بر زندانیان بهائی به ثمر نشست. در سپتامبر سال ۱۸۷۹ حضرت عبدالبهاء «قصر بهجی» که صاحبش همان عودی خمار بود را اجاره فرمودند. مکانی که آخرین محل اقامت حضرت بهاءالله محسوب می‌گردد. در این منزل وسیع، حضرتش پذیرای زائران بودند که اکنون از سراسر امپراتوری عثمانی روانه می‌شدند. بر سر در این منزل یک جمله‌ی عربی به این مضمون نقش بسته بود:

«سلام و درود بر این قصر باد که با گذشت زمان بر شکوه و جلال آن افزوده می‌شود. در آن شگفتی‌ها و غرایب متعدّد یافت می‌شود و قلم‌ها از توصیف آن عاجزند.»۴۸

اغلب جمال مبارک از بالکن قصر، حضرت عبدالبهاء که به ایشان لقب «سرکار آقا» و «غصن اعظم» عطا فرموده بودند را نظاره می‌فرمودند. آزادیِ عملِ اعطاشده از سوی دولت به حدّی بود که حضرت عبدالبهاء بااینکه هنوز در عکّا سکونت داشتند ولی قادر بودند صاحب‌منصبان عکّا را برای شام به کنار نخل‌های سر برافراشته‌ی قصر بهجی دعوت کنند.

Les Religions et les Philosophies dans l' Asie Centrale – ۴۷

۴۸ - ترجمه: روح، دیوید؛ ابواب امید؛ ص ۱۰۳.

دوران رهبری و قیادت حضرت عبدالبهاء (قسمت اوّل)

در تاریخ ۲۹ می ۱۸۹۲ حضرت بهاءالله بعد از مختصر کسالتی صعود فرمودند. نه روز بعد در حضور نه نفر نه شاهد، «کتاب عهدی»، کتاب میثاق حضرت بهاءالله قرائت و اعلان عمومی شد. این وصیتنامه یک سال قبل از آن نازل شده و به امانت در اختیار حضرت عبدالبهاء قرار گرفته بود. مجدداً در همان روز میرزا مجدالدین پسر جناب میرزا موسی کلیم، برادر حضرت بهاءالله، در روضه‌ی مبارکه‌ی حضرت بهاءالله «کتاب عهدی» را زیارت کرد. در این لوح که وصیتنامه‌ی حضرت بهاءالله است، حضرت عبدالبهاء را به‌عنوان رئیس دیانت و مرجع رهبری جامعه‌ی بهائی معرّفی فرموده بودند.

«وصیّه الله آنکه باید اغصان و افنان و منتسبین طرّاً بغصن اعظم ناظر باشند. انظروا ما انزلناه فی کتابی الاقدس اذا غیض بحر الوصال و قضی کتاب المبدء فی المآل توجّهوا الی من اراده الله الّذی انشعب من هذا الاصل القدیم. مقصود از این آیهٔ مبارکه غصن اعظم بوده. کذالک اظهرنا الامر فضلاً من عندنا و انا الفضّال الکریم. قد قدّر الله مقام الغصن الاکبر بعد مقامه انّه هو الآمر الحکیم. قد اصطفینا الاکبر بعد الاعظم امراً من لدن علیم خبیر.»۴۹

دوران ۲۹ ساله‌ی قیادت حضرت عبدالبهاء در این تاریخ آغاز شد و تا سال ۱۹۲۱ که مصادف با صعود هیکل مبارک بود ادامه یافت.

در این کتاب میثاق، حضرت بهاءالله همگان را تحذیر فرمودند و هشدار دادند که مبادا روح نفاق ایجاد شود و احبّاء به شعب مختلفه تجزیه گردند:

«ای اهل عالم مذهب الهی از برای محبّت و اتّحاد است او را سبب عداوت و اختلاف منمائید. نزد صاحبان بصر و اهل منظر اکبر آنچه سبب حفظ و علّت راحت و آسایش

____

۴۹ - بهاءالله، حضرت؛ ایّام متبرّکهٔ بهائی، کتاب عهدی، پاراگراف ۹ (کتابخانه‌ی آثار بهائی).

عباد است از قلم اعلی نازل شده ولکن جهّال ارض چون مربّای نفس و هوسند از حکمتهای بالغۀ حکیم حقیقی غافلند و بظنون و اوهام ناطق و عامل و عامل.»۵۰

این بیانات می‌بایست فصل‌الخطاب جهت تمامی مشکلات و دغدغه‌هایی می‌بود که در دوران رهبری امر مبارک، حضرت عبدالبهاء با آن مواجه شدند. یگانه هدف والایش ایجاد و ترویج روح اتّحاد میان احبّاء بود که تنها از طریق قوّه‌ی میثاق، امکان‌پذیر می‌گشت.

حضرت ولیّ عزیز امرالله می‌فرمایند:

«برای آنکه قوای فائقۀ محیطه که از مشیّت نافذۀ سبحانیّه سرچشمه گرفته پس از افول نیّر توحید از حیّز امکان و طلوع و اشراقش از مطلع لامکان در مجاری حقیقیّۀ خویش سریان یابد و هم‌آهنگی و تداوم آن محفوظ ماند، جمال اقدس ابهی اساسی منصوص و بنیانی مرصوص که با قدرت و قوّت بالغه مخصّص و با نفس مقدّس شارع اعظم مؤسّس و موجد این کور ابدع افخم مرتبط و پیوسته است نهاد و آن اساس تأسیس میثاق حیّ مبین و پیمان حضرت ربّ العالمین است که اصول و دعائم آن را طلعت نورا از قبل از عروج بعالم بقا بکمال متانت و اتقان بنیان فرمود. این عهد وثیق و میثاق غلیظ همان عهد قدیم و منهج قویمی است که از قبل در کتاب مستطاب اقدس تصریح گردیده و هیکل قدم بنفسه المقدّس هنگامی که عائلۀ مبارکه در ایّام قرب بصعود و در آخرین تودیع آن محیی رمم در بالین مبارک مجتمع شده بودند بدان اشاره فرمود و آن را در کتاب وصیّت خود که به «کتاب عهدی» ملقّب و موصوف است مندرج ساخت و آن ودیعۀ الهیّه را در همان احیان بغصن اعظم و مرکز عهد اتمّ اقومش بسپرد.»۵۱

هیچ امر دیگری ممکن نبود که باعث ایجاد وحدت بین مؤمنین گردد و آنها را از اختلاف و انشقاق محافظت نماید.

«بدیهی است که محور وحدت عالم انسانی قوّۀ میثاق است و بس.»۵۲

---

۵۰ - همان؛ پاراگراف ۴.

۵۱ - ربانی، شوقی؛ قرن بدیع، صص ۴۷۱-۴۷۰.

۵۲ - همان؛ ص ۴۷۲.

حضرت عبدالبهاء تجسّم واقعی میثاق و مرکز میثاق بودند که در کلّ تاریخ ادیان بی‌بدیل و نظیر است.

«از اوّل ابداع تا یومنا هذا در ظهور مظاهر مقدّسه چنین عهد محکم متینی گرفته نشده».۵۳.

اگرچه حضرت عبدالبهاء شکیبا و بردبار بودند و تمام اوضاع و شرایط را تحت نظر داشتند امّا درعین‌حال با عزم و اراده‌ای خلل‌ناپذیر هیچ‌گونه کجروی و انحراف را برنمی‌تافتند. در طول دوران ریاست امر، الواح مختلفه، مناجات و ادعیه صادر نمودند، جلسات عمومی و خصوصی برگزار فرمودند و متحمّل هرگونه سختی و ابتلا و مشقّت گردیدند تا همیشه مؤمنان امر مبارک را در عهد و میثاق الهی ثابت و مستقیم نگاه‌دارند. در بیان رنج و محنتی که از جانب ناقضین عهد به ایشان تحمیل گردید مناجاتی صادر فرمودند که با شاهد آوردن از بیان جمال مبارک در انتهای آن، به مؤمنان تأکید می‌فرمایند که از ناقضین عهد دوری کنند و جایگاهشان را به‌عنوان یک بهائی ثابت و راسخ تثبیت نمایند. در زمان صعود جمال مبارک جمعیت بهائیان پنج کشور، حدود صد تا دویست هزار نفر برآورد می‌شد که نودونه درصد آنان ساکن ایران و عدّه‌ی معدودی ساکن مصر، هند، امپراتوری عثمانی و آسیای مرکزی بودند.

در سال ۱۸۹۰ جمعیت بهائی عشق‌آباد، مرکز حکومت ترکمنستان، حدود هزار نفر بود. کلیمیان، مسیحیان، زرتشتیان و بودائیان شروع به اقبال به امر مبارک نمودند و حتّی تعالیم مبارک در چین نیز منتشر شد.

در بین سال‌های ۱۹۰۴ الی ۱۹۰۸ میلادی بسیاری از الواح و آثار حضرت بهاءالله و حضرت عبدالبهاء به زبان انگلیسی ترجمه شد که به شناسایی امر مبارک کمک شایانی نمود. یک سال قبل از صعود حضرت بهاءالله، بر طبق دستورالعمل هیکل مبارک، اُمّ‌الکتاب دیانت بهائی، «کتاب مستطاب اقدس» در سال ۱۸۹۱ منتشر شده بود. در سال ۱۸۹۲ برخی الواح منتخب حضرت بهاءالله ازجمله اشراقات و تجلیّات در هندوستان طبع و نشر گردید. «رساله‌ی مدنیه» که به قلم مبارک حضرت

عبدالبهاء نگارش یافته، هفت سال بعد از اتمام نگارش منتشر شد. بین سال‌های ۱۹۰۹ تا ۱۹۱۱ محافل محلی بسیاری تأسیس شدند و شیخ محمّد منشادی و زین المقرّبین به‌عنوان امین حقوق الله منصوب گردیدند.

تغییرات در ترکیه و ایران

در بین سال‌های ۱۹۰۵ الی ۱۹۱۱ میلادی، ایران درگیر انقلاب مشروطه بود. در این دوران جامعه‌ی بهائی ایران بسیار مورد وقر و احترام اجتماعی بود و بسیاری از شهروندان ازجمله روشنفکران و افراد مستعد جذب تعالیم دیانت بهائی گردیدند. اگرچه حضرت عبدالبهاء با اصول و قوانین مشروطیت موافقت داشتند؛ اما همیشه بهائیان را از مداخله در هرگونه فعالیت ضد دولت بر حذر می‌داشتند؛ زیرا این اقدامات را مایه‌ی اختلاف و تشتّت می‌دانستند.

در امپراتوری عثمانی، تحرّکات و انقلاب‌هایی علیه حکومت استبدادی، شکل گرفت که گرچه اثراتش موفق‌تر از انقلاب ایران بود؛ سلطان، این انقلاب را پشت سرگذاشت. در حوزه‌ی حکومت امپراتوری، فساد و ظلم و عدم توجّه به رفاه عمومی بیداد می‌کرد. مشاوران حول سلطان همگی محور فساد بودند و به فرموده‌ی حضرت بهاءالله «لا یتّبعون الّا هواهم و نبذوا اماناتهم ورآء ظهورهم و کانوا علی خیانه مبین». ۵۴ لوح ملوک و آنچه از حقوق ملّت به آنها سپرده شده بود به گوشه‌ی نسیان انداختند و خیانت نمودند.

حضرت بهاءالله سلطان را نصیحت فرمودند که نسبت به دیگران بخشنده باشد تا حق نیز با او به نظر بخشش معامله نماید و امور مردم را در کف اختیار مشاوران نالایق قرار ندهد؛ قوله العزیز:

---

۵۴ - بهاءالله، حضرت؛ ندای ربّ الجنود، سورهٔ ملوک، پاراگراف ۵۹ (کتابخانه‌ی آثار بهائی).

«فاحسن علی العباد کما احسن اللّه لک و لا تدع النّاس و امورهم بین یدی هؤلآء». ٥٥

همچنین به وی فرمودند اگر به نصایح هیکل مبارک گوش فرا دهد، خداوند حکومتی را به او تفویض نموده و از گزند هر اهریمنی دور نگاه میدارد؛ قوله عزّ بیانه:

«لو تسمع قولی و تستنصح بنصحی یرفعک اللّه الی مقام الّذی ینقطع عنک ایدی کلّ من علی الارض اجمعین». ٥٦

امّا همچنان که میدانیم سلطان، نصایح مشفقانه محبوب را نپذیرفت.

قوانین افراطی، بیعدالتیهایی که توسط مأموران انجام میگرفت، سختیهایی که مردم متحمّل میشدند؛ حسّ تلخ ناامیدی که به کام مردم ریخته میشد تا دوران سلطنت جانشین وی، سلطان عبدالحمید ادامه یافت و منجر به نارضایتی عمیق و عمومی و گسترده گردید. اوضاع و شرایط امپراتوری عثمانی بهشدت ازهمگسیخته شد. نارضایتی شدید نسبت به وضع موجود و عدم توجّه زمامداران و مقامات به وضع عمومی مردم باعث ایجاد شورش و بلوا گردید. انقلاب حزب «ترکان جوان» شدّت یافت. در سال ۱۹۰۸ جنبش اجتماعی- سیاسی شکل گرفت. یکی از خواستههای انقلابیون این بود که سلطان تصویب و اجرای قانون اساسی را که تا آن زمان به تعویق انداخته بود را به جریان بیندازد و همهی زندانیان سیاسی آزاد گردند.

حضرت عبدالبهاء زندانی سیاسی نبودند و اشتباهاً متّهم به دست داشتن در تحرّکاتی علیه دولت شده بودند؛ یعنی اتهاماتی واهی علیه هیکل مبارک اقامه گردیده بود که ایشان را بهعنوان محرک اقدامات سیاسی علیه دولت جلوه دهد.

در سال ۱۹۰۹ همزمان با آزادی زندانیان سیاسی، حضرت عبدالبهاء نیز آزاد شدند. بعد از آزادی، هیکل مبارک اقدام به تکمیل و انجام اموری نمودند که مقدّر بود توسّط ایشان به اتمام برسد. ازجمله ساخت مقام مبارک حضرت اعلی و مراسم استقرار رمس اطهرشان در جایگاه ابدی، در کوه کرمل (که ده سال قبل به حیفا

---

۵۵ - همانجا.
۵۶ - همان، پاراگراف ۶۲.

انتقال داده شده بود) و درنهایت آغاز سفرهای خطیر هیکل مبارک به غرب، ازجمله فرانسه، انگلستان و آمریکای شمالی.

ناقضین عهد

پس از صعود حضرت بهاءالله، حضرت عبدالبهاء به علّت دسیسه‌های مختلف ناقضین عهد در رنج عظیمی افتادند. برادر ناتنی حضرت عبدالبهاء، میرزا محمّدعلی، طی سالیان متمادی اگرچه در ظاهر از اوامر، تبعیّت می‌کرد؛ ولی پنهانی بذر نفاق و اختلاف در میان احبّاء می‌کاشت. همیشه نسبت به‌افتخار و تمایزی که به حضرت عبدالبهاء اختصاص می‌یافت رشک می‌ورزید و در حسرت به دست آوردن رهبری جامعه بود.

به نشان همکاری با مقامات دولتی، میرزامحمّدعلی و برادرانش اجازه یافتند زندگی حضرت عبدالبهاء را زیر نظر بگیرند و به این نحو باعث محدود شدن اقدامات هیکل مبارک گردند. اتّهام ساخت یک قلعه در کوه کرمل و یا برنامه‌ریزی یک آشوب و طغیان علیه دولت ازجمله مواردی بود که میرزا محمّدعلی و اعوانش منتشر نمودند. نتیجه این شد که حکومت عثمانی یک هیأت تحقیق و تفحّص تشکیل داد. اگرچه این اقدامات همچنان به محبوس ماندن هیکل مبارک در عکّا انجامید؛ اما به‌طورکلی از حیّز انتفاع محروم ماند و نتیجه نداد. به‌رغم مجاهدت‌های بهائیان غربی، دومین هیأت تحقیق و تفحص به عکّا اعزام شدند؛ امّا تصمیمات این هیأت نیز براثر انقلاب «ترکان جوان» و به زیر کشیدن سلطنت عثمانی‌ها عقیم ماند.

حرکت به‌سوی غرب

به‌رغم سنّ و وضعیّت بحرانی سلامتی هیکل مبارک، حضرت عبدالبهاء به انجام خدمتی بس عظیم قیام فرمودند که با تحمّل رنج و تعب سفر طولانی به غرب، رسالت حضرت بهاءالله را در آن سرزمین به اعلان عموم مردم برسانند. در سپتامبر ۱۹۱۰ ارض اقدس را به‌جانب پورت سعید^{۵۷} در مصر (اولین بندری که آغاز سفر به غرب بود) ترک فرمودند. تمام مسؤولیّت‌ها و امور جامعه‌ی بهائی را به کف

____

۴۸

باکفایت خواهر گرامی خود، حضرت ورقه‌ی علیا، بهائیه خانم، سپردند. حضرت ورقه‌ی علیا محل اعتماد و ثقه‌ی کامل حضرت عبدالبهاء بودند و کاملاً توانایی اداره‌ی امور جامعه را در ارض اقدس به نحو احسن دارا بودند. این برای اولین بار در تاریخ ادیان است که یک زن عهده‌دار چنین مسؤولیّت عظیمی گردیده است.

حضرت ورقه‌ی علیا، صالح‌ترین فرد از خانواده‌ی حضرت عبدالبهاء بود که در غیاب ایشان مسؤول رسیدگی به امور احبّای ارض اقدس شدند. این جایگاه در کلّ تاریخ ادیان بی بدیل و مثیل است.

سفر حضرت عبدالبهاء به سمت مصر مایه‌ی تعجّب همگان گردید. تمام آمادگی‌های لازم برای سفر حضرت عبدالبهاء و ترتیبات لازم برای انجام روال امور در ارض اقدس درنهایت احتیاط و تحت حکمت شدید انجام شده بود تا مبادا ناقضین عهد بویی ببرند و تمام برنامه‌های سفر مبارک را نقش بر آب سازند.

قبل از حرکت یا در حین توقف در مصر از طرف هیکل مبارک حضرت عبدالبهاء لوح مبارکی به‌افتخار حضرت ورقه‌ی علیا صادر شد:

«یا شقیقتی بل شفیقتی العزیزه حکمت الهیّه حکم بفراق مُوقّت نمود ولی اشتیاق در نهایت ازدیاد صبر باید نمود تحمّل باید کرد توکّل باید نمود توسّل باید جُست چون شما در آنجائی از هر جهت من راحتم این روزها من خیال مصر دارم تا خدا چه خواهد بالنّیابه از من سر بر آستان مُبارک بگذار و روی و مُوی بخاک عتبه معطّر فرما و از برای من طلب تأیید خدمت کن بلکه انشاءاللّه در مقابل الطاف بی پایان حضرت رحمن بقطره‌ای از بحر عبودیّت مُوفّق گردم.»۵۸

سیدنی اسپراک۵۹ خبر حرکت حضرت عبدالبهاء از حیفا را در نامه‌ای به دوستش ایزابلا بریتینگهام۶۰ این‌چنین می‌نویسد:

«خبر فوق‌العاده‌ای برایت دارم. برای اولین بار بعد از ۴۲ سال، حضرت عبدالبهاء مکان مقدّس خویش را به مقصد مصر ترک کردند. فقط به تأثیرات درخشان و

---

۵۸ - بهائیّه خانم، حضرت ورقه علیا؛ ص ۱۴.
۵۹ - Sydney Sprague
۶۰ - Isabella Brittinham

اهمیّت این اقدام فکر کن. ازآنجاکه احدی از افراد در جریان سفر مبارک نبود، همه از شنیدن خبر این سفر شوکه شدند. بعدازظهر همان روزی که هیکل مبارک شهر را ترک فرمودند برای دیدن ما به منزل میرزا اسدالله تشریف آوردند. قدری کنار چاهی که تازه حفر شده بود نشستند و فرمودند برای چشیدن آب چاه تشریف آورده‌اند. هیچ‌کدام از ما متوجّه نشدیم که این دیدار خداحافظی بود. سپس درشکه‌ای کرایه کردند تا بالای کوه که مقام اعلی قرار داشت بروند. آن شب به روال همیشگی، مؤمنین در آستانه‌ی بیت مبارک مجتمع شدند تا مشمول الطاف و برکات حضرت عبدالبهاء گردند؛ امّا این انتظار، بی‌فایده بود. یکی از دامادهای هیکل مبارک، خبر آورد که حضرتش با کشتی بخار خدیویال به پورت سعید تشریف برده‌اند.»۶۱

خیلی زود افراد در ارض اقدس متوجّه غیبت حضرت عبدالبهاء گردیدند. دوستان عائله‌ی مبارکه که بهائی نبودند از محل ایشان پرس‌وجو می‌کردند. حضرت عبدالبهاء در لوحی که به‌افتخار حرم مبارک نازل فرمودند چنین می‌فرمایند:

«ممکن است برخی درباره‌ی مکان من سؤال نمایند، به آنان بگویید که بارها از طرف برخی نفوس برجسته آمریکایی و اروپایی دعوت شدم و من همیشه قول دادم که سفری به آن صفحات ترتیب خواهم داد... به حدّ مقدور از جواب دادن پرهیز کنید... هر چه کمتر بگویید بهتر است. به دکتر فالشیر هم بگویید که در بیان جزئیات محتاط باشند و همه حقایق را آشکار ننمایند. حتّی شما نیز باید در افشای همه مطالب محتاط و رازدار باشید.»۶۲

---

۶۱ - ترجمه: سیدنی اسپراک از نامه به خانم ایزابلا بریتینگهام. ۲۰۰۸؛ عبدالبهاء در مصر؛ نقل از شاهدان- اقتباس از کتابخانه بهائی.

۶۲ - ترجمه، معانی ، ص ۳۴۴.

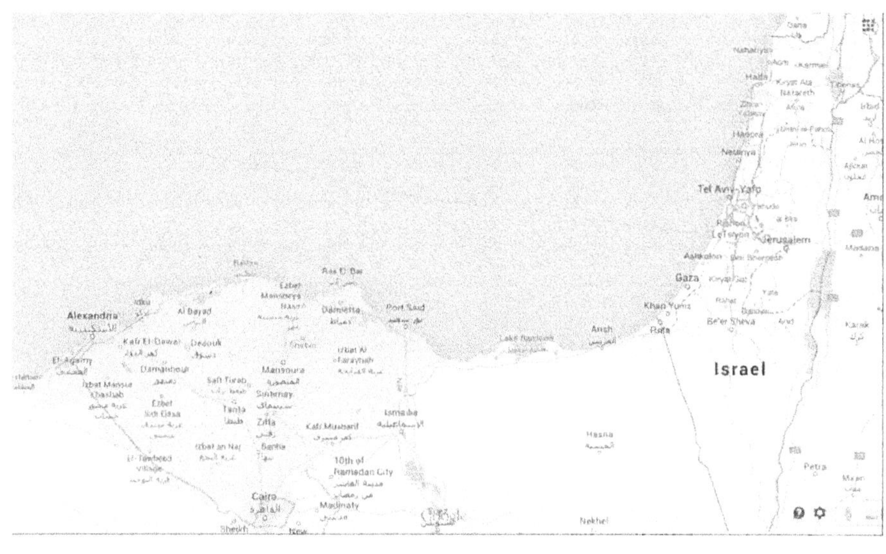

Alexandria
Al Bayad
Kafr El-Dawar
Dedouk
Damietta
Port Said
El-Agami
Damanhour
Mansoura
Mansoura
Safi Turab
Sintenay
Izbat Mansia
Ezbet
Tanta
Zifta
Kafr Musairif
Ismailia
Benha
10th of Ramadan City
Madinaty
Cairo
Hasna
Nekhel
Tel Aviv-Yafo
Jerusalem
Gaza
Khan Yunis
Rafa
Be'er Sheva
Israel
Petra
Haifa
Nazareth
Netanya
Irbid

حضرت عبدالبهاء در مصر [63]

در طی اسفار تاریخی و خطیر حضرت عبدالبهاء به غرب، هیکل مبارک سه مرتبه به مصر تشریف بردند. سفر اوّل در سپتامبر ۱۹۱۰ الی آگست ۱۹۱۱، سفر دوّم از دسامبر ۱۹۱۱ تا بهار ۱۹۱۲ و سفر سوّم از ماه جون الی دسامبر سال ۱۹۱۳.[64] در مدّت اقامت یک‌ماهه حضرتش در پورت سعید، به نحوی محرمانه و خصوصی مشغول برنامه‌ریزی برای سفر غرب بودند تا اینکه یک روز به‌طور غیرمترقبه سوار بر کشتی به سمت غرب رهسپار گردیدند؛ امّا شرایط جسمانی و سلامت وجود مبارک به ایشان اجازه ادامه سفر نداد و به‌اجبار در اسکندریه از کشتی پیاده شدند. پس از چند ماه استراحت، وضعیت سلامت مبارک رو به بهبود نهاد. سیّد اسدالله قمی که در طی اسفار مبارک به غرب ملازم هیکل مبارک بود این‌چنین بیان می‌کند:

«شما درباره‌ی علّت سفر حضرت عبدالبهاء به مصر سؤال نموده بودید. هیکل مبارک احدی را درباره‌ی ترک حیفا در جریان قرار نداده بودند. همان روزی که حیفا را ترک فرمودند به زیارت مقام مقدّس حضرت باب در کوه کرمل تشریف بردند و پس از مراجعت از کوه رب مستقیماً به سمت کشتی بخار تشریف بردند. این اولین بار بود که هیچ‌کس از موضوع اطّلاعی نداشت. در طی دو روز هیکل مبارک دو نفر را احضار فرمودند؛ میرزا منیر زین و عبدالحسین یکی از زائرینی که سفرش به اتمام رسیده بود. وقتی میرزا نورالدین به پورت سعید رسید برادرش میرزا منیر به حیفا برگشت.»[65]

روزنامه‌نگارانی که نسبت به امر مبارک، غرض‌ورزی می‌نمودند، بعد از زیارت و ملاقات با حضرت عبدالبهاء، تغییر رویّه دادند. شیخ علی یوسف، سردبیر روزنامه عربی «المؤیّد» که زمانی به امر مبارک حمله نموده بود؛ این بار در روزنامه‌اش چنین نگاشت:

---

[63] - ربانی، آهنگ؛ عبدالبهاء در ابوسنان؛ صص ۱۰۳–۷۵. (ترجمه)

[64] - ترجمه، بالیوزی، صص ۴۰۱ –۳۸۸.

savi_abdulbaha_egypt.pdf۱۴http://irfancolloquia.org/pdf/lights

[65] - ترجمه، نقل قول از سید اسدالله قمی نقل شده درکتاب «عبدالبهاء در مصر»؛ ربانی، ج ۲؛ ص۱۶

«مقام محترم، عالی‌جناب میرزا عباس افندی، فاضل و دانشمند، رئیس بهائیان در عکّا، مرکز مرجعیت بهائیان سراسر عالم به بندر اسکندریه۶۶ ورود فرمودند.۶۷»

در اوقات اقامت هیکل مبارک در مصر، روزنامه‌ها مشتاق و علاقه‌مند به ارتباط با حضرت عبدالبهاء شده بودند. در مصر نیز حضرت عبدالبهاء عادت اطعام به فقرا را ادامه دادند. این ایّام مصادف با ایّام محرّم بود که در آن ماه، شهادت امام حسین (ع) واقع شده است. به همین علت، حضرت عبدالبهاء مجالسی برای احترام به امام حسین (ع) برپا داشتند.۶۸

در اسکندریه قبل از نقل‌مکان به منزلی استیجاری، در هتل ویکتوریا اقامت می‌فرمودند و سپس در اوایل ماه می میلادی، هیکل مبارک به قاهره تشریف برده و در ناحیه زیتون سکونت فرمودند. در هیجان و هیاهوی شهر حضرتش با تنی چند از رجال مهم ازجمله مفتی اعظم و یک پروفسور که قبلاً در بیروت ملاقات نموده بودند درباره‌ی اصلاحات و تغییرات اجتماعی صحبت فرمودند.

با تحت تأثیر قرار دادن دیگر متفکّران مسلمان و یا افرادی از طبقات تحصیل‌کرده در مصر، در جستجوی یافتن راهی در میان عالم اسلام و عرب بودند.

یک خبرنگار آمریکایی به نام ویلیام الیس۶۹ با حضرت عبدالبهاء مصاحبه نمود و از ایشان سؤال کرد که پیروان شما چند نفر هستند، هیکل مبارک پاسخ فرمودند:

«ما هیچ آماری نداریم و البتّه این امور را حائز اهمیّت نمی‌دانیم. چیزی که اهمیّت دارد کیفیت ایمان مؤمنین است. آنچه باارزش است اینکه افراد، حتّی تعداد کمی، بر اساس تعالیم و شیَم الهیه رفتار و زندگی کنند. پنج قطعه الماس از پنج میلیون سنگ‌ریزه باارزش‌تر است.۷۰»

در ماه می، حضرت عبدالبهاء به سمت قاهره حرکت فرمودند و سه ماه در آنجا اقامت داشتند. در طی ملاقات نفوس برجسته با هیکل مبارک، عباس دوّم،

Alexandria - ۶۶

۶۷ - نقل از شیخ علی یوسف در: سهراب، احمد[میرزا]؛ عبدالبهاء در مصر؛ ص ۷.

۶۸ - سهراب، احمد[میرزا]؛ عبدالبهاء در مصر؛ ص ۱۴۱.

William Ellis- ۶۹

۷۰ - عبدالبهاء در مصر، ربانی، ص ۲۲.

نایب‌السلطنه عثمانی در مصر به زیارت مشرف شد. حضرت عبدالبهاء در ماه جولای به اسکندریه مراجعت فرمودند و در ۱۱ آگست ۱۹۱۱ با کشتی «اس اس کورسیکا» به‌سوی بندر مارسی در اروپا حرکت فرمودند.

زمان اقامت مبارک در مصر برخی از اعضا عائله‌ی مبارکه به حضور مشرّف شدند. در سپتامبر ۱۹۱۰ حضرت شوقی افندی نیز مدتی را در حضور مبارک سپری فرمودند. احتمالاً حضرت شوقی ربّانی در ماه آوریل سال ۱۹۱۱ بازگشتند، چه که بر اساس دست‌نوشته‌های لویی گریگوری، قبل از ورود، با دو نوه‌ی حضرت عبدالبهاء، شوقی و روحی، ملاقات نموده است.

احمد سهراب در خاطراتش درباره‌ی ملاقات عائله‌ی مبارکه در آن ایّام چنین می‌نگارد:

«حضرت ورقه‌ی علیا، خواهر حضرت عبدالبهاء، دخترشان، حضرت شوقی افندی و پنج شش نفر دیگر از حیفا ورود نمودند. حضرت محبوب برای دیدار ما تشریف آوردند. به اندازه‌ی یک ساعت جلوس فرمودند یک فنجان قهوه نوشیدند و سپس به منزل خود تشریف بردند؛ زیرا تازه‌واردینی برای زیارتشان آمده بودند. حضرت عبدالبهاء قبلاً در سال ۱۸۹۲ حضرت ورقه‌ی علیا را همراه با بزرگ‌ترین دختر خویش، ضیائیه خانم، به مصر فرستاده بودند تا بتوانند بر غم و سوگ از دست دادن پدر بزرگوارشان فائق آیند. در این مدّت به‌عنوان میهمان حاج میرزا حسن خراسانی در مصر تشریف داشتند.»۷۱

همچنین دومین و سومین دختران حضرت عبدالبهاء، طوبی خانم و روحا خانم هم در زمان اقامت حضرت عبدالبهاء در مصر به زیارت ایشان آمدند. احمد سهراب در خاطراتش می‌نویسد که در ۱۹ جولای ۱۹۱۳ روحا خانم به سمت قاهره حرکت کردند و در ۲۴ جولای ۱۹۱۳ طوبی خانم در رمله به همراه حضرت عبدالبهاء بودند. بعدازظهر همان روز ۴ نفر بهائی به مصر وارد شدند.

بر اساس خاطرات روحیه خانم، منیره خانم همسر حضرت عبدالبهاء احتمالاً به همراه حضرت ورقه‌ی علیا و چند نفر دیگر ازجمله کسانی بودند که اوّل آگست به

<hr>

۷۱ - همان؛ ص ۳۱۷.

مصر وارد شدند. منیره خانم قبلاً نیز در سال ۱۸۹۸ و طی سال‌های بعدازآن به‌منظور مراقبت‌های سلامتی به مصر سفر کرده بودند. همچنین در خاطرات سهراب می‌خوانیم حضرت عبدالبهاء با یک رأفت و عطوفت بی‌نهایت نسبت به پسرعموهایشان، آنها را به حضور پذیرفتند:

«امروز دو زائر (میرزا فضل‌الله پسر بزرگ‌ترین برادر حضرت بهاءالله از ایران و یک جوان بهائی از دمشق وارد شدند. به‌محض استماع ورود پسرعمویشان، حضرت عبدالبهاء ایشان را به حضور صدا زدند و او را غرق محبت بی‌اندازه نمودند. آنجا نبودم که صحنه را به چشم خود ببینم و بیانات و کلمات مبارک را بشنوم؛ امّا علی‌اکبر (نخجوانی) به من گفت که سرکار آقا درباره‌ی ایّام کودکی‌شان صحبت فرمودند. از آن مواردی که واقعاً دوست داشتم بشنوم.»۷۲

حضرت عبدالبهاء، زمستان آن سال را از ۲ دسامبر ۱۹۱۱ تا مارچ ۱۹۱۲ در اسکندریه اقامت داشتند. در همین دوران دعوت‌نامه و تقاضاهای متعدّدی از جانب بهائیان آمریکا، مجامع صلح، رهبران مذهبی برای تشریف‌فرمایی به آمریکا دریافت نمودند.

احتمالاً اقامت حضرتش در مصر موجب تأثیرات شگرفی بود، چراکه در سال ۱۹۲۱ که صعود مبارک واقع شد این خبر در روزنامه‌های مصری پوشش گسترده‌ای داشت.

مروری بر اقامت حضرت عبدالبهاء در غرب

در سال ۱۹۱۱ حضرت عبدالبهاء بعد از تجدیدقوای جسمانی، سفر خطیر خود را به سمت غرب، آغاز فرمودند. حضرت ولیّ محبوب امرالله وضعیّت و شرایط هیکل مبارک در زمان عزیمت به‌سوی غرب را چنین توصیف فرموده‌اند:

«آن هیکل انور بمجرّد استخلاص از حبس و استقرار رمس اطهر حضرت باب در آرامگاه ابدی خود و فراغت و اطمینان خاطر از لحاظ آن ودیعۀ الهیّه در عقد سابع از حیات مقدّس خویش قیام فرمود و با آنکه در اثر تتابع محن و بلایا و صرف ایّام

مبارک در غربت و اسارت و وجود غوائل و مشاغل بی‌پایان علل و امراض مختلفه بر هیکل انورش طاری گردیده و قوای جسمانی بکلّی تحلیل رفته بود آن منادی ملکوت با همّت و استقامت بی‌نظیر اراده فرمود تا آخرین رمق حیات را در سبیل خدمت امر محبوب ایثار نماید و بانجام خدمت و رسالت عظیمی که در قرن اوّل بهائی بیمثل و عدیل است مبادرت ورزد.»۷۳

در این «سفر مقدّس [که]۷۴ فصل بدیعی در تاریخ قرن اوّل بهائی مفتوح و دورهٔ نوینی در عالم بسط و اشاعهٔ آئین جمال اقدس ابهی ایجاد نمود ...»۷۵ به کشورهای فرانسه، انگلستان، آلمان، اتریش، مجارستان و ایالات‌متحده آمریکا و کانادا تشریف بردند.

«هیکل مبارک طیّ اسفار مذکور در مجامع و محافل و کنائس و معابد و دارالفنون‌ها و معاهد علمیّه در حضور جماعات کثیره از فلاسفه و دانشمندان و ارباب علوم و صنایع و رؤسای ادیان و اعاظم رجال و اکابر قوم از هر طبقه و مرتبه که در بعضی موارد عددشان از هزار تجاوز مینمود تعالیم اساسیّه و اصول و مبادی سامیهٔ اب بزرگوارش را که در کتاب مستطاب اقدس تنزیل یافته بود بآهنگی بدیع و بیانی بلیغ و قدرتی بی‌مثل و عدیل اعلام و سیاست الهیّه را بملل و نحل عالم همچنین برهبران و زمامداران افکار عمومیّهٔ بشریّه علی رؤوس الاشهاد ابلاغ فرمودند.»۷۶

ابتدا به بندر مارسی۷۷ در فرانسه ورود فرموده و سپس به سوییس۷۸ در کنار دریاچه ژنو۷۹ تشریف بردند. در سپتامبر ۱۹۱۱ بنا به دعوت لیدی بلامفیلد۸۰ به

***

۷۳ - ربانی، شوقی؛ قرن بدیع، صص ۵۶۰- ۵۵۹.

۷۴ - " که" توسط مترجم اضافه شده است.

۷۵ - همان؛ صص ۵۶۱-۵۶۰.

۷۶ - همان؛ صص ۵۶۴- ۵۶۳.

Marseilles- ۷۷

Switzerland- ۷۸

Geneva- ۷۹

Lady Blomfield- ۸۰

لندن سفر فرمودند و در سالن معبد شهر۸۱ بنا به تقاضای پیشوای روحانی آن مکان، خطابه‌ای درباره‌ی وحدت اساس انبیای الهی خطابه ایراد فرمودند.

در طی هفته، خطابه‌ی دیگری در کلیسای «سنت جان»۸۲ وست مینستر۸۳ ایراد فرمودند که باعث اشتیاق مردم برای ملاقات با ایشان گردید.

بعد از یک ماه اقامت در لندن، در چهارم اکتبر به فرانسه تشریف بردند. در این شهر نیز هیکل مبارک هم در مجامع عمومی و هم در مجالس خصوصی شرکت فرمودند. در این مجامع و مجالس که توسط آقا و خانم دریفوس۸۴ ترتیب داده شده بود، هم بهائیان و هم افرادی که مایل به شنیدن حقیقت امر مبارک بودند، حضور داشتند. در دوّم دسامبر به مصر مراجعت فرمودند. این مراجعت به مدّت ۵ ماه در طول زمستان به طول انجامید تا شرایط جسمانی لازم را برای ادامه سفر به آمریکای شمالی احراز فرمایند. سفر آن حضرت به آمریکای شمالی در آوریل ۱۹۱۲ آغاز شد.

در پاسخ به دعوت‌نامه‌های بسیار زیاد از طرف احبّای آمریکا و همچنین نهادهای صلح هم در آمریکا و هم در کانادا چنین مرقوم فرمودند:

«هوالله ای احبّای الهی و کنیزان عزیز حق عبدالبهاء را نهایت اشتیاق بملاقات ولی مجبور مراجعت بشرق بشرم هستم زیرا بجمّ غفیری وعده نموده‌ام که با آنان ملاقات کنم و آنان از راه دور می‌آیند و اگر ملاقات حاصل نشود مأیوس می‌گردند لهذا مراجعت به مصر می‌شود امیدوارم که در بهار موانعی حاصل نشود تا بنهایت روح و ریحان محض ملاقات یاران بامریکا بشتابم تا اسباب سروری فراهم آید و بشارات ملکوت ابهی احاطه کند محافل و مجامع بفیض شمس حقیقت روشن گردد و مشامها به نفحات قدس معطّر شود دلها بشور و وله آید و جانها منجذب به ملکوت ابهی شود فیض روح القدس احاطه کند و در حیّز ناسوت انجمن لاهوتیان تشکیل گردد».۸۵

<hr>

City Temple -۸۱

St. John -۸۲

Westminster -۸۳

Mr and Mrs Dreyfus -۸۴

۸۵ - نجم باختر، جلد ۲؛ شمارۀ ۱۴ و ۱۵ و ۱۶، ص ۵.

در مدّت اقامت دویست‌وسی‌ونه‌روزه حضرت عبدالبهاء از آوریل تا دسامبر ۱۹۱۲، به چهل شهر در آمریکای شمالی سفر فرمودند. در طیّ این اسفار در صدها مجمع عمومی شرکت فرموده، با افراد از نژادهای مختلف، ادیان متفاوت و همچنین نهادهای گوناگون ملاقات داشتند.

پوشش خبری بسیار گسترده‌ای از شرح ملاقات‌ها و خطابه‌های حضرت عبدالبهاء در روزنامه‌ها داده شد. در طیّ این مقالات خبری، توضیحات عمومی و کلی درباره‌ی دیانت بهائی، شرح از حیات حضرت عبدالبهاء و بیانات و فعالیت‌های ایشان منعکس می‌گردید. بالغ بر یک‌هزاروصد گزارش خبری در مجلّات و مقالات و خبرنامه‌ها (بیشترین آماری که در شهر مونترال۸۶ کانادا وجود داشت.) در زمان حضور حضرت عبدالبهاء به چاپ رسید و این گویای تأثیر عمیق هیکل مبارک بر افکار عمومی بود.۸۷

حضرتش در این خطابات، به بسیاری از موضوعات اشاره فرموده‌اند که نه‌تنها در آن زمان؛ بلکه مبتلابه زمان حال نیز هست. مسائلی از قبیل نژادپرستی، فقدان روحانیّت و معنویّت در دنیای مادّی و رجحان تمدّن غربی مانند امپراتوری بریتانیا، آلمان، روسیه و امپراتوری عثمانی که در جهان گسترش یافته بودند. این بیانات در زمان خود بسیار انقلابی محسوب می‌شدند زیرا موضوعاتی از قبیل وحدت نوع بشر، محبّت و احترام متقابل میان همه‌ی انسان‌ها، وحدت نژادی، تساوی زن و مرد، اتّحاد همه ادیان، صلح جهانی، درمان مشاکل اقتصادی با راه حل‌های روحانی، محور اصلی بیانات و خطابات ایشان بود.

در تاریخ ۵ دسامبر ۱۹۱۲ آمریکا را برای مرتبه دوّم به مقصد لندن ترک فرمودند. در طیّ این سفر، خطابات عمومی بسیاری در لندن، آکسفورد۸۸، ادینبورگ۸۹ و دیگر شهرها ایراد فرمودند.

---

۸۶ -Montreal

۸۷ - اقتباس از: تأثیر اسفار حضرت عبدالبهاء؛ ایگا؛ سفینه عرفان، جلد ۱۲؛ صص ۱-۲۶.

۸۸ -Oxford

۸۹ -Edinburgh

در آکسفورد دکتر «توماس کلی چین»[90] متخصص و پروفسور در رشته‌ی الهیات، از هیکل مبارک برای ادای خطابه دعوت نمود و چنان مجذوب و شیفته‌ی حضرت عبدالبهاء گردید که به دیانت بهائی مؤمن گردید.

در ۲۲ ژانویه سرکار آقا به پاریس ورود فرمودند. بعد از چند هفته اقامت به‌جانب آلمان حرکت نمودند تا با مؤمنین ساکن در شهرهای اشتوتگارت[91] و اسلینگن[92] را دیدار فرمایند. به این منظور ابتدا با قطار به وین در اتریش تشریف بردند و بعد از یک هفته اقامت در طیّ مسیر، وارد شهر بوداپست در مجارستان گردیدند. بیشتر ایّام ماه می در فرانسه تشریف داشتند تا اینکه در ۱۲ جون ۱۹۱۳ از مارسی فرانسه به سمت پورت سعید و سپس اسکندریه در مصر حرکت فرمودند.

به خاطر کسالت جسمانی، مجبور به اقامت چندماهه در مصر گردیدند. با اجازه هیکل مبارک، حضرت ورقه‌ی علیا و چند نفر از عائله‌ی مبارکه برای دیدار مجدّد بعد از یک دوره فراق و جدائی طولانی به اسکندریه وارد شدند و سپس همگی به حیفا مراجعت کردند. پس از مدّتی نه‌چندان طولانی جنگ جهانی اوّل آغاز شد. آغاز جنگ، عواقب زیان‌باری برای آن نواحی به همراه داشت که از مهم‌ترین آنها می‌توان به قحطی و کمبود غذا اشاره کرد. با درایت و خدمات هوشمندانه و اقدامات خطیر حضرت عبدالبهاء همه اهالی آن منطقه از قحطی جان سالم به دربردند.

<hr>

Dr. Thomas Kelly Cheyne -۹۰

Stuttgart -۹۱

Esslingen -۹۲

سفر حضرت عبدالبهاء در اروپا، لندن

در آن سال‌ها یک نگرانی عمیق در بین اروپاییان به خاطر خطر وقوع جنگ در قاره‌ی اروپا موج می‌زد. نگرانی دیگر، درگیر شدن آمریکا در این جنگ بود. در مسیر تجدّد در میان اروپاییان، گونه‌های جدیدی از هنر و افکار فلسفی جدیدی سر برآورد. عقاید سیاسی و اقتصادی نوظهور پدید آمد و عقاید مذهبی جدیدی شکل گرفت.

در خطابات مبارک در لندن، حضرت عبدالبهاء از این مواضیع و مسائل موردبحث روز، صحبت فرمودند. به ظهور حضرت بهاءالله بشارت دادند و به تشریح تعالیمش پرداختند.

در اولین بیانات مبارک خطاب به اهالی غرب صحبت از وحدت نوع بشر و اختتام منازعه بین ملل در این عصر جدید فرمودند:

«... این روز روز بدیعست و این عصر عصر خداوند عزیز عنقریب جهان بهشت برین گردد روز وحدت عالم بشر است و اتّحاد جمیع ملل تعصبات مورث جهالت بود و اساس ضدیت بشر عنایت خداوند این روز فیروز را محقق فرمود عنقریب وحدت عالم انسانی در قطب آفاق موج زند جدال و نزاع نماند صبح صلح اکبر بدرخشد جهان جهان تازه شود و جمیع بشر برادران گردند و کافهٔ ملل رایات جلیل اکبر شوند.»۹۳.

در بیانات مبارک خطاب به تیاسوفی‌ها (جنبش مذهبی برگرفته از افکار هلنا بلاواتسکی که ملغمه‌ای از عناصر فلسفه‌ی شرق و غرب بود) پیشنهاد صلح را مطرح فرمودند:

«از شش هزار سال پیش تاکنون جمیع ملل با یکدیگر در عناد و نفرت بودند. حال وقت آن است که این خاتمه پیدا کند. جنگ باید متوقف گردد. همه باید یار و متحد یکدیگر باشند و نتایج آن را ملاحظه نمایند. همگی از اثرات سو جنگ آگاهیم. لذا بیایید محض امتحان هم که شده صلح را اختیار کنیم. اگر نتایج صلح نامطلوب بود مجدداً به عادت جنگ بر می‌گردیم. در هر حال این امر را امتحان کنیم. اگر ملاحظه گردید که وحدت موجد نور است این روش را ادامه می‌دهیم. در مدّت شش هزار سال سمت چپ حرکت کردیم حال زمان حرکت در سمت راست است. قرون بسیاری در تاریکی ظلم و حرب طی شده حال وقت ترقی به‌سوی نور است.»۹۴.

---

۹۳ - عبدالبهاء؛ خطابات حضرت عبدالبهاء، جلد ۱؛ ص ۲۰.

۹۴ - عبدالبهاء؛ عبدالبهاء در لندن؛ صص ۲۰-۱۹. (ترجمه)

در کلیسای جامع وست مینستر، حضرتش به دعوت معاون اسقف، برای جماعتی از نفوس خطابه‌ای ایراد فرمودند که به تشریح وحدت الهی پرداختند و توضیح فرمودند که همه ادیان از منشأ واحد نازل شده‌اند و بنابراین واحد هستند، این عقیده بسیار موردپذیرش قرار گرفت.

«مظاهر الهیه حکایت از فیوضات غیبیه می‌نمایند و انعکاس شمس حقیقتند زیرا حقیقت الوهیت مقدس از ادراک بشر است آنچه بتصور انسان آید صور خیالیه است و وجود ذهنی دارد نه حقیقی و محاط است ولی انسان وجود حقیقی دارد و محیط است پس الوهیتیکه از مدرکات عالم انسانی است تصورات خیالیهٔ محض است نه حقیقت الوهیت زیرا حقیقت الوهیت محیط است نه محاط وجود حقیقی است نه وجود ذهنی مثال این مطلب اینکه با وجودیکه جماد و نبات و حیوان و انسان جمیع از حقایق امکانست معذلک جماد از عالم حیوان خبر ندارد و تصور آن نتواند و ادراک نکند و همچنین نبات هر قدر ترقی نماید و در نهایت درجهٔ کمال جلوه کند از عالم حیوان خبر ندارد و ادراک ننماید بکلی بیخبر است سمع و بصر ندارد ادراک و تفکر نتواند و همچنین حیوان آنچه در رتبهٔ خویش ترقی نماید و حواس و احساسات درنهایت قوت باشد باز از قوهٔ عاقلهٔ انسان خبر نگیرد و تصور نتواند بلکه اسیر محسوس است مثلاً حیوان حرکت ارض و سکون آفتاب را ادراک نکند و کرویت ارض را تصور نتواند و قوهٔ کهرباء ادراک ننماید و مادهٔ اثیریه را بخاطر نیارد با وجودیکه جماد و نبات و حیوان و انسان کل از حقایق امکانیه اند ولی تفاوت مراتب مانع و حائل که مادون ادراک حقیقت مافوق نماید با وجود این چگونه حقیقت حادثه ادراک حقیقت قدیمه نماید».۹۵

«... این واضح و مشهود است که ممتنع و محال است ولی حقیقت الوهیت شمس حقیقت تجلی بر آفاق نموده و بجمیع اشیاء پرتوی انداخته هر شیئرا از این فیض بهره ئی امّا حقیقت انسانیه که جامع کمالات جمادی و نباتی و حیوانی است و فضلاً علی ذلک حائز کمالات انسانیست اشرف کائناتست لهذا محیط بر جمیع

---

۹۵ - عبدالبهاء؛ خطابات حضرت عبدالبهاء، ج ۱؛ صص ۲۷-۲۶.

ممکنات است حقایق و اسرار و خواص موجودات را که سر مکنون و رمز مصون است کشف نموده از حیّز غیب بحیّز شهود آورده ...».۹۶.

«... فرد کامل بمنزلهٔ آینه است درنهایت لطافت و صفا و مقابل شمس حقیقت لهذا نور ربوبیت کمالات الهیه در این مرآت صافیه بأشد ظهور واضح و آشکار حال اگر بگوئیم در این آینه آفتابست مقصد آن نیست که آفتاب از علوّ تقدیس خویش نزول نموده و در این آینه حلول کرده زیرا این محالست قلب ماهیت ممکن نه قدیم حادث نگردد و حادث قدیم نشود بلکه آن حیّ قدیم تجلّی در این آینه نموده و حرارت و انوارش تابیده و درنهایت جلوه و ظهور است».۹۷.

نگرانی عمومی دیگر راجع به موضوع مرگ بود. مقتضای جامعه‌ی صنعتی، نوگرا و مدرن غرب که به تضعیف روحیه‌ی دین‌گرایی و عدم اطمینان به دین قیام نموده بود باعث این امر شده بود.

«روزی یکی از احبّاء از حضرت عبدالبهاء سؤال کرد مرگ را چگونه باید نگریست؟ حضرت عبدالبهاء فرمودند: «در سفر به مقصد چگونه نگاه می‌کنید؟ با امید و انتظار. همین حالت در خصوص انتهای این سفر دنیوی نیز صادق است. در عالم بعد انسان خود را از بسیاری از ناتوانایی‌هایی که در این عالم از آن رنج می‌برد فارغ و آزاد مشاهده می‌کند. نفوسی که مرگ را دریافته و به عالم بعد شتافته‌اند عالمی از برای خود دارند. از میان ما نرفته‌اند کار آنها کار عالم ملکوت همان کار ماست؛ امّا ازآنچه زمان و مکان می‌نامیم فارغ است. زمان در عالم ما با گردش خورشید محاسبه می‌شود. وقتی دیگر طلوع و غروبی نباشد آن نوع زمان هم برای انسان وجود نخواهد داشت کیفیت نفوسی که صعود کرده‌اند با خصائص نفوسی که هنوز در قید حیات عنصری هستند تفاوت دارد امّا جدائی واقعی در بین نیست. در دعا موضع و وضعیت در هم می‌آمیزد. برای آنها دعا کنید همان‌طور که آنها برای شما دعا می‌کنند. وقتی واقف نیستید امّا در حالتی از استعداد پذیرش هستید و مشکلی دارید آنها قادرند راه‌حل‌هایی به شما بدهند. این حالت گاهی در خواب واقع می‌شود امّا هیچ تبادل محسوسی اتفاق نمی‌افتد. آنچه تبادل محسوس تصور می‌شود توضیح دیگری دارد.»

---

۹۶ - همان؛ صص ۲۸-۲۷.

۹۷ - همان؛ صص ۲۹-۲۸.

سائل فریاد زد: «امّا من صدا را شنیدم.» حضرت عبدالبهاء فرمودند: «بله امکان دارد ما در رؤیا صداها را به‌وضوح می‌شنویم. این شنیدن با گوش عنصری نیست روح کسانی که درگذشته‌اند از حیات محسوس فارغ است و از وسایل عنصری استفاده نمی‌کند. ابداً امکان ندارد این قبیل امور را در کلام بشری بیان کرد زبان انسان زبان اطفال است و توضیح انسان غالباً به انحراف می‌رود.» ...«۹۸

در روز دیگر موضوع صحبت هیکل مبارک درباره‌ی مادّی‌گرایی بود و از آن به‌عنوان زندان واقعی یاد فرمودند.

«تجملات آزادی ارتباط را از بین برده است. نفسی که همیشه در حبس تمنیات است ناخشنود می‌گردد. اطفال ملکوت خود را از قید تمنیات آزاد می‌سازند. همه قیود را از میان بردارید و در جستجوی شادی و حقیقت روحانی باشید. آن زمان است که اگرچه در زمین سالک هستید امّا خود را افق ملکوت مشاهده خواهید کرد. برای بشر تنها این راه امکان‌پذیر است. هر زمان که طبیعت را ملاحظه نمایید می‌بینید همگی تحت نظام و اسیر طبیعتند. پرنده اسیر در هوا است. ماهی اسیر دریا. انسان به همه موجودات می‌نگرد و می‌گوید من شما را بندگان خود می‌سازم. بر شما حکم می‌رانم. قوه الکتریسیته را حبس می‌کند و از قوه آن نور تولید می‌کند یا به دورترین مکانها مخابره می‌کند. امّا همین انسان ممکن است اسیر همان اشیایی شود که خود تولید نموده است. ولادت حقیقی و ثانویه وی آن زمانی است که از قید همه اشیا و لوازم مادی آزاد باشد.»۹۹

فرانسه

هیپولیت دریفوس بارنی و همسرش لورا، جهت اقامت حضرت عبدالبهاء در فرانسه یک آپارتمان بزرگ و جادار تهیّه کرده بودند. این آپارتمان در مجاورت باغ تروکادرو ۱۰۰ بود و حضرت عبدالبهاء جهت رفع خستگی و تجدیدقوا در بین جریان مداوم ملاقات‌ها برای پیاده‌روی به این پارک تشریف می‌بردند. به خاطر عشق بیکران

---

۹۸ - Abdu'l-Baha In London, p ۹۵. (ترجمه)

۹۹ - همان؛ ص ۸۷.

۱۰۰ -Trocadero Gardens

ایشان به فقرا، به محلّات فقیرنشین پاریس، سرکشی می‌فرمودند. در جریان یکی از این ملاقات‌ها مردی با جثّه‌ای درشت درحالی‌که تکّه‌ای نان در دست داشت به نزدیک هیکل مبارک آمد و با صدای بلند فریاد می‌زد: «راه را بازکنید او پدر من است. راه را بازکنید». حضرت عبدالبهاء به‌آرامی حرکت می‌فرمودند و با تبسّمی مهربانانه به فقرایی که مرتباً به جمعیتشان افزوده می‌شد؛ نگاه می‌کردند.

صبح هنگام، نفوس مختلف با سوابق دینی گوناگون کنار هم می‌آمدند تا سخنان حکیمانه ایشان را به گوش جان بشنوند. افرادی از تیاسوفی‌ها، لاادری‌ها، مادی‌گرایان، معنویت‌گرایان، دانشمندان مسیحی، مصلحان اجتماعی، هندوها و صوفی‌ها، مسلمانان، بودایی‌ها، زرتشتی‌ها، تحصیل‌کرده‌ها و بی‌سوادان. بیانات ایشان توسط هیپولیت دریفوس از فارسی به فرانسه ترجمه می‌شد و لیدی بلامفیلد هم به همراه دختر و یکی از دوستانش از بیانات نسخه‌برداری می‌کردند. این مجموعه‌ها بعدها به انگلیسی ترجمه شد و تحت عنوان «خطابات پاریس» ۱۰۱ منتشر گردید.

در فرانسه حضرت عبدالبهاء مجدداً پیشنهاد خود درباره‌ی صلح را بیان فرمودند:

«امروز حوادث ایتالیا و ترکیا را خواندم باز محاربهٔ جدیدی شده خون بیچارگان انسان از برای پست‌ترین چیزها ریخته میشود از برای این خاک سیاه همدیگر را میکشند و حال اینکه مال هیچ‌کدامشان نیست چه بسیار از ملل و دول که زمین را تصرف کردند بعد در اندک زمانی از دستشان رفت در زمان شارلمان و ناپلیون اول فرانسه چه قدر ممالک فتح شد عاقبت چه نتیجه بخشید در اندک زمانی از دست رفت زمین ملک خداست جمیع ملل و دول مانند مستأجرند عاقبت از دست کل خواهد رفت (و لله میراث السّموات و الارض) برای اینمدت قلیله که مانند استئجار است با یکدیگر نزاع کنند جدال نمایند خونریزیها کنند نظیر سباع ضاریه و گرگان تیز چنگ یکدیگر را بدرند و حال آنکه خدا انسان را مظهر فضائل عالم انسانی خلق نموده که سبب راحت و آسایش عالم بشود سبب محبت و الفت باشد نورانی باشد و عادل باشد انصاف داشته باشد تعدی نکند معاونت یکدیگر نمایند مهربانی بین بشر حصول پذیرد خدا اینطور می‌خواهد سبب سعادت عالم انسانی و

____

۶۵

عزّت بشر این است لکن وا أسفا که بشر برخلاف رضای خدا حرکت میکند در اموری میکوشد که سبب ذلّت بشر است سبب رسوائی عالم انسانیست».۱۰۲

«... میانهٔ انسان و حیوان مشابهتی نیست هرچند در امور جسمانی مشترکند لکن انسان دارای عقل است روزبروز افکارش علومش معارفش رو بترقیست ملاحظه کنید از قرون وسطی تا بحال چه قدر ترقی کرده چه مقدار صنائع و بدائع بظهور رسیده اگر جمیع صنائع و علوم و اکتشافات پنجاه قرن را با صنایع و اکتشافات این عصر مقابله کنند معادل یکسنهٔ این عصر نمیشود ... پس واضح شد که انسان همیشه رو بترقی بوده و سبب ترقی آن قوهٔ عاقله است و قوهٔ فیوضات الهیه ... دیگر امتیازی اعظم از این از برای انسان نمیشود این واضحست که انسان اشرف ممکناتست انسان آینهٔ نمایندهٔ حق است».۱۰۳

«افکار به دو قسم منقسمند. اوّل افکاری که تنها به عالم افکار تعلق دارد ثانی افکاری که خود را در عرصه عمل مشهود می‌نمایند. افکار برخی رجال و نسا در اوج تعالی است امّا اگر این افکار به منصه ظهور و عمل در نیاید بلا استفاده خواهد ماند. قوت افکار حقیقتاً به اظهار آن است. تکامل و وسعت افکار یک فیلسوف در قمیص به کارگیری آن افکار در آرا و اعمال مردمان دیگر است حتّی اگر خود نتواند آنها را در زندگی شخصی خویش به عینیت برساند. در این رتبه افکار اکثر فلاسفه از میزان عملشان متعالی‌تر است. این است تفاوت بین فلاسفه که معلمان روحانی محسوبند و آن فلاسفهای که فقط فیلسوفند. معلم روحانی اوّل شخصی است که تعالیم و آثارش را عمل می‌کند و تعالیم روحانی‌اش را در عالم واقعی عینیت می‌بخشد. افکار ملکوتی‌شان در جهان ظاهر می‌شود. فکر او مطابق ذات اوست و از هم تفکیک ناپذیرند. زمانی که یک فیلسوف درباره‌ی شکوه و اهمیّت عدل بیان می‌دارد و درعین‌حال حاکم مستبد را در اعمال ستمگرانه تشویق می‌کند فوراً پی می‌بریم که این فیلسوف به دسته اوّل تعلق دارد زیرا افکار متعالی دارد ولیکن این فضائل را در

۱۰۲ - عبدالبهاء؛ خطابات حضرت عبدالبهاء، جلد۱؛ ص ۸۸-۸۷.

۱۰۳ - همان؛ صص ۱۱۵-۱۱۴.

زندگی خویش به کار نمی‌بندند. درباره‌ی فلاسفه روحانی چنین امری مستحیل است زیرا هر آنچه در تعالیم و آرا خود بیان می‌دارد به منصه عمل می‌رساند.»۱۰۴

حضرتش تأکید فرمودند افکار متعالی هرگاه منضمّ به اعمال و استقامت گردند، می‌توانند جهان را تغییر دهند. هدف حیات یک فرد بهائی خدمت به دیگران و ساختن دنیای بهتر است.

«جمیع ملل عالم از حیثیت اقوال کاملند جمیع ذکر میکنند که محب خیرند جمیع میگویند صدق مقبولست و کذب مذموم امانت فضیلت عالم انسانیست خیانت ذلت عالم انسانی دلها را خشنود کردن خوبست نه دلها را شکستن مهربانی خوشست نه بغض و عداوت عدل خوب است نه ظلم رحمت خوبست نه زحمت حسن اخلاق خوبست نه سوء اخلاق نور مقبولست نه ظلمت علم عزت انسانست نه جهل کرم خوش است نه بخل توجه بخدا خوبست نه غفلت از خدا هدایت خوش است نه ضلالت و امثال ذلک ولی جمیع اینها در عالم قول می‌ماند عملی در میان نیست هر نفسی بهوی و هوس خود مشغول است هر کس در فکر منفعت خویش است ولو مضرت دیگران در آن باشد هر نفسی در فکر ثروت خود است نه دیگران هر کس در فکر راحت و آسایش خویش است نه سائران نهایت آرزوی ناس این است و مسلک شان چنین ولی بهائیان نباید چنین باشند بهائیان باید ممتاز باشند باید عملشان بیش از قولشان باشد بعمل رحمت عالمیان باشند نه بقول برفتار و کردار و اعمال خودشان اثبات صداقت کنند و اثبات امانت نمایند فضائل عالم انسانی را آشکار کنند نورانیت آسمانی را واضح نمایند اعمالشان فریاد برآرد که من بهائی هستم تا سبب ترقی عالم انسانی شوند اگر انسان باعمال بهائی قیام و رفتار کند هیچ قول لازم ندارد اعمالست که جهان را ترقی داده اعمالست که این مدنیت را ترویج کرده اعمالست که این صنایع را آشکار کرده اعمالست که این اکتشافات را ظاهر کرده اعمالست که عالم مادی را بایندرجه رسانده اگر چنانچه اعمال نبود اقوال بود آیا ممکن بود این مدنیت مادی حاصل شود پس باین برهان میتوانیم استدلال کنیم که روحانیات هم نظیر مادیاتست اعمال اهل ملکوت سبب حیات قلوب میشود نه اقوال اعمال خیریه سبب مسرت وجدان میشود فضائل عالم انسانیه

۱۰۴ ـ (ترجمه)Abdu'l-Baha, Paris Talks, pp ٤٣-٤٤.

سبب نورانیت بشر میشود پس شماها باید شب و روز تضرع و زاری کنید و دعا نمائید و از خدا بخواهید که موفق باعمال شوید نه اقوال توجه بخدا کنید مناجات کنید نماز کنید بکوشید بلکه عمل خیری از شما ظاهر شود هر فقیریرا سبب غنا شوید هر افتادئیرا دستگیر گردید هر محزونی را سبب سرور شوید هر بیماریرا سبب صحت شوید هر خائفی را سبب امنیت گردید هر بیچاره را سبب چاره شوید هر غریبی را ملجأ و پناه باشید هر بیسر و سامانیرا منزل و مأوی شوید اینست صفت بهائی اگر بآن موفق شویم بهائی هستیم اگر موفق نشویم خدا نکرده بهائی نیستیم».۱۰۵.

نفوس باید طبایع پست و حقیر را به مبارزه بطلبند. به این طریق به دام مادّه‌گرایی، غرور و تعصّب نمی‌افتند.

«... نفس ناطقه کاشف اسرار کائناتست ولی اگر از روح مدد گیرد و از روح استفاضه کند و الّا اگر مدد از روح به نفس نرسد آنهم مثال سائر حیواناتست چه مغلوب شهواتست اینست که ملاحظه میشود بعضی بشر بصفت بقر هستند حیوان محضند ابداً از حیوان امتیازی ندارند امّا اگر این نفس از عالم روح استفاضه کند آنوقت انسانیت او آشکار میشود پس معلوم شد نفس دو جنبه دارد یک جنبه جسمانی و یک جنبه روحانی اگر جنبه حیوانی غالب بر نفس شود از حیوان پست تر است اینست که در عالم بشر نفوسی می‌بینی که از حیوان درنده ترند از حیوان ظالم ترند از حیوان بدخو ترند از حیوان رذیلترند سبب اذیت بشراند سبب نکبت عالم انسانیتند مرکز ظلماتند ...».۱۰۶.

زمانی که وجوه خود را به‌سوی حق بر می‌گردانیم از روح حقیقی آکنده شده، به ملکوت الهی نزدیک‌تر می‌گردیم.

«... اگر جنبۀ روحانی غلبه بر نفس کند نفس قدسیه شود ملکوتیه شود سماویه شود ربّانیه شود جمیع فضائل ملأ اعلی در او طلوع کند رحمت خدا شود سبب آسایش عالم انسانی شود اینست فرق میانۀ نفس امّارۀ بالسّوء و نفس مطمئنه پس واضح شد که نفس واسطه است میانۀ روح وجسد مثل اینکه ساقۀ این درخت

---

۱۰۵ - عبدالبهاء؛ خطابات حضرت عبدالبهاء، جلد ۱؛ صص ۱۲۷-۱۳۰.

۱۰۶ - همان؛ ص ۱۶۸.

واسطه است میانهٔ این خاک و ثمر اگر این ثمر از این شجر ظاهر شود مظهر کمالات است بهمچنین اگر نفسی مؤیّد بروح شود آن نفس نفس مبارکست امّا اگر این شجر ثمری نداشته باشد همان نابت از خاک باشد سزاوار آتش است. اینمقام مثل است میگویم تا بفهمید امید از الطاف بی پایان الهی چنانست که روح شما غلبه بر نفس نماید تا نفوستان نفوس قدسیه شود تا کمالات آسمانی در تمام ظاهر شود پرتو شمس حقیقت در شما طلوع کند در انجمن عالم برفتار و گفتاری مبعوث شوید که شمع این عالم گردید نمی‌بینید جمیع بشر مشغول بعالم ناسوتند ابداً در فکر تهذیب اخلاق بفیض لاهوت نیستند ابداً در فکر اکتساب کمالات عالم انسانی نیستند بلکه مانند حیوانات منهمک در عالم شهوات هستند که بخورند و بنوشند و وسعت معیشت پیدا کنند بعینه مثل حیوان معلومست انسان باید در فکر معیشت باشد امّا نه اینکه فکرش محصور در معیشت تنها باشد باید فکرش بلند باشد و بفکر آن باشد که مظهر موهبت الهی باشد اکتساب کمالات معنوی کند و باخلاق آسمانی میانهٔ خلق ظاهر شود تا شخصی ملکوتی گردد و الّا ناسوتیست ایّامی چند مثل حیوان در این زمین گذران میکند و آخر میرود من از برای شما عالم دیگر میخواهم من میخواهم شماها روح مجسم شوید تا سبب حیات عالم انسانی گردید.»۱۰۷.

توجّه دقیق و تلاش مستمر لازم، زیرا ارواح ما همیشه یا در حال تقرّب یا دوری از درگاه الهی است.

«امشب باید ذکری از ترقی و بقای روح بشود هر شیء موجودی لابد بر اینست یا در ترقیست یا در تدنی در کائنات توقف نیست زیرا جمیع کائنات حرکت جوهری دارند یا از عدم بوجود آیند یا از وجود بعدم روند.»۱۰۸.

با انجام اعمال مستمری که با عشق الهی زینت یافته می‌توان جهان را به مکانی والا تبدیل ساخت.

«عشق و خلوص با تنفر در تضادند. چه مقدار وقایع معناداری این روزها در حال وقوع است! دائماً وجوه خود را به‌سوی خداوند بگردانید که نور جهان است. به همه عشق و محبت بورزید: محبت نفس روح الهی است که در قلب انسان جلوه می‌کند.

---

۱۰۷ - همان؛ صص۱۷۰- ۱۶۸.

۱۰۸ - همان؛ صص۱۴۳-۱۴۲.

شجاع باشید! پروردگار هیچ‌گاه بندگانش را که می‌کوشند و کار می‌کنند و دعا می‌خوانند به خودشان وا نمی‌گذارد. بگذارید قلوبتان با چنان میل و رغبتی آکنده باشد که آرامش و توازن به این جهان مصیبت زده به ارمغان بیاورد. سپس تاج موفقیت بر سر کوششهای شما گذاشته خواهد شد. با تجلی اخوّت جهانی، ملکوت الهی، صلح و امنیت بر زمین مستقر خواهد گردید. امروز در این جمع از نژادهای مختلفی حضور دارند، فرانسوی، آمریکایی، انگلیسی، آلمانی، ایتالیایی، خواهران و برادرانی که درنهایت توازن و دوستی در کنار یکدیگر هستند. بگذارید این اجتماع نمونه و مثالی باشد که حقیقتاً در جهان به وقوع خواهد پیوست. زمانی که ابناء الهی متوجّه شوند که همگی اوراق یک شجر، گلهای یک بوستان، قطرات یک بحر و ابنا یک پدر هستند که نامش عشق است.»۱۰۹

نام خداوند، عشق است و این حقیقت مشترک در تمام ادیان و تنها عامل برانگیزاننده در سرشت انسانی است. حضرت عبدالبهاء می‌فرمودند:

«در عالم مادّیات هر چند محبت موجود است ولی محدود است در عالم جسمانی وسائط و روابط محبت مشهود است ولکن وسائط مادی است محدود است و حال آنکه حقیقت محبت غیر محدود است چه‌طور میشود بوسائط محدوده حقیقت غیر محدوده بتمامها حاصل شود

ازجملهٔ وسائط محبت در عالم مادی ارتباط عائله ایست این معلومست که محدود است و محبتیکه قابل انفصال نباشد بتمامها حاصل نمیشود چه بسیار در یک عائله نهایت بغض و عداوت حصول یافته پس معلوم شد که رابطه عائله ئی تمام نیست و همچنین از جملهٔ روابط روابط وطنی است بعضی چون اهل یکوطنند در میان آنها محبت و الفت است آنهم کافی نیست چرا که محدود بوطن است (و ثانی) آنکه شاید بین ابناء وطن نهایت بغض و عداوت حاصل شود (ثالثاً) روابط جنسی است آنهم محدود است احتمال دارد در میان جنس عداوت واقع شود (رابعاً) روابط اتحاد وحدت منافعست چون منافع مختلف گردد زائل می‌شود (خامساً) وحدت سیاسیست که سبب الفت و محبت می‌شود آنهم یکوقتی است که وحدت سیاسی به هم می‌خورد پس معلوم و محقق شد روابط مادیه از برای الفت بین بشر کافی

<hr>

۱۰۹ (ترجمه) Abdu'l-Baha-,Paris Talks, pp ۷-۸. –

نیست محتاج یکقوّهٔ دیگر است که آن جمیع بشر را بیکدیگر التیام دهد و مورث نهایت محبت شود و باید غیرمحدود باشد شبههٔ نیست که این قوّهٔ روح القدس است و این سبب وحدت است که جمیع بشر را در ظل کلمهٔ واحده جمع کند هیچ قوهئی جز این قوّهٔ ملکوتیه نتواند که جمیع بشر را انجمن واحد کند و روابط محبت را محکم و متین نماید لهذا باید جمیع بکوشیم تا در میانهٔ بشر نورانیت الهی حاصل شود نفثات روح القدس تأثیر کند نورانیت آسمانی پرتو افکند تا اینکه این قلوب بشر بتمامه بیکدیگر ارتباط تامّ حاصل کند اینست اساس محبت حقیقی و الّا محبت بی سبب حاصل نشود باری شما را نصیحت میکنم وصیت مینمایم من میانهٔ شما چند روزی هستم میروم نمی‌مانم شما اسیر مادیات نباشید از این قیود آزاد باشید زیرا حیوان اسیر مادیات است انسان اسیر مادیات نیست خداوند او را آزاد کرده نگاه کنید به بینید جمیع کائنات ابداً از عالم طبیعت تجاوز نتوانند اسیرند ولی انسان از اسارت آزاد است زیرا طبیعت را خرق میکند مثلاً ملاحظه کنید انسان باقتضای طبیعت ذی روح خاکیست ولی در هواء پرواز میکند این خلاف طبیعت است بر روی دریا جولان میدهد در زیر دریا سیر میکند این خارق قانون عمومی طبیعت است حقایق اشیا بمقتضای احکام طبیعت سرّ مکنون و رمز مصون ولی انسان بقوّهٔ کاشفه آن را ادراک مینماید بقوّهٔ قاهره آن را از حیّز غیب بعرصهٔ شهود میآورد اینها جمیع دلیل بر این است که انسان اسیر طبیعت نیست بلکه خارق طبیعت است لهذا شما باید بقوّهٔ الهیه بکوشید تا وحدت عالم انسانی در انجمن عالم جلوه نماید نه بقوای مادیه بل بوسائط و روابط معنویه در قلوب انسان القای محبت نمائید اگر نفسی را دوست دارید سبب آن وحدت عائله و وحدت وطن و وحدت جنس نباشد بلکه باید نفوس را از برای خدا دوست داشته باشید هر نفس کاملیرا دوست داشته باشید ولو از وطن شما و عائله شما نباشد تا باین وسائط بتوانید بعالم انسانی خدمت کنید عالم انسانی را نورانی نمائید و بنیان این ظلمات بغض و عداوت را براندازید جمیع بشر در ظل علم وحدت انسانی جمع شوند و تأییدات آسمانی برسد و فیوضات ربانی حصول یابد تا ملکوتی شوید رحمانی شوید و همت را بر این بگمارید ابداً نگوئید این انگلیسی است این آلمانی است این فرانسه ایست این ایطالیائیست ابداً این اذکار را بر زبان نرانید همه بندگان خدائید و کنیزان او این میزان کل باشد ابداً در محفل الفت معلوم نشود که کی فرنساست و کی ترک است و کی آلمان و

کی انگلیس و کی فرس فکرتان این باشد یقین است که خدا از شما راضی میشود تأییدات آسمانی میرسد ...».۱۱۰

در طی روزهای متمادی، حضرت عبدالبهاء، برخی مبادی روحانی تعالیم حضرت بهاءالله را به احبّای فرانسه تعلیم فرمودند، ازجمله تحرّی حقیقت، وحدت بشر، دین باید سبب الفت و محبت باشد، تطابق علم و دین، ترک تعصّبات، مساوات بشر در دیدگاه قانون، صلح جهانی، عدم مداخله دین در سیاست، تساوی زن و مرد، تحصیلات زنان، تساوی در حقّ حیات و قدرت روح الهی. هیکل مبارک همچنین در فرانسه که مهد اعتقادات کاتولیک‌های اروپا و مسیحیان سراسر جهان بود معانی دقیقه و حقیقی ابر (سحاب) را که پسر خداوند بر آن نزول خواهد فرمود بیان فرمودند.

«در انجیل میفرماید هر وقت مسیح میآید سوار بر ابر است جمال مبارک در تفسیر این آیه میفرماید حضرت مسیح دفعهٔ اولی هم که آمد سوار بر ابر بود چرا که میفرماید من از آسمان آمده‌ام امّا بحسب ظاهر از رحم حضرت مریم آمده بود در انجیل میفرماید بآسمان کسی صعود مینماید که از آسمان آمده کسیکه از آسمان نیامده به آسمان نمیرود و من از آسمان آمده‌ام و حال اینکه از رحم مریم آمده بود پس معلوم شد که مقصد از آسمان این فضای نامتناهی نیست سماء ملکوت است مسیح از آنجاست اما وقتی آمد سوار بر ابر بود ابر یعنی جسم بشری زیرا همینطور که ابر مانع از مشاهدهٔ آفتاب است همینطور بشریت مسیح مانع از مشاهدهٔ آفتاب حقیقت مسیح بود نصّ انجیل موجود که میگفتند این شخص ناصریست و میگوید من از آسمان آمده‌ام ما این شخص را میشناسیم جمیع اقربایش را میشناسیم وطنش را میدانیم دیگر این چه معنی دارد که میگوید من از آسمان آمده‌ام پس مقصود اینست که هر چند جسد حضرت از ناصره بود اما روح لاهوتی بود هر چند قوای جسمانی حضرت محدود بود امّا قوای روحانی حضرت نا محدود لکن خلق نظر ببشریت حضرت مسیح میکردند میگفتند این شخص از اهل ناصره است از بطن مریم آمده نه از آسمان زیرا نظر ببشریت حضرت مینمودند امّا اگر از حقیقت مسیح خبر داشتند میدانستند که از آسمان آمده باری حضرت بهاءالله میفرماید

---

۱۱۰ - عبدالبهاء؛ خطابات حضرت عبدالبهاء، جلد ۱؛ صص ۷۵-۷۲.

همینطور که این ابر مانع از مشاهدهٔ آفتابست همینطور حضرت بشریت مانع بود که پی بحقیقت مسیح برند ما امیدواریم که نگاه ببشریت نکنید نظر بحقیقت نمائید بمادیات محتجب نشوید از روحانیات نصیب برید زمینی نباشید آسمانی باشید جسمانی نباشید روحانی باشید ظلمانی نباشید نورانی باشید نظر بشمس حقیقت داشته باشید که انوارش از جمیع آفاق ساطعست ابر حجاب ما نشود این تقالید مانع از مشاهدهٔ حقیقت نگردد آفتاب را بنگرید ابر نبینید سما را درنهایت صافی ببینید و حرارت شمس حقیقت را که حال بی ابر است درنهایت قوت مشاهده کنید تا جمیع روشن شوید و حیات ابدیه بیابید مظاهر فیض سرمدی گردید از عالم مادیات بعالم معنویات انتقال نمائید زیرا مادیات محدود است و معنویات نامحدود محدود از غیر محدود مانع نشود عالم ناسوت ما را از عالم لاهوت محروم نکند جسد ما را از روح مأیوس ننماید اینست آرزوی ما و اینست تمنّای ما از خدا امیدوارم جمیع شما بآن فائز شوید».۱۱۱

حضرت عبدالبهاء خطاب به جمعیت حاضر، به تبیین و توضیح موضوع غسل‌تعمید با آب‌وآتش و معانی حقیقی روحانی مندمج در آن بیاناتی فرمودند:

«هوالله انسان حیوان نبات جماد جمیع حیاتشان بآبست حتی حیات جماد بآب شفاف منجمد ثابت شده است و این اکتشافات اخیره است که جماد هم حیات دارد و حیات او بآب منجمد شفاف ثابت میشود پس سبب حیات آب است که از این است میفرماید باید از آب و روح تعمید شد یعنی از آن چیزیکه سبب حیات ابدیست و آن ماء عین آتش است یعنی محبت الله زیرا محبت الله چون پرده‌ها را میسوزاند آتش گفته میشود چون سبب حیاتست آب گفته میشود باری محبت الله حقیقت فضائل عالم انسانی است بآن طینت بشر پاک میشود بمحبت الله از نقائص عالم انسانی نجات مییابد بمحبت الله ترقی در عالم فضائل میکند محبت الله سبب نورانیت عالم میشود محبت الله درمان هر دردی است و محبت الله مرهم هر زخمی محبت الله سبب سعادت عالم بشر میشود بمحبت الله انسان حیات ابدی مییابد بمحبت الله سعادت سرمدیه می‌یابد پس باید ما جمیع کوشش و جهدمان این باشد که مظاهر محبت الله باشیم زیرا محبت الله حقیقت جمیع ادیانست محبت الله

۱۱۱- همان؛ صص ۷۸-۷۶.

اساس تعالیم عالم انسانی است ... بمحبت الله حضرت باب جانفشانی نمود و بشارت به ظهور بهاءالله داد و سینهٔ خود را هدف هزار گلوله کرد بمحبت الله حضرت بهاءالله بر شرق و غرب اشراق فرمود پس جمیع فکرتان ذکرتان وقت خودتان را صرف آن کنید که مظاهر محبت الله باشید».۱۱۲.

آنچه بیشتر از همه آرزوی دلوجان حضرت عبدالبهاء بود اینکه ملاحظه فرمایند، احبّای فرانسه به عشق الهی مانند شعله‌ی آتش برافروخته‌اند. همواره آن جمع را تشویق می‌فرمودند که هیچ‌گاه مأیوس نگردند، همواره ثابت و مستقیم باشند و در راه خدمت به امر مبارک از هیچ‌چیز دریغ نورزند.

«... ما باید بکوشیم بموجب تعالیم بهاءالله عمل کنیم روز بروز سعی نمائیم که روحانی‌تر شویم نورانی‌تر شویم و بوحدت عالم انسانی خدمت کنیم مساوات بشریه را مجری داریم رحمت الهیه را منتشر نمائیم محبت الله را بر جمیع من علی الارض عرضه داریم تا قوهٔ روحانیه در نهایت جلوه ظهور نماید اجسامرا حکمی نماند ارواح حکمران گردد آنوقت عالم بشر عبارت از یکنفس شمرده شود و وحدت عالم انسانی جلوه نماید اختلاف و نزاع را حکمی نماند اورشلیم الهی تأسیس تامّ یابد جمیع بشر از اهل ملکوت شوند و از فیوضات الهی بهره و نصیب برند حال من شکر میکنم خدا را که در مجمع شما حاضرم و از احساسات روحانی شما ممنونم و دعا میکنم که روز بروز این احساسات زیادتر گردد و این اتحاد و اتفاق بیشتر شود تا آنچه در کتب انبیاء اخبار داده شده ظاهر و آشکار گردد زیرا این عصر عصر عظیم است و این قرن قرن ربانی جمیع آنچه در کتب مذکور است آثارش ظاهر شده آنچه حضرت مسیح فرموده علاماتش مکشوف گشته یوم یوم ربّ جلیل است عدل الهی عاقبت جلوه نماید این عصر عصر صلح و صلاح است این عصر عصر اتحاد و نجاح است در این عصر امید است که عالم ناسوتی انعکاسات عالم لاهوتی شود امید ما چنین است و الحمد لله در این آرزو متفق هستیم از خدا خواهیم که جمیع به نفثات روح القدس زنده باشید متفق باشید قلوبمان از محبت الله ممتلئ باشد لسانمان بذکر

<hr>

۱۱۲ - همان؛ صص۱۲۷-۱۲۵.

خدا مشغول گردد اعمالمان اعمال روحانیان باشد احساساتمان احساسات ملکوتیان باشد تا نور انسانی که مثال الهی است لائح و ساطع گردد».۱۱۳

حضرت عبدالبهاء بعد از اقامت چندماهه در انگلستان و فرانسه در ماه دسامبر ۱۹۱۱ جهت تجدیدقوا و بهبودی وضعیّت جسمانی به مصر که دارای آب‌وهوای معتدل‌تری بود، تشریف بردند.

آمریکای شمالی

در سفر ۲۳۹ روزه‌ی هیکل مبارک، «... آثار قدرت و عظمت بی حدّ و حصری که طیّ اسفار غرب از هیکل حضرت عبدالبهاء لائح و مشرق گردید اعظم و اجلای آن نصیب قارّهٔ امریکای شمالی شد.»۱۱۴

این دیدار و ملاقات در مناسب‌ترین زمان ممکن اتفاق افتاد؛ چراکه شعله عشق مؤمنین برافروخته گردید:

«فتوحات و انتصارات باهرهٔ جامعهٔ متشکّل امرالله در ایالات متّحده و کشور کانادا از یکطرف و استعداد و استقبال بی‌نظیر قاطبهٔ ملّت امریک نسبت به پیام مبارک و عنایت و التفات مخصوص طلعت انور بمقدّرات درخشان و آتیهٔ عظیم آن ملّت از طرف دیگر موجب آن گردید که وجود اقدس بدون توجّه به صحّت و سلامت خویش اوقات گرانبها را صرف سیر وحرکت در نقاط مختلفهٔ آن سرزمین وسیع بفرمایند. این سیر و سیاحت که مستلزم قطع مسافتی متجاوز از پنجهزار میل از کرانهٔ شرقی تا کرانهٔ غربی امریک یعنی از ساحل اقیانوس اطلس تا اقیانوس کبیر و بالعکس بود و از ماه آوریل تا دسامبر بطول انجامید و موجب صدور خطابات و بیانات بدیعهٔ منیعه معادل سه مجلّد از لسان آن قدوهٔ اهل بهاء گردید ذروهٔ اعلی و غایت قصوای سفرهای مبارک را در غرب تشکیل میدهد و چون ثمرات فخیمهٔ مرغوبه و نتایج عظیمهٔ حاصله را در نظر آریم معلوم میشود که منظور آن منادی ملکوت از تحمّل

<hr>

۱۱۳ - همان؛ صص۱۳۵-۱۳۶
۱۱۴ - ربانی، شوقی؛ قرن بدیع؛ ص ۵۷۸.

صدمات و مشقّات آن اسفار طولانی بنحو اتمّ و اوفی تحقّق پذیرفت و نیّت مبارک در اعلاء کلمهٔ الله در صفحات باختر به ابدع وجه برآورده شد.

در اوّلین جلسه که احبّای نیویورک بدرک لقای انور فائز و بفیض استماع بیانات حضرتش مفتخر گردیدند هیکل اطهر آن سامان بدوستان فرمودند «اشتیاق ملاقات شما سبب تحمّل زحمات و مشقّات سفر گردید حال ملاحظه نمائید که چقدر محبّت به شما دارم».۱۱۵»

حضرت عبدالبهاء پهنه‌ی اقیانوس را با کشتی اس اس سدریک طی فرمودند تا اینکه در ماه آوریل ۱۹۱۲ به بندر نیویورک وارد شدند. احبّاء از حضورشان رجا نمودند که با کشتی «اس اس تایتانیک» سفر فرمایند تا وسایل راحتی بیشتری در اختیار مبارک باشد. امّا طبق روال همیشگی حضرتشان امتناع فرمودند و مایل بودند بر اساس تصمیم شخصی مبادرت به مصارف و هزینه‌های سفر فرمایند.

اولین خطابه‌ی مبارک در تاریخ ۱۴ آوریل ۱۹۱۲ در کلیسای «آسانسیون» در شهر نیویورک ایراد گردید. این کلیسا ازجمله کلیساهای بشارت‌دهنده به قرب ظهور مسیح بود. کشیش این کلیسا دکتر گرانت درابتدا از مخالفین دیانت بهائی بود امّا قلبش منقلب گردید و از حضرت عبدالبهاء تقاضا نمود در کلیسایش سخنرانی فرمایند. این کشیش روابط عمیق و شخصی با ژولیت تامپسون داشت. ژولیت یکی از حواریون حضرت عبدالبهاء محسوب می‌گردید. صبح هنگام، زمانی که حضرت عبدالبهاء و تعدادی از مؤمنین همراهشان به کلیسا رسیدند، در اتاقی در طبقه‌ی دوّم منتظر ماندند. در آن حین وقتی از هیکل مبارک درباره‌ی دخترشان که در ارض اقدس بیمار بودند سؤال شد فرمودند: «من او را در دستان جمال مبارک سپرده‌ام و اصلاً نگرانی ندارم».۱۱۶»

جمعیت کثیری در آن روز صبح در کلیسا مجتمع شدند. دورتادور محراب با حلقه‌هایی از سوسن و زنبق تزئین شده بود. دکتر گرانت از کتاب عهد جدید، قسمتی از باب سیزدهم رساله‌ی پولس به قرنتیان را درباره‌ی تحقق نبوّات روز موعود قرائت کرد که در آن ذکر شده است روزی خواهد آمد که رودررو خواهید

۱۱۵ - همان؛ صص ۵۷۸-۵۷۹.

۱۱۶ - .Vignettes from the life of Abdu'l-Baha, p ۱٦۲ (ترجمه)

دید. همزمان که گروه کر سرود «مسیح، زنده است» را می‌خواندند؛ دکتر گرانت دست‌دردست حضرت عبدالبهاء از نمازخانه بیرون آمد. هیکل مبارک در جایگاه اسقف اعظم، جلوس فرمودند و پس از معرفی، حضرت عبدالبهاء آغاز به ایراد خطابه فرمودند. ایشان تشریح فرمودند که هدف اصلی ادیان، اتّحاد است که تنها راه ایجاد صلح در عالم است.

«امروز عالم بشر محتاج وحدت عالم انسانی است محتاج صلح عمومی است و این اساس عظیم را یک قوّه عظیمه لازم تا ترویج یابد این واضح است که وحدت عالم انسانی و صلح عمومی بواسطهٔ قوای مادیه ترویج نشود بواسطهٔ قوّهٔ سیاسی تأسیس نگردد چه که فوائد سیاسیه ملل مختلف است و منافع دول متفاوت و متعارض و بواسطهٔ قوه جنسی و وطنی نیز ترویج نشود چه که این قواء بشریّه است و ضعیف و نفس اختلاف جنس و تباین وطن مانع از اتّحاد و اتّفاق است معلوم است ترویج این وحدت عالم انسانی که جوهر تعلیم مظاهر مقدّسه است ممکن نیست مگر بقوّه روحانیه مگر بنفثات روح القدس سایر قوا ضعیف است نمیتواند ترویج نماید از برای انسان دو بال لازم است یک بال قوّه مادیه و مدنیت جسمانیه است یک بال قوّه روحانیه و مدنیت الهیّه است به یک بال پرواز ممکن نیست دو بال لازم است هر قدر مدنیت جسمانیه ترقی کند بدون مدنیت روحانیه بکمال نرسد .... امیدوارم که این تأسیس وحدت عالم انسانی درنهایت قوت ظاهر شود تا شرق و غرب با یکدیگر درنهایت التیام آیند ارتباط تامّ پیدا کنند قلوب شرق و غرب به یکدیگر متحد و منجذب شود وحدت حقیقی جلوه نماید نور هدایت بتابد تجلّیات الهیّه روز بروز دیده شود تا عالم انسانی آسایش کامل یابد و سعادت ابدیه بشر مشهود شود قلوب بشر مانند آینه گردد انوار شمس حقیقت در او تابیده شود لهذا خواهش من این است که شماها بکوشید تا آن نور حقیقت بتابد سعادت ابدیه عالم انسانی ظاهر شود...».۱۱۷.

حضرت عبدالبهاء نقش حضرت مسیح را این‌گونه بیان فرمودند:

«از برای انسان دو بال لازم است یک بال قوّه مادیه و مدنیت جسمانیه است یک بال قوّه روحانیه و مدنیت الهیّه است به یک بال پرواز ممکن نیست دو بال لازم

است هر قدر مدنیت جسمانیه ترقی کند بدون مدنیت روحانیه بکمال نرسد جمیع انبیاء بجهت این آمدند که ترویج فیوضات الهیّه نمایند مدنیت روحانیه تأسیس کنند اخلاق رحمانی تعلیم نمایند.»۱۱۸

سپس به اهالی این شهر عظیم درباره‌ی خطرات ناشی از مادّه‌گرایی هشدار فرمودند:

«پس ما باید بجمیع قوی بکوشیم تا قوای روحانیه غلبه نماید زیرا قوّه مادیه غلبه کرده عالم بشر غرق مادیات شده انوار شمس حقیقت بواسطهٔ شیشه‌های رنگین دیده میشود الطاف الهیّه چندان ظهور و بروز ندارد.»۱۱۹

پس از اتمام سخنرانی حضرت عبدالبهاء همزمان که احبّاء نغمه الله ابهی سر داده بودند جمعیت برای ملاقات، تک‌به‌تک، به نزد هیکل مبارک می‌آمدند. یکی از خانم‌های حاضر گریه‌کنان حضور مبارک رسید و گوشه ردای حضرتش را در دست گرفت و بوسید.

در نیویورک، به‌رغم ثروت و حشمت بسیاری از خانواده‌های بزرگ شهر، بخش قابل‌توجّهی از مردمان در فقر مطلق به سر می‌بردند. در کتاب «ژاکوب ریس» به نام «آنانی که نیمه زندگی کردند» عکس‌هایی چاپ شده بود که از وضعیت فقر برخی نواحی نیویورک پرده برمی‌داشت. انتشار این عکس‌ها مایه حیرت و سردرگمی بسیاری از نیویورکی‌ها شد. شوک عمیق ناشی از آگاه شدن از وضعیت فقر، برخی از افراد را به فکر ایجاد اصلاحات اجتماعی انداخت تا در این شرایط تغییری حاصل شود و چهره زشت فقر از نقاط مختلف شهر پاک شود.

حتّی در زمان سفر حضرت عبدالبهاء محلّات بسیار فقیرنشین وجود داشت. رنج بیماری‌هایی مثل تیفوس، بی‌خانمانی، مرگ‌ومیر نوزادان تنها برخی از بی‌شمار است. یکی از محلّات بسیار فقیر و فلاکت‌بار در بائوری شرقی منطقه منهتن واقع بود. قول بهبود شرایط با اسکان مهاجرین در این منطقه داده شد ولی برخلاف انتظار آنچه گریبان این محله را گرفت، بی‌خانمانی و جرم و جنایت بود. «سازمان بائوری» برای کمک به افراد بی‌خانمان تشکیل شد که در سایه کمک‌های این

____

۱۱۸ - همان؛ ص ۱۸.

۱۱۹ - همان‌جا.

سازمان حداقل از یک وعده‌ی غذایی، لباس تمیز و تعلیمات کلیسا بهره ببرند. در غروب ۱۸ آوریل ۱۹۱۲ حضرت عبدالبهاء در این کلیسا نطق فرمودند. قبل از این مراسم، ژولیت تامپسون در همین کلیسا درباره‌ی حیات حضرت عبدالبهاء و مصائبی که تحمل فرموده بودند و سال‌های حبس ایشان سخنرانی کرده بود. مدیر مؤسسه تقاضای ملاقات با حضرت عبدالبهاء را نموده بود که درنهایت ترتیب این ملاقات داده شد. صبح روز سخنرانی بر اساس دستور مبارک، چکی با مبلغ بالا به سکه تبدیل شد تا در زمان ملاقات با فقرا به آنان مرحمت فرمایند. آن شب هیکل مبارک درباره‌ی فقر حضرت مسیح و عشق آن حضرت به فقرا بیاناتی فرمودند:

«من امشب بسیار خوشحال هستم چون به ملاقات دوستان خود نائل شده‌ام. شما در جرگهٔ منتسبین من محسوب می‌شوید. همراهان من هستید. یار و رفیق من هستید. شما باید از این که از فقرا محسوب می‌شوید شاکر باشید چون حضرت مسیح فرموده‌اند که خوشبختی از آن فقرا است. هرگز نفرمودند که نیک بختی به ثروتمندان تعلّق دارد! ایضاً فرموده‌اند که ملکوت الهی از آن مستمندان است. احتمال عبور شتر از سوراخ سوزن به مراتب بیشتر از احتمال ورود مردی متمول به فردوس اعلی است! بنابراین اگرچه در این دنیا گرفتار تنگدستی می‌باشید باید خدا را شکر کنید که غنای سرمدی در اختیار شما است. درست است که از عالم مادی بهره‌ای نصیبتان نشده است، لیکن در ملکوت الهی از ارزشی بی انتها بهره‌مند خواهید بود.

حضرت مسیح خود تنگدست و فقیر بودند. به قشر توانگران تعلّق نداشتند. وقت خود را در دشت‌ها صرف همنشینی با فقرا می‌نمودند. طعام آن حضرت دانهٔ مزارع بود. حتّی جایگاه ثابتی برای استراحت نداشتند. مأمنش فضای آزاد بود و جسم مبارکش از گرما و سرمای دشت و بیابان در امان نبود. لیکن آن حضرت آن بی سر و سامانی را به مال این جهان ترجیح دادند. اگر عزّت در ثروت بود، هم حضرت موسی طریق تموّل انتخاب می‌نمود و هم حضرت مسیح.

هم چنین پیروان اوّلیهٔ حضرت مسیح: همه از فقرا بودند، نه از متمولین. پس شما هم از حواریون آن حضرت محسوب می‌گردید.»۱۲۰

اگرچه حضرت بهاءالله در شرایط ثروت و راحت به دنیا آمدند و سال‌های نخستین حیات مبارک مشحون از رفاه مالی و امکانات متعدد بود و حائز جایگاه و مقام ویژه اجتماعی بودند امّا پس از مدّتی همدم فقر گردیدند.

«زمانی که حضرت بهاءالله در بغداد درنهایت راحتی مادی زندگی می‌کردند، برای مدّت دو سال شهر و مایملک خود را رها نموده به زندگی در میان مستمندان پرداختند. این فقرا برای دو سال همدمان آن حضرت بودند. حضرت بهاءالله با آنها هم سفره بودند و در کنارشان می‌خوابیدند و از بودن در میان آن تنگدستان احساس رضایت و خشنودی می‌کردند تا جایی که از برای خود لقب «درویش» را انتخاب کرده در بسیاری از آثار مبارک از خود با این لقب یاد می‌کنند. لقب مزبور یکی از القاب مورد علاقه آن حضرت بود و از آن با غرور فراوان یاد می‌کردند. حضرت بهاءالله همواره همه را امر به خدمت به مستضعفین ارض می‌نمایند. می‌فرمایند که ما باید یار و غمخوار مستمندان و همنشین و همراه تهی دستان باشیم چه که رستگاری در این است. خداوند قصرهای بهشت را برای خادمین فقرا ساخته است نه برای هم نشینان اغنیای ارض زیرا که مستمندان نزد پروردگار بسیار عزیزند.»۱۲۱

در انتهای بیان مبارک حضرت عبدالبهاء به تحسین و تشویق آن جمع پرداختند و درنهایت خضوع، ابراز تمایل به خدمتگزاری به آنان نمودند:

«پس ای یاران من ملاحظه کنید که چگونه شما در پی حضرت عیسی مسیح قدم بر می‌دارید. زندگانی شما بسیار شبیه به زندگی آن حضرت است و حالتتان نزدیک به حالت آن وجود مقدس. شباهت شما به حضرت مسیح به مراتب بیش از شباهت توانگران دنیا به آن حضرت است؛ بنابراین خدا را شکر می‌گوییم که نعمت حقیقی

---

۱۲۰ - تامپسون، ژولیت، خاطرات؛ ص ۲۳۹.

۱۲۱ - همان؛ صص ۲۴۰-۲۳۹.

به ما عطا نموده است و در پایان از شما می‌خواهم که عبدالبهاء را خادم خود بدانید.»۱۲۲

نژادپرستی بیماری مهلک دیگری بود که آن زمان بر آمریکا سایه افکنده بود. تنفّر سفیدپوستان نسبت به شهروندان سیاه‌پوست بسیار چشم‌گیر بود. آغاز قرن بیستم اوج تعصّبات و اختلافات نژادی بود.

حضرت عبدالبهاء در رفتار و تعامل با آمریکاییان سیاه‌پوست، تعالیم حضرت بهاءالله درباره‌ی عدم تمایز و اختلاف نژادی را به مؤمنین تعلیم می‌فرمودند و بیانات و دفاعیات ایشان درزمینه‌ی ازاله‌ی تعصّبات نژادی در آن جامعه به‌شدت تجزیه شده، خود گواه این مطلب است. شاهد این مدّعا نطق مبارک در دانشگاه هووارد واشینگتن در تاریخ ۲۳ آوریل ۱۹۱۲ است. این دانشگاه بعد از جنگ‌های داخلی آمریکا توسّط یکی از سیاه‌پوستان پایه‌گذاری شده بود.

«امروز من درنهایت سرورم زیرا می‌بینم بندگان الهی در این مجمع حاضرند سفید و سیاه با هم همنشین اند در پیش خدا سفید و سیاه نیست جمیع رنگها رنگ واحد است و آن رنگ عبودیت الهی است بو و رنگ حکمی ندارد قلب حکم دارد اگر قلب پاک است سفید یا سیاه هیچ لونی ضرر نرساند خدا نظر بالوان ننماید نظر بقلوب نماید هرکس قلبش پاک‌تر بهتر هر کس اخلاقش نیکوتر خوشتر هر کس توجّهش بملکوت ابهی بیشتر پیشتر الوان در عالم وجود هیچ حکمی ندارد ملاحظه نمائید در عالم جماد الوان سبب اختلاف نیست در عالم نبات الوان گلهای رنگارنگ سبب اختلاف نیست بلکه الوان سبب زینت گلستان است زیرا لون واحد زینتی ندارد امّا وقتی که گلهای رنگارنگ می‌بینی آن‌وقت جلوه و زینت دارد عالم بشر نیز نظیر بوستان است و نوع انسان مانند گلهای رنگارنگ پس رنگهای مختلف زینت است همین طور در عالم حیوان الوان است کبوتران رنگارنگ اند با وجود این درنهایت الفتند هیچ وقت برنگ یکدیگر نگاه نمی‌کنند بلکه نگاه بنوع می‌کنند چه بسیار کبوتران سفید با سیاه پرواز کنند همین طور سایر طیور و حیوانات مختلف اللّون ابداً نظر برنگ نمی‌کنند بلکه بنوع نظر دارند حال ملاحظه کنید در حالتی که حیوان عقل ندارد ادراک ندارد با وجود این الوان سبب اختلاف نمی‌شود چرا انسان

<hr>

۱۲۲ - همان؛ ص ۲۴۰.

که عاقل است اختلاف میکند ابداً سزاوار نیست علی الخصوص سفید و سیاه از سلاله یک آدمند از یک خاندانند در اصل یکی بوده‌اند یک رنگ بوده‌اند حضرت آدم یک رنگ داشت حوّا یک رنگ داشت سلالهٔ جمیع بشر بآنها میرسد پس اصل یکی است این الوان بعد بمناسبت آب و اقلیم پیدا شده ابداً اهمّیت ندارد لهذا من امروز بسیار مسرورم که سفید و سیاه در این محفل باهم مجتمع شده‌اند امیدوارم این اجتماع و الفت به درجهٔ برسد که مابین امتیاز نماند و باهم درنهایت الفت و محبّت باشند».۱۲۳

آن حضرت از نژادهای مختلف دعوت فرمودند که به یکدیگر عشق بورزند:

«من دعا میکنم که در حسن اخلاق و اطوار به درجه‌ئی ترقی کنید که اسم سیاه و سفید نماند جمیع را عنوان انسان باشد ... من امیدوارم که شما بچنین درجه‌ئی رسید و این ممکن نیست مگر به محبّت باید بکوشید تا در میان شماها محبّت حاصل شود و این محبّت حاصل نمی‌شود مگر این که شما ممنون سفیدان باشید و سفیدان مهربان بشما و در ترقی شما بکوشند و در عزّت شما سعی نمایند این سبب محبّت می‌شود بکلّی اختلاف بین سیاه و سفید زائل میگردد بلکه اختلاف جنس و اختلاف وطن همه از میان میرود».۱۲۴

در غروب همان روز در کلیسای جامع آفریقایی‌تبارهای متدیست۱۲۵ که متعلق به «بنیاد بتل»۱۲۶ بود سخنرانی فرمودند. حاضران، متشکّل از افرادی تحصیل‌کرده و از نژادهای مختلف بودند. بیانات مبارک درباره‌ی موضوع توانایی‌های بالقوه‌ی افراد بود. اینکه این توانایی‌ها و قابلیت‌ها، استعداد بروز صلح را میان مردم، پرورش می‌دهد.

«بشر رو به ترقی است. امّا طبیعت بر منوال ثابت است بدون اینکه نیروی رو به تکامل یا تنزل داشته باشد. انسان موهوب به فضائل مختصه‌ای است ازجمله هوش، اراده، ایمان، اعتراف و اقرار به خداوند درحالی‌که طبیعت عاری از تمام این مکارم

---

۱۲۳ - عبدالبهاء؛ خطابات حضرت عبدالبهاء، جلد ۲؛ صص ۴۱-۳۹.

۱۲۴ - همان؛ ص ۴۲.

Metropolitan Methodist Episcopal Church – ۱۲۵

Bethel Literary Society- ۱۲۶

است. قوای فطری انسان که شامل ظرفیت اکتسابات علمی است بالمره در طبیعت مفقود است. این‌ها تماماً قوایی هستند که به موجب آن بشر از تمام موجودات متمایز و متفاوت است. این نهایت بخشش از جانب بارگاه الهی است که رأس انسان به آن تاج زینت یافته است. علی رغم اعطای چنین قوای خارق العاده ای چقدر عجیب است که طبیعیون خود را محصور و اسیر در دست طبیعت می‌دانند. حقیقت این است که پروردگار به انسان فضائل، قوا و مواهبی بخشیده که طبیعت بالکل فاقد آنهاست و همین مایه تمایز و برتری انسان بر طبیعت است. ما باید درگاه الهی را به خاطر این مواهب شاکر باشیم، به خاطر مواهبی که به انسان بخشیده به خاطر تاجی که بر سر انسان نهاده است.

حال ما چگونه از این هدایا استفاده می‌کنیم و این مواهب را صرف می نمائیم؟ با حصر تلاش و قوای خود در راه وحدت نوع انسان. ما باید از این قوا در راه تحقق یگانگی انسان استفاده نمائیم. قدر این فضائل را در تحقق وحدت بین سیاهان و سفیدان بدانیم و این قوای خود را صرف ایجاد روابط حسنه بین تمامی نوع انسان نمائیم. آنگاه تحت حمایت و وقایت پروردگار شرق و غرب دست در دست یکدیگر و جانفشان یکدیگر خواهند شد. آن زمان است که اهل عالم اهل یک وطن و یک نوع و یک نژاد محسوب هستند و همه امواج یک بحرند.»۱۲۷

تنوّع نژادی حائز یک قوّه‌ی عظیم است. حضرتش فرمودند:

«اگرچه امواج از حیث شکل و شمایل با یکدیگر متفاوتند امّا همگی امواج یک بحر محسوبند. گل‌ها اگرچه در رنگ متمایزند امّا همگی گلهای یک حدیقه هستند. اشجار اگرچه با یکدیگر اختلاف دارند امّا تعلق به یک بوستان دارند. همگی در اثر فیض باران رشد و نمو می‌نمایند. همگی از حرارت یک آفتاب بهره می‌برند از فیوضات یک نسیم به اهتزاز می‌آیند امّا هرکدام ثمر متفاوتی دارند. این بر اساس منتهای حکمت الهی است. چنانچه همه اشجار یک ثمر به بار آورند خوشگوار نخواهد بود. در سایه تنوع انسانهاست که خوشی جای یکسانی را می‌گیرد.»۱۲۸

---

۱۲۷ - The Promulgation of Universal Peace، p (ترجمه)۵۱

۱۲۸ -Ibid

آن شب در کلیسا جمعیت موج می‌زد. این جلسه توسط یکی از مؤمنین جامعه‌ی بهائی به نام «لویی گریگوری»۱۲۹ که خود نیز سیاه‌پوست بود ترتیب داده شده بود. این شخص پس از شرکت در یک جلسه‌ی بیت تبلیغی در منزل «هانن»۱۳۰ در «واشینگتن دی سی» مؤمن شده بود. حضرت عبدالبهاء اظهار ایمان وی را پذیرفتند و به او فرمودند که باید وسیله‌ی تحقّق صلح میان همه‌ی نژادها گردد:

«ای متحری حقیقت، مکتوبت واصل شد. مضمونش دلالت بر حصول بر هدایت جمال مبارک داشت. الحمدلله که به چنین فیضی واصل شدی و به کشف طریق وصول به سلطنت حقیقی نائل گشتی و به دریافت بشارات ملکوت ابهی مخصص گردیدی. این موهبت ملکوتی بر تمامی مواهب الهی برتری و تمایز دارد. امیدوارم که منادی ملکوت گردی و رایتی شوی که سیاه و سفید چشم بر تفاوت نژادی بربندند و حائز صفات حقیقیه الهیه شوند. این بعینه مطابقت با خصائص عالم ملکوت دارد که در درگاه الهی هیچ تمایزی بین افراد نیست و همه نژادها در پیشگاه الهی یکسان هستند و همگی مظاهر آیات رب توحید می‌باشند. خلاصه اینکه نظر به ضعف جسمانی و ظرفیت قلیل خویش منما. نظر به الطاف حضرت بی منتها نما زیرا که فیوضاتش نامتناهی است و غلبه و قدرتش مافوق همه قدرتهاست.»۱۳۱

در طی سالیان بعد، لویی گریگوری در تبلیغ امرالله تلاش‌های مجدّانه نمود و در واشینگتن به همراه خانم «اگنس پارسونز»۱۳۲ برای ایجاد التیام و صلح میان نژادها قیام جانانه نمودند.

سعی هیکل مبارک حضرت عبدالبهاء همواره چنان بود که الفت و اتّحاد بین نژادی را در بین احبّاء گسترش دهند. یک روز در منزل کنسول ایران ملاقات خصوصی با گریگوری داشتند. زمان صرف ناهار رسید. هیکل مبارک همگی را برای صرف غذا به سالن غذاخوری دعوت فرمودند امّا گریگوری بیرون آستانه در ایستاد و بنا به رسم آن زمانه که سیاه‌پوستان حقّ صرف غذا با سفیدپوستان نداشتند داخل تالار پذیرایی نشد. حضرت عبدالبهاء متوجّه غیبت گریگوری شدند و او را صدا زدند و

- Louis Gregory۱۲۹

- Hannen۱۳۰

vol ۱۲, p۷۶۸. Baha'l World, -۱۳۱

Agnes parsons-۱۳۲

اصرار فرمودند که باید سر میز بنشیند. حضرت عبدالبهاء به‌عنوان میزبان، ترتیب نشستن میهمانان را تغییر دادند و بر اساس چینش جدید، گریگوری افتخار پیدا کرد که بر صندلی کنار هیکل مبارک بنشیند. یکی دیگر از اقدامات حضرت عبدالبهاء جهت ایجاد الفت و انس میان سفیدپوستان و سیاه‌پوستان در جشن عهدومیثاق در نیویورک بود. تالاری که به این منظور اختصاص داده شده بود از ورود سیاه‌پوستان و صرف غذا همراه سفیدپوستان جلوگیری می‌کرد. مدیر هتل به احبّاء گفته بود ورود سیاه‌پوستان به این تالار به خوش‌نامی هتل لطمه می‌زند و باعث به خطر افتادن وجهه‌ی تجاری آنان می‌گردد. فردای آن روز حضرت عبدالبهاء در منزل خانواده‌ی کینی میهمانی ترتیب دادند که تنها افراد سیاه‌پوست دعوت شده بودند و میزبانان آنها همگی سفیدپوست بودند. در تمجید و ستایش این اجتماع فرمودند:

«امروز احکام جمال مبارکرا فعلاً مجری نمودید و تعالیم قلم اعلی را جدّاً عامل شدید به بینید کلمهٔ حضرت بهاءالله چه تأثیر و نفوذی در قلوب نموده که چنین نفرت و اجتنابی را زائل کرده این تعصّبات را از میان برده و شماها را بایندرجه بر خدمت یکدیگر گماشته.»۱۳۳.

وجود مبارک حضرت عبدالبهاء از دیدن صحنه‌های التیام و دوستی بین نژادهای مختلف غرق سرور و شادمانی می‌گردید. در جلسه‌ای پر از نور و روح و سرور که در منزل آقا و خانم دایرز۱۳۴ که از دو نژاد مختلف بودند، تشکیل شده بود چنین بیان فرمودند:

«قبل از ورود بمجلس چندان حال و خیال صحبت نداشتم ولی محض مشاهدهٔ الفت و انجذاب احبّای سیاه و سفید بمیل و رغبت آمدم و با کمال محبّت صمیمی صحبت داشتم و اتّحاد الوان مختلفهٔ احبّا را بعقد لئالی و یاقوت تشبیه نمودم.»۱۳۵.

در نظر هیکل مبارک، روح اتّحاد و دوستی میان احبّا، همان معنای واقعی زندگی و تفرقه و جدایی، معنای واقعی مرگ بود.

---

۱۳۳ - زرقانی، محمود؛ بدایع الآثار، ج ۱، ص ۳۸۸.

۱۳۴ - Dyers

۱۳۵ - زرقانی، محمود؛ بدایع الآثار، ج ۱، صص ۴۹-۴۸.

«به همین طریق، در عالم افکار و ارواح، دوستی و مدارا که بیانی از ترکیب است سودمند برای حیات است درحالی‌که ناسازگاری و اختلاف که بیانی از تجزیه است مساوی با ممات است. بدون جاذبه بین عناصر مفرده که بدن را می‌سازند، مسلماً زوال و تجزیه زندگی را مختل خواهد کرد و از بین خواهد برد... در اجتماع جواهراتی از نژادها، سیاهان مانند لعل و یاقوت هستند و سفیدان مانند الماس و مروارید. جمال آمیخته با انسانیت گواهی است بر وحدت و یگانگی ایشان. چقدر مشاهده این منظره در میان نفوس دلپذیر است. چقدر موجب صلح، اطمینان و سرور است هنگامی‌که می‌بینید بندگان از هر نژاد و ملیت بر اساس رفق و مدارا و دوستی و مودت با یکدیگر درنهایت اتّحاد هستند.

پیامبران الهی مبعوث شدند تا رسالت خویش را که ایجاد صلح و وحدت در این جهان است را به انجام برسانند: شاید که این اغنام پراکنده را تحت یک رمه و گله درآورند. هرگاه گوسفندی از گله جدا شود در معرض خطر و آسیب قرار می‌گیرد امّا عضویت در گله و تحت حمایت شبان بودن، آنان را از هر حمله و خطری محافظت می‌نماید. هرگاه اجزا نژادی ملت آمریکا تحت یک رفق حقیقی مجتمع گردند، نور یگانگی بشریت خواهد تابید و فجر جلال ابدی و سعادت سرمدی بشر طلوع خواهد کرد، روح الهی احاطه خواهد فرمود و الطاف ملکوت نازل خواهد گردید. همگان تحت حمایت و راهنمایی پروردگار، شبان حقیقی محفوظ و مصون خواهند بود. خداوند اغنامش را در مراتع سرسبز سرور و شادمانی معاش خواهد داد و آنها به حقیقت و هدف واقعی حیات نائل خواهند شد. این‌ها همگی از برکات و جلوه‌های وحدت است، از لوازم عشق است. این از علائم صلح عمومی است، این نجم یگانگی در عالم بشری است.»۱۳۶

حضرت عبدالبهاء سرشار از حسّ شور و هیجان، در میان خیابان با صدای رسا فرمودند:

۱۳۶ ـ (ترجمه)Abdu'l-Baha, Promulgation of Universal Peace, P۵.

«ای بهاءالله چه کرده‌ئی ای بهاءالله بقربانت ای بهاءالله بفدایت ایّام را بچه مشقّت و بلا گذرانیدی چه مصائبی تحمّل فرمودی آخر چه اساس متینی نهادی و چه عَلَم مبینی بلند نمودی». ۱۳۷

در جریان چهارمین کنفرانس سالانه انجمن ملّی ترقّی رنگین‌پوستان۱۳۸ که در شیکاگو، ایلینوی۱۳۹ برگزار شد حضرت عبدالبهاء تأکید فرمودند که اختلاف نژادی اهمیّت ندارد بلکه ارزش حقیقی وجود انسان مربوط به امر دیگری است.

در مدّت اقامت هیکل مبارک در شیکاگو حضرتش از مکانی نزدیک به ساحل دریاچه میشیگان بازدید فرمودند. این محل به‌منظور احداث مشرق‌الاذکار آینده خریداری شده بود. اولین کلنگ افتتاح این بنا توسّط حضرت عبدالبهاء زده شد و بعد به تبعیت از آن حضرت، افرادی با نژادها و اجناس مختلف کلنگ را به زمین زدند. سپس سنگ بنای این معهد عظیم به دست مبارکش استقرار یافت. هیکل مبارک ضمن تأکید بر اهمیّت تأسیس مشرق‌الاذکار در آینده فرمودند که باید نهایت سعی و تلاش احبّاء بر این باشد که در همه جای عالم چنین معاهد عظیمی تأسیس گردید.

«هزاران مشرق‌الاذکار به‌منظور دعا و نیایش الهی در سراسر شرق و غرب ساخته خواهد شد امّا این مشرق‌الاذکار به‌عنوان اولین مشرق‌الاذکار در غرب از اهمیّت خاصی برخوردار است. در آینده مشرق‌الاذکارهای زیادی در اکناف عالم، در آسیا، اروپا حتّی در آفریقا، نیوزیلند و استرالیا ساخته خواهد شد ولی این مشرق‌الاذکار شیکاگو از جلوه خاصی برخوردار خواهد بود. میزان اهمیّت آن مانند اولین مشرق‌الاذکار عشق‌آباد در قفقاز روسیه است. در ایران تعداد زیادی وجود دارد برخی منازلی است که به این منظور تخصیص یافته یا منازلی که به امر مبارک تقدیم شده و یا در برخی مناطق ساختمان موقتی به همین امر اختصاص یافته است. در همه شهرهای ایران مشرق‌الاذکار وجود دارد ولی اولین ساختمان مشرق‌الاذکار در

---

۱۳۷ - زرقانی، محمود؛ بدایع الآثار، ج ۱؛ ص ۴۹.
۱۳۸ - The Fourth Annual Conference of the National Association for Advancement of Colored People
۱۳۹ - Chicago, Illinois

عشق‌آباد ساخته شد. این مشرق‌الاذکار از اهمیّت خاصی برخوردار است چراکه اولین بنای مشرق‌الاذکار در غرب است.»۱۴۰

همه احبّای الهی درنهایت سعی، جهد و حمایت، اعانات خویش را تقدیم نمودند. جناب افنان تمام ثروت خویش را تقدیم کرد و هر آنچه داشت پای این کار گذاشت. به خاطر چنین زحمات و تبرّعات خالصانه‌ای چنین مشروع جلیلی سر برآورد.

«با وجود تبرّعاتشان به آن مشرق الاذکار،۱۴۱ حال برای کمک به تأسیس مشرق‌الاذکار شیکاگو نیز مساعدت و تبرّع نموده‌اند. مشرق‌الاذکار عشق‌آباد تقریباً تکمیل شده است. ساختمان در مرکز قرار دارد و ۹ خیابان به این مرکز می‌رسد. نه باغ حول آن است. ۹ فواره و آب نما. همه ترتیبات و ساختمان بر اساس عدد مبارک ۹ تنظیم یافته است؛ مانند یک دسته گل زیباست. تصور نمایید که بنا و مشروع رفیع البنیانی که راههای ۹ خیابان به آن ختم شود. ۹ باغ پر از گلهای رنگارنگ و زیبا در اطراف آن است. ۹ آب نما و حوض و فواره اطراف آن را فرا گرفته، چه طراحی زیبا و منحصر به فردی است. حال مشغول ساخت یک بیمارستان، یک مدرسه، یک یتیم خانه و عجزه خانه و یک مسافرخانه و داروخانه می‌باشند. انشاالله بعد از تکمیل، مانند جنّت خواهد شد. امیدوارم مشرق‌الاذکار شیکاگو نیز چنین شود. بکوشید که اراضی اطراف دایره وار باشند. اگر چنانچه لازم است طراحی را تغییر دهید تا ساختمانها و بنا به شکل قوسی و دایره وار باشند. ساختمان مشرق‌الاذکار نمی‌تواند شکل مثلث داشته باشد باید فرمی از دایره باشد.»۱۴۲

مکان دیگری که به قدوم مبارک متبرّک گردید و مقدّر بود در آینده نقش عظیمی در اعتلا و گسترش امر مبارک ایفا کند، «گرین ایکر»۱۴۳ بود. گرین ایکر در ایالت مین جنوبی واقع شده بود از مشاعات این مکان یک هتل بود که بخشی از آن متعلّق به خانم سارا فارمر۱۴۴ بود. این خانم دارای حسّ روحانی قوی و خاصّی بود

____

۱۴۰. Ibid, p۷۱ -

۱۴۱ - منظور مشرق الاذکار عشق آباد است.
۱۴۲. Ibid, pp ۲۵۳-۲۵٤ -
۱۴۳. Green Acre -
۱۴۴. Sarah Farmer -

و شدیداً به ترویج مبادی روحانی خصوصاً صلح، علاقه داشت. نیّت این خانم این بود که از هتل برای برگزاری اجتماعات مختلف به‌منظور فهم بیشتر امر مبارک و توسعه و گسترش رابطه مودّت بین مؤمنین استفاده گردد. سارا فارمر پس از زیارت حضرت عبدالبهاء در سال ۱۸۹۹ در حیفا، مصمّم به آمریکا برگشت تا گرین ایکر را تبدیل به مکانی برای توسعه و تبلیغ امر مبارک نماید. این مکان به‌عنوان اولین مدرسه‌ی تابستانه‌ی بهائی مورداستفاده قرار گرفت. ضمن اینکه به آقدام مبارک حضرت عبدالبهاء نیز متبرک گردید. در اولین روز اقامت حضرت عبدالبهاء در گرین ایکر حضرتش به اثبات ماهیت باقی و فناناپذیر روح انسانی و ارتباط آن با عشق الهی نسبت به بندگانش پرداختند. آن‌طور که شیوه‌ی بیانات مبارک بود؛ بیاناتش را با دلایل، مستدل می‌فرمود.

حضرت عبدالبهاء صحبت را با موضوع عشق ادامه دادند و چهار میزان استنتاج و استدلال را درباره‌ی این موضوع ارائه فرمودند. سپس توضیح فرمودند که نیروی جاذبه و پیوستگی، چه از حیث مادّی و چه از لحاظ جاذبه قلبی در حیات انسان هم وجود دارد. بالاترین رتبه عشق، عشق الهی و ملکوتی است. این عشق موجد رحمت الهی و یگانه راه برای اخذ تأییدات پروردگار است. علامت حبّ الهی را می‌توان در وجود مظاهر ظهورش یافت؛ زیرا این هیاکل مقدسه هستی و رفاه خود را فدا می‌کنند تا در سایه‌ی این ایثار، نفوس به درجات عالی از رشد دست پیدا کنند.

«ملاحظه فرمایید حب الهی به چه اندازه در جهان متجلی شده است. جلوه‌ای از تجلیات حب الهی با ظهور مظاهرش آشکار شده است. پیامبران الهی به خاطر هدایت بندگان مبتلای هر سختی و مصیبتی گردیدند. به صلیب کشیده شدند تا ارواح انسانی به ترقیات عظیم روحانی نائل شود. در طی مدّت معدود ایّام زندگانی هرگونه امتحان و مشکلاتی را به‌جان خریدند. اگر حضرت مسیح عاشق بندگان الهی نبود هیچ‌گاه زحمت صلیب را تحمل نمی‌فرمود. او تنها به علامت حبش به بندگان الهی صلیب را قبول فرمود. فقط میزان این حب را ملاحظه فرمایید. اگر عشق بندگان الهی نبود یوحنا جان به رایگان نمی‌باخت. این امر درباره‌ی تمام مظاهر ظهور الهیه مصداق دارد. اگر عشق حضرت باب به بندگان نبود هیچ‌گاه سینه

مبارک را هدف هزاران گلوله نمی‌ساخت. اگر عشق حضرت بهاءالله بندگان الهی شعله نینداخته بود آیا چهل سال حبس و آوارگی را تحمل می‌فرمود. ...»۱۴۵

عشق الهی از طریق مظاهر ظهورش به ما انسان‌ها حیات می‌بخشد.

«اگر عشق الهی نبود قلوب نورانی نمی‌شد. اگر عشق الهی نبود شاهراه حقیقت گشوده نمی‌گشت. اگر عشق الهی نبود، کتب مقدسه الهی مکشوف نمی‌شدند. اگر عشق الهی نبود پیامبران به این عالم فرستاده نمی‌شدند. مصدر تمامی این مواهب عشق الهی است؛ بنابراین در عالم بشری هیچ قوه‌ای عظیم‌تر از عشق الهی نیست.»۱۴۶

نور حقیقیِ عشق الهی، در عالم بعد نیز ادامه خواهد یافت. این امتیاز تنها مختص به عالم انسانی است و بقیه موجودات از آن محروم هستند.

ظرفیّت و استعدادی که به انسان عطا شده باعث ایجاد قابلیّت جهت غلبه بر قوانین طبیعت می‌گردد.

«... جمیع کائنات اسیر طبیعتند این اجسام عظیمه اسیر طبیعت است... امّا انسان بعلم خرق قانون طبیعت کند و بقوّه علم نظام طبیعت را درشکند و حال آنکه ذیروح خاکی است در هوا پرواز نماید بر روی دریا تازد در زیر دریا جولان نماید شمشیر از دست طبیعت گیرد و بر جگرگاه طبیعت زند و جمیع اینها را بقوّهٔ علم کند.»۱۴۷

«حیات انسان کشف امور آتیه نماید طبیعت غافل از آن انسان بواسطهٔ قضایای معلومه کشف قضایای مجهوله نماید و طبیعت عاجز از آن پس واضح و مشهود شد که در انسان قوّهٔ قدسیّهٔ موجود که طبیعت محروم از آن در انسان کمالات و فضائلی موجود که طبیعت فاقد آن.»۱۴۸

«حال این چگونه میسر است؟ به واسطه روحی که خداوند در وجود انسان به ودیعه گذاشته است. به همین میزان قابل اثبات است که رتبه انسان مافوق تمامی

۱۴۵. (ترجمه) - Ibid, p ۲۷۱.

۱۴۶. (ترجمه) - Ibid, pp ۳۴۸-۳۴۹.

۱۴۷ - عبدالبهاء؛ خطابات حضرت عبدالبهاء، جلد ۲ ، ص ۷۸.

۱۴۸ - همان؛ ص ۳۲۴.

موجودات دیگر قرار دارد. براثر تجلیّات همین روح است که خداوند در انجیل فرموده: انسان را بر مثال و صورت الهی خلق کردیم. روح انسانی قادر است کمالات الهی را کشف نماید و از فیوضات ملکوتی بهره برد.»۱۴۹

روح انسانی وابسته به بدن و جسم مادّی نیست.

«جسم انسان ضعیف می‌شود فربه می‌شود مریض می‌گردد صحّت پیدا می‌کند ولی روح بر حالت واحد خود برقرار است چون جسم ضعیف شود روح ضعیف نمی‌شود و چون فربه گردد روح ترقی ننماید جسم مریض شود روح مریض نمی‌شود چون جسم صحّت یابد روح صحّت نیابد. پس معلوم شد که غیر از این جسم یک حقیقتی دیگر در جسد انسانی هست که ابداً تغییر نیابد». ۱۵۰

«... مشاهده می‌نمائی که در وقت خواب با وجود آنکه قوای جسمانی انسان مختل می‌شود باز می‌شنود ادراک می‌کند می‌بیند احساس می‌نماید این معلوم است که روح است که می‌بیند و جمیع قوا را دارد و حال آنکه قوای جسمی مفقود است پس بقای قوای روح منوط به جسد نیست.»۱۵۱

حقیقت روح انسانی ساده و غیر مرکب است مانند ترکیبات ساده در طبیعت است لذا تجزیه و تخریب نمی‌شود.

«مسئله واضح و مشهود است عجب است که بعضی نفوس گمان می‌کنند که روح انسان معدوم می‌شود با وجود این که جسد انسان که اجزاء ترکیبی است باقی است چگونه می‌شود که روح مجرّد انسان معدوم گردد ... روح انسان که مقدّس از ترکیب و تحلیل است چگونه است بر حال واحده است و تغییر و تبدیلی در آن نیست و وجود مجرّد است ترکیب ندارد و چون ترکیب ندارد تحلیل ندارد.»۱۵۲

روح انسانی فنا ناپذیر است و تا ابد باقی خواهد ماند.

---

۱۴۹ .Abdu'l-Baha, Promulgation of Universal Peace, p۲٦۰ - (ترجمه)

۱۵۰ - عبدالبهاء؛ خطابات حضرت عبدالبهاء، جلد ۲؛ ص ۱۸۸.

۱۵۱ - همان؛ صص ۱۸۸-۱۸۷.

۱۵۲ - همان؛ ص ۲۰۱.

در این خطابه‌ی مهیمن، حضرت عبدالبهاء با بیان ادلّه‌ی واضح و مثال‌های مختلف درباره‌ی ماهیت ابدی عشق الهی توضیح فرمودند؛ مانند اقدامی که سارا فارمر برای تأسیس بنای صلح انجام داده بود.

مقصود اصلی از سفر حضرت عبدالبهاء به آمریکای شمالی پاسخ به دعوت «کنفرانس بین‌المللی موهونک لیک»۱۵۳ بود.

درست در سال‌های قبل از جنگ جهانی اوّل، یک نگرانی و اضطراب عمومی میان مردم رایج شده بود. هرروز نفوس بیشتری تلاش می‌کردند که مانع بروز هرگونه آشوب و درگیری در میان کشورهای اروپایی بشوند؛ زیرا آگاه بودند که آغاز هرگونه جنگ، پای ایالات‌متحده را نیز به درگیری‌ها و جنگ بازخواهد کرد.

حضرت عبدالبهاء به این گروه مردمان روشن‌فکر و خوش‌اندیشه، تعالیم مبارکه حضرت بهاءالله را معرفی فرمودند و بیان نمودند که این تعالیم، اصولی دینی است که کاملاً با شرایط جهان، مطابقت دارد:

«اوّل تعلیم او [حضرت بهاءالله]۱۵۴ وحدت عالم انسانی است ... ثانی تعلیم بهاءالله تحرّی حقیقت است که اگر ملل و ادیان تحرّی حقیقت نمایند متحد شوند ... ثالث تعلیم حضرت بهاءالله اینکه دین باید سبب الفت و محبّت باشد اگر سبب اختلاف شود عدم آن بهتر است رابع تعلیم حضرت بهاءالله این که دین و علم توأم است ... خامس تعلیم حضرت بهاءالله آنکه تعصب دینی و تعصب سیاسی و تعصب جنسی و تعصب وطنی هادم بنیان انسانی است ... سادس تعلیم حضرت بهاءالله مساوات حقوق رجال و نساء است باید تساوی حقوق حاصل نمایند تا نساء در جمیع کمالات مساوی با رجال گردند سابع تعلیم حضرت بهاءالله تساوی حقوق نفوس و تعدیل معیشت است ... ثامن تعلیم حضرت بهاءالله آنکه عالم انسانی هر قدر ترقی طبیعی نماید باز محتاج نفثات روح القدس است.»۱۵۵.

---

۱۵۳ Lake Mohonk Conference on International Arbitration -

۱۵۴ - از طرف مترجم افزوده شده.

۱۵۵ - عبدالبهاء؛ خطابات حضرت عبدالبهاء، جلد ۲؛ ص ۸-۵.

حضرت عبدالبهاء در تاریخ ۱۹۱۲ وارد ساحل غربی شدند. در میان خطابات عمومی ایشان، یکی مربوط به نطق مبارک در دانشگاه استنفورد۱۵۶ بود. این دانشگاه توسط فرماندار ایالت کالیفرنیا آقای «لیلاند استنفورد»۱۵۷ به‌عنوان یادبود پسر جوانش که فوت کرده بود؛ بنا شده بود.

در بخش غربی، اکتشافات علمی روزبه‌روز گسترده‌تر می‌شد و این دانشگاه در حال تبدیل به یکی از مراکز عمده‌ی تحقیقات علمی بود. هیکل مبارک در مدح تحقیق و طلب علم و آگاهی بیانات فرمودند.

«اعظم منقبت عالم انسانی علم است زیرا کشف حقایق اشیاء است و چون امروز خود را در مرکز علم می‌بینم در این کلّیهٔ که شهرتش به آفاق رسیده لهذا نهایت سرور را دارم زیرا اشرف جمعیّتی که در عالم تشکیل می‌گردد جمعیت علماء است و اشرف مرکز در عالم انسانی مرکز علوم و فنون است زیرا علم سبب روشنائی عالم است علم سبب راحت و آسایش است علم سبب عزّت عالم انسانی است چون دقّت نمائید دولت علم اعظم از دولت ملوک است زیرا سلطنت ملوک منهدم می‌شود امپراطورها و قیاصره مخلوع گردند و بکلّی سلطنتشان زیر و زبر می‌شود امّا سلطنت علم ابدی است و سرمدی انقراضی ندارد».۱۵۸

حضرتش فرمودند که علم گواه بر این است که قلمرو مادّی حقیقت واحده است و بر اساس تعالیم مبارکه حضرت بهاءالله حقیقت انسان نیز واحد است در بنیادی‌ترین سطح موجودات مادّی به گونه‌های مختلف تبدیل می‌گردند ولی حقیقتشان همچنان واحد است:

«چون اعظم تعالیم حضرت بهاءالله وحدت عالم انسانی است لهذا می‌خواهم از وحدت کائنات صحبت بدارم و این مسئله از مسائل فلسفهٔ الهی است و واضح که جمیع موجودات یکی است و هر کائنی از کائنات عبارت از جمیع کائنات است یعنی کلّ شیء در کلّ شیء است مثلاً ملاحظه کنید که کائنات از اجزاء فردیّه ترکیب شده و این جواهر فردیّه در جمیع مراتب وجود سیر دارند مثلاً هر جزئی از

<hr>

۱۵۶ – Stanford University

۱۵۷ Leland Stanford -

۱۵۸ - عبدالبهاء؛ خطابات حضرت عبدالبهاء، جلد ۲؛ صص ۲۶۸-۲۶۷.

اجزاء فردیّه که در هیکل انسان است وقتی در عالم نبات بوده وقتی در عالم حیوان و وقتی در عالم جماد متّصل از حالی بحالی و از صورتی به صورتی انتقال دارد و از کائنی به کائن دیگر در صور نامتناهی عرضاً و طولاً انتقال می‌نماید و در هر صورتی کمالی دارد این سیر کائنات مستمرّ است لهذا هر کائنی عبارت از جمیع کائنات است نهایت این است امتداد مدت لازم تا این جوهر فرد که در جسم انسان است در جمیع مراتب وجود سیر و حرکت کند یک وقت تراب بود انتقالاتی داشت در صور جمادی بعد انتقال کرد به عالم نبات انتقالاتی داشت در صور نباتی بعد انتقال پیدا کرد در صور حیوانی حالا به عالم انسانی آمده است در مراتب انسانی سیر می‌کند بعد بر می‌گردد به عالم جماد همین طور در جمیع مراتب سیر می‌کند در صور کائنات نامتناهی جلوه می‌نماید و در هر صورتی از صور کمالی دارد در عالم جماد کمالات جمادی داشت در عالم نبات کمالات نباتی داشت در عالم حیوان کمالات حیوانی داشت در عالم انسان کمالات انسانی دارد پس واضح شد که هر جوهر فردی از کائنات انتقال در صور نامتناهی دارد و در هر صورتی کمالی از این واضح شد که کائنات یکی است عالم وجود واحد است پس چون در وجود کائنات وحدت است دیگر معلوم است که در عالم انسان چه وحدتی است این مبرهن است که وحدت اندر وحدت است مبدأ و منتهای وجود وحدت است.۱۵۹»

به همین نحو بهترین شرایط برای انسان یگانگی است.

«... این واضح شد که کائنات یکی است عالم وجود واحد است پس چون در وجود کائنات وحدت است دیگر معلوم است که در عالم انسان چه وحدتی است این مبرهن است که وحدت اندر وحدت است مبدأ و منتهای وجود وحدت است با وجود این وحدت عالم انسانی و جمیع کائنات آیا جائز است که در عالم انسانی نزاع و جدال باشد با وجود آنکه اشرف کائنات است زیرا کمالات جمادی جسم دارد کمالات نباتی قوّهٔ نامیه دارد و کمالات حیوانی قوای حسّاسه دارد و کمالات انسانی دارد که عقل سلیم است با وجود این وحدت عظیمه آیا جائز است که نزاع و جدال کند آیا جائز است که حرب و قتال نماید جمیع کائنات با یکدیگر صلحاند جمیع عناصر با یکدیگر در صلحاند انسان که اشرف کائنات است آیا جائز است که نزاع و

<hr>

۱۵۹ - همان؛ صص ۲۷۰-۲۶۸.

جدال نماید استغفر الله ملاحظه کنید که این عناصر وقتی که با هم التیام دارند حیات است لطافت است نورانیّت است راحت و آسایش است الآن کائناتی را که ملاحظه کنید جمیع با یکدیگر در صلح‌اند». ۱۶۰.

اگرچه انسان جزئی از عالم طبیعت است ولی با استعانت از نیروی فکر قادر به فرار از قیود طبیعت است.

«... جمیع کائنات اسیر طبیعت است و جمیع در تحت قانون طبیعت ابداً از قانون طبیعت سر موئی تجاوز نکند مثلاً آفتاب باین عظمت اسیر طبیعت است از قانون طبیعت تجاوز نتواند و همچنین اجسام عظیمه در این فضای نامتناهی جمیع اسیر طبیعت‌اند از قانون طبیعت تجاوز نتوانند کرۀ ارض اسیر طبیعت است جمیع اشجار نباتات اسیر طبیعت‌اند جمیع حیوانات فیل باین عظمت با این قوّه از قانون طبیعت تجاوز نتواند لکن انسان با این کوچکی با این جسم ضعیف چون مؤیّد به عقل است و عقل جلوه از جلوه‌های الهی است قانون طبیعت را می‌شکند و بهم میزند مثلاً به قانون طبیعت انسان ذی روح خاکی است لکن این قانون را شکسته مرغ می‌شود در هوا پرواز می‌نماید ماهی می‌شود در زیر دریا سیر می‌کند کشتی می‌سازد روی دریا می‌تازد این علوم و فنونی که شماها دارید و در دارالفنون تحصیل می‌کنید جمیع اسرار طبیعت بوده به قانون طبیعت باید مستور باشد لکن عقل انسان این قانون را شکسته حقایق اشیاء را کشف نمود و از حیّز غیب به شهود آورد و این علوم پیدا شد و این مخالف قانون طبیعت است مثلاً قوّۀ برقیّه از اسرار مکنونه طبیعت است باید پنهان باشد لکن عقل انسان این را کشف کرد و قانون طبیعت شکست و از حیّز غیب به حیّز شهود آورد و این قوّۀ عاصیه را در شیشه حبس نمود و این خارق العاده است و مخالف طبیعت است از غرب به شرق در یک دقیقه مخابره می‌نماید این معجزه است انسان صوت را می‌گیرد در فنوغراف حبس می‌کند و حال آنکه صوت باید آزاد باشد زیرا قانون طبیعت چنین اقتضا می‌کند همچنین سائر اکتشافات جمیع اسرار طبیعت است و به قانون طبیعت باید مستور باشد لکن

۱۶۰ - همان؛ ص ۲۷۰.

عقل انسان که اعظم جلوهٔ الهی است این قانون طبیعت را می‌شکند و این اسرار طبیعت را از دستگاه اسرار طبیعت دائماً بیرون می‌ریزد».۱۶۱

طبیعت، اسیر جریانی است که به آن ملزم شده؛ امّا انسان می‌تواند بر این موانع غلبه کند و البتّه از طرفی می‌تواند از حیوانات نیز خطرناک‌تر شود؛ زیرا حیوان تنها بر اساس غریزه‌ی بقا می‌کشد و دفاع می‌کند:

«اگر حیوانی درّندگی نماید بجهت طعمه است عقل ندارد که فرق بگذارد میان ظلم و عدل قوّهٔ ممیّزه ندارد لکن انسان چون درّندگی نماید بجهت طعمه نیست بجهت طمع است بجهت حرص است حال آیا سزاوار است که چنین وجود شریف یعنی انسان که از عقل سلیم مستفیض است با چنین افکار عالیه با وجود این همه علوم و فنون با وجود این اختراعات عظیمه با وجود این آثار عقلیّه با وجود این همه ادراکات با وجود این همه اکتشافات باز داخل میدان جنگ شده خون یکدیگر را بریزند و حال آنکه انسان بنیان الهی است بنیان بشر نیست اگر بنیان بشری را خراب کنی لابد صاحب بنا مکدّر شود پس چگونه انسان را که بنیان الهی است خراب کند شبهۀ نیست که سبب غضب الهی است خداوند انسان را شریف خلق نموده و بر جمیع اشیاء امتیاز داده و به مواهب کلّیه مختصّ نموده عقل داده ادراک داده قوّهٔ حافظه داده قوّهٔ متخیّله داده حواس خمسهٔ ظاهره داده این همه مواهب عظیمه داده خداوند انسان را مصدر فضائل نموده تا آنکه مانند شمس روشن شود سبب حیات گردد سبب آبادی باشد حالا ما از جمیع این مواهب چشم می‌پوشیم و این بنیان الهی را خراب کنیم و این اساس الهی را از پایه براندازیم و حال آنکه اسیر طبیعت نیستیم خودمان را اسیر می‌کنیم و به اقتضای طبیعت حرکت می نمائیم زیرا در طبیعت نزاع بقا است اگر انسان تربیت نشود از مقتضیات طبیعت نزاع و جدال است».۱۶۲

هدف اساسی علم و تحصیل، ارتقای آگاهی انسان است تا به مقامی ورای طبیعت دست یابد؛ زیرا هدف اصلی حیات چنین است:

---

۱۶۱ - همان؛ صص ۲۷۲-۲۷۱.

۱۶۲ - همان؛ صص ۲۷۴-۲۷۳.

«جمیع این مکاتب این همه مدارس بجهت چه تأسیس می‌شود بجهت این که انسان از مقتضای طبیعت نجات یابد از نقائص طبیعت خلاص شود کمالات معنویّه پیدا کند ملاحظه کنید اگر این زمین را بحال طبیعت واگذارید خارستان شود علفهای بیهوده بروید لکن چون تربیت شود زمین پاک گردد فیض و برکت عظیمه حاصل شود این کوه‌ها را اگر بحالت طبیعت گذاری جنگل شود ابداً درخت میوه دار نروید ولی چون تربیت شود باغ گردد و نتیجه بخشد و ثمر دهد انواع گل و ریاحین حاصل گردد».۱۶۳

مظاهر ظهور الهی، معلّمان انسان‌ها بودند:

«مظاهر مقدّسه الهیّه مربّی بودند باغبان الهی بودند تا این جنگلهای طبیعی را باغستان پرثمر نمایند این خارستان را گلستان کنند پس تکلیف انسان چه چیز است این است که انسان باید در ظلّ مربّی حقیقی خود را از نقائص طبیعت نجات داده بفضائل معنویّه متّصف گردد آیا جائز است که ما این مواهب الهیّه را این فضائل معنویّه را فدای طبیعت کنیم»۱۶۴

در ادامه فرمودند که حضرت بهاءالله معلّم و مظهر ظهور این دوره هستند و تعالیمی را به جهان عطا فرموده‌اند که جوابگوی نیاز بشر در این زمان است.

«... حضرت بهاءالله پنجاه سال پیش اعلان صلح عمومی بین دول و صلح عمومی بین ملل و صلح عمومی بین ادیان و صلح عمومی بین اقالیم فرمود و فرمود که اساس ادیان الهی یکی است و جمیع ادیان اساسشان ارتباط و التیام است لکن اختلاف در تقالید است و این تقالید دخلی به تعالیم الهی ندارد چون این تقالید مختلف است سبب نزاع و قتال شده امّا اگر تحرّی حقیقت شود جمیع ادیان متّحد و متّفق گردند دین باید سبب الفت و اتّحاد گردد سبب ارتباط بین قلوب بشر شود اگر دین سبب نزاع و جدال گردد البتّه بی دینی بهتر است زیرا عدم شیء مضرّ بهتر از وجود آنست دین علاج الهی است درمان هر درد نوع انسانی است مرهم هر زخمی است ولی اگر سوء استعمال شود و سبب جنگ و جدال گردد و علّت خونریزی شود البتّه بی دینی به از دین است و همچنین لزوم صلح عمومی بین

---

۱۶۳ - همان؛ ص ۲۷۴.

۱۶۴ - همان؛ صص ۲۷۴-۲۷۵.

دول و ملل را حضرت بهاءالله مصرّح فرمود و مضرّات جنگ را بیان کرد زیرا نوع انسانی یک قوم‌اند و جمیع سلاله آدم یکی است و جمیع اطفال یک پدرند و اعضای یک عائله نهایتش این است که یک عائله بزرگی است و در یک عائله اجناس مختلفه تصوّر نتوان نمود اگر چنین تصوّر ممکن بود می‌توانستیم بگوئیم اختلاف و نزاع بجاست ولی مادامی که همه اعضای یک عائله هستند امم مختلفه نیستند لهذا این امتیازات که این ایتالیائی است و آن آلمانی است و این انگلیس است و دیگری روس این ایرانی است و دیگری امریکائی اینها بتمامها اوهام است همه انسان‌اند همه خلق خداوندند همه یک سلاله‌اند همه اولاد یک آدم‌اند.»۱۶۵.

آخرین نصیحت و سفارش آن حضرت به بهائیان آمریکا هنگامی‌که سوار بر کشتی «اس. اس. سلتیک» برای بار دوّم به‌جانب انگلستان رهسپار بودند، این بود:

«شما که الحمد للّه چشمتان بینا شد و گوشتان شنوا گشت و قلبتان آگاه دیگر نباید نظر به این تعصّبات و اختلافات نمائید بلکه باید نظر به الطاف الهی کنید که او شبان حقیقی است و به جمیع اغنام خود مهربان با آنکه خدا به جمیع مهربان است آیا جائز است ما که بندگان او هستیم با یکدیگر جنگ و جدال نمائیم لا واللّه بلکه باید به شکرانه قیام کنیم و شکرانه الطاف الهیّه الفت و التیام با یکدیگر است و محبّت و مهربانی به عموم خلاصه مبادا قلبی آزرده نمائید یا در بارهٔ یکدیگر غیبت کنید با جمیع خلق یگانه باشید جمیع را خویشان خود شمرید همیشه مقصدتان این باشد که دلی را مسرور کنید گرسنه ئی را اطعام نمائید برهنه ئی را به پوشانید ذلیلی را عزیز کنید بیچاره‌ٔ را چاره ساز گردید و پریشانی را سر و سامان بخشید این است رضای الهی این است سعادت ابدی این است نورانیّت عالم انسانی ...

... حال تکلیف شما ها دیگر است چه که مطّلع بر اسرار الهی شدید چشم بینا و گوش شنوا دارید لهذا باید با عموم در نهایت مهربانی معامله نمائید هیچ عذری ندارید زیرا رضای الهی را دانستید که در خیر و صلاح عموم است نصایح حق را شنیدید و بیانات و تعالیم الهیّه را استماع نمودید که باید بجمع حتّی به دشمنان دوستی و محبّت نمائید بدخواهان را خیرخواه باشید و مخالفان را یار موافق گردید پس به موجب این تعالیم عمل نمائید بلکه این ظلمات حرب و جدال زائل شود

<hr>

۱۶۵ - همان؛ صص ۲۷۷-۲۷۶.

نورانیّت الهیّه جلوه نماید شرق منوّر گردد غرب معطّر شود جنوب و شمال دست در آغوش یکدیگر نمایند و امم عالم در نهایت محبّت با هم معاشرت و الفت یابند تا به این مقام نرسند عالم انسانی راحت نیابد سعادت ابدیّه حاصل نشود امّا اگر به موجب این تعالیم مقدّسه عمل نمایند عالم ناسوت آینهٔ ملکوت گردد روی زمین جنّت ابهی و غبطهٔ فردوس برین شود امیدوارم موفّق بر عمل به تعالیم شوید تا چون شمع به عالم انسانی روشنی بخشید و مانند روح جسم امکان را بحرکت آرید این است عزّت ابدی این است صورت و مثال الهی که شما را به آن وصیّت می نمایم و امید چنان که به آن موفّق شوید.۱۶۶»

حضرت عبدالبهاء در سراسر قارّهی آمریکا پیام دیانت حضرت بهاءالله را اعلان عمومی فرمودند. به دست مبارکش بذر قابلیّت‌های شگفت‌انگیز و غیرقابل تصوّری کاشته شد. در دسامبر ۱۹۱۲ با عزیمت از این قارّه، فصل زرّینی در قرن اوّل بهائی نگاشته شد. مساعی حضرت عبدالبهاء در تاریخ جاودانه این امر، بی‌بدیل و نظیر خواهد بود.

«هرگز در اعصار سابقه و دهور ماضیه مشاهده نشده که شخصی چنین مقدّس و عظیم برای منظور و هدفی بدین پایه عزیز و کریم قیام نموده باشد.۱۶۷»

اکنون حضرت عبدالبهاء به اروپا بازگشته بودند. ایشان بعد از سفر به کانادا و آمریکا به‌رغم برودت و سردی هوا و وضعیّتِ بیماریِ هیکل مبارک، مجدداً به انگلستان، فرانسه، آلمان، مجارستان و اتریش سفر فرمودند. حضرت ولیّ امرالله شرح اقدامات خارق‌العاده‌ی حضرت عبدالبهاء را به شایستگی چنین بیان فرموده‌اند:

«با توجّه مرکز میثاق به صفحات غرب دورهٔ جدیدی در بسط و ترقّی امرالله ایجاد و فصل مشعشعی در تاریخ قرن اوّل بهائی افتتاح گردید. بید قدرت آن دهقان الهی بذور پاکی از تعالیم رحمانی در مزارع قلوب افشانده شد و بماء لطف و عنایت ربّانی آبیاری گردید. هرگز در اعصار سابقه و دهور ماضیه مشاهده نشده که شخصی چنین مقدّس و عظیم برای منظور و هدفی بدین پایه عزیز و کریم قیام نموده باشد. از این جنبش رفیع و نهضت بدیع قوای فائضهٔ محیطه ای بوجود آمد و عوامل محرّکهٔ

۱۶۶ - همان؛ صص ۳۴۷-۳۴۵.

۱۶۷ - ربانی، شوقی؛ قرن بدیع؛ ص ۵۹۴.

نبّاضه ای منبعث گردید که هنوز پس از مضی سی و پنج سنه از تاریخ تحقّق آن تصوّر اهمیت و درک عظمتش مقدور نه و احصاء آثار و نتایجش کما ینبغی و یلیق برای احدی میسور نیست.»۱۶۸

بیت‌العدل اعظم الهی نیز مساعی حضرت عبدالبهاء را در مصر و کشورهای غربی چنین مشخص، بیان فرموده‌اند:

«... قاطعیّت کامل ولی با شیوه‌ای بی‌نهایت آرام و متین به دفاع از حقایق پرداخته اصول و مبادی الهیّه را بر طبق مقتضیات این عصر تشریح فرمود. آن حضرت بدون ادنی فرق و تمایزی و به مقتضای نیاز افراد، برای همگان - اولیای امور، دانشمندان، کارگران، کودکان، والدین، تبعیدشدگان، فعّالان اجتماعی، روحانیون و شکّاکیون - پیک محبّت، سرچشمهٔ حکمت و مایهٔ تسلّی و راحت بود. همچنان که قلوبشان را به اهتزاز می‌آورد، فرضیّات‌شان را زیر سؤال برده به دیدگاه‌شان جهت جدیدی می‌بخشید و آگاهی آنان را وسعت داده قوایشان را در مصالح عالم انسانی متمرکز می‌ساخت. هیکل اطهر قولاً و عملاً، چنان همگان را مورد محبّت و شفقت و جود و کرم خود قرار می‌داد که قلوب به کلّی تقلیب می‌شد و هیچ‌کس از حضور مبارک محروم بازنمی‌گشت.»۱۶۹

حضرت عبدالبهاء در ابوسنان

جنگ جهانی اوّل در سال ۱۹۱۴ به وقوع پیوست و امپراتوری عثمانی طرف نیروهای متّفقین را گرفت. بمباران هوایی نیروهای متّحدین باعث ایجاد وحشت عمومی در حیفا گردید. شیخ صالح، دعوت‌نامه‌ای حضور حضرت عبدالبهاء فرستاد و از هیکل مبارک تقاضا کرد که به ابوسنان، روستایی که در هفت مایلی عکّا، تشریف بیاورند. حضرت عبدالبهاء این دعوت را پذیرفتند و صد و چهل نفر از بهائیان حیفا و عکّا را به ابوسنان فرستادند. در مدّت اقامت در ابوسنان، حضرت عبدالبهاء به همراه عائله‌ی

------

۱۶۸ - همان؛ ص ۵۹۴.

۱۶۹ - بیت‌العدل اعظم الهی؛ پیام رضوان ۲۰۱۱.

مبارکه و دو نفر از بهائیان آمریکایی به نام‌های ادیت ساندرسون و لوا گتسینگر در منزل شیخ صالح اقامت فرمودند و بقیه‌ی مؤمنان، میهمان اهالی روستا شدند. شیخ صالح و خانواده‌اش استقبال گرمی از حضرت عبدالبهاء نمودند و تشریف‌فرمایی و حضور ایشان را مایه‌ی برکت و نعمت خویش دانستند و به میزبانی از هیکل مبارک افتخار می‌نمودند.

یکی از شاهدان اصلی این وقایع، دکتر حبیب مؤید در خاطرات خویش درباره‌ی حرکت به سمت روستای دروزی چنین می‌نگارد:

«اوضاع جنگی روزبه‌روز شدیدتر می‌شد، وضع زندگی و تهیّه آذوقه هرروز مشکل‌تر می‌گردید، اضطراب و نگرانی هر آن رو به فزونی بود. قوّت به دست یک عدّه نظامی خونخوار افتاده بود و حساب و کتابی در بین نبود. روز بخور و بچاپ مأمورین عثمانی بود. برای هر کسی که دلشان می‌خواست پاپوش درست می‌کردند و هر بی‌گناهی را می‌توانستند با یک بهانه‌جویی مختصر از بین ببرند و به دیار نیستی بفرستند. کسی نه صاحب مال بود نه صاحب جان. در رأس حکومت اشخاص بی‌ایمان و سفّاک و بی‌باک قرار گرفته بودند. ... دارها بود که در هر شهری بپا بود. سرشناسی دیگر باقی نمانده بود. همه را از بین بردند.»۱۷۰

دکتر حبیب مؤید روستای ابوسنان را این‌گونه توصیف می‌کند:

«... قریهٔ ابوسنان که یکی از دهات شرقی عکّا و در قسمت جلیل واقع است، روی تپّه‌ئی واقع شده، نقطهٔ مصفّا و خوش آب و هوائی است. اشجارش عبارت از انجیر و زیتون و مو است. اهالی آن اغلب درزی هستند و چند نفر هم مسیحی کاتولیک و یهودی دارد که اغلب به زراعت مشغولند. درزی‌ها اغلب مردمان کوهستانی و پرطاقتی هستند. عقیده مذهبی آنها بطور قطع و یقین معلوم نیست، خود را (موحّد) می‌دانند یعنی اعتقاد به خدای یگانه مقتدر قهّار دارند که او خود را به‌وسیلهٔ مظاهرش به خلق می‌شناساند. یکی از این مظاهر هم الحاکم بامرالله خلیفهٔ ششم دورهٔ فاطمیّه بود. در آخرالزّمان چون دنیا پر از ظلم و عدوان شود و مؤمنین تحت فشار و سختی افتند مجدّداً الحاکم بامرالله ظهور خواهد کرد، دنیا را داوری نموده

۱۷۰- مؤیّد، حبیب؛ خاطرات حبیب؛ ج ۱، ص ۱۳۳.

دینش را نصرت خواهد نمود و درزی‌های متفرّق شده را به سوریه عودت می‌دهد و چون پرچم امرش در فراز مکّه و اورشلیم قرار گرفت آن‌وقت تمام دنیا را مسخّر خواهد نمود و در ظلّ رایت خود در می‌آورد و همه را یکسان می‌کند.»۱۷۱

ساکنین ابوسنان دید مثبتی نسبت به امر مبارک داشتند.

«حضرات درزی‌های ابوسنان اعتقاد مخصوصی به روضۀ مبارکه دارند و حضرت عبدالبهاء را از اولیاء الله می‌دانند و هرگاه مریضی داشته باشند دور روضۀ مبارکه طواف می‌دهند و از غذای ته بشقاب حضرت عبدالبهاء به او می‌خورانند و ظاهراً هم خیلی ارادت می‌ورزند. مشایخ و رؤسای آنان از قدیم الایّام الی اکنون ارادت مخصوصی به خرج می‌دهند چون ایّام جمال مبارک تا بحال جز محبّت و روحانیّت و صفا چیز دیگری ندیده‌اند با یک خلوص و ارادتی به حضور مبارک مشرّف می‌شوند.»۱۷۲

در سپتامبر ۱۹۱۴، به دستور حضرت عبدالبهاء، تمامی بهائیان به ابوسنان نقل‌مکان کردند. این امر، فاصله‌ای بین احبّاء و ناقضین ایجاد کرد که به‌طور مؤثّری تا مدّتی باعث سکوت ناقضین گردید. حضرتش به‌طور مرتب به احبّاء در این روستا سرکشی می‌فرمودند و از شرایط معیشت و رفاه آنان آگاه می‌گشتند.

بهائیان در منازل ساده‌ی روستائیان زندگی می‌کردند و به آنها اجاره می‌پرداختند. به دستور حضرت عبدالبهاء، میرزا بدیع بشرویی مشغول امر تعلیم اطفال عائله‌ی مبارک و رهبران دروزی گردید. با گسترش آتش جنگ، از همه‌ی کادر درمانی ازجمله دکتر حبیب مؤید خواسته شد که یک داروخانه و یک درمانگاه در آن منطقه ایجاد نماید که این درمانگاه به‌عنوان محل سکونت زائران نیز استفاده می‌شد. به‌طورکلی زندگی بهائیان درنهایت سادگی بود. غذایشان نیز مختصر و عبارت از سبزیجاتی بود که با تعلیم حضرت عبدالبهاء خودشان کاشته بودند. همچنین ارسال غلات از روستای عدسیه، احبّاء را از خطر گرسنگی نجات داد.

<hr>

۱۷۱ - همان؛ صص ۱۳۶-۱۳۵.
۱۷۲ - همان؛ ص ۱۳۶.

در زمان سرکشی مبارک به منطقه، شیخ صالح و پسرانش، احبّاء و میهمانان، همگی از بهائی و دروزی در مدح هیکل مبارک نغمه و سرود سر می‌دادند. به خاطر حفظ جان، زائران آمریکائی ارض اقدس را ترک گفتند و این امر باعث شد که احبّای ساکن در منطقه از اخبار عالم به دور باشند. افسران دولتی هرازگاهی به خاطر اطّلاع از نحوه‌ی کمک‌رسانی حضرت عبدالبهاء و برخی سؤالات دیگر، با ایشان ملاقات می‌نمودند که بعدها این امر باعث بروز مشکلاتی گردید.

فصل سوّم

دوران رهبری و قیادت حضرت عبدالبهاء (قسمت دوّم)

پروژه‌های ساختمانی

حضرت عبدالبهاء در مدّت زمان رهبری و قیادت امر مبارک، چندین پروژه ساختمانی و زیرساختی مهم را مدیریت فرمودند. مهم‌ترین پروژه مربوط به بنای ساختمان مقام حضرت باب می‌گردد. همچنین پروژه‌های دیگری ازجمله ساخت مدارس، برنامه‌های کشاورزی، نهادها و سازمان‌های ملّی و بنیاد اولین ساختمان مشرق‌الاذکار غرب و شرق نیز زیر نظر هیکل مبارک به اجرا درآمدند.

مقام حضرت اعلی

در سال ۱۸۹۱ میلادی، زمانی که حضرت بهاءالله برای مرتبه‌ی چهارم و آخرین مرتبه به حیفا تشریف بردند، درحالی‌که زیر سایه‌ی درختی در دامنه‌ی کوه کرمل، جلوس فرموده بودند، در حضور حضرت عبدالبهاء به مکانی اشاره فرمودند که برای استقرار ابدی عرش مطهّر حضرت باب در نظر گرفته‌اند. درحالی‌که حضرت عبدالبهاء فوراً مشغول تهیّه‌ی مقدّمات برای خریداری اراضی بودند؛ برادران ناتنی آن حضرت که بعداً هر دو نقض عهد نمودند؛ دشواری‌هایی در امر خرید زمین ایجاد کردند. این اقدامات بدخواهانه موجب تأثّر و ناراحتی عمیق قلب حضرت عبدالبهاء گردید.

حضرت عبدالبهاء برای خرید و تملّک اراضی و پرداخت هزینه‌های ساخت مقام اعلی، نیمی از زمین چهار اکری خود که در منطقه ساماریا واقع بود را به مبلغ ۱۰۰.۴۰۰ لیر فروختند. نیمی از زمین مزبور به نام میرزا محمّدعلی گردید که این شخص نصفی از متعلّقات خودش را به ۷۴۰ لیر فروخت تا به مأموران حکومتی رشوه بدهد تا حکم تبعید هیکل مبارک به خارج از فلسطین را اخذ نماید. این تنها

یک نمونه است از مصائبی که ناقضین امر بر هیکل مبارک روا می‌داشتند و برای انجام دسایس و فتنه‌های خود، مأموران دولتی را با خود همنوا می‌نمودند.

اگرچه هیکل مبارک به‌عنوان زندانی دولت عثمانی ملزم به اقامت در عکّا بودند؛ شخصاً تمام اقدامات و نظارت‌های لازم برای مراحل ساخت مقام اعلی را انجام می‌دادند. بر اساس خاطرات بدیع بشرویی، مراحل نهایی خرید اراضی در سال ۱۸۹۹ به اتمام رسید و اقدامات اوّلیه برای زیرساخت‌های لازم بین سال‌های ۱۹۰۰ تا ۱۹۰۹ انجام شد و همه این مراحل زیر نظر هیکل مبارک حضرت عبدالبهاء سامان پذیرفت. به‌رغم حکم تبعید رسمی ایشان در شهر عکّا، هیکل مبارک مرتّباً طی سفرهای کوتاه به حیفا، تمامی مراحل ساخت را تحت نظر داشتند و اگر زمانی امکان سفر برایشان مهیّا نبود توسّط دوربین، محل ساخت را نظارت می‌فرمودند. هر زمان که به حیفا تشریف می‌آوردند در منزل آقا سیّد تقی منشادی میهمان بودند. بعضی از کارگران هم اهل حیفا نبودند و محلّی برای اقامت نداشتند؛ بنابراین خانم جکسون با کمک برخی مؤمنان، قطعه زمینی خریداری کرد و منزلی ساخت که محل اقامت حضرت عبدالبهاء و کارگران باشد. طرح مبارک برای این زمین به نحوی بود که پانصد متر از مقام فاصله داشت. بعدها این منزل، محل اقامت عائله‌ی مبارکه گردید. اولین طرحی که برای ساخت مقام اعلی موردنظر حضرت عبدالبهاء واقع گردید طرح «استاد علی‌اشرف»، یک بهائی مخلص از باکوی آذربایجان بود. استاد علی‌اشرف یک استاد ماهر درزمینه‌ی ساخت پروژه‌های ساختمانی بود و به خاطر دارا بودن صداقت تام، مشهور و زبانزد بود.

استاد علی‌اشرف خاطرات آن ایّام را این‌گونه بیان می‌کند:

«وقتی‌که شروع به عملیات ساخت مقام حضرت اعلی نمودیم حضرت عبدالبهاء پیش من تشریف آوردند و فرمودند: «شما از باکو آمده‌اید و به آب‌وهوای سرد عادت دارید. اینجا هوا گرم است و شما به این آب‌وهوا عادت ندارید. شما به یک چتر نیاز دارید.» و سپس چتر شخصی خودشان را به من عنایت کردند.

هر چه بیشتر به کارگران درباره‌ی نحوه کار توضیح می‌دادم و سعی می‌کردم به آنها آموزش دهم کمتر موفق می‌شدم و عملیات کندتر پیش می‌رفت؛ بنابراین چاره‌ای نماند که چتر را به کناری بگذارم و خودم شخصاً دست‌به‌کار شوم تا به اهداف

دست‌یابیم. آن روز تا ساعت شش غروب کار کردم و به خاطر ساعات ممتد کار و حرارت هوا، مریض شدم.

روزهای بعد علی‌رغم بیماری سر کار حاضر می‌شدم. حضرت عبدالبهاء برای نظارت بر روند کار، تشریف آوردند و یک نفر درباره‌ی وضعیت بیماری من به ایشان اطلاع داد. ایشان فرمودند: «علی‌اشرف من به شما گفتم که هوا اینجا گرم است و از چتر استفاده کن که مریض نشوی.» من در پاسخ عرض کردم اگر من از چتر استفاده کنم؛ کار پیش نمی‌رود. لطفاً شما به هوا دستور فرمایید که با من مهربان‌تر باشد. اگر این کار را نکنید من مجبورم به روضه‌ی مبارکه بروم و از جمال مبارک تقاضا کنم. در این هنگام هیکل مبارک لبخندی زدند.

در حین ساخت‌وساز، روزی تعدادی از مأمورین دولت عثمانی آمدند و از من درباره‌ی مقام پرسیدند. من پاسخ دادم که مشغول ساخت چهار اتاق و یک گودال هستم. پرسیدند آیا صحت دارد که حضرت عبدالبهاء در این مکان، مشغول ساخت استحکامات نظامی هستند؟ پاسخ دادم حضرت عبدالبهاء طالب صلح هستند نه جنگ. تمام این کارگران عثمانی هستند می‌توانید درباره‌ی صدق گفتار من از ایشان سؤال کنید. ما فقط چهار اتاق می‌سازیم. زمانی که هیکل مبارک پاسخ‌های من به مأموران را شنیدند فرمودند: "پاسخ‌های صحیح دادید، مرحبا ".»۱۷۳

بعد از پایان ساخت، یک درب به نام «اشرف» نام‌گذاری شد که در سال ۱۹۳۳ در باکو صعود نمود. درب دیگر به نام برادرش «بالا بعدی » تسمیه گردید. استاد بالا یک بهائی مخلص بود که از تمام قدرت جسمانی و توانائی بدنی‌اش برای حفاظت از بهائیان استفاده می‌کرد و خودش را محافظ شخصی حضرت عبدالبهاء نامیده بود. اگرچه ایشان در محفل محلّی باکو عضویت داشت، این قوّت جسمانی‌اش مایه‌ی امتحان برخی احبّاء قرار گرفت و خواستند او دیگر در محفل عضو نباشد. هرچند که تلگرافی از حضرت عبدالبهاء واصل گردید که به احبّاء فرموده بودند که برایشان دعا خواهند فرمود و تصریح فرموده بودند که استاد بالا نماینده‌ی ایشان در محفل محلی هستند و خواهند خواست که اعضای دیگری را منصوب نمایند.

---

۱۷۳ - ترجمه: یادداشت‌های زائر، منفرد، جمع آوری خاطرات استاد علی اشرف، ص ۴۴۶.

پیش‌بینی حضرت عبدالبهاء برای کوه کرمل، طبقات نه‌گانه بود با پلکانی از پایین کوه تا مقام اعلی و سپس نه طبقه‌ی دیگر تا بالای کوه که با احتساب طبقه مقام اعلی جمعاً نه طبقه می‌شدند. به اهتمام حاج محمود قصّابچی سه اتاق به یکدیگر متصل شدند تا برای نگهداری آثار مقدسه‌ی دیانت بهائی اختصاص یابد.

ایادی امرالله، جناب «یوگو جیاگری»، ازبیانات شفاهی حضرت ولی امرالله مواردی را به خاطر می‌آورند که درباره‌ی نقشه‌ی اوّلیه حضرت عبدالبهاء برای مقام اعلی و اینکه تمام اهتمام مبارک بر این بود که این بنا تکمیل گردد می‌فرمودند:

«در طی اولین زیارت من به ارض اقدس در سال ۱۹۵۲ حضرت ولی امرالله فرمودند:

"زمانی که حضرت عبدالبهاء در سنوات ۱۹۰۰-۱۹۰۸ ساختمان اولیه‌ی مقام اعلی را بعهده گرفتند، اراده‌ی مبارک بر این بود که ضریح مقدس ۸ در داشته باشد، اما موفق به ساختمان ۵ در شدند."

ولی خواست آن حضرت در سال ۱۹۲۹ زمانی که حضرت ولی امرالله سه اطاق دیگر به ساختمان اولیه اضافه نمودند، برآورده شد. از اوایل شروع این پروژه‌ی با عظمت و شکوهمند حضرت ولی امرالله، یعنی از همان هنگامی که جناب ماکسول طرح ساختمان خارجی مقام اعلی و هم‌چنین تصاویری از ماکت ساختمان را به روم آورده بودند، من متوجه شدم که عدد هشت یک رل مهم و برجسته در تمام پروژه دارد. بدون سؤال من از اهمیت این عدد در ساختمان و محوطه‌ی اطراف مقام اعلی، حضرت ولی امرالله یک روز اشاره به آیه قرآن نمودند که ابتدا به عربی و سپس به انگلیسی بیان فرمودند: "... در آن روز تخت پروردگار را هشت حمل خواهند کرد ..." سپس مقام معظم و مافوق بشری حضرت رب اعلی را تشریح فرمودند و این که چگونه آن حضرت جناب ماکسول را هدایت فرمودند که مفهوم روحانی این پیش‌بینی اسلامی را در این ساختمان مقدس بگنجانند که شهادت به مقام متعالی حضرت اعلی می‌دهد و برای ابد پیامبر شهید را که در این آرامگاه آرمیده‌اند، گرامی داشته و اینکه تا چه حد شریعت مقدسه‌ی بیان با انتظارات دیانت اسلام ارتباط دارد.

هم‌چنین حضرت ولی امرالله فرمودند که حضرت عبدالبهاء پس از اتمام شش اطاق اولیه‌ی ساختمان مقام اعلی، هر یک از پنج در آن را به نام یکی از پیروان امر مبارک

نام گذاری نمودند که شامل اسامی افرادی که همکاری با ساختمان این بنای مقدس را داشته‌اند، بوده است. آن حضرت همیشه به مقام اعلی به نام "سریر سلطنت الهی" اشاره می‌کردند و صندوق عرش مطهر حضرت اعلی را نیز تخت پادشاهی می‌خواندند.

حضرت ولی امرالله اسامی افرادی را که این افتخار بزرگ نصیبشان شده بود نیز ذکر فرمودند و این که خود آن حضرت یکی از درهای سه اطاقی که بعداً اضافه کرده‌اند، در اوایل دوره‌ی ولایت خود منصوب به یکی از احبا نمودند و حال دو در باقیمانده‌ی مقام اعلی را به نام جناب ماکسول و یوگو جیاکری نام گذاری فرموده‌اند. آن حضرت ادامه دادند "سرکار آقا" ساختمان اولیه‌ی مقام اعلی را طوری طرح فرموده بودند که هشت در داشته باشد و شما یکی از آن ۸ نفر هستید که انتخاب شده‌اید و نام شما برای ابد با هشت در در مقام اعلی مربوط بوده و یاد کرده خواهد شد. هم‌چنین حضرت اعلی هشتمین پیامبر الهی از مذاهبی که پیروانشان هنوز موجود می‌باشند، هستند. هنگامی که جناب ماکسول ساختمان مقام اعلی را طرح می‌کردند به ایشان گفتم که: "شما بایستی ۸ ستون در هر طرف ساختمان بگذارید."

اهمیت عدد هشت در اغلب ریزه‌کاری‌های ساختمان ضریح مقدس و باغ‌های اطراف آن نمایان می‌باشد. زائرین اگر دقیق باشند، مشاهده خواهند نمود که زمینه‌ی گل‌های تزیینی به شکل ستاره‌ی هشت‌پر تنظیم شده‌اند که یک نمونه برجسته‌ی تزییناتی است که در میان چمن‌های سبز انگلیسی که حضرت ولی امرالله خیلی به آنها علاقه داشتند، قرار گرفته‌اند.»۱۷۴

۱۷۴ - جیاگری، یوگو؛ کتاب شوقی افندی؛ صص ۱۲۳-۱۲۱.

حضرت عبدالبهاء و نورپردازی مقام اعلی

در آخرین ماه‌های حیات، هیکل مبارک تصمیم به نصب چراغ هم در روضه مبارکه در بهجی و هم در مقام اعلی گرفتند. نویسنده «ناتان روتشتاین» به خاطر می‌آورد که پدر همسرش، «کورتیس کلسی» که یک بهائی آمریکایی بود دعوت شد تا در این امر به حضرت عبدالبهاء مساعدت نماید:

«در سال ۱۹۲۱ در سن ۲۷ سالگی وی (کورتیس کلسی) به دعوت حضرت عبدالبهاء به حیفا آمد تا پروژه‌ی نصب چراغ‌های برقی برای روضه‌ی مبارکه و مقام اعلی را به عهده گیرد. طی دو ماه او به‌عنوان یکی از اعضای عائله‌ی مبارکه همراه آنان کار و زندگی کرد. تجربه‌ای که جوان ناآرام اهل یوتا را تبدیل به خادم حقیقی حضرت عبدالبهاء و دیانت بهائی برای همه عمرش نمود.»۱۷۵

... طی دو هفته اول که در ارض اقدس بود چندان کار از وی خواسته نشد که انجام دهد. درواقع او آزاد بود که هر کاری میل داشت انجام دهد. بنابراین او به تعمیر هر آنچه در مرکز جهانی نیاز به مرمت داشت پرداخت. وقتی گاراژ را مورد بررسی قرار داد دو اتومبیل در آن یافت — یک کانینگهام بزرگ و یک فورد. آنها را برخی از یاران آمریکائی به حیفا فرستاده بودند. هیچکدام از اتومبیل‌ها کار نمی‌کردند. طی

---

۱۷۵ - ترجمه: روتشتاین، ناتان؛ عشق و بندگی؛ ص ۷۴.

چند روز، کورتیس آن دو وسیله نقلیه را به کار انداخت و حضرت مولی‌الوری را چندین بار با اتومبیل به اطراف منطقهٔ کوه کرمل برد.

... یک روز او و روحی (نوه‌ی حضرت عبدالبهاء - م) در وسط خیابان در فاصلهٔ پنج متری بیت مبارک حضرت عبدالبهاء ایستاده بودند.

کورتیس گفت: "روحی، فکر می‌کنی چه زمانی حضرت عبدالبهاء بمن اجازه خواهند داد روی طرح برق‌رسانی کارم را شروع کنم؟"

... قبل از آنکه روحی بتواند جوابش را کامل کند، باب بیت حضرت مولی الوری روی پاشنه چرخیده، باز شد و حضرت عبدالبهاء با صدائی رسا فرمودند: "فردا شروع خواهیم کرد."

... قبل از رفتن، کورتیس، روحی افنان و خادمی بنام خسرو، غذا و ابزار را جمع کرده، آنها را در کروسه نهادند. درحالیکه حضرت مولی الوری سوار کروسه بودند راهی ایستگاه راه آهن شدند. ...

در مرکز جهانی روز، هنگام طلوع فجر آغاز می‌شد و کورتیس ساعت پنج و بیست دقیقه بیدار شد با اشتیاق اینکه کار روی طرح برق‌رسانی را شروع کنند. بعد از صبحانه حضرت مولی‌الوری او را به مقام هدایت کرده اتاقی را که باید دستگاه مولد برق، کار گذاشته شود انتخاب فرمودند. بقیه‌ی وقت را تا ظهر کورتیس به امور بازدید و برآورد پرداخت؛ ولی چشمان او چیزی بیش از اندازه‌های زیربنای مقام را ملاحظه می‌کرد ... روزی که می‌بایست قصر بهجی را ترک کنند؛ کورتیس ساعت پنج برخاست. قبل از صبحانه با تلمبه، مقدار کافی آب از چاه کشید تا باغچه را آبیاری کنند سپس به‌طرف بیت رهسپار شد ... حضرت عبدالبهاء به کورتیس اشاره فرمودند که در جوار آن حضرت بنشیند، بعد برای او فنجان چای ریختند.

کورتیس پرسید: "خوب خوابیدید؟ " حضرت مولی‌الوری لبخند زده به انگلیسی فرمودند: "دیشب خیلی خوب می‌خوابم. " بعد همچنان که لبخند بر لب داشتند و با درخششی در دیدگان مبارک به کورتیس نگریستند بعد از مکثی کوتاه سؤال فرمودند: "انگلیسی من خوب است؟ " کورتیس پاسخ داد: "بله من باید فارسی یاد بگیرم. "

بعد، آن روز صبح حضرت مولی‌الوری از روحی و کورتیس خواستند که ایشان را تا مرقد حضرت بهاءالله همراهی کنند. قبل از ورود، کفش‌ها را از پای درآوردند. آنجا کورتیس با قامت بلند و لاغر و روی گشاده در کنار روحی و حدود یک متر پشت سر حضرت مولی‌الوری در آستانه‌ی مرقدی که رمس اطهر جمال مبارک را در میان گرفته بود؛ ایستاده بود. دیگربار این مرد جوان ساده‌ی غربی به عوالم روحانی آسمانی پرواز کرد. هیچ‌چیز به‌جز ندای متضرعانه‌ی حضرت عبدالبهاء شنیده نمی‌شد. هر صدا و اندیشه دیگری زایل گشت. اگرچه کورتیس حتّی کلمه‌ای نمی‌فهمید تحت تأثیر احساسات ناشی از تلاوت زیارت‌نامه توسط حضرت عبدالبهاء قرار گرفت ... بعد از چند دقیقه سجود به درگاه معبود، حضرت عبدالبهاء به‌پای ایستاده از کورتیس و روحی خواستند که فرش‌ها و تزئینات درون مقام را جمع‌آوری کنند؛ زیرا آنها را آن روز بعدازظهر می‌بایست به بیت عبود در عکّا ببرند.

حضرت عبدالبهاء از کورتیس خواستند که همراهشان بیاید. کورتیس از خود نپرسید که به کجا دارند می‌روند و یا چه اتفاقی در شرف وقوع بود. دیگر اهمیّتی نداشت. آنچه واقعیت داشت خواسته حضرت مولی‌الوری بود. آنها در سکوت کامل به‌سوی قصر رفتند. در نیمه‌راه حضرت عبدالبهاء توقف فرمودند و از کورتیس پرسیدند برای ترتیب روشنایی مقام مبارک در بهجی چه طرحی دارد. موجی از اعتماد سراسر وجود کورتیس را پیمود و بدون تأمل توضیح داد که در باغچه درون مقام، روشنایی را زیرزمین قرار خواهد داد تا نور از میان گل‌ها به بالا بتابد؛ و چراغ‌های نفتی را برقی خواهد ساخت و به‌این‌ترتیب ویژگی قرن نوزدهمی آنها را حفظ خواهد کرد و بالاخره چراغ‌هایی را اطراف قرنیز مقام قرار خواهد داد. حضرت مولی‌الوری به نشانه تأیید سر مبارک را تکان داده به صدای بلند فرمودند: "بله، بله[11]

بعد از غذا، کورتیس، روحی و اسفندیار بارها را مجدداً در کروسه نهادند و حضرت مولی‌الوری آنها را از طریق جاده‌ای در کنار دریا به حیفا هدایت فرمودند. سفر مفرحی بود... حضرت عبدالبهاء در تمام طول راه یک کلمه هم تکلم نفرمودند ... اغلب اوقات محیط (مرکز جهانی) آکنده از خنده بود. تعصّب نژادی و فرهنگی وجود نداشت. ایرانی، عرب، ژاپنی و آمریکایی به نحوی طبیعی درهم‌آمیخته بودند. هیچ اظهارنظری له یا علیه سوابق آداب‌ورسوم احدی انجام نمی‌شد. این نکته کاملاً

مفهوم بود که جمیع بشر، بخشی از خانواده‌ی واحد، خانواده‌ی خداوند بودند. هرگز شکایت، طعنه، یا منفی‌گویی وجود نداشت. از غیبت خبری نبود.

این رؤیای حضرت عبدالبهاء بود که مقام حضرت اعلی را غرق در نور مشاهده فرمایند و در همان زمان به آن‌سوی خلیج حیفا نظر انداخته، مقام حضرت بهاءالله را منور مشاهده کنند. ایشان برای اینکه بتوان چنین کرد به کورتیس فرمودند:

"تو باید دو هفته در بهجی کار کنی. بعد به حیفا برگشته، دو هفته در مقام اعلی مشغول شوی و باید تا تکمیل کار به همین ترتیب مشغول باشی."

بعدازآنکه کورتیس روال کار را بر عهده گرفت، حضرت عبدالبهاء او را به یک ایرانی جوان معرفی فرمودند که از هندوستان آمده بود. او حسین کهربایی، برق‌کاری بود که یک سال قبل به حیفا آمده بود و داوطلب نصب سه واحد تولید برق شده بود. ولی او را برگردانده و از وی خواسته بودند که صبر کند تا حضرت مولی‌الوری او را احضار فرمایند. حضرت عبدالبهاء به کورتیس فرمودند که حسین به او کمک خواهد کرد و به وی اطمینان دادند که بااینکه زبان یکدیگر را نمی‌فهمند؛ خواهند آموخت که به بهترین وجه با یکدیگر کار کنند.

در طول ده روز بعد کورتیس وقتش را صرف پیدا کردن ناحیه‌ای در اطراف مقام حضرت اعلی برای محل نصب واحد تولید برق نمود و طرح نحوه‌ی سیم‌کشی در مرقد مقدس را روی کاغذ آورد. مدّتی هم صرف خرید لوله و سایر وسایل در شهر شد. روزهای یکشنبه حضرت عبدالبهاء با یاران در مقام حضرت اعلی جمع می‌شدند. کورتیس دوست داشت که آنجا باشد نه‌تنها به‌این‌علت که حضرت مولی‌الوری درباره‌ی بعضی مواضیع امری صحبت می‌فرمودند؛ بلکه به خاطر این نیز که انتظار می‌کشید حضرت عبدالبهاء دستش را در دست بگیرند؛ گلاب در کف دست او بریزند. این کاری بود که ایشان درباره‌ی همه‌ی یاران، قبل از ورود به مقام انجام می‌دادند.

کورتیس، حسین و لطف الله در کلبه‌ای می‌زیستند که حضرت مولی‌الوری در حین بازدید از بهجی در آنجا اقامت می‌کردند. آنها خوب می‌خوردند. حضرت مولی‌الوری از این جهت عنایت می‌فرمودند. ایشان به‌ویژه از احتیّاج کورتیس به غذا آگاه بودند؛ چه‌که نیاز وی با نیاز حسین، متفاوت بود. ایشان اطمینان حاصل می‌فرمودند که

کورتیس، پروتئین کافی به دست آورد؛ یعنی چیزی که احساس می‌کردند اکثر آمریکاییان به آن میل وافر دارند. حضرت مولی‌الوری با سپری کردن نه ماه در ایالات‌متحده و کانادا، درک عمیقی از عادات و ذائقه و سلیقه‌ی آمریکایی کسب کرده بودند ... حضرت عبدالبهاء طی مکتوبی به نگهبان وخادم بهجی از وی خواستند که کورتیس را خوب تغذیه کند:

"هوالله

آقا سید ابوالقاسم،

میهمان عزیزی نزد شما می‌آید. او همان کسی است که با آقای کهربائی ترتیب روشنایی مقامات متبرکه را خواهد داد. او باید برای ناهار و شام و حتّی صبحانه از غذای فراوان بهره‌مند شود. لهذا مقداری مربا، پنیر و زیتون ارسال خواهد شد و جناب لطف الله که از طبخ هیچ نمی‌داند در معیت او خواهد بود. شما باید هر آنچه می‌توانید انجام دهید تا مطمئن شوید موقع ناهار و شام حداقل یک نوع خوراک باب طبع وی مهیا باشد. یا جوجه‌ای را بکشید یا از عکّا گوشت فراهم آورید. همواره باید نوعی گوشت حاضر باشد و در بامداد شیر، تخم مرغ، مربا و زیتون آماده باشد. این البته برای شما زحمت خواهد بود ولی این خدمت وظیفه عبدالبهاء است. من باید این خدمت را انجام دهم ولی فرصت ندارم، پس شما سعی کنید. علیک البهاء الابهی عبدالبهاء عباس "

یکی از برکات حضور در حیفا، صرف ناهار هرروزه با حضرت مولی‌الوری بود. حضرت عبدالبهاء اصرار داشتند که کورتیس با ایشان غذا صرف کند ... بعد از صرف غذا، حضرت عبدالبهاء سر میز باقی می‌ماندند و گاه درباره تلاش‌ها و فداکاری‌های مؤمنین اوّلیه صحبت می‌کردند. سایر اوقات، آرام می‌نشستند و به خواندن مکاتیب و اوراق می‌پرداختند و غالباً مولوی مبارک را به عقب سر می‌راندند؛ کاملاً مجذوب کاری که انجام می‌دادند می‌شدند. کورتیس لذت می‌برد که فقط بنشیند و تماشا کند و تمام این‌ها را ببیند ... غالباً کورتیس و فوجیتا باهم سر میز بودند و بازی‌های مورد علاقه‌ای داشتند. یکی از آنها به گربه‌ی قهوه‌ای حضرت مولی‌الوری مربوط می‌شد. فوجیتا که از گربه برای خاطر حضرت عبدالبهاء مراقبت می‌کرد همیشه موقع ناهار گربه را در آشپزخانه حبس می‌کرد. او این کار را صرفاً برای این انجام می‌داد که حضرت مولی‌الوری بفرمایند: «بگذار گربه بیاید بیرون.» که البته او اطاعت

می‌کرد. به‌محض اینکه در آشپزخانه باز می‌شد گربه خودش را به‌پای حضرت عبدالبهاء می‌انداخت و ایشان آن را نوازش کرده، غذا می‌دادند. بعد از بلعیدن غذا، گربه خود را به‌پای حضرت مولی‌الوری می‌مالید و به صدای بلند، خرخر می‌کرد. همه می‌دانستند که این مزاح است؛ ولی برای همه مفرّح بود که سرالله از چنین چیز ساده‌ای چنین سرور دلپذیری فراهم آورد. ازیک‌طرف ایشان انسان به تمام معنی بودند و بااین‌همه کورتیس از تجارب شخصی می‌دانست که حضرت عبدالبهاء مالک قوایی هستند که احدی آن را ندارد.

کورتیس در کارش بسیار دقیق و وسواسی بود، نمی‌خواست کاری بکند که در طرح روشنایی نقصی ایجاد گردد. حتّی مسائل زیباشناسی هم مورد توجّه‌اش بود. اندیشه‌ی استفاده از سیم‌های ضخیم سیاه‌رنگی که روی فرستاده بود؛ درروی دیوارهای داخلی مقامات متبرکه او را رنج می‌داد. سیم‌ها را می‌بایست پشت دیوارها مدفون ساخت؛ سیم‌کشی مخصوص، موردنیاز بود و تنها جایی که می‌توانست آن را فراهم سازد؛ قاهره بود.

حضرت عبدالبهاء مبلغ شش‌صد دلار به کورتیس عنایت کردند و از وی خواستند فوجیتا را با خود ببرد چون او از قاهره لذت می‌برد. حضرت مولی‌الوری فوجیتا را بسیار دوست می‌داشتند و آن مروارید گران‌بهای ژاپنی را مشمول توجّهات مخصوص خود می‌ساختند. هرروز دونفره صبحانه میل می‌کردند. وقتی‌که حضرت مولی‌الوری خلوص و صفای فوجیتا را می‌دیدند بدون اینکه مجبور به پاسخگویی به تقاضاها باشند لحظات آرامش بخشی به وجود می‌آمد. غالباً صبحانه آنها ضیافت خنده و شادی بود بخصوص بعدازآنکه حضرت عبدالبهاء از فوجیتا خواستند محاسن را بلند کند. وقتی کاملاً بلند شد در بهترین وضعیتش مجموعه‌ی تنکی از موهای دراز بود و هیچ شباهتی به محاسن پرشکوه و انبوهی که ایرانیان داشتند؛ نداشت. حضرت عبدالبهاء از نوازش محاسن لطیف وی لذت می‌بردند و معمولاً با این نوازش می‌خندیدند.»۱۷۶

---

۱۷۶ - روتشتاین، ناتان؛ عشق و بندگی؛ صص ۳۷-۳۲.

نهایتاً کورتیس پروژه را بعد از صعود مبارک به انتها رساند که مورد تشویق و قدردانی حضرت ولیّ امرالله نیز قرار گرفت چراکه به مقام اعلی و منزل حضرت عبدالبهاء روشنایی آورده بود.

آنچه را که حضرت عبدالبهاء در نظر مجسّم ساخته بودند به منصه‌ی ظهور رسید. چراغ‌های روضه‌ی مبارکه و مقام اعلی در یک زمان روشن شد و چون برق در منطقه‌ی حیفا و عکّا عمومیّت نداشت؛ دو چراغ نورانی مردم را به هیجان آورد. آنها هرگز قبلاً چیزی شبیه آن را ندیده بودند. هرچند که آن دو نقطه، دوازده مایل از هم فاصله داشتند ولی نوری که از هر یک جاری می‌شد به نظر می‌رسید که به یکدیگر می‌رسند. تمام نفوسی که در مرکز جهانی بودند از مشاهده‌ی تحقّق آنچه حضرت عبدالبهاء مشتاقش بودند از شوق به خود لرزیدند.

بیت حضرت باب

در سال ۱۹۰۴ میلادی، سرپرستی جهت انجام تعمیرات اساسی در بیت مبارک حضرت باب در شیراز به متولّی بیت، میرزا آقا افنان (نورالدّین) محوّل گردید. ایشان از وجب‌به‌وجب منزل، اطّلاع دقیق داشت و همچنین تمامی اوامر حضرت عبدالبهاء را اطاعت می‌نمود. میرزا آقا افنان مدّتی کوتاه بعد از اکمال این وظیفه، صعود نمود.

مشرق‌الاذکار عشق‌آباد

در سال ۱۹۰۲ میلادی، هیکل مبارک حضرت عبدالبهاء با ساخت اولین معبد بهائی (مشرق الاذکار) در جهان موافقت فرمودند. این مشرق‌الاذکار در عشق‌آباد و به اهتمام جناب افنان و حاج محمّدتقی وکیل الدّوله ساخته شد. در آن زمان، جامعه‌ی بهائی عشق‌آباد به همّت احبّای ایران که به این شهر مهاجرت نموده بودند؛ وسیع و بسیار فعّال بود. در کنار بنای مشرق‌الاذکار، یک مدرسه برای پسران و دختران و یک مهمان‌سرا برای مسافران ساخته شد. ساخت چنین بنای چشم‌گیری موجب برانگیخته شدن احساسات روحانی احبّای آمریکا گردید و بنابراین در سال ۱۹۰۳ از حضور هیکل مبارک حضرت عبدالبهاء، رجای موافقت با ساخت مشرق‌الاذکار در آمریکا نمودند.

امّ المعابد غرب

همان‌طور که قبلاً نیز ذکر شد، در طی سفر حضرت عبدالبهاء به آمریکای شمالی در سال ۱۹۱۲، سنگ زاویه‌ی مشرق‌الاذکار غرب به دست هیکل مبارک نهاده شد. به این مشرق‌الاذکار، امّ المعابد غرب نیز اطلاق می‌گردد که در «ویلمت، ایالت ایلینوی»۱۷۷ واقع گردیده است. به نشانه‌ی کمک و همراهی خاضعانه، سنگ بنا توسّط یکی از مؤمنین اوّلیه به نام خانم «نتی توبین»۱۷۸ با یک گاری دستی به این مکان، منتقل گردیده بود. ساخت این بنا که در سال ۱۹۲۱ شروع گردید؛ در سال ۱۹۵۳ به اتمام رسید.

مدرسه‌ی حیفا

تحت نظارت و رهبری حضرت عبدالبهاء، دکتر یونس خان افروخته وسیّد اسدالله قمی، مسؤول ساخت یک مدرسه‌ی کوچک برای حدود پانزده دانش آموز گردیدند. این مدرسه در کنار منزل زائران ساخته شد. دروس انگلیسی، فارسی و خطّاطی، توسط دکتر افروخته، سیّد اسدالله و جناب مشکین قلم تدریس می‌شد. هروقت زائر غربی به حیفا می‌آمد؛ حضرت عبدالبهاء از او می‌خواستند که در امر تعلیم دانش‌آموزان همراهی کند.

سرکار آقا علاقه‌ی زیادی به دانش‌آموزان داشتند. آنها روزهای جمعه با اوراق تکالیفشان به حضور مبارک می‌رسیدند. حضرت عبدالبهاء هرکدام از دفترها را مورد نظر عنایت قرار می‌دادند؛ راهنمایی می‌فرمودند؛ تشویق می‌کردند و درنهایت به هرکدام هدیه‌ای می‌دادند. متأسّفانه ناقضین حتّی از این مدرسه هم به‌عنوان محملی برای حمله به هیکل مبارک استفاده کردند. با اِلقای این شبهه در ذهن مأموران دولت که هدف اصلی تدریس انگلیسی به کودکان این است که بتوانند با دشمنان خارجی ارتباط برقرار کنند و امپراتوری عثمانی را به زیر بکشند. این القائات شیطانی از طرف ناقضین مؤثّر افتاد و در سال ۱۹۰۴ میلادی این مدرسه بسته شد.

پس‌ازاینکه تعداد بهائیان ساکن حیفا ازدیاد یافت و به یکصد و پنجاه نفر رسید که نیمی از این افراد را کودکان تشکیل می‌دادند؛ منیره خانم، حرم حضرت عبدالبهاء، از حضور مبارک، تقاضای ساخت یک مدرسه برای آموزش تعالیم مبارکه و تاریخ امر مبارک به دختران بهائی نمودند. ایشان در مرقومه‌ای چنین نگاشته‌اند:

«یک روز که در حضور مبارک بودم از ایشان استدعا نمودم اگر میل مبارک باشد می‌توانیم یک مدرسه کوچک برای اطفال بهائی تأسیس نماییم تا از همان ابتدای تعلیم بتوانند با مفاهیم اخلاقی و تاریخ امر مبارک آشنایی یابند. درحالی‌که به کوه کرمل اشاره می‌نمودند فرمودند: "در این مسیر طولانی تعداد زیادی مدارس، بیمارستان‌ها و مسافرخانه به جهت زائرین ساخته خواهد شد. همه نبوّات تحقق خواهد یافت. " عرض کردم آن تکه زمینی که حاجی میرزا حسن تقدیم کرده در نظر گرفته‌ام. حضرت عبدالبهاء پاسخ فرمودند: "قطعه زمینی دقیقاً مقابل مقام اعلی است که عباس قلی، مالک آن، در روز عید رضوان تقدیم نمود و پذیرفته شد. باید تمام اراضی حول آن مقام خریداری شود. آنجا به جهت ساخت مدرسه مکان مناسبی است. منظره زیبایی دارد، هوا پاک و خالص است و نزدیک مقام مبارک قرار دارد. "

در آن زمان ورقه طیبه خانم ساندرسون در حیفا بودند. این خانم تقاضا نمود که در این خیر، سهیم گردد که موردقبول ساحت مبارک قرار گرفت. آقای[میسن] ریمی هم نقشه‌ی ساخت مدرسه را ترسیم نمود و جهت تأیید مبارک، تقدیم کرد.

حال ما یک قطعه زمین بزرگ و پانزده هزار پوند نقد مبلغ نقد داشتیم که به این امر اختصاص یافته بود. همچنین حدود هزار پوند دیگر از بخش‌های مختلف عالم جمع‌آوری شد؛ امّا فتح و پیروزی در این برنامه کاملاً منوط به حمایت و مساعدت یاران باوفا بود. انتظار داریم که در زمان غصن ممتاز، با همت ورقات مبارکه و مساعدت تمامی خواهران و برادران ، این امر متحقق گردد.

امّا این امر بر طبق ترتیبات و تصمیمات حضرت شوقی افندی این‌گونه برنامه‌ریزی گردید که وجوهی که برای مدرسه تبرّع می‌گردید باید به نام اوراق مقدسه صبایای حضرت عبدالبهاء تقدیم گردد و قبض رسید به امضای ضیاءخانم، روحاخانم،

طوبی‌خانم و منورخانم رسیده و به شخص اهداکننده ارسال شود. در بانک حیفا نیز حسابی به نام صبایا افتتاح گردید تا وجوه در آن حساب واریز شود.»[179]

البته که ساخت و اتمام این مدرسه هیچ‌گاه متحقق نگردید. اگرچه اسکلت ساختمان در نزدیکی محل ضریح ورقه‌ی علیا همچنان باقی بود. بسیاری از ایرانیان حسب دستور حضرت ولیّ امرالله به ایران مراجعت نمودند؛ بنابراین مکانی که به جهت مدرسه مشخص شده بود به‌عنوان دارالآثار بهره‌برداری شد و امروزه بخشی از ساختمان‌های اداری، در مرکز جهانی بهائی است.

عدسیه

دقّت نظر و آگاهی عمیق حضرت عبدالبهاء، نسبت به امر کشاورزی موجب شد که در روستایی واقع در شمال غرب اردن به نام «عدسیه» یک برنامه‌ی توسعه پایه‌ریزی گردد. بین سالیان ۱۹۰۱ الی ۱۹۶۰ کشاورزان بهائی در این روستا بر روی اراضی کشاورزی کار می‌کردند. از مشخّصات این پروژه دارا بودن قواعد و اصول خاص بود. ازجمله: وجود جنبه‌های انصاف و مدارا در روابط بین مالک و مستأجر، وجوب اجرای برنامه روحانی و تلاوت ادعیه در مواقع تصمیم‌گیری یا حل اختلاف، اهمیّت گسترش روحیه‌ی اعتماد و ثقه در بین جامعه‌ی روستایی.

در سال ۱۹۰۱ حضرت عبدالبهاء، روستای عدسیه را خریداری فرمودند. زمانی صاحبان اوّلیه اراضی برای زیارت ایشان به حیفا آمده بودند و پیشنهاد خرید آن روستا را به قیمت چهرصد لیر ترکی به حضرت عبدالبهاء ارائه نمودند. هیکل مبارک، ضمن قبول این پیشنهاد، به مالکان اوّلیه‌ی زمین‌ها اجازه فرمودند در بخشی از زمین‌ها مشغول به کشت گردند.

این اراضی با بوته‌ها و درختان و خارو خاشاک، پوشیده بود؛ بنابراین در ابتدا کشاورزان بهائی اقدام به پاک‌سازی اراضی نمودند. بر اساس دستور حضرت عبدالبهاء در این زمین‌ها گندم و جو کشت گردید. اولین اقدام به کاشت، به سبب

عداوت همسایگان محلّی، ناموفّق بود؛ بنابراین زمین‌ها به یک نفر مسیحی متموّل، اجاره داده شد تا در عوض تأدیه‌ی اجاره، اقدام به ساخت یک ساختمان، یک اصطبل و سرپناه حیوانات و پاک‌سازی بقیّه‌ی اراضی نماید. این اقدام نیز ناموفّق بود و نهایتاً در سال ۱۹۰۶ خاتمه یافت.

تنها زمانی که تعدادی از احبّای یزدی که برخی از آنان زرتشتی نژاد بودند؛ به هدایت و مساعدت محفل روحانی طهران به این منطقه آمدند اوضاع رو به رشد و شکوفایی نهاد. این احبّای تازه‌وارد نیز دچار عداوت اهالی محل قرار می‌گرفتند؛ چراکه از فرهنگ و زبان محلّی اطّلاعی نداشتند. بر اساس هدایات حضرت عبدالبهاء، آنها توضیح دادند که این اقدامات به خاطر عتبات مقدّسه است و همیشه احبّائی را برای ملاقات آنان به عدسیه اعزام می‌نمودند.

حضرت عبدالبهاء مرتباً به ملاقات احبّاء در عدسیه تشریف می‌بردند تا ضیافت نوزده روزه یا جلسات مختلف را با احبّای آن محل، تشکیل دهند. همیشه برآورده ساختن احتیاجات محل را در نظر داشتند و بیان فرمودند که در آینده یک یتیم‌خانه در آنجا ساخته شود. هرگاه لازم بود درباره‌ی امور کشاورزی به کشاورزان هدایاتی ارائه می‌فرمودند و همیشه آنان را سفارش می‌نمودند که عُلقه‌های برادری و اتّحاد را هم میان خود و هم با برادران و همسایگان غیربهائی تحکیم نمایند. در آخرین تشریف‌فرمایی خود، حضرت شوقی افندی که در آن زمان پسری کم‌سن‌وسال بودند نیز همراه هیکل مبارک بودند و مسیر را با اسب، طی فرمودند. بهائیان، نهایت مراقبت و دقّت را در پذیرایی از هیکل مبارک به عمل آوردند. در آن روز خاص، هوا بسیار گرم بود. احبّا یک دسته‌ی بزرگ از گیاهان را که با آب، مرطوب کرده بودند در پنجره قرار دادند که با عبور باد از آن، هوای اتاق کمی خنک‌تر گردد و از گرمای هوا کاسته شود.

در سال ۱۹۰۶ میلادی، هنگامی‌که حضرت عبدالبهاء برای ملاقات احبّا به عدسیه تشریف برده بودند، به خاطر اعتبار ویژه و ممتاز هیکل مبارک در میان مأموران دولت، احبّای آن محل از اعزام به سربازی معاف گردیدند. در زمان ملاقاتی دیگر، با دو تن از کشاورزان، یک قرارداد مشارکت برای تقسیم پنجاه درصد از محصول گندم تنظیم نمودند. محصول آن سال، بسیار پربار بود و هیکل مبارک غلات را بین مردمی که اندک‌اندک تحت تأثیر تبعات سخت جنگ قرار گرفته بودند؛ تقسیم

فرمودند. در زمان اوج جنگ در جولای ۱۹۰۷ حضرت عبدالبهاء امر فرمودند تا کشاورزان بهائی، درب انبار محصولات خود را باز نمایند. همچنین اقدام به خرید گندم از روستاهای اطراف فرمودند. سپس حمل آن با دویست شتر انجام پذیرفت و نهایتاً این گندم‌ها بین قحطی‌زدگان و گرسنگان در حیفا تقسیم شد. حضرت ولیّ امرالله همزمان با مساعدت در این امر، چون کاملاً به زبان انگلیسی مسلّط بودند، نگهبانان انگلیسی دروازه‌های ورودی شهر را در جریان این کار قرار می‌دادند. به خاطر مساعدت کشاورزان، پس از اتمام جنگ، هیکل مبارک به کشاورزان اعلام فرمودند که به‌جای ثلث عایدات محصول، خمس آن را به ایشان تحویل دهند.

پروژه‌ی عدسیه به خاطر وجود بدنه‌ی مشورتی، کلاس‌های هفتگی درس اخلاق، مشاورات مستمر و برنامه‌های مراقبتی کشاورزی، توجّه دولتمردان اردن را به خود جلب نمود؛ چراکه تبدیل به یک نمونه‌ی توسعه‌ی روستایی شده بود. حتّی میهمانانی خارجی برای بازدید از میزان بالای کاشت و برداشت محصول به این منطقه‌ی نسبتاً کم‌آب می‌آمدند.

مدارس

حضرت عبدالبهاء همواره بهائیان ایران را به افتتاح مدارس، تشویق می‌فرمودند. اولین مدرسه‌ی تربیت در سال ۱۸۹۸ میلادی، مختص پسران، در طهران تأسیس گردید و دو سال بعد، مدرسه‌ی تربیت دختران، افتتاح شد. ۱۸۰ به‌تدریج مدارس دیگری نیز تأسیس گردیدند که به خاطر حُسن شهرت و کیفیت بالای آموزش، مورد اقبال مردم، خصوصاً طبقات سرشناس و حتّی دولتمردان ایران قرار گرفت. تا جایی که افراد مشهور و سرشناس ازجمله رضاشاه، سه فرزند خود را به این مدارس فرستاد. به جهت تقویت بنیه‌ی این مدارس، حضرت عبدالبهاء برخی از احبّای غربی، ازجمله خانم سوزان مودی را به ایران اعزام فرمودند که به توسعه‌ی این مدارس کمک نماید. در سال ۱۹۱۷ میلادی یک بنیاد مالی- اجتماعی به نام «شرکت نونهالان» جهت مساعدت در انجام پروژه‌های بهائی تأسیس گردید.

فصل چهارم

ازدواج، عائلهی مبارک، حیات روزانه

منیره خانم، همسر حضرت عبدالبهاء، دختر جناب میرزا محمّدعلی نهری و همسرش زهرا خانم بودند. والدین منیره خانم، ابتدا بابی و بعد بهائی شدند. بر طبق تقاضای این زوج از حضرت باب برای دارا شدن موهبت فرزند، حضرت باب مقداری از غذای خویش را به این زوج عنایت فرمودند و کمی بعدازآن زهرا خانم، باردار شد. دختر کوچکشان که در سال ۱۸۴۷ متولّد گردید فاطمه نامیده شد. بعدها هیکل مبارک حضرت بهاءالله ایشان را «منیره» تسمیه فرمودند که به معنای روشنایی است.

به علت رفاه و ثروت خانواده، منیره خانم در سال‌های کودکی از تحصیلات ابتدائی بهره‌مند گردیدند که احتمالاً شامل دروس فارسی و عربی می‌شده است. ایشان در نوشتن به هر دو زبان متبحّر بودند و بعداً به علت سال‌ها زندگی در امپراتوری عثمانی به زبان ترکی نیز مسلّط گردیدند. قبل از ازدواج با حضرت عبدالبهاء با یکی از اقوام نزدیک، ازدواج نموده بودند امّا با مرگ نا بهنگام همسر، چند سالی را در گوشه‌ی انزوا به زیارت آثار بهائی و تعمّق در آنها پرداختند.

در سال ۱۸۷۳، به همراه برادر خود به ارض اقدس سفر نمودند که کاملاً حیات ایشان را تغییر داد. صبح بعد از ورود، بعد از تشرّف به حضور حضرت بهاءالله، هیکل مبارک نام «منیره» را به ایشان عنایت فرمودند. در سن ۲۷ سالگی با حضرت عبدالبهاء که ۲۹ ساله بودند؛ نامزد گردیدند.

مقدّمات عقد و اقتران، توسط آسیه خانم و حضرت ورقه‌ی علیا صورت پذیرفت. یکی از افراد محلی به نام عبود که در ابتدا نسبت به بهائیان نظر مساعد نداشت؛ ولی بعدها کاملاً با احترام رفتار می‌کرد، به این زوج، پیشنهاد کرد که در یکی از اتاق‌های منزلش اقامت نمایند. عائله‌ی مبارکه و دختران عبود شاهدان عقد مبارکی بودند که در ۸ مارس ۱۸۷۳ بسته شد. لباس عروسی منیره خانم، یک پیراهن ساده بود که آسیه خانم و حضرت ورقه‌ی علیا آماده نموده بودند و موهای بافته‌شان زیر یک روسری پوشانده شده بود.

در ابتدا حضرت بهاءالله بیاناتی فرمودند و پس از آن لوح مبارکی را که بهافتخار عروس، نازل شده بود شخصاً تلاوت فرمودند و پس از آن به اشاره‌ی مبارک مناجاتی دیگر زیارت شد.

در پایان جشن ازدواج، جمال مبارک بیاناتی فرمودند و اعلام کردند که این اقتران، متبرک شده است. پذیرایی با چای و شیرینی انجام شد. این مراسم در همان اتاقی صورت گرفت که کتاب مستطاب اقدس نازل گردید.

منیره خانم درباره‌ی خاطره‌ی ازدواج خود چنین بیان می‌نمایند:

«وای از آن سُرور معنوی که ما را فراگرفته بود. به هیچ وجه در قالب کلمات نمی‌گنجد. زمانی که دعا و مراسم، تمام شد میهمانان رفتند. من دیگر همسر، محبوبم بودم. چقدر هیکل مبارک ،شریف و اعجاب‌انگیز بودند. ایشان را ستایش کردم. به عظمت ایشان پی بردم و از حق به خاطر حضور در جوار ایشان سپاسگزاری کردم. لذت و شادمانی حضور و تشرّف در کنار سرکار آقا به‌هیچ‌وجه وصف‌شدنی نیست. گویی در یک مکان مقدس نورانی بودم که به خاطر همراهی هیکل مبارک، مشحون از شعف و شادی بی‌حدواندازه بود. شما سال‌ها بعد با ایشان آشنا شدید امّا در آن اوقات جوانی، وقار و ابهّت مردانه ایشان، عشق بی‌پایانشان، مهربانی‌شان، بشاشت و سرزندگی ایشان، حس شوخ‌طبعی‌شان و ملاحظات بی‌حدّوحصر ایشان نسبت به همه‌ی افراد، هیکل مبارک را بی‌تردید شخصیّتی بی‌بدیل و مثال‌زدنی در تمام ارض ساخته بود.

در مراسم عروسی کیک نبود. تنها با فنجان‌های چای پذیرایی شد. هیچ تزئینات یا موسیقی نبود تنها برکات و فیض حضور جمال مبارک بود. شکوه و عظمت و سعادت آن مراسم، مافوق و ماورای هرگونه مراسم و تشریفات دیگر بود.»۱۸۱

در طی سالیان زندگی مشترک، با وجود شرایط سخت، منیره خانم همیشه مشتاقانه شریک مصائب حضرت عبدالبهاء بودند و با حُسنِ انجامِ امور خانه و پرورش فرزندان و میزبانی از زائران در حیفا با ایشان همراهی می‌نمودند. زندگی ایشان تنها زمانی صورت معمولی به خود گرفت که با اتمام ساختمان بیت مبارک در حیفا همه‌ی

---

۱۸۱ - معانی؛ اغصان؛ ص ۳۰۹. (ترجمه به مضمون)

اعضای عائله، زیر یک سقف، ساکن شدند. فرقت و دوری ایشان از هیکل مبارک به سبب سفرهای حضرت عبدالبهاء از سال ۱۹۱۰ تا ۱۹۱۳ باعث رنج عظیمی برای منیره‌خانم گردید؛ ولی در تمام این مدّت به‌رغم مشکلات، مکاتبات خصوصی ایشان با هیکل مبارک ادامه داشت.

بعد از صعود هیکل مبارک، منیره خانم به لیدی بلامفیلد این‌گونه اظهار داشته‌اند:

«پنجاه سال، من و سرور محبوبم با یکدیگر زندگی کردیم و هیچ‌گاه نشد که از همدیگر دور باشیم مگر در طی اسفار مبارک به مصر و اروپا و آمریکا.

آه ای همسر محبوبم و ای سرورم! چگونه از آن وجود مبارک، سخن بگویم؟ شما آن حضرت را می‌شناختید و می‌توانید تصوّر کنید که این پنجاه سال را چگونه سپری کرده‌ام. پنجاه سال در فضایی مشحون از عشق و سرور و در پرتو صلح و آرامش که هر گونه فهم و درک متقابل را آسان می‌نمود. حال منتظر زمانی هستم که در فردوس برین به آن روح مبارک بپیوندم.»۱۸۲

منیره خانم در تاریخ ۲۸ آوریل سال ۱۹۳۸ به همسر محبوبش پیوست. مرقد ایشان در کوه کرمل قرار دارد و روی سنگ مقبره‌ی ایشان تنها این جمله‌ی ساده به چشم می‌خورد، «منیره، همسر عبدالبهاء». از نه فرزند ایشان تنها چهار دختر باقی ماندند: ضیائیه‌خانم، طوبی‌خانم، روحاخانم و منورخانم.

دسایس ناقضین عهد و میثاق که در زمان حضرت عبدالبهاء آغاز شده بود پس از صعود ایشان در زمان حضرت ولیّ امرالله نیز ادامه یافت. زمزمه‌های افتتان درباره‌ی سن کم حضرت ولیّ امرالله برای به عهده گرفتن مسؤولیّت اداره‌ی امور به گوش می‌رسید و موجب شد که در خاندان و عائله‌ی مبارک افراد به گروه‌های مختلفی تجزیه گردند که نهایتاً حضرت ولیّ امرالله از سیزده نوه‌ی هیکل مبارک، دوازده نفر را از جامعه طرد فرمودند.

---

۱۸۲ - همان‌جا. (ترجمه به مضمون)

حیات روزمره‌ی هیکل مبارک

پرتکرارترین سؤالی که حضرت عبدالبهاء از افراد می‌پرسیدند این بود: «آیا مسرور هستید؟» اگرچه حیات هیکل مبارک سراسر لبریز از امتحانات و بلایا بود امّا در جمیع موارد درنهایت درجه‌ی تسلیم و رضا با حالتی مشحون از سُرور و خدمات دائمی، زندگی و سلوک می‌فرمودند. از خصیصه‌های بارز حیات روزمره‌ی مبارک می‌توان به سادگی، توان و انرژی زیاد و شوخ‌طبعی اشاره نمود.

هیکل مبارک در تغذیه و خوابیدن با نهایت اعتدال رفتار می‌فرمودند. عادت مبارک این بود که روی زمین، استراحت بفرمایند تا اینکه در اواخر ایّام حیات مبارک یک تختخواب به ایشان هدیه داده شد. معمولاً وعده‌ی غذایی ایشان منحصر به ناهار بود. غذای مورد علاقه‌ی ایشان عبارت بود از نان، پنیر، زیتون، شیر، سبزیجات و سبزی خوردن از قبیل نعنا، ریحان و ترخون. میوه‌های مورد علاقه‌ی ایشان هم نارنگی و لیموشیرین بود. از نوشیدن چای خوش‌طعم و دم‌کشیده، بسیار لذّت می‌بردند. با آرامش و با طمأنینه غذا میل می‌فرمودند و لقمه‌ها را کاملاً می‌جویدند.

به‌رغم فشار و خستگیِ تعدّد مشاغل و مسؤولیّت‌ها که باعث می‌شد هیکل مبارک، زمان لازم برای استراحت کافی نداشته باشند؛ ولی وضعیت صحّت و سلامت جسمانی ایشان عالی بود. نبض مبارک همیشه کمتر از حد معمول و به میزان چهل و پنج مرتبه در دقیقه بود. در اواخر حیات، همچنان با دست مبارک از چاه، آب می‌کشیدند. هنگامی‌که هفتادساله بودند گزارش معاینه پزشک این‌گونه بیان می‌دارد:

«گیسوان بلند و پرپشت، ابروها بلند، انگشتان و ناخن‌ها سفید و شفاف، دندانهایشان همگی سالم، قوت بینائی کامل، شرایط گلو، بینی و گوش‌ها خوب، امّا گویا ایشان بسیار سرما خورده‌اند. از کم خوابی شکایت دارند که آن هم مربوط به فشار کار طاقت‌فرساست.»۱۸۳

در سنین جوانی، هیکل مبارک عاشق اسب سواری، شنا و پیاده‌روی روزانه بودند. در اوقات سفر به غرب نیز بر حسب همین عادت، اوقاتی را به‌تنهایی پیاده‌روی

---

۱۸۳ - ترجمه: مؤیّد، حبیب؛ خاطرات حبیب؛ ص ۸۸.

می‌فرمودند شاید که بتوانند استراحت کنند و مجبور نباشند به سؤالات پاسخ بدهند. عاشق موسیقی بودند و سبک‌های مختلف موسیقی را کاملاً می‌شناختند. الواحی خطاب به موسیقی‌دان‌ها ازجمله خانم «لوا وایت» در آمریکا و «میرزا عبدالله فراهانی» در ایران با موضوع موسیقی نازل فرموده‌اند.

لباس‌های مبارک، بسیار ساده و تمیز بودند. در زمان اقامت ادرنه، حضرت بهاءالله به ایشان فرمودند که موهایشان را بلند نموده و فینه به سر گذارند. حضرت عبدالبهاء تنها شخصی بودند که توسّط جمال مبارک اجازه یافتند فینه به سر بگذارند.

همه‌روزه اوقات بسیاری را صرف خدمت و کمک به فقرا می‌فرمودند؛ حتّی افرادی را استخدام می‌فرمودند تا در کمک به بیماران از آنان پذیرایی و پرستاری کنند. برنامه‌ی هر هفته‌ی حضرت عبدالبهاء این بود که به نیازمندانی که پشت درب منزل مبارک، صف می‌کشیدند انعام فرموده و به قدر نیاز هرکدام عطا می‌فرمودند. هرکدام را به نام می‌شناختند و حتّی به دیدن آنها در منازلشان تشریف می‌بردند که در این ملاقات‌ها حتماً یا اطعام نموده و یا پول و مایحتاج، عطا می‌فرمودند. همچنین رسم مبارک این بود که البسه‌شان را می‌بخشیدند به حدّی که برای خودشان تعداد کمی لباس باقی می‌ماند.

مداوماً در خدمت حضرت بهاءالله بودند. خصوصاً اینکه به‌عنوان نماینده‌ی جمال مبارک در مراجع رسمی حضور می‌یافتند. زمانی که حضرت بهاءالله سفر می‌فرمودند، هیکل مبارک، سحرگاهان بیدار می‌شدند تا تمام اسباب راحت و آرامش پدر بزرگوار را فراهم نمایند و در طول سفر، سوار بر اسب در کنار مرکب مبارک حضرت بهاءالله می‌راندند.

پزشکان حضرت عبدالبهاء

• دکتر یونس افروخته: در زمان‌های مختلف در بین سال‌های ۱۹۰۰ تا ۱۹۰۹ خدمت نمود.

• دکتر ژوزفین فالشیر (۱۸۶۶-۱۹۳۱): در سال‌های بین ۱۹۰۵ الی ۱۹۲۱ خدمت نمود. ایشان در زوریخ سوئیس به دنیا آمد و در کشورهای فلسطین، سوریه و ترکیه

زندگی کرد و درنهایت در آلمان از دنیا رفت. این خانم به عائله‌ی مبارکه بسیار نزدیک و مورد اعتماد خانم‌های بیت بود.

• دکتر حبیب مؤید: در زمان‌های مختلف در سنین ۱۹۱۴ الی ۱۹۲۱ مشغول خدمت به هیکل مبارک بود.

دکتر استنوود کاب تعریف می‌کند زمانی که برای زیارت آمده بوده، حضرت عبدالبهاء یکی از پزشکان خویش را برای مراقبت ایشان فرستادند:

«روزی که به حیفا وارد شدم بسیار مریض بودم. گویا در بین راه دچار مرض مزاجی شده بودم. حضرت عبدالبهاء علاوه بر اینکه پزشک خویش را برای معاینه من فرستادند، خود نیز برای عیادت تشریف آوردند. ایشان فرمودند: «ای کاش می‌شد مرض شما را من تحمل می‌نمودم.» هیچ‌گاه این بیان مبارک را فراموش نمی‌کنم. مطمئن بودم که قصد مبارک از بیان این کلمات، تنها اظهار همدردی نبود؛ بلکه حقیقتاً همان را آرزو می‌کردند. این همان عشق ملکوتی و الهی بود که حضرت عبدالبهاء همیشه از آن صحبت می‌فرمودند. این همان عشقی است که کسب آن برای ما بسیار مشکل و تقریباً محال است اگرچه که ممکن است تا حدی به آن دست‌یابیم. عشقی فراتر از همدردی و غم‌خواری است. عشقی ناب و فداکارانه است.»۱۸۴

برخی از خادمان حضرت عبدالبهاء

در طی حیات مبارک، سه تن از بهائیان خدوم هند به انجام خدمات حضرت عبدالبهاء، مشغول بودند: اسفندیار، خسرو و بصیر. این مؤمنین تا آخر حیات با ثبات بر عهد، قائم بودند. در زمان جنگ جهانی اوّل که عائله‌ی مبارکه در ابوسنان اقامت داشتند این افراد، بیت مبارک را از حمله‌ی سربازان بلغاری در امان نگاه داشتند.

خسرو: خادم جان‌نثار و ثابت‌قدم هیکل مبارک بود که برای سالیان طولانی، خدمات شخصی حضرت عبدالبهاء را به عهده داشت همچنین راننده‌ی ایشان هم بود. حضرت عبدالبهاء به خسرو اعتماد کامل داشتند؛ چراکه در مقابل تمامی اقدامات

---

۱۸۴ ـ کاپ، استانوود؛ خاطرات؛ ص ۵۸.

شیطانی ناقضین مقاومت کرد و وفادار ماند. صعود هیکل مبارک را تاب نیاورد و به زندگی خویش پایان داد و در کوه کرمل در گلستان جاوید (گورستان بهائیان) حیفا به خاک سپرده شد.

اسفندیار: مسؤول راندن کالسکه هیکل مبارک بود. این شخص نیز در گلستان جاوید بهائی در حیفا به خاک سپرده شد.

بصیر: یکی از خادمان حضرت عبدالبهاء بود. یک بار به‌اشتباه به یکی از دوستان که فکر می‌کرد دزد است شلیک کرد که منجر به کشته شدن آن شخص شد. همین که هیکل مبارک از واقعه خبر یافتند، به پلیس اطّلاع دادند و بصیر به اشتباه خود اعتراف کرد. بصیر در سال ۱۹۱۴ فوت نمود و در گلستان جاوید حیفا به خاک سپرده شد.

عبدالقاسم منشادی: ایشان یکی از خادمان حضرت بهاءالله بود که به همراه برادرش به ساخت باغ رضوان و مرمّت آن همّت گماشت. البته یک عبدالقاسم دیگر نیز مسؤول مراقبت از مقام اعلی بود. این شخص همدم نزدیک به حضرت ولیّ امرالله بود و در زمان صعودش حضرت شوقی افندی بسیار سوگوار شدند.

سایچیرو فوجیتا: ایشان دومین ژاپنی مؤمن به دیانت بهائی بود. مرقد ایشان در گلستان جاوید حیفا است. قبل از ورود به دانشگاه میشیگان، در کالیفرنیا زندگی می‌کرد و همان‌جا با امر مبارک آشنا شد. حضرت عبدالبهاء را در منزل کورین ترو در شیکاگو زیارت کرد و در سفر ایشان به غرب و بازگشتشان همراه هیکل مبارک بود. بر اساس میل مبارک، فوجیتا بعد از خاتمه‌ی تحصیلاتش در سال ۱۹۱۹ برای خدمت به حیفا مهاجرت کرد. در منزل حضرت عبدالبهاء اقامت داشت و همواره همراه و همدم هیکل مبارک بود. حضرت عبدالبهاء در چندین لوح که به‌افتخارش صادر شد، بسیار از فوجیتا تقدیر فرمودند؛ ولی فوجیتا به قدری فروتن و متواضع بود که هیچ‌گاه متوجّه نشد که مخاطب این الواح اوست. فوجیتا منبع شعف و سُرور حضرت عبدالبهاء بود و اغلب با یکدیگر شوخی می‌نمودند که البته فوجیتا در تمام مدّت، نهایت احترام و حرمت را رعایت می‌نمود. بعدها در زمان حضرت ولیّ امرالله با هیکل مبارک، تنیس بازی می‌کرد. در زمان صعود حضرت عبدالبهاء و زیارت الواح وصایا، فوجیتا نیز در حیفا بود. اگرچه فوجیتا از هیچ‌کدام از مهارت‌هایی که

در دانشگاه آموخته بود؛ استفاده نکرد؛ عشقش به حضرت عبدالبهاء غبار هرگونه غم و ناامیدی را از صفحه‌ی دلش می‌زدود؛ چنانکه می‌گفت:

"اگر حضرت عبدالبهاء بفرمایند با طیب خاطر و نهایت افتخار کفش‌های مبارک را تمیز می‌کنم و برق می‌اندازم. " «۱۸۵»

شوخ طبعی هیکل مبارک

حضرت عبدالبهاء دارای قریحه‌ی مزاح و شوخ طبعی بودند. همیشه می‌فرمودند که خنده، نوعی تفریح و استراحت روحانی است. در سخت‌ترین شرایط و مُظلم‌ترین ایّام، حضرت بهاءالله از اعضای عائله‌ی مبارک می‌خواستند که هرکدام یک حکایت خنده‌دار و بامزه تعریف کنند یا وقایع خنده‌داری را که در طی روز اتّفاق افتاده بود؛ برای همدیگر بازگو نمایند و به این طریق همگی مدّتی می‌خندیدند. در ذیل، برخی موارد مربوط به حکایات درباره‌ی شوخ‌طبعی‌های زیرکانه هیکل مبارک نقل می‌گردد:

«روزی روزگاری یک موش صحرائی ویک موش خانگی با یکدیگر جلسه داشتند. موضوع جلسه این بود که برای برقرار صلح با گربه چکار باید بکنند. بالاخره بعد از گفتگوها و مشورت‌های طولانی به این نتیجه رسیدند که باید دور گردن گربه یک زنگوله آویزان کرد که هر وقت گربه حرکت کرد موش صحرائی و موش خانگی مطلع شوند و جان از مهلکه به در برند.

نقشه‌ی ماهرانه‌ای به نظر می‌آمد ولیکن سؤال بزرگ اینجا بود که چه کسی باید این مأموریت خطرناک را به عهده بگیرد و زنگوله را به گربه وصل کند. هیچ‌کدام از موش‌ها این فکر را نپسندیدند و به این نتیجه رسیدند که برای انجام این مأموریت، بسیار ضعیف هستند. درنهایت جلسه از هم پاشید. همه به همراه حضرت عبدالبهاء شروع به خندیدن کردند. بعد از مدّتی تأمل، حضرت عبدالبهاء فرمودند این شرایط خیلی شبیه وضعیت این کنفرانس صلح است. حرف و سخن بسیار ولی هیچ‌کس

---

۱۸۵ - روتشتاین، ناتان؛ عشق و بندگی؛ ص ۷۴.

به این نمی‌پردازد که بالاخره چه کسی زنگوله را به گردن تزار روس، امپراتور آلمان، نخست وزیر فرانسه یا امپراتور ژاپن می‌اندازد.

در حالی که چهره‌ی حضّار حالتی متفکّرانه گرفت، حضرت عبدالبهاء مجدداً خندیدند و فرمودند یک انجمن ملکوتی وجود دارد قوا و قدرت اینان را از هم خواهد پاشید.»۱۸۶

«ظهر در هنگام صرف ناهار در نیوهمپشایر، مکالمات افراد خیلی محترمانه و رسمی بود. برای تغییر فضای گفتگو، حضرت عبدالبهاء یک حکایت شرقی تعریف کردند که باعث خنده‌ی حضّار گردید. در ادامه فرمودند خنده خیلی خوب است؛ باعث تفریح و استراحت روح می‌شود. فرمودند زمانی که در زندان بودند شرایط بسیار صعب و غیرقابل تحمّل بود. در انتهای روز هر کس باید خنده‌دارترین موضوعی را که در طی روز برایش اتفاق افتاده؛ تعریف می‌کرد. بعضی وقت‌ها خیلی سخت موضوعی پیدا می‌شد؛ ولی از بازگو کردن همان مطلب آن‌قدر می‌خندیدیم که اشک از چشمانمان جاری می‌شد. باز در ادامه فرمودند حصول شادی هیچ‌گاه معلّق به اسباب و لوازم مادی نیست درحالی‌که آن ایّام، محاط به هر نوع مشقّت و سختی بودیم؛ ولی نکته اینجا بود که در همان زمان هم در اوج شعف و شادی بودیم. چه نعمتی است این خنده! باعث می‌شود دوستانمان ازدیاد یابند، وحدت ایجاد شود حتّی در مواقع امتحان کمک می‌کند که بر آن غلبه کنیم.»۱۸۷

«روزی شیخ صالح در حضور حضرت عبدالبهاء بود (۱۰ ژانویه ۱۹۱۵) و از هیکل مبارک درباره‌ی خوبی و بدی سؤال کرد. بعد از توضیح رو به شیخ فرموده، لبخندی زدند و حکایتی تعریف کردند: روزی شیخی به شخصی رسید و شروع به نصیحت کردن او کرد که بیا و دست از باده‌گساری و اعمال خلاف دین و خدا بردار و با من به نماز و نیاز و مراقبه مشغول شو. اگر چهل روز این عادات را به‌جا آوری به تو قول می‌دهم که سبک زندگی سابق را رها سازی و به زندگی زاهدانه رو می‌آوری و هرگز به اعمال غیر حسنه‌ی سابق بازنمی‌گردی. آن شخص پاسخ داد که چرا من باید

<hr>

۱۸۶ - ردمن؛ حضرت عبدالبهاء در میان‌سالی؛ ص ۱۳۱.

۱۸۷ - براون، رامونا آلن؛ خاطرات حضرت عبدالبهاء؛ ص ۳۸.

چهل روز با تو ریاضت بکشم؟ من به تو قول می‌دهم که اگر تو فقط یک‌شب به من ملحق شوی هر چیز دیگری در زندگی را فراموش خواهی کرد.»۱۸۸

«یک آقا فرجی بود از اهالی اصفهان که بسیار بذله‌گو بود. به همراه جمعی در حضور حضرت عبدالبهاء حاضر بودند. اگرچه آقا فرج بالای نود سال عمر داشت امّا اگر کسی به او می‌گفت که پیر و سالخورده است بسیار ناراحت می‌شد. یک روز محض مزاح، حضرت عبدالبهاء فرمودند: آقا فرج شما بزرگ‌تری یا من؟ آقا فرج پاسخ داد: همه‌ی عالم گواهی می‌دهند که شما از همه حیث، چه ظاهری و چه باطنی از همه بزرگ‌تر هستید.»۱۸۹

«یک بار زوجی که تازه ازدواج کرده بودند برای زیارت، مشرّف شدند. خانم و آقا بچه‌دار نمی‌شدند؛ لذا همسر از حضرت عبدالبهاء تقاضا کرد که به ایشان فرزندی عطا شود. حضرت عبدالبهاء سیبی به این زوج عنایت فرمودند. سال بعد زوج آمد و گفت که خداوند پسری به ایشان عطا کرده و از هیکل مبارک برای طفلش تقاضای نام نمود. حضرت عبدالبهاء این طفل را رحمت‌الله نامیدند. سال بعد، زوج مجدّداً آمد و برای پسر دوّم تقاضای نام نمود. حضرت عبدالبهاء این بار نام عنایت‌الله را انتخاب فرمودند. برای سال سوم، زوج برای پسر سوّم تقاضای نام نمود و این بار حضرت عبدالبهاء لبخندی ملیح زدند و فرمودند او را کفایت‌الله بنامید.»۱۹۰

«یک روز جمعی از مجاورین مشغول کندن زمین باغی در مجاورت بیت حضرت عبدالبهاء بودند. در این اثنا جناب نبیل وارد شد. آنها از نبیل خواستند که بیاید در کندن و بیل زدن زمین به آنها کمک کند. امّا جناب نبیل امتناع کرد و به کار خود مشغول شد. بعد از مدّتی دوباره از وی خواستند که در کار بیل زدن به آنها کمک کند ولی بازهم جناب نبیل به روی خود نیاورد و کمک نکرد. در این بین حضرت عبدالبهاء تشریف فرما شدند تا به انجام امور نظارت کنند که مجاورین لب به اعتراض و شکایت گشودند که سرکار آقا نبیل در بیل زدن کمک نمی‌کند. حضرت عبدالبهاء لبخندی زده فرمودند: "او براساس نامش عمل می‌کند. نامش نبیل است.

<hr>

۱۸۸ – همان‌جا.

۱۸۹ – همان‌جا.

۱۹۰ – پیف؛ معارف بهائی؛ ص ۳۲۸.

" این پاسخ مبارک مایه‌ی خنده همگی گردید و هیکل مبارک خنده‌کنان آنان را ترک فرمودند.»۱۹۱

«یک آخوندی بود که خود را در علوم دینی و فقه اسلامی، آیت الله می‌پنداشت. شهرت وی تا آنجا رسید که حاکم یکی از مناطق به دنبال وی فرستاد تا از وی درس دینی بگیرد. در طی مسیر دریایی به دیار جدید، روزی این ملّا از ناخدای کشتی پرسید: "آیا هیچ از علوم دینی می دانی؟ " ناخدا که مشغول کارش بود پاسخ داد خیر نمی‌دانم. با شنیدن این پاسخ ملأ جواب داد: "ای داد که نصف عمرت را بر باد داده‌ای! " چند روز بعد طوفانی برخاست و دریا پر آشوب شد. کشتی در میان امواج سهمگین این سو و آن سو می‌رفت و دستخوش تلاطم شدید بود تا آنجا که بیم آن می‌رفت که در این دریای متلاطم غرق شود. ملّای قصّه، با حالی پریشان و دریازده در اتاقش که زیر عرشه بود نشسته بود. ناخدا که وی را در این حال دید بر سرش فریاد زد که: "ای ملّا نمی‌دانی که تو همه عمرت را باختی! " »۱۹۲

در آوریل ۱۹۱۲ میلادی، حضرت عبدالبهاء به ضیافت شامی که در سفارت ایران به‌افتخار ایشان برپا شده بود تشریف بردند. «آدمیرال پری»۱۹۳ که اخیراً موفّق شده بود که ثابت کند که کاشف قطب شمال خودش بوده نه کاپیتان کوک و توانسته بود آبروی کاپیتان کوک را ببرد، در آن جمع در محضر مبارک حضور داشت. وی از شدّت افاده به بادکنکی بادشده می‌ماند. سرکار آقا با ملاحتی بی‌نظیر با او صحبت نموده به او به خاطر کشف قطب شمال تبریک گفتند. سپس با شیرینی محض، سخنانی اعجاب انگیز به مضمون زیر اضافه نمودند:

«بشر برای مدّتی بسیار طولانی تمام فکر و ذکرش متوجّه قطب شمال بود و از خود مکرراً سؤال می‌نمود که قطب شمال در کجا واقع شده و در آن چه چیزهایی یافت می‌شود. هم اکنون که آدمیرال پری موفق به کشف قطب شمال گردیده و به عالمیان نشان داده است که در آن‌جا هیچ‌چیز قابل ذکری یافت نمی‌شود دیگر

---

۱۹۱ - روحانی؛ داستان‌های مسحورکننده و شیرین؛ ص ۱۸.

۱۹۲ - سهراب، احمد؛ خاطرات؛ ص ۲۱۰.

Admiral Peary – ۱۹۳

خیال بشر از این نظر کاملاً جمع شده، و این آسودگی خیال را البتّه عالم بشریت مدیون این خدمت بزرگ آدمیرال پری می‌باشد.»۱۹۴

ژولیت تامپسون در بخشی از خاطراتش می‌نویسد:

«... مرد جوانی که پیرو نظام اقتصادی تک‌مالیاتی بود حضرت عبدالبهاء را مورد سؤال قرار داد و دست آخر هم از هیکل مبارک خواست که برای دوستان و هم‌فکرانش پیامی بفرستند. سرکار آقا، درحالی‌که آثار آن شوخ طبعی معجزه‌آسا در صورتشان پیدا بود خنده‌کنان فرمودند:

"به ایشان بگویید که به ملکوت الهی وارد شوند زیرا در آنجا، زمین فراوان است و هیچ مالیاتی هم به آن تعلّق نمی‌گیرد."۱۹۵»

«روزی در فلسطین، حضرت عبدالبهاء به یک زائر آمریکایی به نام هارلن اوبر توصیه می‌فرمودند که به هندوستان سفر کند. هارلن با وجود اینکه به خاطر امر مبارک سفرهای بسیاری نموده بود نسبت به این سفر، تمایلی نداشت. چند روز بعد هیکل مبارک به هارلن امر فرمودند که به آمریکا برگردد. هارلن پاسخ داد: امّا سرکار آقا من گمان می‌کردم به هندوستان خواهم رفت. حضرت عبدالبهاء فرمودند: کریستف کلمب هم همین فکر را می‌کرد»

ذکر کریستف کلمب حداقل در یک داستان دیگر نیز از حضرت عبدالبهاء نقل شده است که مربوط به سفر آن حضرت در سال ۱۹۱۲ است که سوار بر کشتی اس. اس. سدریک به سمت آمریکا تشریف می‌بردند. همین که کشتی به لنگرگاه نیویورک وارد می‌شد، خانمی که به همراه همسرش از انگلستان در حضور مبارک بودند به حضرت عبدالبهاء عرض کرد شاید مایل باشید به‌جای لباس شرقی، لباسی مناسب و مطابق با اصول غربی به تن فرمایید تا اینکه آمریکاییان بیشتر تحت‌تأثیر شما قرار گیرند. حضرت عبدالبهاء رو به همراهان ایرانی نموده، فرمودند:

---

۱۹۴ - تامپسون،ژولیت؛ خاطرات؛ ص ۲۵۲.
۱۹۵ - همان؛ ص ۲۲۴.

«کریستف کلمب هم فکر می‌کرد به هندوستان رسیده، آیا وی نیز به همین مناسبت لباس هندی بر تن می‌کرد؟»

رویه‌ی هیکل مبارک در برخورد با افراد مختلف، مشحون از عفو و بخشش بزرگوارانه بود. در زمره‌ی کسانی که در طیّ سفر اوّل حضرت عبدالبهاء، موفّق به زیارت ایشان گردید ظلّ‌السلطان، بزرگ‌ترین پسر ناصرالدین‌شاه بود که دستش به خون بسیاری از بهائیان اصفهان آغشته بود. دو پسر وی، حضرت عبدالبهاء را در تونون در کشور سوئیس زیارت کردند. ژولیت تامپسون شرح این ملاقات را چنین می‌نگارد:

«ظلّ‌السلطان برای چند ساعتی به آنجا (تونون) آمده و مستقیماً به هتل پارک رفته بود. هیپولیت دریفوس سال‌ها پیش در طی سفرش به ایران با شاهزاده ظلّ‌السلطان در خیمه‌ی شکارگاه او ملاقات کرده بود؛ و حالا او را در بالکن هتل، ملاقات می‌کرد. سرکار آقا در آن موقع، روی بالکن در فاصله‌ی کمی از او مشغول قدم زدن بودند. وقتی‌که ظلّ‌السلطان از پله‌ها بالا آمد هیپولیت در راهرو بود. شاهزاده با او احوال‌پرسی می‌کند و بعد بانگاهی متعجب به حضرت عبدالبهاء می‌نگرد و می‌پرسد: "این نجیب‌زاده‌ی ایرانی کیست؟ " هیپولیت جواب می‌دهد: "ایشان حضرت عبدالبهاء می‌باشند. " در اینجا حالت ظلّ‌السلطان به خضوع، تبدیل می‌شود و از هیپولیت خاضعانه می‌خواهد که او را به حضور هیکل مبارک ببرد. هیپولیت قضیه را تمام و کمال برایم تعریف کرد و گفت: "ای کاش آن حیوان بی‌رحم را می‌دیدی ژولیت که با چه حالت رقت‌انگیزی برای اعمال ستمگرانه‌ی خود بهانه‌های بی‌اساس می‌تراشید. امّا سرکار آقا او را در آغوش گرفتند و فرمودند: این وقایع از آنِ گذشته است. دیگر به آنها فکر نکن. " و سپس از دو پسر وی دعوت نمودند تا یک روز را با آن حضرت صرف نمایند. هرکدام از فرزندانش یک روز را با هیکل مبارک سپری نمودند. پسر ارشد وی که احساساتی‌تر هم بود پس از خروج از محضر مبارک، شروع به گریه نمود و می‌گفت: ای کاش دوباره به دنیا می‌آمدم؛ ولی نه در این خاندانی که به دنیا آمده‌ام. این گریه تنها به خاطر اذیّت و آزارهایی که پدرش نسبت به بهائیان روا داشته بود نبود؛ بلکه به خاطر تمامی اعمال ننگین دیگری بود که پدربزرگش ناصرالدین‌شاه انجام داده بود؛ ازجمله دستور شهادت حضرت اعلی و

تبعید حضرت بهاءالله و زجر و شکنجه و شهادت کثیری از بهائیان. این شاهزاده بار دیگر متولد گردید و این بار به‌عنوان یک بهائی.»۱۹۶

شاهزاده‌ی دیگری که در سفر دوّم حضرت عبدالبهاء به بریتانیا موفق به زیارت هیکل مبارک گردید، محمود میرزا ملقب به جلال‌الدّوله بود. در طی حکمرانی وی بر یزد بود که در سال ۱۹۰۳ بسیاری از احبّاء به دستور وی شکنجه و آزار شدند و درنهایت بسیاری به شهادت رسیدند. اکنون وی مردی شکسته و مهجور در تبعید بود. درحالی‌که آثار ندامت بر چهره‌اش هویدا بود تقاضای عفو و بخشش نمود. خودش را به اقدام مبارک بر خاک انداخت؛ امّا حضرت عبدالبهاء خفّت و خواری وی را نخواستند و او را از زمین بلند فرمودند.

روش و منش حضرت عبدالبهاء آن‌گونه بود که حتّی با افرادی که هیچ‌گاه ملاقات نکرده بودند نیز همیشه مکالمات روح‌بخش و معناداری را آغاز می‌فرمودند. به‌طور مثال، هانس اسپرینگر۱۹۷، یک جوان آلمانی بود که پیاده دور دنیا سفر می‌نمود. زمانی که به ارض اقدس وارد شد سی‌وپنج هزار کیلومتر پیاده سفر کرده بود.

حضرت عبدالبهاء به وی فرمودند: «خیلی خوش آمدید. از کجا می‌آیید؟»

هانس اسپرینگر پاسخ داد: «هم اکنون از اورشلیم وارد شده‌ام. از مصر پیاده به غزه رفتم و سپس به جفه. در بین راه پانزده مرد عرب مرا محاصره کردند و همه‌ی لوازم و وسایلم را به سرقت بردند حتّی کفشهایم را. وقتی به اورشلیم رسیدم برخی آلمانی‌ها به من کمک کردند.»

حضرت عبدالبهاء: «هدف و نیت اصلی تو برای سفر به دور دنیا چیست؟»

اسپرینگر: «اوّل، انتشار آگاهی عمومی نسبت به زبان اسپرانتو؛ چراکه معتقدم این زبان به گسترش صلح بین مردم کمک می‌کند. دوّم اینکه دنیا را ببینم. مردمانی از نژادها و ملیّت‌های مختلف. اینکه با فرهنگ‌ها و عادات مردمان آشنا شوم.»

حضرت عبدالبهاء: «با چه معونه‌ای سفر می‌کنی؟»

____

۱۹۶ - همان؛ ص ۱۵۴-۱۵۶.

Hans Springer - ۱۹۷

اسپرینگر: «با فروش این کارت‌پستال‌هایی که یک طرف عکس من است و طرف دیگر درباره‌ی مزایای زبان اسپرانتو نوشته شده است. این تنها راه درآمد من است. به ندرت می‌توانم گوشت بخورم. غذای من منحصر در سبزیجات، نان و مغزیجات است.»

حضرت عبدالبهاء: «آیا همیشه بر سطح زمین سفر می‌کنی؟ آیا بهتر نیست اگر بتوانی مسافر ملکوت گردی؟»

اسپرینگر: «ملکوت! هیچ‌گاه نشنیدم که کسی بتواند به ملکوت سفر کند. غیر ممکن است.»

حضرت عبدالبهاء با لبخندی فرمودند: «چرا غیرممکن؟ آیا ایلیای نبی به ملکوت نرفت؟ آیا مسیح بعد از مصلوب شدن به ملکوت صعود ننمود؟»

اسپرینگر متعجبانه گفت: «امّا من نه ایلیا هستم و نه مسیح. دو بال هم ندارم که بتوانم با آنها پرواز کنم. به نظرم برای این کار باید دو بال داشته باشم.»

حضرت عبدالبهاء: «هر چیزی ممکن است. حضرت مسیح فرمود: قبل از هر نیکی آنجا باش. به‌مانند پدر آسمانی که در ملکوت است. با دو بال می‌توانی نجات بیابی، یکی حب الهی و دیگری انقطاع از تعلّقات دنیوی.»

اسپرینگر: «پس منظور شما ملکوت محسوس و مصطلح نیست.»

حضرت عبدالبهاء: «منظورم همان ملکوتی است که مسیح نزول کرد و صعود کرد. همان بهشت اراده‌ی الهی، بهشت روحانیات.»

اسپرینگر: «چگونه یک شخص می‌تواند به بهشت صعود نماید؟ خیلی سخت نیست؟»

حضرت عبدالبهاء: «سخت‌تر از جهانگردی با پای پیاده نیست. هرگاه روح تعالیم مسیح در قلب مستقر گردد و انسان برای رسیدن به مقام خدمت به انسان‌ها رنج بکشد، آنگاه صعود به ملکوت بسیار ساده است.»

اسپرینگر: «امّا در این عصر، تعالیم مسیح فراموش شده‌اند.»

حضرت عبدالبهاء: «تو با بقیه چه کار داری؟ تو زندگی‌ات را بر اساس تعالیم مسیح پیش ببر.»

اسپرینگر: «کاملاً صحیح می‌فرمایید. نهایت سعی‌ام را خواهم کرد.»

حضرت عبدالبهاء: «می‌دانی مسیح که بود؟»

اسپرینگر: «به نظرم یک فیلسوف بزرگ بود.»

حضرت عبدالبهاء: «خیر، مقام ایشان بسیار عظیم‌تر از یک فیلسوف بود. او کلمه الله بود. او روح الهی بود.»

اسپرینگر: «عجب! امّا محقّقان بسیاری در اروپا معتقدند شخصیّتی به نام مسیح هیچ‌گاه وجود خارجی نداشته است؛ به عبارت دیگر، ایمان بسیاری از افراد متزلزل شده؛ زیرا می‌بینند کشیشان و مروّجان انجیل، خود براثر اقدام مسیح، حرکت نمی‌نمایند؛ بلکه همه‌ی زندگی‌شان با عقاید خشک و سنّتی درهم‌آمیخته است. زمانی که در اورشلیم بودم دیدم که کلیسای رستاخیز مسیح به فرقه‌های متعدد تقسیم شده؛ مثل یک بازار، هرکدام از این فرق با یکدیگر درنهایت مخالفت و جنگ و جدال‌اند درحالی‌که مسیح، صلح و رستگاری را نوید داده بود. کجا می‌توان صلح پیدا کرد؟ چطور می‌شود رستگار شد؟ با این تنفّر مذهبی، درب قلوبشان به هر بهشت رستگاری را بسته‌اند.»

حضرت عبدالبهاء: «آنچه گفتی کاملاً صحیح است. امّا ما ناظر به شرایط فعلی نیستیم. باید به زندگانی درخشان مسیح و آن ارواح مجرد و پاکی که در پی او روان شدند، نظر نمود. آیا آنان مظهر عمل به آنچه بر زبان می‌راندند نبودند؟ چه بسیار فیلسوفانی که در دنیا آمدند؛ ولی همگی فراموش شدند. امّا چون مسیح، روح الهی و کلمه الله بود، خود و حواریونش سرچشمه‌ی آب حیات بودند. حال امیدوارم تو نیز مانند آنان فی‌الحقیقه روشنایی عالم انسان گردی و به خدا خدمت کنی.»

اسپرینگر: «خدمت به خداوند؟ هیچ‌کس در این دنیا نمی‌تواند به خدایی که دیده نمی‌شود خدمت کند. او برتر از فهم بشر است. به نظرم تنها راهی که می‌شود به خداوند خدمت کرد؛ خدمت به خلق خداست؛ اینکه غمی را تسکین دهی و یا از رنج مردم بکاهی.»

حضرت عبدالبهاء پاسخ فرمودند: «مسیح و پیروانش به خداوند خدمت کردند. خدمت آنها به نوع بشر، انعکاسی از خدمت به خداوند بود.»

اسپرینگر: «شما چه می‌کنید؟»

حضرت عبدالبهاء: «من به خدا خدمت می‌کنم. من خادم پروردگار هستم. به کوران، نور دیده می‌بخشم. به کران، شنوایی؛ به گنگان، قدرت تکلم و به نادانان آگاهی و بصیرت. مردگان را زنده می‌کنم. کسانی را که در ظلمات هستند نور حیات می‌دهم. فقیران را غنی می‌نمایم و ضعیفان را قدرت می‌دهم. گرسنگان را با نان حیات، سیر می‌گردانم و تشنگان را به ماء اخلاق سیراب می‌نمایم. این کار من است.»

اسپرینگر: «زمانی که در اشتوتگارت بودم در یک جلسه‌ی اسپرانتیست‌ها شرکت کردم که در آنجا درباره‌ی شخصی به نام عبدالبهاء صحبت شد. آیا جناب‌عالی این شخص را می‌شناسید؟ آن‌طور که در آن جلسه صحبت شد این شخص به زبان اسپرانتو علاقه دارد و همچنین تعداد زیادی از افراد در اشتوتگارت از پیروان ایشان هستند. نام دیانت این شخص بهائی است.»

در این وقت مترجم رو به اسپرینگر کرد و گفت شما درحضور حضرت عبدالبهاء هستید. به‌محض اطّلاع از این موضوع، احترامی عمیق و شادی و سرور بی‌اندازه‌ای در وجود اسپرینگر نمودار گشت.

اسپرینگر: «آیا واقعاً من در‌حضور عبدالبهاء هستم؟»

حضرت عبدالبهاء سکوت فرمودند و بعد از دقایقی مکالمه مجدداً از سر گرفته شد.

حضرت عبدالبهاء: «حتّی یک پرنده هم می‌تواند دورتادور زمین پرواز کند. عمل شاقّی نیست. امّا پرنده‌ی ملکوت شدن و پرواز به‌سوی ملکوت، آن‌گونه که فرشتگان پرواز می‌کنند تجربه‌ی منحصر به فردی برایت خواهد بود.»

اسپرینگر: «امیدوارم دو بال قوی کسب کنم که به چنین مسؤولیّت سنگینی فائز شوم.»

حضرت عبدالبهاء: «امیدم چنین است هنگامی‌که به ناصره، موطن اصلی حضرت مسیح وارد شدی، روح الهی بر تو نزول کند و بال‌هایی از نور به تو عطا گردد تا بتوانی در فضای لایتناهی الهی پرواز کنی و عجایب خلقت الهی را مشاهده نمایی.»

اسپرینگر: «من هم همین دعا و آرزو را می‌کنم.»

حضرت عبدالبهاء سؤال فرمودند: «بعد از اینجا به کجا خواهی رفت؟»

اسپرینگر: «بعد از اینجا، فردا به سمت ناصره حرکت خواهم کرد سپس به طبریه، بیروت، دمشق، استانبول، قفقاز و از سمت شمال به ایران وارد خواهم شد و در ادامه از خلیج فارس در جنوب، خارج می‌شوم. سپس به هند، ژاپن، استرالیا، جزایر هاوایی و نهایتاً آمریکا خواهم رفت.»

این مختصری بود از شرح این ملاقات. در حین ملاقات خسرو از ایشان با قهوه، چای و کیک پذیرایی می‌کرد. سپس حضرت عبدالبهاء فرمودند که برای اسپرینگر یک بشقاب پسته بیاورند که هیکل مبارک با دست خویش پسته را پوست کندند و مغز آن را به اسپرینگر دادند. در زمان خداحافظی و جدایی، یک سکّه‌ی یک پوندی کف دست اسپرینگر نهادند و برایش در طی سفر طولانی، آرزوی موفقیّت نمودند. بقیّه‌ی کیک و پسته‌ها را نیز در دستمالی پیچیده و به وی دادند تا برای ناهار همراه داشته باشد.

فصل پنجم

صعود حضرت عبدالبهاء

حضرت عبدالبهاء در تاریخ ۲۸ نوامبر ۱۹۲۱ در ساعت یک بامداد در سن هفتادوهفت‌سالگی در منزل شخصی‌شان در حیفا صعود فرمودند. حضرتش در الواح وصایا، نوه‌ی گران‌قدر خود حضرت شوقی افندی را به عنوان جانشین و ولیّ امر که مرکز اقتدای همه‌ی احبّا باشند؛ منصوب فرمودند. در زمان صعود حضرت عبدالبهاء، حضرت ولیّ امرالله در انگلستان و در دانشگاه آکسفورد، مشغول تحصیل بودند. ضربه‌ی ناشی از شنیدن خبر صعود پدربزرگ مهربان برای ایشان بسیار گران آمد. با روحیّه‌ای فروریخته از صعود مبارک، ایشان چند روزی در کنار دکتر جان اسلمنت گذراندند که هم از غم درد جانکاه بکاهند و هم اینکه مشکلات سفر و گذرنامه را برای سفر به حیفا رفع نمایند و نهایتاً در ۱۶ دسامبر از انگلستان به سمت حیفا حرکت فرمودند و در تاریخ ۲۹ دسامبر به حیفا وارد شدند.

برادر بی وفای حضرت عبدالبهاء از این غیبت کوتاه، سوءاستفاده کرد و خود را به‌عنوان رئیس جدید امر معرفی نمود، این کار را تا آنجا پیش برد که با کمک فرزندش اعلامیه‌هایی به جراید مصر فرستاد و نامه‌های مختلف حاوی اخبار غلط و دروغ به بهائیان آمریکا ارسال کرد و جانشینی خویش را اعلان نمود.

خواهر محبوب و باوفای حضرت عبدالبهاء، حضرت ورقه‌ی علیا در این شرایط سخت و دشوار نیز ثابت و مستقیم ماندند. همان‌گونه که در طی سفرهای حضرت عبدالبهاء به غرب، مسؤولیّت اداره‌ی امور جامعه‌ی بهائی را به عهده داشتند، در این برهه نیز سکّان امر مبارک را به دست گرفتند تا اینکه حضرت شوقی ربّانی وارد حیفا شدند. حضرت ورقه‌ی علیا در حضور دیگر مؤمنان، الواح وصایا را گشودند و برای مراسم تکریم و سوگواری، برنامه‌ریزی فرمودند. به‌محض ورود حضرت شوقی افندی، تمام امور را به کف باکفایت ایشان سپردند.

اقدامات اوّلیه حضرت ولی امرالله و لیدی بلامفیلد

صعود پدربزرگ عزیز و بزرگوار، مایه‌ی غم و اندوه جانکاهی برای هیکل مبارک حضرت ولیّ امرالله گردید. در آن روزهای پرآشوب صعود حضرت عبدالبهاء و پیامدهای سخت آن، حضرت ولیّ محبوب امرالله به همراه لیدی بلامفیلد، مطالبی را تهیه نمودند که در یک مجلّد مختصر، منتشر شد که شامل گزارش مطبوعات و جراید، برخی از اعلامیه‌ها در مدح حضرت عبدالبهاء که در جلسه‌ی تکریم صعود ایشان خوانده شده بود و مختصری از الواح وصایا و برخی نبوات مبارک درباره‌ی صلح عمومی و وحدت عالم انسانی بود.

«امه الله لیدی بلامفیلد ستاره خانم اوقاتیکه در ارض اقدس مشرف بود رساله نسبهً مفصلی بلسان انگلیسی در تفصیل ایام اخیره حضرت عبد البهاء و شرح صعود مبارک در ظل لحاظ عنایت حضرت ولی امر الله جل سلطانه نگاشت رساله مزبوره مورد عنایت و قبول هیکل مبارک واقع و در لوح امنع مورخ پانزدهم شباط سنه ۱۹۲۲ میلادی از قلم مبارک در باره رساله مزبور بیانات مبارکه نازل و اشاره فرموده اند در اینمقام شرح صعود مبارک حضرت عبد البهاء جل ثنائه از رساله مشار الیها که در لوح مبارک سابق الذکر بدان اشاره فرموده اند نقل میشود.

«شرح صعود مبارک حضرت عبدالبهآء»

احبای عزیز واضح است که یاران عزیز عبد البهاء در هر نقطه دنیا چشم براهند که از وقایع ساعات اخیر حیات بیمثیل حیرت انگیز مولایشان مطلع شوند از اینروست که شرح ذیل نگاشته میشود.

حالا ملتفت میشویم که مولای عظیم ما میدانست که در چه روز و ساعتی مدت نبوتش در جهان ترابی منقضی گشته بملکوتش رجوع و صعود میفرماید ولی احتیاط میفرمود که اهل بیت مبارکش از این قضیه حزن انگیز مطلع نشوند با آن حب عظیمی که برای عزیزانش داشت چنان مینمود که ابصار آنها را محتجب فرموده تا آنکه باهمیت خوابهای مشخص معلوم و بعضی علامات که وقوع این حادثه عظمی را پیشگوئی مینمود پی نبرند این مسئله را امروز درک میکنیم که بالنّسبه بآنها اراده مبارک چنین تعلق گرفته بود تا قوت آنها بجای خود باقی مانده در مقابل وقوع این قضای مبرم تاب مقاومت آورند و قبل از موقع الم و حسرت فکری که از

۱۴۸

انتظار این حادثه بمیان میآمد آنها را پژمرده و بیجان ننماید از علائم و آثار بسیاری که دلیل بر نزدیکی ساعتِ اخیر بود و پس از وقوع در عداد آثار بزرگ (مولای عظیم) در عالم بشمار خواهد رفت دو خواب ذیل است:

قریب به هشت هفته قبل از صعود حضرت مولی الوری باهل بیت مبارک این حکایت را فرمودند دیدم که در محراب جامع عظیمی رو بقبله در محل شخص امام ایستاده ام در این اثنا ملتفت شدم که عده کثیری از ناس دسته دسته داخل مسجد میشوند دائماً بر عدد نفوس میافزود تا آنکه جم غفیری شدند و همه در عقب من صف بستند همانطور که ایستاده بودم با صدای رسا صدای اذان را بلند نمودم بغتةً بفکرم رسید که از مسجد خارج شوم در خارج متذکر شدم که چرا قبل از انجام نماز بیرون آمدم ولی بخود میگفتم اهمیتی ندارد چون من ندای اذان را بلند نموده ام این جم غفیر بخودی خودشان نماز خواهند نمود.

وقتی که حضرت مولی الوری صعود فرمودند اهل بیت در این خواب تفکر نموده چنین تعبیر نمودند که حضرتش جم غفیری را از قبائل مختلفه مذاهب مختلفه نژادهای مختلفه و دول و ملل مختلفه باتحاد و صلح و محبت و اخوت بین المللی دعوت فرمود و پس از اعلان این دعوت بسوی ربّ حنونی که بامر او این پیام آسمانی و ندای عظیم را بلند نموده بود رجعت فرمود همین جم غفیر مرکب از قبائل مذاهب و اجناس و طوائف و ملل بامر عظیمی که حضرت عبد البهاء آنها را دعوت فرموده مداومت خواهند داد وَ کُلّاً در اکمال آن کوشش خواهند نمود چند هفته قبل از وقوع خواب مذکور حضرت مولی الوری از اطاق خلوتی که اخیراً در باغچه در آن توقف میفرمودند تشریف فرما شده فرمودند خواب دیدم که جمال مبارک تشریف آوردند و فرمودند که این اطاق را خراب کن اهل بیت مبارک چون مایل نبودند که حضرتش در شب تنها در اطاق دور دستی استراحت فرمایند و مایل بودند که در بیت مبارک استراحت نمایند اظهار نمودند قربان همینطور است چنین گمان میکنیم تعبیر خواب این باشد که آن اطاق را رها نموده در بیت نزول اجلال فرمایند پس از استماع این عرایض تبسمی فرمودند و از آن چنان بر میآمد که مقبول واقع نشد بعد معلوم شد که مقصود از اطاق هیکل مبارکش بود یکماه قبل از موعد دکتر سلیمان رفعت بیک از دوستان عثمانی که در بیت مبارک مهمان بود تلگرافی مشعر بر فوتِ بَغْتیِ برادرش دریافت نمود حضرت عبدالبهاء در ضمن اینکه او را تسلیت میدادند به نجوی باو فرمودند محزون مباش زیرا که او از این فضا

بفضای عالیتری مقر گرفت منهم عنقریب تغییر مکان میدهم زیرا که ایام من معدود است در همان هفته لوحی بامریک نازل شد که متضمن این مناجات است:

یا بهآء الأبهی از جهان و جهانیان گذشتم و از بیوفایان دلشکسته گشتم و آزرده شده ام و در قفس این جهان چون مرغ هراسان بال و پر میزنم و هر روز آرزوی پرواز بملکوت میکنم

یا بهاء الأبهی مرا جام فنا بنوشان و نجات بخش و از این بلایا و محن و صدمات و مشقت آزاد کن توئی معین و نصیر و ظهیر و دستگیر "

صبح جمعه اخیر توقف مبارک در این جهان (۲۵ نوامبر ۱۹۲۲) بصبایای مبارک فرمودند عروسی خسرو امروز باید بشود اگر شما مشغولید خودم تهیّه لازمه را خواهم دید زیرا باید امروز واقع شود خسرو یکی از خدام باوفای بیت مبارک است.

حضرت مولی الوری برای صلوه ظهر جمعه جامع تشریف بردند در حین خروج فقرا برای دریافت بخشش مقرری که هر جمعه مرحمت میفرمودند منتظر بودند اینروز بر حسب عادت با وجود کثرت تعب ایستادند و بدست مبارک بهر یک یک سکه عنایت فرمودند.

بعد از صرف ناهار چند لوح بروحی افندی دیکته فرمودند و این الواح اخیر بود پس از استراحت در باغچه قدم زدند معلوم بود که در فکر عمیقی هستند و اسمعیل آقا خادم محبوب با وفایش چنین حکایت میکند:

تقریباً بیست روز قبل از صعود مولای عزیزم نزدیک باغچه بودم که صدای مبارک را شنیدم یکنفر از احبای قدیم را صدا نموده میفرمودند بیا تا با هم از صفای این باغ لذت ببریم نگاه کن که روح وفاداری ممکن است چه کارهائی بکند این محل منبت با طراوت چند سال قبل یک تل سنگی بود و امروز با گل و ریاحین سبز و خرم است آرزو دارم که بعد از من احبای عزیز متحداً بخدمت امر الهی قیام کنند و بخواست خدا چنین خواهد شد عنقریب اشخاصی مبعوث خواهند شد و بعالم روح خواهند بخشید بعد از چند روز فرمودند خیلی خسته شده ام وقت آن رسیده که هر چیز را بگذارم و فرار کنم از شدت خستگی نمیتوانم راه بروم بعد فرمودند در اواخر ایام جمالمبارک وقتی مشغول جمع آوری اوراقی که روی تخت در اطاق تحریر مبارک در بهجی متفرق بود بودم روی مبارک را بمن کرده فرمودند جمع

آوری آنها فایده ندارد باید آنها را بگذارم و فرار اختیار کنم منهم کار خود را کرده ام دیگر کاری نمیتوانم بکنم لهذا باید وداع کرده بروم.

سه روز قبل از صعود مبارک در حالتیکه در باغچه جالس بودند مرا احضار نموده فرمودند از شدت خستگی ناخوش شده ام دو عدد از نارنگیها را بیاور که برای خاطر تو بخورم اطاعت کردم بعد از تناول توجهی بمن نموده فرمودند اینها تمام شد هیچ از لیمو های شیرین داری عرض کردم بلی فرمودند چند عدد بیاور مشغول چیدن بودم که وجود مبارک بپای درخت تشریف آورده فرمودند باید بدست خودم بچینم بعد از میل کردن نظری نموده فرمودند دیگر چه خواهش داری سپس با یک اشارات حزن انگیزی با دست مبارک در نهایت تأثّر و تأکید از روی کمال اراده فرمودند حالا تمام شد تمام شد این کلمات پر معنی در روح من اثر کرد هر دفعه که میفرمودند مثل اینکه خنجری بقلب من فرو میرود مقصود مبارک را فهمیدم ولی گمان نمینمودم که ایام اخیر این قدر قریب است.

همین اسمعیل آقاست که قریب بسی سال باغبان حضرت مولی الوری بود و در هفته اول از هجران از کثرت اندوه مایملک خود را رها نمود وصیتنامه گذاشت و بحضور حضرت ورقه علیا رفته از خطایای خود رجای عفو نمود و سپس کلید باغ را بیکی از خادمین امین بیت سپرد و با خود آلتی برای خاتمه دادن حیات خود بمقام مبارک برد سه مرتبه طواف آنمقام مبارک را نمود و اگر یکنفر از دوستان بموقع نرسیده بود که قبل از تکمیل از اینعمل حزن انگیز جلو گیری کند در گرفتن جان خود موفق میگشت.

عصر روز جمعه بعروس و داماد که دست بدست داده بودند برکت عطا فرموده در نهایت تاکید فرمودند خسرو تو طفولیت و عهد جوانیرا در خدمت این خانواده صرف کرده امیدوارم که همین جا بسن پیری رسی و همیشه بآستان الهی خدمت کنی.

سر شب بمجلس احبا در سالون بیت مبارک تشریف آوردند صبح شنبه زود از خواب برخاستند و باطاق چای برای صرف چای تشریف آوردند جبّه خز حضرت بهاء الله را خواستند چون خیلی باین جبّه علاقه داشتند غالباً وقتی که احساس سرما میکردند و یا احساس کسالتی مینمودند آنرا دوش میکردند بعد باطاق مبارک مراجعت و روی رختخواب استراحت نموده فرمودند چیزی روی من بیندازید خیلی سردم است دیشب خوب نخوابیدم احساس سردی میکردم این خیلی مهم است

۱۵۱

ابتدای نقاهت ماست بعد از این که چندین پتو انداخته بودند جبّه خزیکه بیرون آورده بودند خواستند و فرمودند که روی مبارک بیندازند آنروز قدری تب عارض شد طرف عصر درجه حرارت بیشتر شد لکن شب تب قطع شد و بعد از نصف شب قدری چای خواستند صبح یکشنبه فرمودند حالم خوبست مثل همیشه برمیخیزم و با شما در اطاق چای چای میخورم ولی بعد از اینکه لباس پوشیدند از حضور مبارک استدعا شد که در اطاق مبارک روی نیمکت استراحت کنند.

بعد از ظهر تمام احبا را بمقام اعلی فرستادند زیرا بمناسبتِ روزِ مَبعثِ عبد البهاء یعنی اعلانِ کتابِ عهد یکی از مسافرین پارسی که اخیراً از هند آمده بود جشنی بر پا نموده بود ساعت چهار بعد از ظهر روی نیمکت در اطاق مبارک جالس بودند فرمودند بهمشیره و اهل بیت بگوئید بیایند و با من چای بخورند بعد از صرف چای مفتی حیفا و رئیس بلدیه و یکنفر دیگر را پذیرفتند آنها قریب یکساعت ماندند بآنها از جمال مبارک صحبت فرمودند و خواب دوم را شرح دادند و بآنها زیاده از اندازه معمول مهربانی و محبت فرمودند بعد با آنها خدا حافظی فرمودند و با اینکه رجا نمودند که روی نیمکت استراحت فرمایند تا دم درب بیرون عمارت آنها را مشایعت فرمودند بعد رئیس پلیس که شخص انگلیسی است مشرف شد و از عنایات مبارک قسمت و بهره برداشت باین شخص چند دستمال ابریشمی ایرانی عنایت نمودند و از این مرحمت بی نهایت متشکر گشت.

بعد چهار داماد مبارک و روحی افندی در مراجعت از مجلس از کوه کرمل مشرف شدند عرض نمودند که صاحب جشن از تشریف نداشتن مبارک متاثر بود بآنها فرمودند من آنجا بودم اگر چه جسد من غائب بود روح من در بین شماها بود احبا نباید هیچ اهمیتی بغیبت جسدی من بدهند روحاً من هستم و همیشه در بین دوستان خواهم بود اگر چه خیلی دور باشم.

همانشب از صحت یک یک اهل بیت مبارک و مسافرین و احبای حیفا سئوال فرمودند همین که عرض شد همه سالمند فرمودند خیلی خوب خیلی خوب و این آخرین کلمات مبارک راجع باحبابش بود.

شب ساعت هشت فرنگی قدری غذا میل فرمودند و در رختخواب استراحت نمودند فرمودند خیلی حالم خوبست و بهمه امر فرمودند که بروند و استراحت کنند مع ذلک دو نفر از ورقات مبارک در حضور ماندند آنشب حضرت مولی الوری بدون آثار

تب در نهایت آرامی بخواب رفتند ساعت یک و ربع بعد از نصف شب بیدار شدند و بجانب میزیکه در اطاق بود قدم زده و قدری آب میل فرمودند بعد یکی از پیرهنهای شب را بیرون آورده فرمودند خیلی گرمم است سپس برختخواب عودت فرمودند ورقه مبارکه روحا خانم پس از چندی تشریف بردند و دیدند که در نهایت آرامی استراحت نموده اند در صورت ورقه مبارکه که نظر فرمودند امر نمودند که پرده های پشه گیر را بالا کنند و فرمودند بسختی نفس میکشم بیشتر هوا میخواهم قدری گلاب آورده شد در رختخواب بدون کمک نشسته قدری از آن میل فرمودند دوباره استراحت کردند قدری غذا آورده بودند با یک صدای واضح شمرده فرمودند میخواهید غذا بخورم وقتیکه من در حال رفتنم یک نظر غریبی بکل فرمودند وجه مبارک بقدری آرام بود و از وجنات مبارک بطوری آثار سکون هویدا که همه فرض نمودند بخواب تشریف برده اند «از نظر عزیزانش غیبت فرمود»

چشمهائیکه بنظر محبت و رأفت بعالم انسانی چه دوست و چه دشمن نظر میفرمود بسته شد دستهائیکه هیشه برای احسان بفقراء و محتاجین بناتوانان عَجَزه کوران و بیوه زنان دراز بود بیحرکت شد پاهائیکه با یک عزم راسخی در خدمت دائمی بربِّ حَنون منزلها طی نموده بودند حال سکون اختیار کردند لبهائیکه با آن فصاحت و بلاغت در راه خدمت ابناء ماتم زده بشر تکلم مینمودند خاموش گشتند قلبی که با آن قوت و شدت محبت برای نوع انسان میزد از کار ایستاد روح پر جلالش از عالم ترابی صعود فرمود و از ظلم و ستم دشمنان حقیقت و زحمات متوالی هشتاد سال پر طوفان پر مشقت برای خیر عموم رهائی یافت باری شهادت طولانی حضرتش منتهی شد.

هنوز اثر مهیب این مصیبت بر قلوب بیقرار خانمهای اهل بیت مبارک باقی بود که یکی از خانمها از نوه های مبارک خواب عجیبی دید که حضرت مولی الوری در اطاقی هستند که در آن هر روز صبح خانمها بعادت یومیه جمع شده تلاوت مناجات نموده چای صرف مینمایند و حضرت مولی الوری با همشیره عزیزشان حضرت ورقه علیا تکلم میفرمایند رو بحضرت ورقه علیا نموده فرمودند چرا شماها مضطربید چرا مصیبت زده و محزونید از جمیع شما ها من راضی هستم مدتی بود آرزو داشتم بلقای جمال مبارک فائز شوم همیشه رجا مینمودم که مرا برضوان خود داخل کند مناجات من مستجاب شد چه قدر خوشحالم و چه قدر مسرورم و چه قدر راحتم از

این جههٔ نوحه و ندبه ننمائید بعد جمیع را نصیحت نمودند که همیشه متابعت تعالیم حضرت بهاء اللّه نمایند.

صبح روز دوشنبه خبر این مصیبتِ بَغْتی در شهر منتشر شد یک هیجان فوق العاده تولید نمود و قلوب کل را مجروح کرد صبح دوم یعنی روز سه شنبه تشییع جنازه واقع شد تشییع جنازهٔ بود که حیفا و فلسطین نظیر آنرا ندیده بود در جمیع آن نفوسیکه عدهٔ آنها بچندین هزار میرسید یک حس تاثر داخلی بود که آنها را در این مصیبت شریک مینمود مندوب سامی سِر هربرت سموئیل حاکم قدس شریف حاکم فنیقیه سران عمده حکومت قناسلِ دول مختلفه ساکنین حیفا رؤسای فِرَقِ مذهبی اشراف فلسطین یهود نصاری اسلام دُرُوْزْ مصری یونانی تُرک و کُرد و جمعی از احبای امریکائی و اروپائی وَ اَهْلی رِجال نساء و اولاد از تمام طبقات تقریباً ده هزار نفر در تعزیه داری محبوب عزیزشان شریک و سهیم بودند.

در مقدمهٔ این تشییع پر عظمت و شکوه دسته پلیس شهری بود متعاقب آنها فرقه کشّافاتِ مسلمین و نصاری با عَلَمهای بلند بودند بعد یکدسته از نوحه خوانهای مسلمین بودند که تلاوت آیات قرآن شریف میکردند بعد رؤسای ملت اسلام در تحت ریاست مُفتی حیفا بودند بعد عدهٔ از خَوْریْهایِ ملتِ روح بودند که نماینده فِرَقِ مختلفهٔ مسیحی از رومی لاتینی و انجیلی بودند این عده در جلو عرش مبارک که احبا بر دوش گرفته بودند میرفتند در عقب عرش مطهر اعضاء فامیل مبارک بودند و بعد از آنها مندوب سامی حاکم قدس شریف حاکم فنیقیه و سپس قناسِل و اشراف مملکت بودند و بالاخره آن جم غفیری که حضرتش را عظیم و عزیز میشمردند. در این روز هیچ لکه ابری در آسمان نبود و هیچ صدائی از شهر و حوالی آن بسمع نمیرسید بجز نغمه موزون اسلامی و صدای مؤذن و ناله و فغان کسانیکه دوست یگانه خود را گُم کرده بودند کسیکه آنها را از مشقات و مِحَن خلاصی داده بود کسی که اعطای کریمانه اش خردسالان و نونهالانشان را از مجاعهٔ سالهای سخت تاریک حرب عمومی نجات بخشیده بود کل بیک آواز فغان مینمودند ندای خدا ای خدا پدر ما از ما مفارقت فرمود.

واقع هنگامه عجیبی بود آن جم غفیر که در آنروز مجتمع بودند بواسطه عبودیتی بود که از عبد البهاء در ایام حیات خود ظهور یافته بود که خلقی را از مذاهب و اجناس و الوان مختلفه باهم متحد فرموده بود این جمع کثیر در نهایت آرامی از

پیچ و خمهای کوه کرمل (تاکستان الهی) بالا میرفتند و چون عرش مبارکرا خیلی بالای سر میبردند از دور بنظر میآمد که حامل عرش ایادی غیر مرئیه هستند بعد از دو ساعت بباغچه مقام اعلی رسیدند در عین تاثر عرش را بر روی یک میز ساده که بر آن پارچه کتان سفیدی انداخته شده بود گذاشتند چون این هیئت عظیم دور عرش مقدس که حاضر برای گذاشتن در زیر زمینی که جنب مقام مبارک حضرت اعلی بود گرد آمدند نماینده های فرق مختلفه مسلمین و نصاری و یهود با قلبی پر از آتش محبت عبد البهاء بعضی ارتجالی و برخی با تهیه سابق نطقهای مؤثری در تَأبْینِ ایراد نمودند و آخرین اظهار بندگی و وداع را در ساحت یگانه محبوب خود اظهار داشتند چنان در ستایش و تقدیس آن مربی واقعی و آشتی دهنده نوع بشر در این عصر پر آلام و محن متحداً قیام نمودند که برای احبا مجال تکلم نماند خلاصه بعضی از آن نطقها که در آن حفله تذکاری ادا شده مذکور میگردد نماینده اسلام احساسات همکیشان خود را چنین بیان نمود.

ای معشر عرب و عجم برای که گریه و زاری میکنید آیا برای کسیست که در حیات دیروزی خود بزرگ بود و در موت امروزی بزرگتر است اشک برای کسیکه بعالم بقا شتافته مریزید بلکه برای از کف رفتن تقوی و عقل و احسان ندبه کنید برای خود زاری کنید چه که فاقد شمائید مفقود شما رهگذری بود که از عرصه این جهان فانی بعالم باقی قدم گذاشت ساعتی برای خاطر کسی زاری کنید که قریب بهشتاد سال بحال شما گریه کرد نظر براست کنید نظر بچپ نمائید نظر بشرق و غرب نمائید به بینید چه عظمت و جلالی غیبت نموده چه پایهٔ بزرگ صلحی منهدم شده چه لبهای فصیحی خاموش گشته وا اسفا قلبی نیست که از غم این مصیبت دردناک نیست و دیدهٔ نیست که پُر سرشک نیست وای بحال فقرا احسان از آنها مقطوع شد وای بحال یتیمان که پدر بزرگوارشان از دست رفت اگر حیاتِ سِرْ عبد البهاء بقربانی بسیاری از روحهای قیمتی مصون میماند در این راه بسی از نفوس جان خود را فدا مینمودند ولی یَدِ تقدیر بغیر از این امضا نموده هر آتیه قبلاً مقدر گشته و فرمان الهی خلل پذیر نیست از اعمال این قائد این انسانیت چه بیان کنم زیرا که خارج از حد وصف و بیانست بهمین اکتفا میکنم که بر هر قلبی اثری دائمی گذاشت و بر هر زبانی ذکر خیری عظیم و کسیکه چنین تذکاری بس عزیز و دائمی باقی بگذارد هرگز نمرده است ای اهل ابهی بخود تسلیت دهید حلیم و صبور باشید کسی در

شرق و غرب نیست که بشما تسلیت دهد زیرا که خود را بیشتر محتاج به تسلیت میداند.

سپس نماینده ملت مسیح بیانات ذیل را نمود:

"بَکَیتُ علی الدُّنیا وَ قَد ماتَ سَیِّدی وَ مِثْلِیَ مَنْ یَبْکی اِذا ماتَ سَیِّدُهُ" چه قدر این مصیبت جانگداز تلخ و ناگوار است. این خسارت فقط راجع بمملکت ما نیست بلکه یک فاجعه عمومیست حضرت عبد البهاء عباس قریب بهشتاد سال زندگی فرمود و آتیه حیاتش همچون حیات مرسلین بود حضرتش ناس را تهذیب فرمود تعلیم نمود احسان کرد و ارشاد فرمود تا آنکه قومش را باعلی ذِروهٔ جلال فائز نمود لذا از درگاه حضرت رب الارباب حضرتش را ثواب وجزاء عظیم از پی خواهد بود ایّها النّاس بدانید عباس مفقود نشد و نور بها خاموش نگشت شعاع این نور الی الابد پاینده و درخشنده است سراج بها حضرت عبد البهاء عمری نمود که از آن معانی حیات ابدی منبعث گشت و از آن تجلیات حیات روحیه هویدا شد تا اینکه از این دنیا رخت بر بست و بجنت پروردگار انتقال فرمود در حالتیکه مُلَبَّس بِردای اعمال طیبه و صفات عزیزه بود بلی حضار محترم صحیح است که جسد مطهر این شخص عظیم را بمقام اخیرش مشایعت میکنید ولی بیقین مبین بدانید که روح عباس همیشه در بین شما باعمال و اقوال و صفات و تمام جواهر حیات باقی و برقرار است بجسدِ مادی عباس وداع میکنیم و جسماً از نظر ما غیبت میفرماید ولیکن حقیقتِ عباسِ روحانی از افکار و عقول ما مفارقت نمینماید و ذکر حضرتش از افواه منقطع نخواهد شد ای راقد عظیم مقدس تو ما را احسان کردی ارشاد نمودی و تعلیم فرمودی در بین ما بعظمتْ بتمامِ معنیِ عظمتْ زندگی فرمودی ما را مفتخر باعمال و اقوال خود نمودی مقام و منزلت شرق را باعلی ذِروهٔ جلال رساندی بکُلْ رأفت نمودی و ناس را تهذیب کردی تا آنکه تاجِ وَهّاجِ ظفر و فیروزی را حامل گشتی در عین سعادت در ظل رحمت پروردگار بیاسای وَ هُوَ یُجْزیکَ خَیْرَ الجَزآءِ.»

یکنفر از مسلمین مفتیِ حیفا چنین تکلم نمود: «مایل نیستم که در تَأبینِ این شخص جلیل مبالغه کنم زیرا که ایادی احسانش در راه خدمت بانسانیت و تاریخ حیات غرایش که مملو از نیکی و مبرات است منکری ندارد مگر کسی که خداوند چشم قلبش را کور و نابینا کرده باشد ای راحل مکرم به بزرگواری زندگی فرمودی و در عین عظمت صعود کردی این منظر عظیم و این موکب مهیب دلیل واضحی

بر بزرگواری تو است چه در حیات چه در ممات ایکه از بین ما پنهان شدی ای راهنمای بشر پس از فقدان قائد قائد با سخاوت رؤف فقرا بکه متوجه شوند حامی بیوه زنانْ گرسنگان و یتیمان که خواهد بود امید است که حضرت باری باهل بیت و خویشاوندان در این مصیبت عظمی صبر عطا فرماید و حضرتت را مستغرق بحر رضوان رحمتش فرماید اِنَّهُ سَمیْعٌ مُجیْبٌ.»

نماینده یهود خضوع خود را در قالب کلمات ذیل اظهار نمود:

«در قرن انتشار فلسفهٔ حسیّ و غلبه مادیات خیلی عجیب و نادر است که فیلسوفی باحاطه عبدالبهاء عباس یافت شود آنوجودی که بقلب و عواطف تکلم میکند و روح را بتعالیم و مبادی حَسَنه اش سیراب مینماید چه که مبادئیست که اساس تمام عقاید و اخلاق صافیه است با الواح و بیانات و حرکات مخصوصه و با آن مضامین دلکش با هر یک از نابغه های عصر که طرف میشد آنها را همیشه قانع میفرمود نفوسِ حیّه صاحبِ قوهٔ دیگری هستند حیات شخصی و اجتماعی او بزرگترین سر مشق فداکاری و عفو برای خیردیگران بود فلسفه عباس بسیط و آسانست و بواسطه همان سادگیٔ عظیم است چه که موافقِ با طبایع بشریست که امروزه بواسطه اغلاط و تعصبات و موهومات موجوده لطافتش را گم کرده عباس در حیفا فلسطین ارض مقدس منبت انبیاء رحلت فرمود سرزمینی که قرنها متروک و بی ثمر مانده بود روح جدید یافته مقام و شهرت اولیّه خود را از سر میگیرد در مصیبت رحلت این پیمبر گریه و زاری میکنیم ما فقط نفوسی نیستیم که حضرتش را تجلیل مینمائیم در امریک و اروپ و در تمام ممالکیکه مسکنِ مردمانِ وِجدان پرست است و مردمانیکه در این دنیای دون تشنهٔ عدالت اجتماعی و اخوت هستند نیز در این مصیبت عزا دارند عبدالبهاء رحلت فرمود بعد از آنکه از استبداد و تعصبات دینی و هتکِ احترامِ حُریتِ افکار در اینعالم صدمات و ابتلاآت زیاد دید حضرتش سَنوات عدیده در عکا که باستیل عثمانی بود مسجون بود بغداد پای تخت عباسیان نیز حبس او و پدرش را مشاهده کرد و ایران مهد قدیم فلسفه پر حلاوت الۛهی ابناء خود را که این عقاید را در آن سرزمین ایجاد نموده بودند بیرون کرد آیا در این وقایع اراده الۛهی مشاهده نمیشود که همیشه اراضی موعود را اختصاصی داده که چون گذشته در آینده هم منبع افکار سامیه باشد کسیکه گذشتهٔ باین درخشندگی دارد هرگز نمرده است کسیکه چنین مبادی عالیه را تعلیم فرموده و منتشر نموده است و مقام قوم خود را در نظر قارئین آن مبادی مرتفع نمود مکلّل

بخلود و بقای ابدیست پس از آنکه نُه نفر خطیب نطقهای خود را تمام نمودند وقت آن رسید که تابوت مبارکی که دُرّ محبت و عبودیت را حامل بود در عین فیروزی بآرامی بخوابگاه مقدس ابدی ساده خود مقر گیرد .

زهی حسرت ابدی که اقدام مبارک، دیگر بر این زمین مشی نمی‌فرماید و شخصیتی که چنین خضوع و فدویتی در نفوس، تولید می‌نمود در انظار، غایب می‌شود. مدفنش قربانگاه است؛ سوگواری‌اش تذکار است و دلسوزی از برای او مدح و تجلیل است.»

از جرائد متعددیکه در شرق و غرب ستونهای خود را وقف بیان این حادثه عظمی نموده اند جرائد ذیل از جمله معاریف آن محسوبست … تان جریده معروف فرانسوی در شماره نوزدهم دسمبر ۱۹۲۱ در تحت عنوان (یکنفر مصلح) در نهایت وضوح حیات عبد البها را بیان میکند و عبارات ذیل از آن استخراج شده است "پیمبری در فلسطین رحلت نموده اسم او عبد البهاست و فرزند بهاء اللّه مؤسس شریعت بهائیه یعنی اتحاد ادیانست این همان دیانت بابی است که کنت دو گوبینو در آن تحقیقاتی نموده و توضیحاتی داده است" باب مسیح دیانت بابی در نهایت فروتنی تجدد ایرانرا اقتراح کرد و در این سبیل در سنه ۱۸۵۰ جانشرا فدا نمود بهاء اللّه و فرزندش عبدالبهاء که خود را بنده بها میداند غیر از تجدد تمام عالم منظوری نداشتند پاریس عبد البهاء را دیده و میشناسد این پیر مرد جلیل و رؤف ده سال قبل در میان ما بیانات مقدس منتشر فرمود لباس سبز زیتونی در بر و عمامه سفیدی بر سر داشت صحبتش شیرین و مانند دعا و مناجات امید بخش بود اگر چه بفارسی صحبت میداشت ولی مردم با شوق زیاد به بیاناتش گوش میدادند خلاصهٔ القول دیانت بهائی دین احسان و سادگی است و در آنِ واحد شامل بر دیانت یهود مسیحی و پرتستانی و طبیعی است حضرت عبد البهاء از زردشت و موسی و مسیح و محمد حکایت مینمود خواننده شاید قضاوت نماید که این وحدت در اینموقع دشوار و خارج از حیطه انتظام است این است که تا شخص من حیث العقیده ملهم نشود مسائل روحانی را ادراک نمینماید بیانات عبدالبهاء را شنیدیم و بما محقق شد که شخص جلیل القدریست از چشمهای مبارکش از زیر مولوی سفید ذکاء و نیکی فطرت هویدا و منعکس بود حضرتش مظهر اُبُوَّت و رأفت و سادگی بود چنان مینمود که نشو قوای او از جانب کسی است که میداند چگونه بخلق حَنون باشد و بچه سان محبت خلق را بخود جلب کند چون در مقام شهادت در باره عظمت و سادگی و لطافت این مذهب از ما سئوال رفته بود عقیده راسخهٔ

خود را در قالب این گفتار بیان نمودیم مذاهب وقتی ظریف هستند که از حشو و زوائد خالی شوند ...

تمام ظرافت و لطافت مذهب بهائی در این است که اختلافات را زائل میکند و مسائل انسانی و رحمانیرا با یک نیک بینی و تقوای موزونی حل مینماید.

جریده مارنینگ پست دو روز بعد از صعود عبدالبهاء بعد از توضیحات بسیار شایان تقدیری در خاتمه راپورتی از این نهضت در قالب الفاظ ذیل میدهد "بهاءالله در سنه ۱۸۹۲ رحلت فرمود و رداء بصیرت دینی خود را بدوش فرزندش عبدالبهاء داد چون پس از چهل سال زندگانی در حبس تغییرات مشروطه عثمانی طریق مسافرت او را بانگلستان و فرانسه و امریکا باز نمود خطابات و بیانات اکیدش در موضوع اصل ایجاد ال‌هی و وحدت نوع بشر باندازهٔ بیانات بانی این شریعت یعنی بهاءالله با نفوذ بود عبد البهاء دارای ادب فوق العاده بود در سر سفرهٔ او بودائی و مسلم و هندو و زردشتی و یهودی و مسیحی در نهایت محبت جالس بودند چنانچه میفرمود خلق بواسطه محبت خلق شده اند باید در صلح و محبت با یکدیگر زندگی نمایند"

جریده نیویورک وارلد در شماره اول دسامبر ۱۹۲۱ عبارات ذیل را نشر داده است قبل از عبدالبهاء مقتدای هیچ نهضت دینی شرقی بولایات متحده دیدن نکرد در این تازگی یعنی ماه جون امسال مخبر جریده نیویورک وارلد که این شخص بصیر را ملاقات کرد او را چنین تمثیل مینماید وقتیکه انسان یکمرتبه بهیکل عبدالبهاء نظر میاندازد شخصیت او طوری بر صفحهٔ قلب مرتسم میشود که هرگز محو نمیگردد آن هیکل مقدس با عظمت ملوکی ملبّس بعباست و سرش مکلّل بیک مولوی است که مثل گیسوان و محاسنش سفید است و چشمهای عمیق پر حدتی دارد که یک نظر آن قلب را مرتعش میکند تبسّمی مینماید که شیرینی و حلاوت بر هر چیز میافشاند حتی در غروب زندگانی خود عبدالبهاء نهایت شوق و جدیت در اوضاع عالم داشت وقتیکه جنرال آلینبی از مصر سواحل فلسطین را تسخیر نمود برای مشورت اوّل بخدمت عبدالبهاء رفت وقتیکه صهیونیون بارض موعود وارد شدند برای درک نصایح بخدمت عبدالبهاء رفتند عبدالبهاء برای فلسطین امیدهای مشعشع داشت عبدالبهاء معتقد بود که مسئله بلشویکها درس بزرگی برای عالم بیدینی خواهد بود عبدالبهاء مساوات مرد و زن را تعلیم نمود و فرمود که عالم

انسانی دارای دو جناح است رجال و نساء اگر یک بال ضعیف باشد مرغ از پرواز باز میماند.

روزنامه تایمس هند در شماره دوم جنوری ۱۹۲۲ در عداد مقالات اساسی روزنامه چنین مینگارد در اوقات بهتری از حال حاضر (یعنی وجود قرار و سکون مملکتی) صعود عبدالبهاء که در مؤتمر سالیانه بهائیان بمبئی بآن اشاره رفت سبب تهییج و تالم خاطر بسیاری از خلق میشد که بدون اینکه در جامعه اخوت بهائی بشمار آیند حامی مبادی و عقاید آن گشته شیفته و مجذوب حیات و عملیات مؤسّسین آن شریعت هستند چنانچه واقع شد بدون هیچ سابقه خبر رحلت این رهنمای عظیم دینی را شنیدیم این تصادف در هر حال نباید ما را مانع شود که توجه خود را از مسائل سیاسی و انقلابات اوضاع موجوده قطع کرده قدری در اعمال و مقاصد این شخص جلیل بحث نمائیم "پس از شرح مختصری از تاریخ امر مقاله را بدین نحو ختم مینماید" در اینموقع خارج از وظیفه ماست قضاوت کنیم که پاکی و روحانیت و عقاید عالیه دیانت بهائی پس از رحلت مقتدای عظیم بدون تغییر دوام خواهد نمود و همچنین نمیتوانیم پیش گوئی کنیم که روزی دیانت بهائی در عالم قوه عظیمی مانند مسیحیت و اسلام یا عظیمتر خواهد شد ولی باید تذکاراً خضوع خود را بالنسبه بشخصی که معلمی بزرگ و مبشری عظیم بوده تقدیم نمائیم زیرا که نفوذ عظیم را در نشر فضائل مصروف فرمود و اگر چه اکثری از مبادی خود را در جنگ بین المللی ظاهراً محو و مضمحل ملاحظه نمود ولی بعقیده راسخهٔ خود یعنی امکان ظهور دوره صلح و سلام ثابت و مستقیم بود و بمراتب مؤثر تر و عملی تر از تولستوی بغرب نشان داد که دیانت قوه حیاتیه ایست که نمیتوان از آن صرف نظر نمود.

از جمله تلگرافات عدیده تسلیت که واصل شده است این چند فقره ذکر میشود وزیر مستعمرات حکومت اعلیحضرت پادشاه انگلستان مستر وینستان چرچیل از حضرت اجل مندوب سامی فلسطین تلگرافاً تقاضا میکند که از طرف حکومت اعلیحضرت پادشاه انگلستان به هیئت بهائی همدردی و تسلیت آنها را در موقع رحلت سِر عبد البهاء عباس ک . ب. آی تبلیغ نمائید.

از طرف هیئت اجرائیه کانونشن بهائیان امریک این پیام تسلیت رسیده است "اراده اراده اوست قلوب از این رزیه عظمی گریانست بهائیان امریک بتوسط هیئت مرکزی

خود محبت صمیمی و تسلیت بی پایان و دلبستگی خود را تقدیم مینمایند و در حالتیکه باستقامت تام قائمند قرب وجود دائمی او را احساس مینمایند"

لُورْد آلبیننی مندوب سامی مصر بتوسط حضرت اجل مندوب سامی فلسطین تلگراف ذیل را بتاریخ ۲۱ نوامبر مخابره نموده است مرحمت فرموده به بازماندگانِ سِر عبدالبهاء عباس افندی و هیئت بهائی تسلیت صمیمانه مرا در موقع مفارقت رئیس محبوبشان ابلاغ فرمائید.

احبای آلمان وفاداری خود را باین عبارت بحضرت ورقهٔ علیا اظهار میدارند:

عموم احبا از فقدان حیات نفیس مولای خود که خسران غیر قابل جبرانست متاثرند با نهایت تضرع صیانت الهیّه را بجهت امر مقدس خواستاریم اطاعت و وفای کل را بمرکز میثاق ابلاغ میداریم.

ابلاغ رسمی از طرف هیئت وزرای بغداد بتاریخ ۱۸ دسامبر ۱۹۲۱ بدین مضمون رسیده است:

حضرت اشرف سید عبدالرحمن رئیس الوزراء همدردی خود را بفامیل حضرت عبدالبهاء در این مصیبت تقدیم میدارد.

فرمانده کل قوای اعزامی مصر بتوسط حضرت اجل مندوب سامی فلسطین کلمات تسلیت ذیل را مخابره نموده است

جنرال کنگیریو:

"متمنی است که احساسات عمیقه همدردی مرا بفامیل سِر عبدالبهاء عباس بهائی ابلاغ فرمائید."

جمعیت وحدت وجودیهای لندن (تیاسفیها) بتوسط یکی از اعضاء خود در حیفا چنین مخابره نموده است:

جمعیت تیاسفیهای لندن بفامیل مقدس عواطف قلبیهٔ خود را اهداء مینماید.

یکی از رجال اول شهر کوچک و مقدس ناصره تلگراف ذیل را فرستاده است:

با تاثر و تاسف بی پایان در مصیبت افول نیر شرق خود را سهیم دانسته تسلیت میگوئیم اِنّا لِلّهِ وَ اِنّا اِلَیْهِ راجِعُونَ.

هزاران بهائیان طهران بفکر برادران و خواهران غربی خود در لندن افتاده آنها را بثبوت و استقامت خود در امر مبارک بکلمات ذیل مطمئن میسازند.

نور میثاق از انظار غائب و از افق قلوب طالع. روز روز تبلیغ و اتحاد و فداکاری و خدمت است. بالاخره یکی از مشاهیر دارالفنون آکسفورد که پروفسوری معروف و استادی ذو فنون است و در اطلاعات امری از سایر همگنان سبقت دارد در پیام تسلیت که از طرف خود و خانم خود ابلاغ میدارد چنین میگوید: خرق این حجاب و سطوع در حیات جاودان برای شخصیکه همیشه در این عالم ادنی نقطهٔ نظری عالی داشته و دارای حیاتی مقدس بوده بالاخص باید پر شکوه و مجلل باشد.

روز هفتم صعود حضرت مولی الوری تقریباً به هزار نفر از فقرای حیفا که همیشه مورد الطاف و مهربانی بودند بدون ملاحظه مذهب و یا نژاد جنس و غَلّات توزیع شد حزن و اندوهشان از صعود ابو الفقراء مؤثر و محسوس بود در هفت روز اول صعود از پنجاه تا صد نفر هر روز در بیت مبارک در همان محلی که غالباً وجود مبارک بآنها دستگیری مینمودند اطعام میشد روز چهلم ضیافتی از جههٔ تذکار بیک عده متجاوز از سیصد نفر از اهالی حیفا عکا و حوالی و نقاط فلسطین و سوریه داده شد میهمانها اهل مذاهب مختلفه و نژاد و الوان متعدده بودند بیش از یکصد نفر از فقرا نیز در اینروز اطعام شدند حاکم فنیقیه و بسیاری از رؤسا و بعضی از اروپائیان نیز حضور داشتند.

ترتیب این ضیافت از طرف اهل بیت مبارک داده شده بود میزهای بلند با شاخه های آویزان گل نیلوفر مزین شده بود این گلهای قرمز که با گلهای سفید نرگس سر بهم داده بودند و قابهای بزرگ نارنگی که از باغچه بیت مبارک تهیه شده بود در آن اطاقهای وسیع که با قالیهای قدیم خوشرنگ ایران مزین بود یک حالت پر روح و ریحانی ایجاد نموده بود تزیینات بیمورد دیگر که لطمه بعظمت سادگی میزد وجود نداشت از میهمانها عموماً یک قسم پذیرائی میشد محلهای مخصوص معین نگردیده بود و بر حسب معمول در بیت مبارک ملاحظه مقامات اشخاص منظور نمیگشت بعد از صرف ناهار میهمانها بسالون مرکزی بیت مبارک که فقط با عکس مبارک آنوجودی که برای تجلیلش مجتمع شده بودند و بعضی قالیهای ایرانی مزیّن

شده بود گرد آمدند در جلو این عکس محل مرتفعی معین شده بود که از روی آن ناطقین نطقهای خود را بآن جمع خاموش متوجه ایراد میکردند حاکم فنیقیّه در ضمن نطق خود بیانات ذیل را نمود گمان میکنم که اکثری از ما شمایل مبارک سرِ عبد البهاء عباس را در آن هیکل مجلل با فکری عمیق با آن تواضع های دلچسب با آن مهربانیها و محبتهائیکه در باره اطفال میکردند با آن حظّی که از گل و ریاحین میبردند و با آن سخاوت و توجّهی که در باره فقرا و مساکین داشتند در حالتیکه در کوچه های حیفا مشی میفرمودند بنظر داشته باشند حضرتش بقدری موقر و ساده بود که در حضورش شخص اغلب فراموش میکرد که در محضر مولای بزرگیست و اینکه الواح و بیاناتش بصدها و هزارها نفوس در شرق و غرب تسلیت داده و روح تازه بخشیده.

دیگران هم صحبت نمودند و بیاناتشان منحصر در نعت و ستایش حیات پر اثر عبدالبهاء بود و ذیلاً خلاصه بعضی از آن نطقها مندرج میشود:

ندائی از طهران بلند شد انعکاسش از عراق برخاست آوازش از ممالک عثمانی مرتفع گشت سپس ارض مقدس را فرا گرفت و بگوش هوش رسید در آن سررزمین این ندا مرتفع شد نشو و نما نمود و ریشه گرفت بالاخره تموجاتش بمملکت مصر رسید و از آنجا طی بحار نموده به ممالک غرب و دنیای جدید سرایت کرد این ندائی بود که نوع انسان را بمحبت و اتحاد و صلح دعوت کرد و اگر محرک این ندا ارادهٔ پاک نبود باین موفقیت و سرعت تموجاتش سرتاسر عالم منتشر نمیگشت.

در قرن انتشار علوم و سقوط تعصبات بر عباس که مایه مباهات و فخر شرق است تعظیم و تکریم سزاست زیرا شخصیست که باعلی ذروه عظمت و جلال فائز شد. کسی است که اعلام فتح و فیروزی باستقبالش میشتافت. کسی است که ستاره اش از ایران مرتفع شد و تجلیاتش بر عقول اهل عالم ساطع گشت. انوارش از آسمان جلال روز بروز بیشتر ظاهر میشد تا اینکه در بحبوحه تجلی از افق ما افول نمود و تعالیمش مانند تعالیم حضرت بها اقوام و ملل دنیا را خاضع نمود. معتقدیم و با کمال اطمینان اعتقاد داریم آنوجودیکه در رحلتش تعزیه داری میکنیم پس از آنکه هشتاد سال در این دنیای دون زندگی فرمود و با قلم و زبان اهل عالم را موعظه و راهنمائی نمود و از اعمال عظیمه اش برای آنها سرمشق گذاشت حال چنین اختیار فرموده که در عین سکون آنها را دلالت و راهنمائی کند. با توجه و تفکر تام باید

خضوع خود را بالنسبه باو تقدیم کنیم چندی قبل در همین درگاه شما را بگریه در آوردم حال وظیفه من است که از شما درخواست نمایم غم خود را فراموش کنید و از زاری و ریختن سرشک دست کشید فی الحقیقه سِر عباس جسداً از ما فرقت نموده ولی با روح محیطه و اعمال عظیمه اش در بین ما همیشه باقی است اگر چه رحلت فرمود ولی در پرتو مواعظ حکیمانه و صحت تعالیم و اعمال خیریه و سر مشق حیات نفیسش و علوّ مقاصد و قوه اراده و صبر و حلم و استقامت برای ما میراث عظیمی باقی گذاشت.

بالاخره باید بآثار اخیر و بیانات و ادعیه و مواعظ و مناجات و وصایا و نبوات حضرت عبدالبهاء توجه نمود وصیت نامه مفصل در نهایت اتقان مرقوم فرموده که مواعظ و نصایح ذیل را باحبا داراست قوله تعالی:

" ای احبای الهی در این دور مقدس نزاع و جدال ممنوع و هر متعدی محروم باید با جمیع طوائف و قبائل چه آشنا و چه بیگانه نهایت محبت و راستی و درستی کرد و مهربانی از روی قلب نمود بلکه رعایت و محبت را بدرجهٔ رساند که بیگانه خود را آشنا بیند و دشمن خود را دوست شمرد یعنی ابداً تفاوت معامله گمان نکند زیرا اطلاق امریست الهی و تقیید از خواص امکانی لهذا باید فضائل و کمالات از حقیقت هر انسانی ظاهر شود و پرتوش شمول بر عموم یابد مثلاً انوار آفتاب عالم تاب است و باران رحمت پروردگار مبذول بر عالمیان نسیم جانبخش هر ذی روح را پرورش دهد و مائده الهی جمیع کائنات حی را نصیب شود بهمچنین عواطف و الطاف بندگان حق باید بنحو اطلاق شامل جمیع بشر گردد در اینمقام ابداً تقیید و تخصیص جائز نه پس ای یاران مهربان با جمیع ملل و طوائف و ادیان بکمال راستی و درستی و وفا پرستی و مهربانی و خیر خواهی و دوستی معامله نمائید تا جهان هستی سرمست جام فیض بهائی گردد و نادانی و دشمنی و بغض و کین از روی زمین زائل شود ظلمت بیگانگی از جمیع شعوب و قبائل بانوار یگانگی مبدل گردد اگر طوائف و ملل سائره جفا کنند شما وفا نمائید ظلم کنند عدل بنمائید اجتناب کنند اجتذاب کنید دشمنی نمایند دوستی بفرمائید زهر بدهند شهد ببخشید زخم بزنند مرهم بنهید هذا صِفَه المُخلِصینَ وَ سِمَه الصّادِقینَ ای احبای الهی بجان بکوشید تا امرالله را از هجوم نفوس غیر مخلصه محافظه نمائید زیرا چنین نفوس سبب میشوند که جمیع امور مستقیمه مُعْوَجْ میگردد و مساعی خیریه بر عکس نتیجه میدهد. "

در مورد مصائب و امتحانات وارده در این جهان و آرزوی شهادتِ حضرتِ عبدالبهاء بدین وضع راز درون را ابراز میفرمایند الهی الهی تری عَبْدَکَ الْمَظْلُومَ بَیْنَ مَخالب سِباعٍ ضارِیَةٍ وَ ذِئابٍ کاسِرَهٍ وَ وُحُوشٍ خاسِرَهٍ رَبِّ وَفِّقْنیْ فی حُبِّکَ عَلی تَجَرُّعِ هذهِ الْکَأْسِ الطّافِحَه بِصَهْباءَ الْوَفاءِ الْمُمْتَلِئه بِفَیْضِ الْعَطاءِ حَتّی یَحْمَرَّ قَمیصیْ بِدَمی طَریْحاً عَلَی التُّرابِ صَریْعاً لا حَراکَ لِلْأَعْضاء هذا مُنائی و رجائی و أَمَلیْ وَ عِزّیْ وَ عَلائیْ وَلیکُنْ خاتِمَهُ حَیاتیْ خِتامَ مِسْکٍ یا رَبی و مَلاذی وَ هَلْ مِنْ مَوْهِبَه أَعْظَمُ مِنْ هذا لا وَ حَضْرَهِ عِزِّکَ وَ انّیْ اَشْهَدُ اَنّیْ اَذُوقُ هذهِ الْکَأْسَ فی کُلِّ الْاَیّامِ بِمَا اکْتَسَبَتْ اَیْدی الَّذینَ نَقَضُوا الْمیثاقَ وَ اعْلَنُوا الشِّقاقَ وَ اظْهَرُوا النِّفاقَ وَ اَظْهَرُوا فی الْأَرْضِ الْفَسادَ وَ ما راعَوْا حُرْمَتَکَ بَیْنَ الْعِبادِ رَبِّ احْفَظْ حِصْنَ دینِکَ الْمُبینَ مِنْ هؤُلآءِ النّاکِثینَ وَ احْرُسْ حِماکَ الْحَصینَ مِنْ عُصْبَهِ الْمارِقینَ انّکَ اَنْتَ الْقَویُّ الْمُقْتَدِرُ الْعَزیزُ الْمُبینْ تری یا الهی یَبْکیْ عَلَیَّ کُلُّ الْاَشْیاءِ وَ یَفْرَحُ بِبَلائی ذوُ الْقُرْبی فَو عِزَّتکَ یا الهی بَعْضُ الْاَعْداءِ رَثَوْا عَلی ضُرّیْ وَ بَلائی وَ بَکَوْا بَعْضُ الْحُسّادِ عَلی کُرْبَتیْ وَ غُرْبَتیْ وَ ابْتِلائی لَاِنَّهُمْ لَمْ یَرَوْا مِنّیْ اِلّا کُلَّ مَوَدَّةٍ وَ اعْتِنآءٍ وَ لَمْ یُشاهِدُوا مِنْ عَبْدِکَ اِلّا الرَّأْفَةَ وَ الْوَلآءَ فَلَمّا رَأوْنیْ خائِضاً فی عُبابِ الْمَصائبِ وَ الْبَلآءِ وَ هَدَفاً لِسِهامِ الْقَضاءِ رَقُّوا لیْ وَ تَدَمَّعَتْ اَعْیُنُهُمْ بِالْبُکآءِ وَ قالُوا نَشْهَدُ بِاللّه بِاَنَّنا ما رَأَیْنا مِنْهُ اِلّا وَفآءً وَ عَطآءً وَ الرَّأْفَه الْکُبْری وَ لکِنَّ النّاقِضینَ النّاعِقینَ زادُوا فی الْبَغْضآءِ وَ اسْتَبْشَرُوا بِوُقُوعیْ فی الْمِحْنَه الْعُظْمی وَ شَمَّرُوا عَنِ السّاقِ وَ اهْتَزُّوا طَرَباً مِنْ حُصُولِ حَوادثٍ مُحْزِنَه لِلْقُلُوبِ وَ الْاَرْواحِ رَبِّ قَدْ طَفَحَ عَلَیَّ کَأْسُ الْبَلآءِ وَ اشْتَدَّتِ اللَّطَماتُ مِنْ جَمیعِ الْجَهاتِ وَ تَتابَعَتْ سِهامُ الرَّزِیَّةِ وَ تَوالَتْ اَسِنَّهُ الْمُصیبَه فَعَجَزْتُ مِنَ الشَّدائدِ وَ وَهَنَتْ مِنّیْ الْقُوی مِنْ هُجُومِ الشّارِدِ وَ الْوارِدِ مِنَ الْأَعْداءِ وَ اَنا فَریْدٌ وَ وَحیْدٌ فیهذهِ الْمَوارِدِ رَبِّ ارْحَمْنیْ وَ ارْفَعْنیْ اِلَیْکَ وَ اسْقِنیْ کَأْسَ الْفِدآءِ فَقَدْ ضاقَتْ عَلَیَّ الْأَرْضِ بِرَحْبِها انَّکَ اَنْتَ الرَّحْمنُ الرَّحیْمُ وَ انَّکَ اَنْتَ الْفَضّالُ الْکَریْمُ

حضرتش برای صیانت احبابش چنین مناجات میفرماید

رَبِّ وَفِّقْ اَحِبّائکَ عَلَی الثُّبوتِ عَلی دینِکَ وَ السُّلُوکِ فی سَبیْلِکَ وَ الْأسْتِقامَه عَلی اَمْرِکَ وَ اَیِّدْهُمْ عَلی مُقاوَمَه النَّفْسِ وَ الْهَوی وَ اتِّباعِ نُورِ الْهُدی انَّکَ اَنْتَ الْمُقْتَدِرُ الْعَزیْزُ الْقَیّوُمُ وَ انَّکَ اَنْتَ الْکَریْمُ الرَّحیْمُ الْعَزیْزُ الْوَهّابُ.

در باره دشمنانش حضرتش این چنین دعا میفرماید:

۱٦٥

رَبِّ اِنّی اَدْعُوکَ بِلِسانی وَ جَنانی اَنْ لا تُؤاخِذَهُمْ بِظُلْمِهِمْ وَ اعْتِسافِهِمْ وَ نِفاقِهِمْ وَ شِقاقِهِمْ لِاَنَّهُمْ جُهَلاءُ بُلَهاءُ سُفَهاءُ لا یُفَرِّقُونَ بَیْنَ الْخَیْرِ وَ الشَّرِّ وَ لا یُمَیِّزُونَ الْعَدْلَ وَ الْاِنْصافَ عَنِ الْفَحْشاءِ وَ الْمُنْکَرِ وَ الْاِعْتِساف یَتَّبِعُونَ شَهَواتِ اَنْفُسِهِمْ وَ یَقْتَدُونَ بِاَنْقَصِهِمْ وَ اَجْهَلِهِمْ رَبِّ ارْحَمْهُمْ وَ احْفَظْهُمْ مِنَ الْبَلاءِ بِهذا الْاَثْناءِ وَ اجْعَلْ جَمیعَ الْمِحَنِ وَ الْآلامِ لِعَبْدِکَ الْواقِعِ فی هذِهِ الْبِئرِ الظَّلْماءِ وَ خَصِّصْنیْ بِکُلِّ بَلاءٍ وَ اجْعَلْنیْ فِداءً لِجَمیعِ الْاَحِبّاءِ فَدَیْتَهُمْ بِرُوحیْ وَ ذاتیْ وَ کَیْنُونَتیْ وَ هُوِیَّتیْ وَ حَقیقَتیْ یا رَبِّیَ الْاَعْلی اِلهی اِلهی اِنّی اُکِبُّ بِوَجْهیْ عَلی تُرابِ الذُّلِّ وَ الْاِنْکِسارِ وَ اَدْعُوکَ بِکُلِّ تَضَرُّعٍ وَ ابْتِهالٍ اَنْ تَغْفِرَ لِکُلِّ مَنْ اذانیْ وَ تَعْفُو عَنْ کُلِّ مَنْ اَرادَنیْ بِسُوءٍ وَ اَهانَنیْ وَ تُبَدِّلَ سَیِّئاتِ کُلِّ مَنْ ظَلَمَنیْ بِالْحَسَناتِ وَ تَرْزُقَهُمْ مِنَ الْخَیْراتِ وَ تُقَدِّرَ لَهُمْ کُلَّ الْمَبَرّاتِ وَ تُنْقِذَهُمْ مِنَ الْحَسَراتِ وَ تُقَدِّرَ لَهُمْ کُلَّ راحَةٍ وَ رَخاءٍ وَ تَخْتَصَّهُمْ بِالْعَطاءِ وَ السَّرّاءِ اِنَّکَ اَنْتَ الْمُقْتَدِرُ الْعَزیزُ الْمُهَیْمِنُ الْقَیّومُ.

و این است بیانات مبارک در باب اهمیت تبلیغ امر الهی:

ای ثابتان بر پیمان، این طیر بال و پر شکسته و مظلوم چون آهنگ ملاء اعلی نماید و بجهان پنهان شتابد و جسدش تحت اطباق قرار یابد یا مفقود گردد باید افنان ثابتهٔ راسخه بر میثاق‌الله که از سدرهٔ تقدیس روئیده اند با حضرات ایادی امرالله علیهم بهاء الله و جمیع یاران و دوستان بالاتفاق بنشر نفحات الله و تبلیغ امرالله و ترویج دین الله بِدِل و جان قیام نمایند دقیقه‌ای آرام نگیرند و آنی استراحت نکنند در ممالک و دیار منتشر شوند و آوارهٔ هر بلاد و سرگشتهٔ هر اقلیم گردند دقیقه‌ای نیاسایند و آنی آسوده نگردند و نَفَسی راحت نجویند در هر کشوری نعره یا بهاء الابهی زنند و در هر شهری شُهرهٔ آفاق شوند و در هر انجمنی چون شمع بر افروزند تا در قطب آفاق انوار حق اشراق نماید و در شرق و غرب جم غفیری در ظل کلمهٔ الله آید و نفحات قدس بوزد و وجوه نورانی گردد و قلوب ربانی شود و نفوس رحمانی گردد در این ایام اهمّ امور هدایت ملل و امم است باید امر تبلیغ را مهمّ شمرد تا آنکه صیت امرالله آفاق را احاطه نماید یاران الٰهی نیز چنین باید بفرمایند اینست شرط وفا و اینست مقتضای عبودیت آستان بها حواریون حضرت روح بکلی خود را و جمیع شئون را فراموش نمودند و ترک سر و سامان کردند و مقدس و منزه از هوی و هوس گشتند و از هر تعلقی بیزار شدند و در ممالک و دیار منتشر شدند و بهدایت من علی الارض پرداختند تا جهان را جهان دیگر کردند و عالم خاک را تابناک نمودند و بپایان زندگانی در ره آن دلبر رحمانی جانفشانی کردند و هر یک

در دیاری شهید شدند فَبِمثلِ هذا فَلْیَعْمَلِ الْعامِلُونَ اگر نفسی یا محفلی از محافل مانع نشر انوار ایقان گردد احبا آنانرا نصیحت کنند که اعظم موهبت الهیّه تبلیغ است و سبب تایید و اول تکلیف ماست چگونه از این موهبت باز مانیم تا جان و مال و راحت وآسایش خویش را فدای جمال ابهی نمائیم تبلیغ امر اللّه کنیم ولی بحکمت مذکوره در کتاب نه پرده دری و اینست اساس عقاید اهل بهاء:

اساس عقاید اهل بهاء روحی لهم الفدا حضرت ربّ اعلی مظهر وحدانیت و فردانیت الهیّه و مبشر جمال قدم حضرت جمال ابهی روحی لأحبائه الثابتین فدا مظهر کلیّه الهیّه و مطلع حقیقت مقدسه ربانیه وَ ما دُونَ کُلٌّ عِبادٌ لَهُ وَ کُلٌّ بِأمرِهِ یَعْمَلُونَ مرجع کل کتاب اقدس و هر مسئله غیر منصوصه راجع به بیت عدل عمومی بیت عدل آنچه بالاتفاق و یا باکثریت آراء تحقق یابد همان حق و مراد اللّه است مَنْ تَجاوَزَ عَنْهُ فَهُوَ مِمّنْ اَحَبَّ الشِّقاقَ وَ اَظْهَرَ النِّفاقَ وَ اَعْرَضَ عَنْ رَبِّ المِیثاقِ در اطاعت اهل بهاء بمقام سلطنت و قوانین مملکت در قالب این بیانات اشاره میفرماید "ای احبای الهی باید سریر سلطنت هر تاجدار عادلیرا خاضع گردید و سُدّه ملوکانی هر شهریار کاملرا خاضع شوید بپادشاهان در نهایت صداقت و امانت خدمت نمائید و مطیع و خیر خواه باشید و در امور سیاسی بدون اذن و اجازه از ایشان مداخله ننمائید زیرا خیانت با هر پادشاه عادل خیانت با خداست هذِهِ نَصیحَةَ مِنّی وَ فُرِضَ عَلَیْکُمْ مِنْ عِنْدَ اللّه" یک قسمت از لوح عهد مبارکش را باین مناجات ختم میفرماید الهی الهی اُشْهِدُکَ وَ انْبِیائَکَ وَ رُسُلَکَ وَ اَوْلِیائَکَ وَ اَصْفِیائَکَ بِأنّی اَتْمَمْتُ الْحُجَّهَ عَلی اَحِبّائَکَ وَ بَیَّنْتُ لَهُمْ کُلَّشَیْ حَتّی یُحافِظُوا عَلی دِینِکَ وَ الطَّریقَه الْمُسْتَقِیْمَه وَ شَرِیْعَتِکَ النَّوْرآءِ اِنَّکَ اَنْتَ الْمُطّلِعُ الْعَلِیْمُ.

ع ع

حال اگر عطف نظر از الواح عهد و وصایا نموده بآثار و الواح مبارکش توجه نمائیم، باین کلمات و بیانات بر میخوریم. در لوح عمومی اخیر که بافتخار احبای جهان نازل گشته این کلمات انذار را حاویست:

ای یاران الهی امر اللّه را محافظت نمائید بحلاوتِ لسان گول مخورید ملاحظه کنید که مقصد هر نفسی چیست و مُرَوِّج چه فکر است فوراً آگاه شوید و بیدار گردید و احتراز نمائید ولی ابداً تعرض ننمائید و نکته نگیرید و بمذمت نپردازید او را بخدا واگذارید "در ایام اخیر سجن عکا زمانیکه حضرتش از طرف کُمیتهٔ مفتشین مُهَدَّد

بود لوح غرائی نازل فرمود در آن لوح در نهایت وضوح و تاکید انتشار عظیم امر مبارک را در آینده نزدیک پیشگوئی میفرماید: "اکنون در عالم وجود دست قدرت الهی اساس این نعمت کبری و موهبت عظمی را نهاده و هرچه در کمون و بطون این عصر مقدس مستور و مخزون است بتدریج ظاهر و مکشوف خواهد شد زیرا که امروز روز رشد و نمو و بدایت اشراق و ظهور ربیع آثار است قبل از انقضاء قرن حاضر واضح و عیان خواهد شد که این نسیم بهاری و موهبت آسمانی چه قدر جانفزا و رحمانی بود."

در لوح دیگری که بعد از حرب عمومی بافتخار یکی از احبایِ کُرْدِ مقیمِ مصر نازل گشته ترقی و علوّ امرالله را واضحتر و صریحتر نبوت میفرماید اینست عین کلمات مبارک:

"وَ اَمّا ما سَئَلْتَ مِنَ الْآیَهِ الْمَوْجُودَهِ فی سِفْرِ دانیالَ طُوبی لِمَنْ یَرَی اَلْفَ وَ ثَلاثَ مِاهَ وَ خَمْسَهَ وَ ثَلاثینَ هذا سَنَهً شَمْسِیَّهٌ لَیسَتْ بِقَمَرِیَه لَاَنَّ بِذَلِکَ التاریخَ یَنْقَضِی قَرْنٌ مِنْ طُلُوعِ شَمْسِ الْحَقِیْقَهِ وَ تَعالیمُ اللهِ تَتَمَکَّنُ فِی الْاَرْضِ حَقَّ التَمَکَّنِ وَ تَمْلَأُ الْاَنْوارُ مَشارِقَ الْاَرْضِ وَ مَغارِبَها یَوْمَئِذٍ یَفْرَحُ الْمؤمنُونَ."

در یکی از الواح اولیه معانی مکنونه آیات فوق را تصریح میفرماید :

ای بنده الهی هزار و سیصد و سی و پنج سنه مذکوره بدایتش از یوم هجرت حضرت رسول محمد المصطفی علیه الصّلوه و السّلام است که در آن تاریخ آثار علو و امتناع و سمو و اعتلاء از برای کلمه الله در شرق و غرب حاصل گردد وَ عَلَیکَ التَحیهُ وَ الثَّناءُ ع ع

در یکی از الواح اخیر جمع احبای الهی را نصیحت میفرمایند و بدین کلمات روح بخش تشویق میفرمایند "شما نباید نظر بشخص عبد البهاء داشته باشید زیرا عاقبت شما را وداع خواهد نمود بلکه باید نظر بکلمه الله باشد اگر کلمه الله در ارتفاع است مسرور و مشعوف و ممنون باشید ولو عبدالبهاء در زیر شمشیر و یا در تحت اغلال و زنجیر افتد زیرا اهمیت در هیکل مقدس امر الله است نه در قالب جسمانی عبدالبهاء یاران الهی باید بچنان ثبوتی مبعوث گردند که هر آنی اگر صد امثال عبدالبهاء هدف تیر بلا شود ابداً تغییر و تبدیلی در عزم و نیت و اشتعال و انجذاب و اشتغال بخدمت امر الله حاصل نگردد یا اَحِبّاءَ اللهِ هَذَا وَصِیَّتی لَکُمْ وَ نُصْحی

عَلَيْكُمْ فَهَنيئاً لِمَنْ وَفَّقَهُ اللّهُ عَلى ما رُقِمَ فى هَذَا الْوَرَقِ الْمُمَرَّدِ عَنْ سائِرِ النُّقوشِ متحد المآلی که بمناسبت صعود مولای عظیم محفل روحانی طهران باطراف مرقوم داشته شامل یک قسمت از الواح مبارکی است که چهارده سنه قبل از قلم مرکز میثاق صادر گشته و یک قطعه از آن مندرج میگردد :

"ای یاران با وفا اگر حوادث مؤلمه وقتی در بقعهٔ مبارکه واقع گردد البته صد البته مضطرب و پریشان مگردید و مشوش و محزون نشوید زیرا آنچه واقع شود سبب علوّ کلمهٔ اللّه و انتشار نفحات اللّه قدم ثابت نمائید و بنهایت استقامت بخدمت امر اللّه مشغول گردید وَ الرُّوحُ وَ الْبَهاءُ عَلی مَنْ ثَبَتَ عَلَی الْمیثاقِ" از جمله در بیانات مبارکی که راجع بصعود حضرتش از این جهانست بکلمات ذیل ما را تامین میدهند "بدانید خواه من در اینعالم باشم خواه نباشم همیشه در بین شما حاضرم"

مجدداً در لوحی که بافتخار یکی از احبای ممالک متحده امریک نازل گشته جلال آتیه شجرهٔ مقدسه الهیّه که حضرتش غصن اعظم آنست مجسم میفرماید "اگر از اینعالم جسمانی این غصن مقطوع گردد و اوراقش بر زمین ریزد مضطرب نگردید اوراقش میروید زیرا که این غصن بعد از اینکه از این عالم ناسوت مقطوع گشت مرتفع گشته تمام جهان را فرا خواهد گرفت شاخ و برگش باوج جلال خواهد رسید و فواکه ببار میآورد که جمیع عالم را بروائح طیبه اش معطر میسازد"

آخرین لوحیکه از فرط عنایت باحبای عزیز (اشتوتکارت) نازل فرموده اند حاوی نظریات حضرت عبدالبهاء بالنسبه باین جهان فانی است و باحبای عزیزیکه در آن ساکنند نصیحت میفرماید:

"ای یاران الهی در این جهان فانی هیچ چیزی دوامی ندارد و جمیع خلق ایامی چند حرکتی بی نتیجه مینمایند و عاقبت بشهر خاموشان زیر طبقات تراب مقر می یابند نه حرکتی و نه برکتی و نه نتیجه و ثمری ایام زندگانی بتمامه بهدر رفته ولکن ابناء ملکوت در کِشتزارِ حقیقت تخم می افشانند که خرمنها تشکیل نماید و الی الابد فیض و برکت باقی ماند حیات ابدیه یابند و نعمت سرمدیه جویند و از افق ملکوت مانند ستارگان درخشند وَ عَلَیکُم البَهآءُ الْأَبْهی ."»

اینک بجاست که سرگذشت مهیج محزن ایام اخیر حضرتشرا باین بیانات که صریحتر و مؤثرتر و ملهم تر از آن متصور نیست منتهی نمائیم. "ای احبا وقتی

میآید که از بین شما مفارقت میکنم آنچه باید بکنم کرده ام تا اندازهٔ که قوه داشتم بامر حضرت بهاءالله خدمت کردم شب و روز در مدّت حیات آرام نگرفتم بی نهایت آرزومندم ببینم احبای عزیز مسئولیت امر مبارک را بعهده میگیرند هنگام ندا بملکوت ابهی است امروز روز روح و ریحان احباء الله است تمام قوای جسمانی خود را صرف نموده ام و روح حیات من بشارت وحدت اهل بهاست آذانِ خود را بخاور و باختر بجنوب و شمال متوجه داشته ام تا از آهنگ محبت و الفتی که در مجامع احبا بلند میشود لذت برم ایام حیات من معدود است و دیگر سروری از برای من نمانده خیلی آرزو دارم به بینم احبا مانند سلسله لئالی درخشنده و نجوم منیر و اشعه ساطعه شمس و غزالان یک مرغزار متحد گردند عندلیب غیبی از برای آنها متغنی است گوش دهند طیر بهشتی مترنم است از آن غفلت ننمایند ندای ابهی بلند است باستماع بشتابند منادی میثاق دعوت میکند اطاعت نمایند خیلی مترصد و مشتاق حصول بشاراتم که بشنوم احبا مجسمه خلوص و صداقت و محبت و دوستی و روح و ریحانند آیا بدینوسیله احبا قلب مرا مسرور نمیدارند آیا آرزوی قلب مرا متحقق نمیسازند آیا بمیل من رفتار نمینمایند آیا اشواق قلبیه مرا بموقع اجرا نمیگذارند آیا بندای من گوش نمیدهند من منتظرم و با کمال صبر منتظرم. انتهی۱۹۸

این مناجات از کلک مبارک حضرت عبدالبهاء صادر و امروزه احبّای عزیز در مقام مبارک حضرتش تلاوت می‌نمایند:

«این مناجات را هر نفسی بکمال تضرّع و ابتهال بخواند سبب روح و ریحان قلب این عبد گردد و حکم ملاقات دارد

هوالأبهی

الهی الهی اتی ابسط الیک اکفّ التّضرّع و التّبتّل و الابتهال و اعفّر وجهی بتراب عتبه تقدّست عن ادراک اهل الحقائق و النّعوت من اولی الألباب ان تنظر الی عبدک الخاضع الخاشع بباب احدیّتک بلحظات اعین رحمانیّتک و تغمره فی بحار رحمه صمدانیّتک.

---

۱۹۸ - اشراق‌خاوری، عبدالحمید؛ ایام تسعه؛ صص ۵۲۷ - ۴۸۵.

ای ربّ انّه عبدک البائس الفقیر و رقیقک السّائل المتضرّع الأسیر مبتهل الیک متوکّل علیک متضرّع بین یدیک ینادیک و یناجیک و یقول:

ربّ ایّدنی علی خدمه احبّائک و قوّنی علی عبودیّه حضرهٔ احدیّتک و نوّر جبینی بأنوار التّعبّد فی ساحه قدسک و التّبتّل الی ملکوت عظمتک و حقّقنی بالفناء فی فناء باب الوهیّتک و اعنّی علی المواظبه علی الانعدام فی رحبه ربوبیّتک ای ربّ اسقنی کأس الفناء و البسنی ثوب الفناء و اغرقنی فی بحر الفناء و اجعلنی غباراً فی ممرّ الأحبّاء و اجعلنی فداءً للأرض الّتی وطئتها اقدام الأصفیاء فی سبیلک یا ربّ العزّه و العلی انّک انت الکریم المتعال.

هذا ما ینادیک به ذلک العبد فی البکور و الآصال ای ربّ حقّق آماله و نوّر اسراره و اشرح صدره و اوقد مصباحه فی خدمه امرک و عبادک.

انّک انت الکریم الرّحیم الوهّاب و انّک انت العزیز الرّؤف الرّحمن»۱۹۹

ساعت نه صبح روز ۲۹ نوامبر ۱۹۲۱ مراسم سوگواری برگزار گردید. یکی از احبّای سوئیسی‌تبار ساکن آمریکا به نام جان بوش در آن شرکت داشت. این شخص در سفر سرکارآقا به آمریکا نقش مهمی داشت. ایشان بعدها در ملک شخصی خویش در کالیفرنیا مدرسه‌ای بنا کرد. جان بوش ازجمله افرادی بود که در زمان صعود حضرت مولی‌الوری در حیفا بود و متن زیر درباره‌ی کیفیّت جلسه‌ی آن روز، از دست‌نوشته‌های وی است:

«از ساعت هشت صبح، منزل، حیاط و باغ‌های اطراف از جمعیت پر شده بود. میرزا جلال، پسر سلطان‌الشّهدا مرا صدا زد تا در حمل تابوت به وی کمک کنم. این تابوت از چوب سفیدی تهیّه شده بود که با خطوطی از فلز، نقش شده بود. تابوت را از اتاقی در شمال منزل به اتاقی که رمس مبارک در آن بود حمل کردیم. به کمک سه نفر دیگر، هیکل مبارک را در تابوت گذاردیم. رمس مبارک در چهار لایه، پارچه ابریشمی به رنگ سفید پیچیده شده بود. داخل تابوت نیز با یک پارچه‌ی ابریشمی پوشیده شده بود و در محل قرارگیری رأس مبارک، یک بالش کوچک قرار داده شده بود.

<hr>

۱۹۹ - عبدالبهاء؛ منتخباتی از مکاتیب حضرت عبدالبهاء، ج ۱؛ (کتابخانه آثار بهائی).

تمامی پارچه‌ها با بهترین عطر گل رز، معطر شده بود. درنهایت، تمامی پارچه‌های کفن داخل تابوت، قرار داده شد. پنج دقیقه مانده به ساعت نه، تابوت حامل عرش مبارک را بر روی شانه‌هایمان گرفته، حرکت دادیم و در اتاق مرکزی عمارت قرار دادیم. نطق کوتاهی توسط یک کشیش انجام شد و مراسم در ساعت نه آغاز گردید. بعدازآن، یک ساعت و نیم طول کشید تا رمس مبارک به کوه کرمل و مقام اعلی برسد. تا آن زمان هیچ وقت چنین خیل عظیمی از انسان‌ها با نژادها و ملیّت‌ها و عقاید مختلف، چه فقیر و چه غنی، به راه نیفتاده بود.

چهل کالسکه برای انتقال افراد به پای کوه، منتظر بودند و تنها پنج کالسکه حرکت کرد؛ زیرا همه ترجیح دادند به احترام و حرمت حضرت عبدالبهاء، مسیر را پیاده در پشت تابوت طی کنند. پس از وصول به مقام اعلی، چهار سخنرانی در رسای هیکل مبارک به چهار زبان مختلف ایراد شد؛ خطابه‌هایی کاملاً برگرفته از حقایق دیانت بهائی. حوالی ساعت یازده و نیم، تابوت به داخل مقام اعلی حمل شد. تخمین زده می‌شود که حدود سه هزار نفر در این مراسم حضور داشتند.»۲۰۰

تنها چند روز قبل از واقعه‌ی دردناک صعود، حضرت عبدالبهاء با عباس‌قلی نامی صحبت می‌فرمودند. عباس‌قلی یک مرد قوی هیکل بود که مسؤولیّت نگهبانی از مقام اعلی را بر عهده داشت.

«در آن روز هیکل مبارک از وی سؤال فرمودند: "تو مرد نیرومندی هست، نمی‌توانی مرا به‌جایی حمل کنی که بتوانم بیاسایم؟ از این جهان خسته شده‌ام." پس از اتمام مراسم، تابوت به داخل مقام اعلی حمل شد تا درمحلّ ابدی استقرار یابد. امّا راه وصول به محل اصلی باریک و تنها عبور برای یک نفر مقدور بود. پس تابوت را بر شانه‌های قوی عباس‌قلی گذاردند تا آن را در محل ابدی‌اش استقرار دهد.»۲۰۱

«باری پس از صعود مبارک سفرهٔ عظیمی گسترده شد که یار و اغیار دوست و آشنا فقیر و غنی از ادیان و ملل و اجناس مختلفه شبانه‌روز بر سر سفرهٔ نعمتش متنعم و روزی‌خوار بودند به درجهٔ سفرهٔ عظیمی بود که شبانه‌روز چند گوسفند ذبح میشد

---

۲۰۰ - جان و لوئیز بوش؛ آرشیو ملی بهائیان آمریکا

۲۰۱ - روتشتاین، ناتان؛ عشق و بندگی؛ ص ۶۵

دیگر چه عرض شود از سوزش قلوب یار و اغیار حتی فقرا چنان نالهٔ میکردند که سنگ را میگداخت و جگرها را بریان مینمود ...

باری روز سه‌شنبه که عرش مبارک را حرکت دادند دکانهای اغیار چه از کسبه چه از تجار چه از اداره حکومتی و چه از مدرسه‌های اسلام و نصاری و یهود بسته بود»[202]

میرزا محمّدعلی ناقض اکبر که از هیچ اقدام شنیعه‌ای در ایذاء و اذیّت حضرت عبدالبهاء کوتاهی نکرده بود؛ درنهایت وقاحت، سعی نمود که در مراسم سوگواری برادر ناتنی خود شرکت نماید؛ امّا با مقاومت و هشیاری حضرت ورقه‌ی علیا از محل دور رانده شد.

در مراسمی که چهل روز بعد از صعود مبارک واقع گردید دویست نفر حضور داشتند. الواح وصایا در روز بعد به صورت عمومی مفتوح و اعلان گردید. ایموجن هواگ که در آن زمان جزء زائران بود؛ می‌نویسد:

«به‌طور غیرمترقبه‌ای دعوت شدیم تا الواح وصایای سرکار آقا را بشنویم. جلسه حدوداً دو ساعت به طول انجامید. آیات و الواح، تلاوت شد. زیارت این الواح در زمانی که سخن از ظلم و ستمی بود که به هیکل اقدس به خاطر دسایس ناقضین وارد شده بود؛ مایه‌ی حزن و الم همه یاران می‌گردید. زمانی که اعلان گردید که حضرت شوقی افندی ریاست امر را بر عهده خواهند داشت؛ موج احساسات به غلیان آمد. احساساتی آمیخته با حسّ وفاداری و التیام از اینکه حضرت مولی‌الوری ما را به حال خود وانگذارده و مرجعی برای ثبوت و رسوخ به احبّا معرّفی فرموده‌اند که موجب استحکام ذروه‌ی امر الهی می‌گردد.»[203]

ساچیرو فوجیتا نیز این جلسه را این‌چنین توصیف می‌کند:

«در سالن مرکزی همان اتاق، آه که چه جلساتی در این اتاق برگزار شده بود! همگی بر روی زمین نشسته بودند. یکی از احبّای برجسته‌ی مصری در گوشه‌ی تالار ایستاد و شروع به قرائت نمود. همگی که دور او نشسته بودند به مضامین الواح وصایا گوش

---

202 - محمودی، هوشنگ؛ یادداشت‌هایی دربارهٔ حضرت عبدالبهاء، جلد ۲؛ ص ۶۱۲.

203 - ترجمه: اوراق ایموگن هاگ، آرشیو محفل ملی بهائیان آمریکا.

فرا می‌دادند. حتّی برخی از ناقضین هم در میان جمعیت نشسته بودند. همان ناقضین عهد شکن. جلسه بسیار روحانی بود. از صبح هنگام که جلسه برگزار شد هر لحظه به مضامین آن فکر می‌کردیم. هر بار که اسم مبارک شوقی افندی شنیده می‌شد؛ همگی با نهایت احترام برمی‌خاستیم. ایشان به‌عنوان ولیّ امر برگزیده شده بودند. همان روز همه‌ی رجال و نساء، بیت مبارک در اتاق چای مجتمع شدند. همگی بر مندرجات الواح وصایا واقف شده بودند و رضایت از این انتخاب، وجود داشت. حضرت شوقی افندی ولیّ امر بودند و همین امر، کفایت می‌کرد. هیچ‌کس را یارای مخالفت نبود. حالا پس از صعود حضرت عبدالبهاء، سکّان امر در دستان حضرت شوقی افندی قرار داشت.»۲۰۴

«در موقعیکه حضرت عبدالبهاء مشغول بنای مقام مقدس اعلی در جبل کرمل بودند در محلی از قسمت شمالی بنا که فعلا اطاق وسط از ردیف شمالی است سردابه‌ای پیدا شد و برحسب امر مبارک آن سردابه را ساخته و بدو قسمت نمودند قسمتی از آنرا برای استقرار عرش مبارک حضرت اعلی اختصاص داده و پس از گذاشتن صندوق اطراف آنرا مسدود نمودند و قسمت دیگر را ساخته و پرداخته نموده و سقف آن در کف اطاق پوشیده شده و مستور بود. در اینموقع که صعود مبارک واقع گردید و حضرت ولی امرالله بحیفا ورود نفرموده بودند و عائله مبارکه برای تعیین محل آرامگاه و مرقد مبارک متحیّر بودند حضرت ورقه علیا آن اطاق را بهترین محل برای استقرار عرش مبارک انتخاب فرمودند....»۲۰۵.

لازم به ذکر است که هیکل مبارک حضرت عبدالبهاء هیچگونه وصیت یا دستوری بابت محل دفن خویش نفرموده بودند.

امروزه در زمان زیارت مقام حضرت عبدالبهاء، مناجات لقاء زیارت می‌گردد؛ البته علّت اینکه چرا این لوح در زمان زیارت مقام، تلاوت می‌گردد؛ مشخّص نیست. در این زمینه از طرف دارالتّحقیق بین‌المللی مطلبی به این نحو بیان شده است:

<hr>

۲۰۴ - ترجمه: مصاحبه ساچیرو فوجیتا؛ جان مک هنری؛ اقتباس از کتابخانه بهائی.

۲۰۵ - فیضی، محمدعلی؛ حیات حضرت عبدالبهاء؛ صص ۳۵۲-۳۵۳.

«... در پاسخ به سؤال شما که چه کسی تصمیم گرفت تا مناجات لقاء به‌عنوان زیارت‌نامه‌ی حضرت عبدالبهاء در جلسات صعود مبارک، تلاوت شود؛ پاسخ ذیل که به همان سؤال، اشاره دارد از یادداشت‌های مرکز تحقیق بین‌المللی یافت شد:

عطف به این موضوع که چه کسی مناجات لقاء حضرت عبدالبهاء را به‌عنوان زیارت‌نامه ایشان انتخاب نموده؛ هیچ مرجع و تبیین مستقیمی در این مورد یافت نشد. لازم به توضیح است که کمی بعد از صعود حضرت عبدالبهاء، مجموعه‌ای توسط حضرت ولیّ امرالله و لیدی بلامفیلد، با عنوان صعود حضرت عبدالبهاء، تدوین گردید قسمت آخر این مجموعه تماماً به الواح و مناجات‌های صادره از کلک حضرت عبدالبهاء اختصاص یافته و آخرین مناجات آن که همان مناجات لقاء است با این جملات معرفی شده است: "این مناجات از کلک مبارک حضرت عبدالبهاء صادر و امروزه احبّای عزیز در مقام مبارک حضرتش تلاوت می‌نمایند. "...»۲۰۶

در پیام رضوان سال ۲۰۱۹ میلادی بیت‌العدل اعظم الهی اعلان فرمودند که پروژه‌ی ساخت بنیان رفیع الامتناع آرامگاه حضرت عبدالبهاء و درنهایت، انتقال رمس مبارک به محل جدید آغاز می‌گردد:

«تا پایان اوّلین قرن عصر تکوین فقط دو سال و نیم باقی است، پایان یکصد سال مجهودات در جهت تحکیم و توسعهٔ شالوده‌ای که با جان‌فشانی‌های فراوان در طیّ عصر رسولی امر مبارک بنیان نهاده شد. در آن زمان جامعهٔ بهائی صدمین سال صعود حضرت عبدالبهاء را نیز به یاد خواهد آورد، لحظه‌ای که مولای محبوب از قید این جهان آزاد گشت تا به اب بزرگوارش در رفرف اعلی بپیوندد. مراسم تشییع عرش مبارک که روز بعد از صعود واقع شد رویدادی بود که "فلسطین نظیر آن را هرگز مشاهده ننموده بود." (ترجمه) پس از اختتام مراسم، عرش مبارک در حجره‌ای در ضریح مقدّس حضرت باب استقرار یافت. امّا منظور نظر حضرت شوقی افندی آن بود که این محل ترتیبی موقّت باشد تا در زمان مقتضی مرقدی شایستهٔ مقام بی‌مثیل حضرت عبدالبهاء بنا گردد.

---

۲۰۶ - ترجمه‌ی نامه‌ای از طرف دایره‌ی تحقیق مرکز جهانی؛ مورخ ۲۶ فوریه ۲۰۱۸.

آن زمان اینک فرارسیده است. از عالم بهائی دعوت می‌کنیم که به ساخت مقامی پردازد که محلّ استقرار ابدی آن رمس مطهّر گردد. این بنا در مجاورت باغ رضوان، در زمینی که به قدوم جمال مبارک متبرّک گردیده، ساخته خواهد شد و بدین ترتیب مرقد منوّر حضرت عبدالبهاء در مسیر آن هلالی که اعتاب مقدّسه در عکّا و حیفا را به هم متّصل می‌نماید قرار خواهد گرفت. تکمیل نقشه‌های معماری در حال پیشرفت است و در ماه‌های آینده اطّلاعات بیشتری را در این زمینه با شما در میان خواهیم گذاشت.»۲۰۷

---

۲۰۷ - ترجمه‌ای از پیام بیت العدل اعظم خطاب به بهائیان جهان رضوان ۲۰۱۹ میلادی (۱۷۶ بدیع)؛ گلچینی از دستخط‌ها و پیام‌های بیت العدل اعظم.

فصل ششم

حضرت عبدالبهاء در مصر

سابقه‌ی تاریخی مصر و بهائیان

از اواسط سال‌های ۱۸۶۰، هنگامی‌که حضرت بهاءالله همراه با دیگر مؤمنان در ادرنه تشریف داشتند؛ جهت تبلیغ امرالله برخی از پیروانشان را تشویق به سفر و سکونت در شهرهای پورت سعید، اسکندریه و قاهره در مصر می‌فرمودند. به‌عنوان نمونه، افرادی مانند حاجی باقر و سید حسین از اهالی کاشان[۲۰۸] بوده‌اند؛ البته از مبلغان سرشناس دیگر، مانند حاجی میرزا حیدرعلی می‌توان نام برد که در شهر «منصوریه» مصر زندگی می‌کردند و موفق به تبلیغ بسیاری از نفوس نیز شدند. موفقیت‌های حاجی میرزا حیدرعلی به حدی رسید که کنسول ایران در مصر، اسماعیل پاشا، خدیو (امیر) مصر را وادار کرد که وی را به سودان تبعید کند.[۲۰۹]

البته کم‌کم بهائیان، تاجر دیگری از چند نقطه‌ی ایران به شهرهای مختلف مصر رفتند؛ مانند پورت سعید که آقا میرزا نورالدین و میرزا حسن خراسانی ساکن شدند و شوروشاطی ایجاد نمودند. در سال‌های بعد، وقتی‌که زائران غربی برای زیارت، عازم ارض اقدس می‌شدند از مسیر مصر و شهر پورت سعید عبور می‌کردند و به این جهت در توقف هرچند کوتاه در این شهر با احبّا محشور می‌شدند. بعدها منور خانم، دختر کوچک حضرت عبدالبهاء، نیز همراه با شوهر خود احمد یزدی مدّتی ساکن پورت سعید شد.[۲۱۰]

- Shoghi Effendi, God Passes By, p. ۱۷٦ [۲۰۸]
- Mirza Haydar-Ali, Bihjatu's-Sudur (Stories from the Delight of Hearts) [۲۰۹] translated by A.Q. Faizi
- In the Heart of Events, (The Baha'i Faith in Egypt), A narrative by Rowshan [۲۱۰] and Nabil Mustapha.

هدف سفر حضرت عبدالبهاء به مصر

زندگی در زندان و تبعید، با هزاران مشکل از جمیع جهات در بیش از نیم‌قرن، باعث شد که حضرت عبدالبهاء ازلحاظ جسمانی به بیماری عصبی و همین‌طور آسم مبتلا شوند.۲۱۱ پزشکان و احبّای ساکن ارض اقدس بارها از حضور مبارک درخواست کرده بودند؛ برای استراحت و تغییر آب‌وهوا از شهر، خارج شوند تا شاید با کمی استراحت، قوای جسمانی‌شان بازگردد. فشارهای واردشده در سال‌های طولانی، چه از سوی دشمنان داخلی، مانند میرزا محمّدعلی ناقض اکبر و دیگران و چه از طرف حکومت، سال‌به‌سال بلکه روزبه‌روز رو به افزایش داشت ولی مشغله‌ها و مشکلات بیش‌ازحد، این فرصت را نمی‌داد. تا اینکه بالاخره حضرت عبدالبهاء، به‌ظاهر ناگهانی بدون توجّه به حال جسمانی خود، سفر طولانی‌شان را به مقصد نهائی اروپا از مسیر مصر شروع کردند. هنگامی‌که در مصر، تشریف داشتند بنا به دعوت‌های مجدد و مکرر احبّای آمریکا و حتّی ارسال هزینه‌ی سفر۲۱۲ برای ایشان، مصمم شدند که سفر خود را از اروپا به آمریکا نیز ادامه دهند. ناگفته نماند که از قرائن برمی‌آید که فکر این سفرها را از سال‌ها پیش در سر داشتند و با آزاد شدن از زندان در سال ۱۹۰۸ و بعد ادامه‌ی دعوت مکرر زائران غربی۲۱۳، آن فکر بیش از بیش پایه و قوت گرفت تا اینکه سرانجام آن را در ماه سپتامبر ۱۹۱۰ عملی کردند.

البته هدف اصلی از خروج از ارض اقدس، استراحت در پورت سعید مصر نبود؛ بلکه در آن موقع، سفر از حیفا به فرانسه به‌وسیله‌ی کشتی، معمول و میسر بود که به‌اجبار می‌بایست در شهر بندری پورت سعید لنگر بیندازد و سپس به سفر خود به‌سوی شهر جنوبی و بندری فرانسه به نام مارسی۲۱۴ ادامه دهد؛ به‌عبارت‌دیگر تنها راه سفر، کشتی بود که از حیفا راه می‌افتاد و ابتدا به بندر پورت سعید می‌آمد و مسافران می‌بایست کشتی را عوض کرده؛ با کشتی دیگری به‌سوی مارسی بروند و ازآنجا به‌وسیله‌ی قطار یا وسیله‌ی دیگری به سفر خود ادامه دهند. هنگامی‌که به پورت سعید رسیدند؛ حال جسمانی ایشان مناسب نبود و ادامه‌ی سفر برایشان

- Quoted in "Bahaitravelswest. #۹-۱۰۰ years ago.۲۱۱

۲۱۲ - در یک نوبت چکی به مبلغ هجده هزار دلار ارسال کردند که تمامّا پس فرستاده شد.

۲۱۳ - سفرهای بهائیان غربی به ارض اقدس برای دیدار حضرت عبدالبهاء، از دسامبر ۱۸۹۸ شروع شده بود.

- Marseille ۲۱۴

امکان‌پذیر نبود؛ بنابراین مجبور شدند از کشتی پیاده شوند تا پس از استراحت و بازیافتن قوای جسمانی خود، سفرشان را به مقصد اروپا ادامه دهند. ایشان در فکر راحت خود نبودند؛ بنابراین تا احساس کردند که شاید آن مقدار کم استراحت کافی است با کشتی عزم مارسی کردند؛ ولی هنوز ساعتی از حرکت کشتی نگذشته بود که حالشان منقلب و معلوم شد نیاز به استراحت بیشتری دارند. به همین علت، مجبور شدند در بندر بعدی، یعنی اسکندریه، از کشتی پیاده شوند تا بتوانند استراحت و تجدیدقوا کنند.

حضرت عبدالبهاء نزدیک به یک ماه در پورت سعید توقف داشتند تا آمادهٔ سفر اروپا شوند. آن حضرت براساس اخبار رسیده از اوضاع سیاسی اروپا، وقوع جنگی بزرگ و فراگیر را پیش‌بینی می‌کردند؛ بنابراین درصدد برآمدند که هر چه زودتر وقوع آن خطر عظیم را به اروپاییان هشدار دهند؛ شاید هنوز فرصتی برای پیش‌گیری از آن باشد؛ ولی افسوس که گوش شنوایی پیدا نشد و نخستین جنگ جهانی در ماه اوت سال ۱۹۱۴ شروع و حدود چهار سال به صورت جنگی فرسایشی ادامه پیدا کرد.

استراحت حضرت عبدالبهاء در شهرهای مختلف مصر، با فعالیت‌های فراوانی همراه شد، فعالیت‌هایی مانند ملاقات با اندیشمندان، نویسندگان و روزنامه‌نگاران و بهائیان و نوشتن الواح متعدد که به آنها جداگانه خواهم پرداخت.

حضرت عبدالبهاء، سه مرتبه و کلاً به مدّت یک سال و هفت ماه و یازده روز در مصر تشریف داشتند. در اینجا به‌طور جداگانه هر سه مرتبه اقامت را بررسی می‌کنیم. آن حضرت در تاریخ ۲۹ آگوست ۱۹۱۰ با کشتی از بندر حیفا به سمت بندر پورت سعید در مصر عازم شدند. راهی ۳۰۷ کیلومتری (حدود ۱۹۰ مایل) را سپری کردند.

خروج از ارض اقدس به‌سوی مصر

حضرت عبدالبهاء در ابتدا نمی‌خواستند هیچ‌کس از خروجشان و عزیمت به اروپا خبرشود؛ بنابراین تنها کسی را که همراه خود بردند پسر «جناب زین‌العابدین» ۲۱۵

---

۲۱۵ - از بزرگان یاران حضرت اعلی و دوستداران جمال ابهی (تذکرةالوفاء از آثار حضرت عبدالبهاء)

به نام «میرزا منیر زین» بود. برحسب‌تصادف، یکی از زائران به نام عبدالحسین که در حال بازگشت به محل اقامت خود بود در کشتی ایشان بود. بعد از رسیدن به پورت سعید، حضرت عبدالبهاء به حیفا تلگراف زدند که برادر «میرزا منیر زین» به نام «میرزا نورالدین زین»[216] همراه با «سید اسدالله قمی»[217]، نوه‌ی بزرگشان «حضرت شوقی افندی» و خدمت‌کار شخصی‌شان، «خسرو»[218] به بندر پورت سعید در مصر بروند و به‌محض ورود او، برادرش «میرزا منیر زین» را که همراه آن حضرت به مصر آمده بود، راهی ارض اقدس نمودند.[219]

«احمد سهراب» بیش از هشت سال به‌عنوان منشی و مترجم در خدمت حضرت عبدالبهاء و همراه آن حضرت در سفرهای غرب بوده است. وی شرح سفرهای غرب را به‌طور روزانه می‌نوشته و برای خانم و آقای هَنِن[220]، ساکن واشینگتن دی سی می‌فرستاد و ایشان آنها را تایپ و به حظیرةُالقدس‌های مختلف دنیا ارسال می‌کرد. این مجموعه نامه‌ها به‌عنوان «یادداشت‌های احمد سهراب»[221] معروف و منتشر شد. وی طی سال‌های ۱۹۱۲ تا ۱۹۱۹ در خدمت مبارک بوده است.

جناب «سیدنی سپراگ»[222] در نامه‌ای مورخ ۲۹ آگوست ۱۹۱۹ خبر خروج ناگهانی حضرت عبدالبهاء را به خانم «ایزابلا برینگهم»[223] می‌دهد.[224] او در این نامه، قدری از شرح خروج حضرت عبدالبهاء را از حیفا می‌نویسد و حکایت می‌کند که در عصر آن روز، حضرت عبدالبهاء به منزل «میرزا اسدالله اصفهانی»[225] تشریف

---

۲۱۶ - ایشان منشی حضرت عبدالبهاء و بعداً هم منشی حضرت شوقی ربانی بودند.

۲۱۷ - همراه آن حضرت در سفرهای اروپا و آمریکا

۲۱۸ - از اهالی میانمار(برمه سابق)

۲۱۹ Baha'i News, December ۱۲, ۱۹۱۰ (later in نجم باختر)No. V, February ۱۹۱۱

۲۲۰ Mr. and Mrs. Joseph Hannen -

۲۲۱Ahmad's Diary of Abdul-Baha -

۲۲۲ - Sydney Sprague (۱۸۷۵-۱۹۴۳)

ایشان دامّاد میرزا اسدالله اصفهانی بود که به دستور حضرت عبدالبهاء به ایران سفر کرد و در اداره‌ی مدرسه‌ی تربیت خدمت کرد و حضرت عبدالبهاء به او لقب اسکندر، عنایت فرموده بودند.

۲۲۳ -Isabella Brittingham

۲۲۴(۱۹۱۰ ,Star of the West, vol. 1, n. ۱۲ (۱۶ October -

۲۲۵ - شوهر خواهر منیره خانم، حرم حضرت عبدالبهاء و پدر دکتر امین‌الله فرید کسی که جزء همراهان و مترجمان آن حضرت در سفر ایشان به غرب بود.

آوردند و اگرچه به‌ظاهر برای وارسی آب چاه جدیدالتأسیس در منزل ایشان بود؛ ولی درحقیقت برای خداحافظی با جمعی از یاران به آنجا آمدند. از منزل «میرزا اسدالله اصفهانی» با کالسکه‌ای راه سربالایی را طی نمودند و برای آخرین بار، قبل از سفر به زیارت مقام اعلی رفتند. جناب اسپراگ در نامه‌اش اضافه می‌کند که طبق معمول هرروزه، حضرت عبدالبهاء در منزل خود احبّا را پذیرا و آن شب هم احبّا، چشم‌انتظار ایشان بودند؛ ولی انتظار آنان بیهوده بود؛ چراکه آن حضرت بعد از زیارت مقام اعلی به ساحل حیفا تشریف بردند.۲۲۶ بعد از تهیّه بلیت با کشتی خدیوال۲۲۷ به پورت سعید تشریف بردند. طبق معمول بسیاری از روزها در حیفا، احبّا به زیارت آن حضرت رفته بودند و همگی در خارج از منزل، منتظر ملاقات بودند که بعد از مدّتی صبر، یکی از دامادهای حضرت عبدالبهاء اعلام نمود که آن حضرت، عزم سفر نموده‌اند و بعد از شنیدن این خبر، همگی بسیار تعجب کردیم و محل را ترک نمودیم. درعین‌حال از اینکه آن حضرت سرانجام بعد از بیش از چهل سال به سفری می‌روند؛ خوشحال بودیم.۲۲۸

این‌طور که به نظر نگارنده می‌رسد حضرت عبدالبهاء برای این سفر باید بلیت سوارشدن کشتی را همان‌روز سفر خریده باشند؛ ولی چون شخص حضرت عبدالبهاء نمی‌توانسته از کسی که بلیت را می‌فروخته، پنهان و ناشناس بماند؛ چنین خبر بزرگی که ایشان بعد از حدود نیم‌قرن دارند از فلسطین، خارج می‌شوند و خبر مهمی محسوب می‌شده خیلی زود توسط همان شخص بلیت‌فروش پخش شده و به گوش برادر ناتنی حضرت عبدالبهاء، «میرزا محمّدعلی»، رسیده است. «میرزا محمّدعلی» هم که سابقه‌ی دوستی با رئیس پلیس حیفا داشته از او جویا می‌شود و او نیز برای اطمینان از درستی خبر، دستور می‌دهد در بندر بعدی به نام «جُفا» که کشتی، قرار توقف دارد؛ مأموری به کشتی برود و بررسی کند و نتیجه را به حیفا مخابره نماید.

- Star of the West, vol. ۱, n. ۱۲ (۱٦ October ۱۹۱۰, p. ۱)۲۲٦

Khedivial steamer – ۲۲۷

(کشتی که خط سیرش در سواحل مصر بود و بعداً به اروپا و آمریکا نیز ادامه پیدا کرد و تا اواسط قرن ۱۹ میلادی به کار خود ادامه داد و بعداً در سال ۱۹٦۱ توسط دولت مصر به United Arab Maritime Company تغییر نام داد)

۲۲۸ - همان‌جا (شماره ۱۱).

«اسدالله قمی» در نامه‌ای درباره‌ی این اتفاق، هنگامی‌که در پورت سعید اقامت داشته می‌نویسد:

«در هنگام خروج، همه حتّی خواهر حضرت عبدالبهاء، حضرت ورقه‌ی علیا (بهیه خانم) از اقدام به این سفر، بی‌خبر بودند و تنها از طریق لوحی خطاب به ایشان که از کشتی عازم مصر نوشته شده بود، خبر یافتند.»

حضرت عبدالبهاء سه مرتبه به مصر تشریف بردند:

مرتبه‌ی نخست:

به مدّت ۳۴۴ روز یعنی ۱۱ ماه و ۱۱ روز (از اوّل سپتامبر ۱۹۱۰ تا ۱۱ آگوست ۱۹۱۱) که در بالا به آن مختصراً اشاره‌ای شد. ورود آن حضرت به شهر بندری پورت سعید در اوّل سپتامبر ۱۹۱۰ بوده است.

مرتبه‌ی دوّم:

به مدّت ۱۰۴ روز یا ۳ ماه و ۱۴ روز (از ۱۲ دسامبر ۱۹۱۱ تا ۲۵ مارس ۱۹۱۲)

مرتبه‌ی سوم:

به مدّت ۱۶۹ روز یا ۵ ماه و ۱۶ روز (از ۱۶ جون تا ۲ دسامبر ۱۹۱۳)

بیانات پایانی حضرت عبدالبهاء در هنگام خروج از پورت سعید

در آخرین دقایقی که آن حضرت از پورت سعید خارج می‌شدند خطاب به «احمد سهراب» که به صورت اتفاقی از خروج آن حضرت خبردار شده بود، فرمودند:

«به احبّاء بگویید: ملاحظه نمایید من درحالی‌که حال حرکت از یمین به شمال ندارم و از ضعف ظاهری تکلم نتوانم به جهت اعلای کلمةالله و تبلیغ امرالله و نشر نفحات الله، سفر اختیار و ترک دیار و یار و اغیار نمودم و با این‌حالت، قیام به خدمت امر و بذل همت و تبلیغ امر جمال قدم، جَلَّت عَظَمَتُهُ، می‌نمایم؛ زیرا تا در سجن بودیم و قلعه‌بند، دل‌خوش و سرشار بودیم که در سبیل جمال مبارک مسجون و قلعه‌بندیم. بعد از ارتفاع سجن و آزادی از قلعه‌بندی به چه می‌توان دل خوش نمود

و در این عالم فانی زیست کرد جز قیام به‌جان‌نثاری و خدمت‌گزاری و نشر نفحات حضرت باری؟...»۲۲۹

حضرت عبدالبهاء در اسکندریه (مرتبه‌ی اوّل)

همان‌طوری که در بالا ذکر شد؛ حضرت عبدالبهاء در ابتدا وارد پورت سعید شدند و یک ماهی را در آنجا به سر بردند و سپس به اسکندریه نقل‌مکان فرمودند. حال، نگاهی به شهر بندری اسکندریه می‌اندازیم که سومین شهر بزرگ مصر است و توسط اسکندر بزرگ، تأسیس شده است. شهری دارای بندری بزرگ که بسیاری از کشتی‌ها را پذیرا است. حضرت عبدالبهاء، همان‌طور که از قبل اشاره شد؛ قصد سفر و ماندن در این شهر نداشتند. به این صورت که هدف اصلی‌شان‌قدری استراحت در پورت سعید و سپس عزیمت به اروپا بود. هنگامی‌که وارد پورت سعید می‌شوند و چند روزی استراحت می‌کنند و سفر خود را ادامه می‌دهند؛ ولی در کشتی، حال ایشان دوباره بد می‌شود و مجبور می‌شوند در بندر اسکندریه از کشتی پیاده شوند.

وقتی در بندر اسکندریه از کشتی پیاده شدند؛ معلوم شد که آب‌وهوای این شهر، بهتر از پورت سعید است و به مزاج آن حضرت بیشتر می‌سازد. هیکل مبارک، استراحت را برای لذت انجام نمی‌دادند؛ بلکه برای تجدیدقوا و آماده شدن هر چه بیشتر برای خدمت، لازم می‌دانست. ۲۳۰ در زمان اقامت در اسکندریه حتّی بسیاری از افراد مخالف ایشان به دیدارشان آمدند و بعد از ملاقات، تقلیب شدند و جزء ستایندگان ایشان درآمدند. گروهی از روزنامه‌نگاران ایرانی و عرب بودند که بعد از ملاقات با ایشان مقالاتی در تجلیل آن حضرت در روزنامه‌های خود منتشر نمودند که به نقل نمونه‌هایی از آنها خواهیم پرداخت. حضرت عبدالبهاء در هنگام اقامت در اسکندریه به امور روزانه هم می‌پرداختند. ازجمله به مغازه‌ها و مسجد و حتّی دیدار زندانیان می‌رفتند. لطف و محبت ایشان شامل همگان بود. بنا به نوشته‌ی

<hr>

۲۲۹. Star of the West, Vol. ۱, n.۱۵ December ۱۲, ۱۹۱۰), pp. ۲-۳

۲۳۰ - Tablets, vol. ۲p, ۴۶۰.) (ترجمه از انگلیسی توسط جناب کیومرث مظلوم؛ پیام بهائی؛شماره ۳۹۱

«محمّد یزدی»، حضرت عبدالبهاء بعد از ورود به اسکندریه، منزلی اجاره فرمودند و برخی از افرادی که به زیارت ایشان نائل می‌آمدند در این منزل، ساکن می‌شدند.

سفر اوّل و اقامت در اسکندریه اتفاقاً مصادف شده بود با ماه محرم، ماه شهادت امام حسین و ازآنجایی‌که حضرت عبدالبهاء به شعائر اسلامی احترام می‌گذاشتند و نه‌تنها نماز و روزه‌ی اسلامی را به‌جا می‌آوردند؛ بلکه گاهی در مراسم مذهبی مسلمانان نیز شرکت می‌کردند؛ در آن هنگام نیز بنا به موقعیّت، مراسمی مخصوص از طرف آن حضرت برای عزاداری امام حسین برگزار شد و به جهت ارج و احترام امام حسین، سفره دادند و به فقرا اعانت فرمودند.۲۳۱ جناب حسن موقر بالیوزی، ایادی امرالله و مورخ بنام، حکایتی نقل می‌کنند که خلاصه‌ی آن چنین است:

«ایرانیان حضرت عبدالبهاء را به مجلس سوگواری امام حسین دعوت کردند و ایشان هم اجابت فرمودند. آن حضرت حتّی پیراهنی به‌عنوان هدیه به سخنران آن جمع عنایت می‌فرمایند که شاید به خاطر توانایی او در شرح و بیان حقایق ماجرای عاشورا بوده است. در ضمن به برگزارکنندگان آن مراسم، وجهی مرحمت می‌فرمایند تا مجلس سوگواری دیگری از طرف ایشان ترتیب دهند و تهی‌دستان را دعوت و اطعام کنند.»

همان‌طوری که پاریس در اروپا و نیویورک در آمریکا مرکز فعالیت آن حضرت بوده است می‌توان اسکندریه را نیز به‌عنوان مرکز فعالیت ایشان در مصر دانست؛ چراکه بیشترین اقامت و فعالیت‌های مهم ایشان در این شهر اتفاق افتاده است. اگرچه در هنگام ورود به هتل ویکتوریا تشریف بردند؛ ولی بعد از مدّت کوتاهی به منزلی نه‌چندان دور از آن هتل، نقل‌مکان فرمودند که محل بسیاری از ملاقات‌ها با بهائیان و غیر بهائیان نیز بود.

<hr>

۱۳۷ - Balyuzi, Abdul-Baha, p۲۳۱.

حضرت عبدالبهاء در قاهره

حضرت عبدالبهاء بعد از اسکندریه در اوایل ماه می به منظور تغییر آبوهوا به قاهره تشریف بردند و حدود سه ماه در حومه‌ی آن شهر در محله‌ای به نام «زیتون» اقامت گزیدند. بعد از سه ماه به محله‌ی دیگری بنام «رَمله» تشریف بردند که حدود ۱۸۰ کیلومتری اسکندریه است. در جولای همان سال به همراه «میرزا اسدالله قمی»، «میرزا منیر زین»، «میرزا محمود» و «خسرو» به شهر اسکندریه بازگشتند.

همان‌طوری که از قبل گفته شد حضرت عبدالبهاء بنا به احترام به رسوم و شعائر اسلامی نه‌تنها به مساجد آنان می‌رفتند؛ بلکه نماز اسلامی را نیز به‌جا می‌آوردند. نمونه‌ای از آن هنگامی است که در حومه‌ی قاهره تشریف داشتند برای احترام به مسجدی که به نام حضرت زینب (نوه‌ی حضرت محمّد) بنا شده بود؛ نماز جماعت جمعه را به‌جای آوردند.۲۳۲

حضرت عبدالبهاء در اسکندریه (مرتبه‌ی دوّم)

همان‌طوری که اشاره شد حضرت عبدالبهاء بعد از حدود سه ماه اقامت در محله‌ی زیتون قاهره در ۲۲ ژوئیه به محله‌ی رَمله‌ی اسکندریه بازگشتند. در رمله گاهی در خیابان‌ها قدم می‌زدند و گاهی سوار تراموای برقی می‌شدند و اوقاتی به منزل فقرا می‌رفتند و به آنان سر می‌زدند. بسیاری از فقرا ایشان را خوب می‌شناختند؛ چراکه به‌دفعات به دیدار آنان رفته بودند. حقیقتاً ایشان در طول زندگی خود روزی نبوده که به فکر فقرا نباشند. حضرت عبدالبهاء تا جایی که امکان داشت جشن‌های نوروزی را برگزار می‌کردند و به سنت‌های خوب ایرانی احترام می‌گذاشتند. در ایّام اقامت در اسکندریه نیز در سال ۱۹۱۲ جشن عید نوروز را در هتل ویکتوریا با حضور هشتادوپنج نفر برگزار کردند و در آن جشن درباره‌ی اهمیّت نوروز، خطابه‌ای ایراد فرمودند.۲۳۳ این بار حدود نوزده روز در قاهره تشریف داشتند تا سرانجام

- Balyuzi, Abdul-Baha, p۱۳۸.۲۳۲
- Star of the West, vol. ۹, n. ۱ (March ۲۱, ۱۹۱۸), pp. ۸-۹.۲۳۳

قوای جسمانی‌شان یاری کرد و در تاریخ ۱۱ اوت ۱۹۱۱ با کشتی کُرسیکا۲۳۴ عازم شهر بندری مارسی در فرانسه شدند که شروعی بود برای سفرهای نه ماه و دو هفته و دو روزه‌ی مرتبه‌ی اوّل اروپا. ایشان بعدازاین سفر اوّل اروپایی‌شان در اوایل دسامبر همان سال به مصر بازگشتند. ما اطلاعات چندانی درباره‌ی مرتبه‌ی دوّم اقامت حضرت عبدالبهاء در مصر نداریم؛ فقط می‌دانیم که آن حضرت در ۲۵ مارس ۱۹۱۲ سوار کشتی سِدریک۲۳۵ شده‌اند و بعد از شانزده روز، یعنی در تاریخ ۱۰ آوریل همان سال، وارد شهر نیویورک شده‌اند. آنچه مشخص است آنکه کشتی سِدریک در مسیر بین اسکندریه و نیویورک در رفت‌وآمد بوده و در سر راه نیز توقفی در شهر بندری ناپل در ایتالیا داشته‌اند. محلی که حضرت شوقی ربانی و خسرو (خدمتکار شخصی حضرت عبدالبهاء) را به بهانه‌ی بیماری چشم، مجبور به خروج از کشتی کردند و در ادامه، کشتی از ناپل به مقصد نیویورک حرکت نمود؛ و آن دو نفر را به مصر برگرداندند.۲۳۶

اسامی برخی از افرادی که در مصر به ملاقات حضرت عبدالبهاء نائل آمدند به شرح ذیل است:

۱) شیخ علی یوسف (۱۹۱۳- ۱۸۶۳)

۲) میرزا احمد یزدی: او در بازگشت از اروپا درخواست اجازه‌ی شرفیابی نمود و در اسکندریه به حضور مبارک رسید.۲۳۷

۳) سید اسدالله قمی

۴) جناب سیدنی اسپراگ۲۳۸

<hr>

در یادداشتی که ایشان از خود به یادگار گذاشته‌اند و در نجم باختر، درج‌شده است ذکر می‌کند که ایشان بسیاری از نامه‌هایی را که از آمریکا برای حضرت عبدالبهاء می‌رسیده به درخواست ایشان به فارسی ترجمه می‌کرده است.

۵) ولسلی تودور پل[۲۳۹]: در رمله‌ی اسکندریه در اواخر نوامبر ۱۹۱۰ به مدّت نه روز به حضور مبارک رسید.

۶) لویی گریگوری[۲۴۰] (۱۸۷۴-۱۹۵۱): از بهائیان سیاه‌پوست آمریکایی بود که بعداً عضو محفل ملی آمریکا شد و بعد از طرف حضرت ولی امرالله به مقام ایادی امرالله منصوب شدند. ایشان بنا به درخواست مجله‌ی نجم باختر، خاطرات خود را از زیارت حضرت عبدالبهاء در رمله نوشت که در شماره‌ی ۱۰ آن مجله به چاپ رسیده است. ازجمله مطالب جالبی که وی نوشته این است که حضرت عبدالبهاء تأکید به اتّحاد و محبت احبّاء نسبت به یکدیگر می‌کردند و اینکه حضرت بهاءالله بهشت را در شادی و صلح می‌دانند و دیگر آنکه امروز شادی و صلح در شخص حضرت عبدالبهاء نهفته است. بقیه‌ی مقاله مالامال است از تعریف‌هایی از حضرت عبدالبهاء.

۷) میرزا مهدی خان زعیم الدوله: در ابتدا دشمن بود و بعد از ملاقات، کاملاً نظرش عوض شد و بسیار محترمانه رفتار کرد.

۸) شیخ محمّد بخیط: از فرهیختگان بزرگ عرب بود که بسیار شیفته‌ی حضرت عبدالبهاء شد.

۹) شیخ محمّد رشاد: از بزرگان عرب.

۱۰) جرجی زیدان: نویسنده‌ی بزرگ لبنانی

۱۱) عباس حلمی دوّم: پادشاه مصر

- Wellesley Tudor pole[۲۳۹]
- Luis G. Gregory[۲۴۰]

۱۲) شاهزاده محمّدعلی: ولیعهد مصر بود که آن حضرت را «مهم‌ترین شخصیّت قرن» می‌دانست و با مهربانی حضرت عبدالبهاء را «عباس بابا» می‌نامید. ۲۴۱

۱۳) عباس محمود العقاد: نویسنده‌ی معروف مصری با حضرت عبدالبهاء ملاقات نمود و مقاله‌ای نوشت با عنوان «ساعتی با عبدالبهاء».

۱۴) خواجه حسن نظامی: از فضلای اهل هند.

نام برخی روزنامه‌هایی که در مصر راجع به حضرت عبدالبهاء مطلبی نوشته‌اند:

۱) روزنامه‌ی مقطم: یکی از مهم‌ترین روزنامه‌های مصر بوده که در تاریخ ۲۸ نوامبر ۱۹۱۰ در مقاله‌ای مفصل به دفاع از دیانت بهائی پرداخت.

۲) روزنامه‌ی الاهرام: روزنامه‌ای به زبان عربی که در سال ۱۸۷۵ تأسیس شد و پرتیراژترین روزنامه‌ی دولت مصر بود. این روزنامه، مقاله‌ای به تاریخ ۱۹ ژانویه درباره‌ی حضرت عبدالبهاء به چاپ رساند که پر از تعریف و تمجید از آن حضرت بود و درباره‌ی دین جدید و اخلاقیات آن نوشت. همچنین از تأثیرات ایشان بر دیگران و خدماتشان به فقیران شهر صحبت می‌کند.۲۴۲

۳) روزنامه‌ی وادی نیل۲۴۳: در مقاله‌ای تمام‌صفحه به تاریخ ۲۲ مارس سال ۱۹۱۱ در صفحه‌ی اوّل درباره‌ی زندگانی و پیام حضرت عبدالبهاء نوشت.

۴) روزنامه‌ی مؤید: سردبیر آن از قبل، مخالفت‌های زیادی با حضرت عبدالبهاء می‌کرد؛ ولی وقتی ملاقاتی با آن حضرت داشت؛ مجذوب آن حضرت شد و مقالاتی در معرفی ایشان در این روزنامه نوشت.

۵) هفته‌نامه‌ی چهره‌نما: همان حکایت روزنامه‌ی مؤید تکرار شد.

نمونه‌ای از یکی از مصاحبه‌هایی که در مصر با حضرت عبدالبهاء انجام شده است در ادامه نقل می‌شود:

- Star of the West, vol. ۲۰, no.۱۰ (January ۱۹۳۰), p. ۳۰۱.۲۴۱
- Baha’i News, Vol.۱, Chicago, No. ۱۹.۲۴۲
- The Valley of the Nile۲۴۳

جناب سیدنی اسپراگ در ادامه‌ی یادداشت خود که در نجم باختر نیز منتشر شده است از مصاحبه‌ای یاد می‌کند که خواندنی است و خلاصه‌ی آن به این شرح است:

«وقتی روزنامه‌نگاری آمریکایی به نام ویلیام الیس[244] از طرف روزنامه کانتینت[245] جهت مصاحبه با حضرت عبدالبهاء به اسکندریه آمد و جناب اسپراگ مترجم این مصاحبه بود. یکی از نخستین سؤالاتی که از حضرت عبدالبهاء کرد؛ این بود که تعداد پیروان شما چند نفر است؟ و حضرت عبدالبهاء پاسخی تاریخی می‌دهند، در خلاصه می‌فرمایند که ما آماری نداریم و اهمیّتی هم به این آمار نمی‌دهیم چراکه یک الماس بیشتر از هزاران سنگ ارزش دارد و در ضمن من آنان را پیروان خود نمی‌دانم بلکه آنان را دوست خود می‌دانم.»

سابقه‌ی سفرهای خانواده‌ی حضرت عبدالبهاء به مصر

از شواهد چنین برمی‌آید که زنان و کودکان از ممنوعیت خروج از فلسطین مستثنی بودند و می‌توانستند از حیفا و عکّا خارج شوند. به همین جهت بود که به‌عنوان‌مثال، خواهر حضرت عبدالبهاء، «حضرت ورقه علیا»، بعد از صعود حضرت بهاءالله برای تجدیدقوا و تسکین آسیب‌های ناشی از ظلم‌های واردشده به ایشان و غم صعود پدرشان، به درخواست حضرت عبدالبهاء به همراه دختر بزرگشان، ضیائیه خانم، به مصر تشریف بردند و میهمان «حاجی میرزا حسن خراسانی» بودند. بعداً در زمان حضور حضرت عبدالبهاء در مصر، بار دیگر به درخواست آن حضرت برای دیدار به آنجا تشریف بردند.

از دیگر افراد خانواده‌ی حضرت عبدالبهاء که به مصر تشریف بردند همسرشان «منیره خانم» ملقّب به «مادر مقدس» بودند که البته این نخستین سفر ایشان به مصر نبود. از دیگر افراد خانواده‌ی مبارک که به مصر آمدند چهار دخترشان بودند که در زمان‌های مختلف به دیدار پدر خود رفتند. همچنین نوه‌ی بزرگ حضرت عبدالبهاء، «شوقی افندی» بود که قصد همراهی آن حضرت را به آمریکا داشتند؛

- Willaim Ellis[244]
- Continent[245]

ولی متأسفانه با علل مغرضانه‌ای مأموران گذرنامه در بندر ناپل از سفر ایشان جلوگیری کردند.

سفر همسر حضرت عبدالبهاء، منیره خانم، به مصر

در دوران تبعید به سرزمین عثمانی، خانواده‌ی مبارک از سفر به خارج از شهر و منطقه‌ی سکونت خویش، ممنوع بودند؛ ولی همان‌طوری که اشاره شد این محدودیت، شامل حال همسر حضرت عبدالبهاء، منیره خانم، نمی‌شد؛ چراکه ایشان جزء کسانی بودند که از ابتدا به دستور دو دولت ایران تبعید نشده بودند و جزء زندانیان دولت عثمانی به‌حساب نمی‌آمدند. ایشان در سال ۱۸۷۲ وارد عکّا شده، به عقد ازدواج حضرت عبدالبهاء درآمده بودند؛ بنابراین ایشان همانند دیگرکسانی که زندانی حکومت نبودند، می‌توانستند به هرجا که میل داشتند سفر کنند. بااین‌حال، در طول بیست‌وپنج سال مداوم، همراه همسرشان، حضرت عبدالبهاء که اجازه‌ی خروج نداشتند؛ هر بلایی را به‌جان، تحمل کرده، در کنار ایشان و بقیه‌ی زندانیان زندگی کردند.

ابوالفضایل گلپایگانی در مصر

ازجمله بهائیان در زمان حضرت عبدالبهاء، «جناب ابوالفضایل گلپایگانی» (۱۹۱۴-۱۸۴۴) بود که در سال ۱۸۹۴ به قصد تبلیغ و استحکام جامعه‌ی کوچک؛ ولی رو به رشد امرالله، وارد مصر شد. آن عالم بزرگ به سفارش حضرت عبدالبهاء، در ابتدا با حکمت فراوان و به‌طور غیرعلنی به تبلیغ امرالله می‌پرداخت. ازجمله در ابتدا به تدریس در دانشگاه معتبر اسلامی «الازهر» در مواضیع فلسفه، منطق، کلام، تاریخ و... مشغول شد. همین باعث شد بسیاری از دانشگاهیان به امر بهائی اقبال

نمایند.۲٤٦ کم‌کم در مصر (سال ۱۹۰۳) آثار و الواح حضرت بهاءالله به چاپ رسید.۲٤۷ آثاری مانند اشراقات، طرازات، تجلیات، چهار وادی، هفت وادی و بسیاری دیگر. درعین‌حال، از سال ۱۸۹۹ احبّای غربی از راه مصر برای زیارت روضه‌ی مبارکه و شرفیابی به حضور حضرت عبدالبهاء به ارض اقدس آمدند. بالاخره جناب ابوالفضایل در اوایل سال ۱۸۹۹ به دعوت حضرت عبدالبهاء از قاهره به ارض اقدس آمد و سپس به سفارش آن حضرت به قصد تشکیل کلاس‌های تزیید معارف بهائی برای احبّای آمریکا و اروپا به غرب، سفر کرد و به استحکام جوامع بهائی قیام نمود. سرانجام، بار دیگر در سال ۱۹۰٤ به مصر بازگشت و مشغول تألیف کتاب‌ها و رساله‌های فراوانی شد تا اینکه در ۲۱ ژانویه سال ۱۹۱٤، یعنی فقط چند هفته پس از رفتن حضرت عبدالبهاء از مصر، به ملکوت ابهی صعود نمود.۲٤۸

همراهان حضرت عبدالبهاء در مصر

همان‌طور که اشاره شد حضرت عبدالبهاء به خاطر حفظ آرامش و آسایش بهائیان ساکن ارض اقدس، بدون اعلام به آنها از حیفا با کشتی به مقصد پورت سعید حرکت کردند و به‌محض اینکه فرصت را مناسب دیدند نامه‌ای خطاب به همسرشان، منیره خانم، فرستادند که خبر از این سفر را در برداشت. در ابتدای ورود، طی مکتوبی خواستند که خدمتکار شخصی و بسیار مؤمن ایشان به نام «خسرو» را که اصلاً اهل برمه، یا میانمار امروز، بود و از سال‌های نوجوانی در ارض اقدس زندگی می‌کرد؛ به مصر بفرستند.

همراه دیگرشان، «سید اسدالله قمی» بود که نوشته‌هایی از خود درباره‌ی اقامت مصر به‌جا گذاشته است. ایشان جزء خدمتگزاران آن حضرت در مصر و همچنین سفرهای غرب بوده است.

۲٤٦- Mirza Habibullah Afnan, Memoires of the Bab, Baha'u'llah and Abdul-Baha, Chap ۳.

۲٤۷- Miftahu Babi-l-Abwab (The key to the Gate of Gates)

۲٤۸ - برای مطالعه‌ی بیشتر می‌توانید به کتاب «ابوالفضایل» اثر جناب روح الله مهرابخانی مراجعه فرمایید.

یکی دیگر از همراهان حضرت عبدالبهاء در مصر و اروپا، «احمد سهراب» (۱۹۵۸-۱۸۹۳) بود. او ازجمله منشیان و مترجمانی بود که در بین سال‌های ۱۹۱۲ تا ۱۹۱۹ در خدمت حضرت عبدالبهاء بود. وی بعداً در زمان ولایت «حضرت شوقی ربانی» به علت نقض عهد و میثاق الهی در سال ۱۹۳۹ طرد روحانی شد. او در هنگام همراهی حضرت عبدالبهاء، گزارش‌های روزانه‌ی خود را یادداشت می‌کرد و برای نشریه‌ی بهائی «نجم باختر» می‌فرستاد که شامل یادداشت‌های مصر، از تاریخ اوّل جولای تا ۳۰ سپتامبر ۱۹۱۳، نیز هست. هنگامی‌که جناب ابوالفضایل در سال‌های ۱۹۰۱ و ۱۹۰۲ در آمریکا بودند او به دستور حضرت عبدالبهاء در خدمت ایشان بود. وی بعداً خاطرات خود را در ایّام مصر با عنوان «عبدالبهاء در مصر»۲۴۹ در سال ۱۹۲۹ به طبع رساند.

سفر حضرت عبدالبهاء به اروپا

حضرت عبدالبهاء در ۱۱ آگوست ۱۹۱۱ با کشتی کُرسیکا۲۵۰ از بندر اسکندریه‌ی مصر به سمت بندر مارسی۲۵۱ فرانسه عازم شده، سفر دوساله‌ی خود را به اروپا و آمریکا آغاز کردند که شرح آن مفصل و جداگانه است. در پایان آن سفرها آن حضرت مجدداً در اواخر ماه جون ۱۹۱۳ به مصر بازگشتند و تا اوایل اکتبر همان سال در مصر اقامت فرمودند.

سفر حضرت عبدالبهاء به آمریکا

حضرت عبدالبهاء از بندر ناپل در کشور ایتالیا با کشتی سِدریک۲۵۲ در تاریخ ۱۲ آوریل ۱۹۱۲ وارد شهر نیویورک شدند. همان‌طور که ذکر شد در هنگام خروج از

- Abdul-Baha in Egypt۲۴۹
- S.S Corsica۲۵۰
- Marseilles۲۵۱
- S.S. Cedric۲۵۲

ارض اقدس لااقل به‌ظاهر در ابتدا هیچ قصدی برای سفر به آمریکا نداشتند؛ ولی به هنگام اقامت در مصر، دعوت‌نامه‌های متعددی نه‌تنها از جانب احبّای آمریکا؛ بلکه از جوامع غیر بهائی مانند جوامع صلح‌طلب، ارسال شد. حضرت عبدالبهاء در ابتدا پاسخ خویش را مشروط کرده بودند به شرط اتّحاد احبّای آن دیار و رفع اختلافاتی که نظرات «دکتر ابراهیم خیرالله» در میان بهائیان آمریکا ایجاد کرده بود. البته حضرت عبدالبهاء برای رفع شبهات احبّا دانشمندانی مانند «جناب ابوالفضایل گلپایگانی» و «جناب فاضل مازندرانی» را به آمریکا اعزام کرده بودند. سرانجام آن اتّحاد و همبستگی کم‌کم به مرحله‌ای رسید که تشخیص دادند زمینه‌ی سفرشان مهیا شده است. به‌طور خلاصه، به احبّای ساکن آمریکا می‌فرمودند که احبّای آن سامّان باید مانند زنجیری آهنی یا طلایی باشند که به هم متصل هستند؛ به‌عبارت‌دیگر، اتّحاد احبّا باید چنان باشد.

سفر حضرت عبدالبهاء به آمریکا نه‌تنها از ابتدا مشخص نبود؛ بلکه در زمان اقامت آن حضرت در مصر نیز هنوز نامعلوم بوده است. حتّی در «بهائی نیوز» به تاریخ ۲ مارس ۱۹۱۱ اشاره شده است و خبر از تاریخ ۲۱ فوریه همان سال می‌دهد که حضرت عبدالبهاء در سال ۱۹۱۱ به آمریکا سفر نخواهند کرد.۲۵۳

سرانجام حضرت عبدالبهاء در تاریخ ۲۵ مارس ۱۹۱۲ از بندر ناپل۲۵۴ ایتالیا با کشتی سِدریک، عازم نیویورک شدند که شرح آن ماجرا نیز طولانی است و در این گفتار نمی‌گنجد.

حضرت عبدالبهاء در پورت سعید مصر (مرتبه سوم)

حضرت عبدالبهاء در ۱۷ ژوئیه ۱۹۱۳ برای مرتبه‌ی سوم و آخرین بار در بازگشت از اروپا و آمریکا با کشتی هیمالیا۲۵۵ وارد شهر بندری پورت سعید در مصر شدند

- Baha'i News, Vol. ۱, Chicago (March ۲, ۲۹۱۱) No. ۱۹.۲۵۳

- Naples۲۵۴

- Himalaya۲۵۵

و این مرتبه مدّت بیست‌وچهار روز در این شهر اقامت داشتند.۲۵٦ از نکات جالب اینکه به‌محض ورود، هیکل مبارک تلگرامی به حیفا می‌فرستند که زائرانی که در حیفا منتظر دیدار ایشان بودند؛ برای این دیدار به پورت سعید بیایند و چون تعداد آنان زیاد بود و در سالن هتل محل اقامت ایشان به اندازه‌ی کافی برای همگی جا نبود در پشت‌بام همان هتل، چادری برافراشتند که جلسات ملاقات در آنجا برگزار گردد.۲۵۷ دیگر آنکه در این بازگشت بود که حضرت عبدالبهاء طریقه‌ی مناجات‌خوانی را به حضرت شوقی افندی یاد می‌دادند. همراهان در این بازگشت به مصر عبارت بودند از «سید اسدالله قمی»، «میرزا علی‌اکبر نخجوانی»، «میرزا محمود زرقانی» و «میرزا احمد سهراب». آبوهوای پورت سعید این بار نیز موافق حال حضرت عبدالبهاء نبود، بنابراین تصمیم گرفتند که به اسکندریه بروند. در ابتدا به هتل ویکتوریا تشریف بردند و بعد منزلی را در محله‌ی رمله‌ی اسکندریه اجاره کردند.

وضعیت جسمانی ایشان همچنان روبه‌راه نبود. به گمان نگارنده، سختی‌های سفرهای طولانی اروپا و آمریکا بار دیگر آن حضرت را دچار مشکلات جسمانی نموده بود. در این هنگام با اصرار احبّای ساکن ارض اقدس، تصمیم گرفتند که به حیفا برگردند؛ بنابراین در ۲ دسامبر از بندر اسکندریه، عازم حیفا شدند و بعد از سه روز، یعنی در ۵ دسامبر ۱۹۱۳ وارد حیفا شدند.۲۵۸

- Star of the West, vol.٤, n.۷ (July ۱۳, ۱۹۱۳) p.۱۲۱.۲۵٦
- Ibid۲۵۷
- Balyuzi, Abdul-Baha, p. xii.۲۵۸

خلاصه و نمونه‌ای از برخی بیانات شفاهی حضرت عبدالبهاء در مصر[۲۵۹]

• حضرت عبدالبهاء درباره‌ی دشمنان امرالله می‌فرمودند که امرالله، دشمنان بسیاری دارد و احبّا از این بابت باید بسیار خوشحال باشند. رهبران مذهبی از چپوراست حمله می‌کنند و همان ما را قوی‌تر می‌کند. ما آسیب‌پذیر نیستیم ...[۲۶۰]

• هنگامی‌که نویسنده‌ای هندی با ایشان درباره‌ی تعلیم و تربیت مصاحبه می‌کرد در پاسخ به سؤال او که چگونه می‌توان در دنیا سعادتمندی ایجاد کرد، می‌فرمودند که ابتدا همه‌ی ما باید نهایت سعی خود را برای بهتر کردن وضعیت اساسی و بنیادی طبقه‌ی کمتر مرفه جامعه بکنیم. وسیله‌ی بسیار مهم در این جهت، تربیت روحانی است.[۲۶۱]

• ازجمله مسائل مهم مطرح‌شده در مصر، موضوع جنگ جهانی و راه‌حل آن بود. می‌فرمودند که حال، دنیا نیازمند قدرت الهی است. احساس برتری گروهی بر گروه دیگری باید از میان برداشته شود. ممکن است که گاهی داروهایی برای این دردها تجویز شود که البته موقتی است و داروی اصلی و اساسی و دائمی، همان قدرت روحانی عشق و محبت است که دنیا را می‌تواند نجات دهد. قدرت روحانی عشق، دل‌ها را تقلیب می‌کند، روح می‌بخشد و افکار را متعالی می‌نماید و اسرار حقیقت و دوستی را آشکار می‌کند.[۲۶۲]

• اگرچه زندگی حضرت عبدالبهاء سرشار بود از انواع مشکلات؛ ولی درعین‌حال، شوخ‌طبعی نیز شیوه‌ی برجسته‌ی ایشان بود. گاهی از حکایات مزاح‌آمیز برای

---

۲۵۹ - مطالب این بخش البته جزء نصوص مبارکه محسوب نیست؛ بلکه در یادداشت‌های میرزا احمد سهراب آمده است.

۲۶۰. - The Master in Egypt, edited by Ahang Rababni, p. ۵۳.

۲۶۱. - Ibid, p ۵۲.

۲۶۲. - Ibid, p ۴۹.

دوستان، تعریف می‌کردند. در جمعی از دوستان فرمودند که هرازگاهی مزاح، لازم است. مزاح، نمک صحبت است.۲٦۳

• حضرت عبدالبهاء، دانشجویان بهائی را تشویق به ادامه‌ی تحصیلات عالیه می‌فرمودند. حتّی در مراحل بسیار بالای علمی. می‌فرمودند که بهائیان باید در پیشرفت‌های روحانی و سطح بالای علمی بسیار کوشا باشند.۲٦٤

<hr>

- Ibid, p ۲۸۵.۲۶۳
- Ibid, pp. ۳۰۵-۳۰٦.۲۶۴

فصل هفتم

دیدار افراد برجسته‌ی معاصر با حضرت عبدالبهاء

شیخ محمّد عبده (۱۹۰۵-۱۸۴۹): مهم‌ترین متفکّر مسلمان آن زمان، ازنظریه پردازان و بانیان مدرسه‌ی مدرنی در مصر بود که به دنبال اصلاحاتی در دیانت اسلام می‌گشت تا به ریشه‌های حقیقی آن بازگردد. همچنین در زبان عربی نوآوری‌هایی کرد. وی از طرفداران حقوق بشر بود. از دیگر افکار وی، حمایت از دلایل و براهین منطقی در مقابله با متون قرون وسطایی بود که در مقابل اقامه‌ی دعوی تاب نمی‌آوردند. به اعتقاد وی، انسان باید با نیروی هوش و علم، هدایت شود نه با قید و بندهایی که سنّت به‌پایش می‌پیچد. به خاطر فعالیت‌های ناسیونالیستی و تحریکاتی که ایجاد می‌کرد توسط ارتش بریتانیا تبعید شد و مدرسه‌ی آموزش اسلامی را در لبنان تأسیس کرد. دیدگاه‌های ضداستعماری خویش را ترویج می‌داد و منتشر می‌کرد. به همین دلیل به انگلستان سفر کرد تا افسران عالی‌رتبه‌ی انگلیسی را از اوضاع خاورمیانه آگاه سازد. از دیگر اقدامات وی تلاش برای ایجاد فهم مشترک بین مسلمانان و مسیحیان و یهودیان در خاور نزدیک بود. ملاقات وی با حضرت عبدالبهاء در سال ۱۸۸۷ منجر به ایجاد روابط دوستانه و مکاتبات وی تا آخر حیاتش با هیکل مبارک گردید. احترام وی به‌جامعه‌ی بهائی به خاطر تلاش‌ها و صرف توان این جامعه برای روشنگری بود.

شکیب ارسلان (۱۹۴۶-۱۸۶۹): مورّخ، مترجم، متفکّر و نویسنده‌ای که تفکر اتّحاد عربی را گسترش داد. وی به همراه شیخ محمّد عبده در بیروت به زیارت حضرت عبدالبهاء مفتخر شد. ایشان درباره‌ی هیکل مبارک چنین نگاشته است:

«عبدالبهاء آیتی از آیات بزرگ خدا بود. خداوند، جمیع حقایق بزرگی و اصالت و نجابت و فضایل و مناقب را در وجود او جمع فرموده بود. بسیار نادر و کمیاب‌اند کسانی که به این همه کمالات علمی و روحانی آراسته باشند ... آخرین درجه‌ی عقل و حکمت را دارا بود ... در اصالتِ رأی، نظرِ عمیق و قوّتِ برهان و محکمی استدلال، نظیری برای او نبود. ...»

جین آدامز ۲۶۵ (۱۹۳۵-۱۸۶۰): یکی از متفکّران برجسته‌ی آمریکایی که درزمینه‌های مختلفی مانند نیازهای مادران و فرزندان، زنان تحت ظلم، بهداشت عمومی و صلح جهانی فعّالیت می‌کرد و در زمره‌ی مصلحان اجتماعی بود. وی بنیان‌گذار «هال هاوس»، خانه‌ای برای سکونت فقرا، در شیکاگو است. در روز افتتاح این بنیاد در تاریخ ۳۰ آوریل ۱۹۱۲، حضرت عبدالبهاء نطقی با عنوان وحدت نژادی ایراد فرمودند.

- Jane Addams۲۶۵

شیخ محمّد بخیط (۱۹۳۵- ۱۸۵۴): وی یکی از مفتیان مصری بود که موضع محافظه‌کارانه‌ای اتّخاذ می‌کرد. وی با هرگونه تجدّد یا روشنفکری ازجمله ترجمه‌ی قرآن و اعطای آزادی به زنان مخالفت می‌کرد. شیخ محمّد با حضرت عبدالبهاء مکاتبه می‌نمود.

الکساندر گراهام بل۲۶۶ (۱۹۲۲- ۱۸۴۷): مخترع، دانشمند و مهندسی آمریکایی بود که علاقه‌اش به ساخت دستگاهی که شنوایی را تقویت نماید و گفتار را به صورت قابل فهم برای افراد ناشنوا درآورد، وی را به ساخت اولین دستگاه تلفن، رهنمون ساخت که البتّه یکی از بی‌شمار اختراعات وی به شمار می‌رود. حضرت عبدالبهاء میهمان این شخص بوده‌اند و در مراسم ضیافتی که به‌افتخار هیکل مبارک، آراسته بود از حضرتش تقاضای ایراد خطابه‌ای برای حضّار نمود که حضرت مولی‌الوری درباره‌ی اهمیّت علم در این عصر جدید، بیاناتی فرمودند.

- Alexander Graham Bell۲۶۶

هنری برگسون ۲۶۷ (۱۸۵۹-۱۹۴۱): یکی از فلاسفه‌ی بانفوذ فرانسوی بود که در سال ۱۹۲۰ برنده جایزه‌ی نوبل ادبیات گردید. وی در پاریس به‌افتخار زیارت حضرت عبدالبهاء نایل گردید. در این دیدار طی مکالمه‌ای با هیکل مبارک درباره‌ی مصالحه بین دیدگاه مادیون و الهیون درباره‌ی خلقت جهان، وی توانست به فهم عمیق‌تری از ذات الهی پی برد.

مابل‌تورپ بوردمن ۲۶۸ (۱۸۶۰-۱۹۴۶): فردی خیرخواه و بشردوست آمریکایی که نقش بسیار مهمی در هدایت صلیب سرخ در طی سال‌های جنگ جهانی اوّل داشت. این فرد در شهر واشنگتن دی سی به زیارت حضرت عبدالبهاء نایل گردید.

<hr>

- Henri Bergson[۲۶۷]
- Mabel Thorp Boardman[۲۶۸]

ادوارد گرانویل براون[269] (۱۹۲۶–۱۸۶۲): شرق‌شناس برجسته‌ی غربی و استاد ادبیّات عرب در دانشگاه کمبریج بود. وی همچنین محقّقی برجسته در ادبیّات فارسی به شمار می‌رود که یکی از آثارش چهار جلد کتاب درباره‌ی تاریخ ادبیات فارسی است. وی بعد از خواندن مقاله‌ای به زبان فرانسه اثر کنت دوگوبینو درباره‌ی حضرت باب، علاقه‌مند به شخصیّت حضرتش گردید. وی کتاب «مقاله‌ی شخصی سیّاح» به قلم حضرت عبدالبهاء را به انگلیسی ترجمه کرد و برخی ضمایم را به آن افزود. وی مفتخر به زیارت حضرت بهاءالله و حضرت عبدالبهاء گردیده است که اثر این ملاقات را چنین می‌نگارد:

«کمتر کسی را دیده‌ام که دیدارش این همه در من تأثیر گذارده باشد. شخصی بلند قامت، دارای اندامی موزون و محکم و قامتی استوار، عمامه‌ی کوچکی بر سر داشت و از پیشانی بلند و قوی او و کمال عقل و هوش و اراده‌ای محکم و خلل‌ناپذیر نمایان بود. چنین بود احساسی که از نخستین برخورد با او داشتم. جلسات پی‌درپی ملاقات با عباس افندی [عبدالبهاء] و گفتگو با او، بر احترامی که در دیدار اوّل برایم حاصل شده بود؛ افزود. سخنان فصیحی که در هر موضوع تازه‌ای بدون تأمل ایراد می‌داشت؛ آمادگی او برای بحث، نکته‌دانی و ظرافت و قدرت او در وصف مطالب و شاهد آوردن امثله، احاطه‌ی بی‌نظیر او در کتاب‌های مقدس یهودیان، مسیحیان و مسلمانان، از نوادر و حتّی در میان همنژادان او [ایرانیان] که آگاه بر نکات و لطایف مسائل‌اند؛ بی‌نظیر بود. این صفات که با رفتاری شکوهمند و پرلطف و مهربانی همراه بود همه‌ی تردید مرا که چرا عباس افندی حتّی ماوراء حوزه‌ی پیروان پدر خود از

- Edward Granville Browne[269]

چنین احترام و ستایشی برخوردار است؛ برطرف کرد. درباره‌ی بزرگواری و عظمت این مرد، هر کس او را دیده باشد؛ نمی‌تواند تردیدی به خود راه دهد.»

کیت کرو (مری ویلیام) ۲۷۰: از معدود بانوان کاریکاتوریست و مقاله‌نویس روزنامه‌ی نیویورک ورلد بود. در طیّ اقامت حضرت عبدالبهاء در نیویورک با ایشان ملاقات نمود و پرتره‌ای از ایشان کشید. در بازدید هیکل مبارک از بنیاد خیریه‌ی بائوری همراه ایشان بود. روحانیت و مهربانی حضرت مولی‌الوری عمیقاً وی را تحت تأثیر قرار داد و دیدگاه‌های بدبینانه وی را اعتدال بخشید. در ادامه مطلبی را که وی درباره‌ی نحوه ملاقاتش با حضرت عبدالبهاء نگاشته است را مطالعه می‌کنید:

«بعد از خاتمه‌ی نطق، از روی صحنه پایین آمده، درحالی‌که کیسه‌ی سبزرنگی در دستشان بود به میان جمع آمدند. البتّه که نمی‌توانستم بدون اینکه از همه‌ی ماجرا سر دربیاورم صحنه را ترک کنم. عبدالبهاء سرش را کنار گوشم آورد و نجوا کرد: «می‌خواهم از این سکّه‌ها به این افراد بدهم.» چه انتظاری جز این می‌شد داشت!

بزرگ‌ترین شگفتی زندگی‌ام بود. فکر می‌کنید این سکه‌های خوش شانس به چه منظور اینجا آمده بودند؟ دویست دلاری که تبدیل به سکه‌های بیست‌وپنج سنتی شده بود. چه قدر باارزش! مطمئنم که حدسش را هم نمی‌زدید. فقط لحظه‌ای فکر کنید! یک نفر از شرق به آمریکا بیاید و پول تقسیم کند. اینجا هیچ‌کس با نذر یا بدون نذر چنین کاری نمی‌کند. شگفت‌انگیز بود!

———————————————

- Kate Carew (Mary Williams)۲۷۰

از کلمات و ادای آنها خسته شده‌ام تنها با کلمات از طریقی که دوست دارم معامله می‌کنم. امّا آن منش بزرگوارانه‌ی عبدالبهاء، خلوص کامل را برای من معنی کرد. این عمل خالصانه به دور از هرگونه تکبّر و غرور و خودنمایی انجام شد.

در همین زمان، مردی که ایشان نزدیک شد که حضرت عبدالبهاء به‌جای یک سکه دو سکه در دستانش نهادند. یک جوان ترک، دو سکّه از حضرتش تقاضا کرد که یکی را محض تبرّک نزد خود نگاه دارد. عبدالبهاء به شانه‌های وی زدند و عنایت کردند. من این افراد را یک خانواده‌ی واحد دیدم که فرشته‌ای در میانشان بود.

مجبور بودم از آن جمع خداحافظی کنم. پس نزد عبدالبهاء رفتم که در ابتدای صف در بنیاد بائوری ایستاده بود و افرادی در صف دریافت اعانه از حضرتش بودند. این آخرین نظر من به جمال ایشان بود. در راه بازگشت به خاطرات آن شب فکر می‌کردم و اینکه کسی در مدح ایشان نگاشته بود وی نسیم الهی است.»

اندرو کارنگی ۲۷۱ (۱۹۱۹- ۱۸۳۵): یکی از قدرتمندترین و ثروتمندترین مردان آمریکا بود که ثروتش را صرف خدمات بشردوستانه و تأسیس بنیادهای خیریه و صلح می‌نمود. کارنگی حامی مالی بسیاری از همایش‌هایی بود که حضرت عبدالبهاء در آنها سخنرانی می‌فرمودند. برای مثال، «کنفرانس لیک موهانک درباره‌ی داوری بین‌المللی» که از سال ۱۸۹۵ تا سال ۱۹۱۶ برگزار شد و

- Andrew Carnegie۲۷۱

نقش مهمی در تأسیس «دیوان دائمی داوری بین‌المللی» در لاهه داشت. در نوامبر ۱۹۱۲ کارنگی نسخه‌ای از مقاله‌اش را با عنوان «بشارت غنا» ۲۷۲ برای عبدالبهاء فرستاد. کارنگی در این اثر از مسؤولیت‌های ثروتمندان برای بهبود جامعه سخن می‌گوید. به نظر او ثروتمندان باید تمام دارایی خود را وقف کنند تا هدر نرود. او موافق وضع مالیات سنگین بر ارث بود که در انگلستان رواج داشت. به نظر کارنگی، «حکومت با وضع مالیات سنگین بر ارث نشان می‌دهد که زندگی بی‌ارزش میلیونر خودخواه را در خور نکوهش می‌داند. مطلوب است که کشورها در این مسیر گام بردارند.»

حضرت عبدالبهاء «بشارت غنا» را مطالعه فرموده و در ۱۰ ژانویه ۱۹۱۳، اندکی پس از بازگشت از آمریکا به لندن، نامه‌ای به کارنگی مرقوم فرمودند. کارنگی چنان این نامه را پسندید که آن را در نیویورک‌تایمز، چاپ کرد؛ امّا در یک مورد خاص، حضرت عبدالبهاء استدلال می‌کرد که باید از حرف کارنگی فراتر رفت. به عقیده‌ی حضرت عبدالبهاء، یکی از شرایط بازتوزیع موفق ثروت، عبارت بود از حفظ وحدت میان طبقات گوناگون جامعه. حضرت عبدالبهاء «همبستگی» را از «برابری» مهم‌تر می‌دانست:

«شخص محترما تألیف شما بشارت غنا را مطالعه نمودم فی‌الحقیقه آراء سدیدی در آن بجهت آسایش عالم انسانی ملاحظه شد

مختصر اینست در تعالیم بهاءالله مواساتست و این اعظم از مساواتست مساوات امریست مجبوری ولکن مواسات امریست اختیاری.

کمال انسان بعمل خیر اختیاریست نه بعمل خیر اجباری و مواسات خیر اختیاریست و آن اینست که اغنیا بفقرا مواسات نمایند یعنی انفاق بر فقرا کنند ولی بمیل و اختیار خویش نه اینکه فقرا اغنیا را اجبار نمایند زیرا از اجبار اختلال حاصل گردد و انتظام امور بشر مختل شود ولی مواسات که آن انفاق اختیاریست سبب راحت عالم انسانیست سبب نورانیّت عالم انسانیست و سبب عزّت عالم انسانیست.

چنانکه آثار خیریّهٔ آن جناب در سیاحت شهرهای امریک مشاهده شد در بعض دارالفنون‌ها و انجمنهای صلح و در ترویج معارف لهذا در حقّ شما دعا نمایم که همواره مشمول بالطاف و برکت آسمانی باشید و سبب اعمال خیریّه در شرق و غرب گردید تا در ملکوت الهی مانند شمع روشن گردید و عزّت و حیات ابدیّه یابید و از افق ابدی مانند ستاره بدرخشید».۲۷۳

کارنگی در نوامبر ۱۹۱۲ در نیویورک با حضرت عبدالبهاء ملاقات کرد. پیش از آن، کارنگی صدها کتابخانه‌ی عمومی ساخته بود؛ به کارمندان و کارگران پیشینش حقوق بازنشستگی داده بود؛ بخشی از هزینه‌های «مؤسسه‌ی تاسکگی»، نخستین دانشکده‌ی تربیت معلم ویژه‌ی سیاهان را در آلاباما تأمین کرده بود و دانشگاه‌های کارنگی ملون را در آمریکا و بیرمنگام را در انگلستان بنا نهاده بود. افزون بر این، وی در ۱۱ دسامبر ۱۹۱۰ «موقوفه‌یکارنگی برای صلح بین‌المللی» را تأسیس کرده بود.

در ۱ مه ۱۹۱۵، در میانه‌ی جنگ جهانی اوّل، کارنگی ترجمه‌ی نامه‌دیگری از حضرت عبدالبهاء را در نیویورک‌تایمز منتشر کرد. حضرتش در این نامه از ترویج اصل وحدت عالم انسانی و تأسیس صلح جهانی به‌عنوان بزرگ‌ترین خدمت نام می‌برد و فعالیت‌های کارنگی را در این راه می‌ستاید. او می‌گوید در اروپا و آمریکا در همه‌ی مجامع و کلیساها نسبت به خطر مهیب جنگ، هشدار داده و از خیرخواهان جهان خواسته بود؛ شب و روز دمی نیاسایند تا آتش خصومت ملی و نژادی شعله‌ور نشود. حضرت عبدالبهاء با انتقاد از ستیزه‌جویی رهبران و سیاست‌مداران اروپایی، یادآوری می‌کند که پیش از شروع جنگ، اروپا را به انبار مهماتی تشبیه کرده بود که تنها جرقه‌ای کافی بود تا منفجر شود. با وجود این، وی می‌گوید که بی‌تردید سرانجام صلح‌طلبان صفوف خود را خواهند آراست و بر جنگ‌طلبان، برتری خواهند یافت. وی دعا می‌کند که کارنگی پرچم صلح و محبت را در جهان برافرازد و بر سریر عزت ابدی در ملکوت الهی تکیه زند.۲۷۴

<hr>

۲۷۳ - عبدالبهاء؛ منتخباتی از مکاتیب حضرت عبدالبهاء، ج ۱؛ (کتابخانه آثار بهائی).

۲۷۴ https://www.aasoo.org/fa/articles -

توماس کی چین[275] (۱۹۱۵-۱۸۴۱): پروفسور دانشگاه آکسفورد در رشته‌ی تفسیر کتب مقدس بود. وی یک فصل در کتابش به نام مصالحه‌ی ادیان و نژادها را به حضرت عبدالبهاء اختصاص داد. این افتخار را کسب نمود که میزبان حضرت مولی‌الوری در منزلش باشد و هیکل مبارک در آن محفل درباره‌ی پدیده‌های طبیعی و فلسفه‌ی الهی خطابه‌ای ایراد فرمودند. چین بعدها نوشت:

«اینکه چرا من بهائی هستم سؤال بزرگی است ولی شاید بتوان جواب آن را درعظمت وجود حضرت بهاءالله و حضرت عبدالبهاء یافت ... من یکی از بهائیانی هستم که به کلیسای خویش وفادار ماند.»

جیمز بیشاپ کلارک[276] (۱۹۲۱-۱۸۵۰): یکی از سیاستمداران و نماینده‌ی کنگره از میسوری و همچنین سخن‌گوی خانه‌ی نمایندگان که در زمان بازدید حضرت عبدالبهاء از کاخ سفید به دعوت تافت[277] رئیس جمهور وقت، موفّق به زیارت هیکل مبارک گردید.

- Thomas K. Cheyne[275]
- James Beauchamp Clark[276]
- Taft[277]

راسل کانول[278] (۱۸۴۳-۱۹۲۵): کشیش کلیسای باپتیست‌ها در فیلادلفیا بود. حضرت عبدالبهاء در کلیسای ایشان درباره‌ی ماهیت روحانی و حیوانی انسان و اهمیّت طبیعت روحانی و نقش آن در ارتقای عالم، خطابه ایراد فرمودند.

دوبویس[279] (۱۸۶۸-۱۹۶۳): نویسنده و مؤلف و یکی از متفکّران برجسته‌ی سیاه‌پوست در نسل خویش بود. از وی کتاب «ارواح قوم سیاه‌پوست»[280] به‌جا مانده است. در ضمن وی از بانیان «انجمن ملی حمایت و پیشرفت رنگین‌پوستان»[281] بود. در مجله‌اش به نام «بحران» یکی از خطابات مبارک را در گردهمایی سالانه‌ی NAACP را منتشر کرد.

<hr>

- Russell Conwell[278]
- W. E. B. Dubois[279]
- The Souls of Black Folks[280]
- NAACP[281]

آگوست هنری فورل[282] (۱۸۴۸-۱۹۳۱): حشره‌شناس و روان‌شناس برجسته‌ی سوئیسی که به خاطر مطالعاتش بر روی مغز و همچنین مورچه، بسیار مشهور است. وی یکی از بنیان‌گذاران تئوری نورون است. بر اساس این تئوری، سیستم عصبی از یک سلول منحصر به فرد، تشکیل شده است. در سال ۱۹۲۰ توسط دامادش از امر مبارک مطلع گردید و بهائی شد. یکی از الواح طولانی حضرت عبدالبهاء قبل از صعود مبارک خطاب به ایشان است.

سلیم قوبعین: نویسنده، مترجم و روزنامه‌نگار بود. بسیاری از کتب لئو تولستوی توسط وی ترجمه شد. در یکی از کتاب‌هایش به نگارش دقیق درباره‌ی حضرت عبدالبهاء و دیانت بهائی پرداخت. حضرت عبدالبهاء را به‌خوبی می‌شناخت و با زندگی حضرتش از نزدیک آشنا بود و بعد از صعود مبارک، بسیار متأثر گردید و همیشه با بهائیان محشور بود.

جبران خلیل جبران (۱۸۸۳-۱۹۳۱): نویسنده‌ی شهیر لبنانی که نقش بسزایی در ایجاد رنسانس ادبی عرب داشت. وی در جهان غرب با کتاب مشهورش به نام «پیامبر» شناخته می‌شود که به چهل زبان ترجمه شده است. رشد و نموّ و بالندگی وی در کشوری مانند لبنان بود که مرکز ادیان و فرقه‌های مختلف بود و همیشه در معرض تخاصمات داخلی قرار داشت. وی در آمریکا به زیارت

- Auguste Henri Forel[282]

حضرت عبدالبهاء نائل گردید که اثر شگرفی در وی بهجا نهاد. بعدها درکتابش به نام «مسیح فرزند انسان» از شخصیّت حضرت عبدالبهاء بهعنوان الگو استفاده کرد و در زمان صعود مبارک، بسیار محزون و متأثّر شد.

ساموئل گامپرز[283] (۱۹۲۴-۱۸۵۰): یکی از چهرههای اصلی در گسترش تجارت آمریکا و از پایهگذاران اتّحادیههای کارگران است. در جلسهای که به تاریخ ۲۶ آوریل ۱۹۱۲ درساختمان مرکزی بنیاد انقلاب آمریکا تشکیل شده بود؛ جایگاه ویژهای را به حضرت عبدالبهاء اختصاص داد.

پرسی استیکنی گرانت[284] (۱۹۲۷-۱۸۶۰): کشیش کلیسای آسانسیون در نیویورک بود که در همین کلیسا اولین خطابهی مبارک حضرت عبدالبهاء در تاریخ ۱۴ آوریل ۱۹۱۲ ایراد گردید.

- Samuel Gompers[283]
- Percy Stickney Grant[284]

فیبی اپرسون هرست۲۸۵ (۱۹۱۹-۱۸۶۰): یکی از خیّرین مشهور آمریکایی و فعّال حقوق زنان، همچنین پسرش ویلیام راندولف هرست، بنیان‌گذار یکی از روزنامه‌های بسیار مشهور آمریکا بود. پس از آشنایی‌اش با امر مبارک به واسطه‌ی لوا گتسینگر و هیپولیت دریفوس و لقب مادرخوانده می بولز (بعدها می مکسول) از ثروتش در راه سفر زیارتی به‌سوی ارض اقدس و زیارت دسته‌جمعی تعدادی از احبّای آمریکایی استفاده کرد. این سفر در سال ۱۸۹۸ اتّفاق افتاد و خانم هرست از هیکل مبارک دعوت کرد که به آمریکا تشریف‌فرما شوند

که نهایتاً این سفر در سال ۱۹۱۲ اتفاق افتاد. براثر انقلاب روحانی که در قلوب زائرین ایجاد شد حضرت مولی‌الوری از این سفر به‌عنوان شروع حقیقی امر مبارک در غرب، یاد فرمودند. درباره‌ی این اولین خیل زائرین که باعث انتشار مجدد امر مبارک در غرب گردیدند و اقدام سخاوتمندانه‌ی خانم هرست باعث شد که حضرت ولی امرالله به این خانم لقب «مادر وفاداران» را عنایت فرمایند. حضرت ولیّ امرالله در کتاب قرن بدیع این سفر روحانی را این‌گونه تشریح می‌فرمایند:

« در سال ۱۸۹۸ خانم فوبه هرست (زوجهء سناتور جورج هرست) که باحساسات و عواطف نوع خواهی و بشر دوستی معروف و در اوقات مسافرت خانم گتسینگر به کالیفرنیا بوسیلهٔ مشارّ الیها بامر مبارک اقبال نموده بود مشتاق زیارت روضهٔ مبارکهٔ علیا و تشرّف بساحت اقدس حضرت عبدالبهاء گردید و نیّت خویش را با جمعی از دوستان از جمله دکتر گتسینگر و همسر وی و دکتر خیر الله و قرینه اش در بین نهاد و آنان را دعوت نمود که در این ضیافت تاریخی با وی همقدم شوند و به هیأت اجتماع بکوی محبوب شتابند بنا بر این شخصاً وسائل سفر را مهیّا ساخت و نفوس

- Phoebe Apperson Hearst۲۸۵

مذکوره بکمال حبّ و شوق بصوب اروپ رهسپار گردیدند. در پاریس چند تن از دوستان رحمانی امریک مقیم آن مدینه از جمله امۀ الله المنجذبه "می الیس بولز" که بوسیلۀ خانم گتسینگر بامر مبارک مشرّف شده بود و میس پیرسون و آن اپرسون خواهر زاده‌های خانم هرست نیز آرزومند طواف کعبۀ معبود شدند و به معیّت میسیس ثورنبورگ و دخترش به آن کاروان الهی پیوستند. در مصر نیز صبایای دکتر خیر الله و جدّۀ آنها که اخیراً بوسیلۀ مشارّ الیه در ظلّ امر مقدّس وارد شده بودند به هیئت زائرین منضمّ گشتند و کلّ خاضعاً خاشعاً آهنگ ارض مقصود و عزم مقام محمود نمودند.

این هیئت مجلّله اوّلین زوّار بقعۀ احدیّه که عددشان به پانزده نفس بالغ به سه دسته تقسیم شدند دستۀ اوّل که دکتر و میسیس گتسینگر در عداد آنها بودند در تاریخ دهم دسامبر ۱۸۹۸ بمدینۀ محصّنۀ عکّا ورود نمودند و بمحضر انور طلعت من طاف حوله الاسماء مشرّف گشتند و از کأس لقای میثاق سرمست شدند. این تماس که بین مرکز عهد و پیمان حضرت بهاءالله و رافعین و محبّین جدید امر مقدّسش در غرب حاصل گردید و هیجان و احساسات لطیفۀ روحانیّه ای که هنگام تقبیل عتبۀ مقدّسۀ علیا برای آن عشّاق جمال ابهی دست داد و افتخار عظیمی که بوفود در ضریح مقدّس و مضجع انور اقدس در ملازمت هیکل میثاق نصیب آنان گردید و شور و ولهّی که در اثر عنایات و الطاف مبارک در مدّت کوتاه تشرّف در قلوبشان ایجاد شد و شعلۀ محبّت و انجذابی که نصایح و تعالیم الهیّه در زجاجۀ وجودشان بر افروخت کلّاً بر افتتاح فصل جدید و دور بدیعی در ترقّی و توسعۀ امر الله و تبشیر و تأسیس ملکوت الله در اقالیم باختر دلالت مینمود که مساعی و مجهودات جلیلۀ بعضی از همین زائرین و قیام و انقطاع سایر دوستان الهی در غرب عظمت و اهمّیّت آن را در سنین مؤخّر واضح و آشکار گردانید.

یکی از زائرین در بیان احساسات روحانی و عواطف قلبی که از اوّلین تشرّف به آستان مبارک برای وی حاصل گردیده مینگارد: "خاطراتی که از تشرّف بمحضر مبارک حضرت عبدالبهاء در قلب باقیمانده به تقریر و تعبیر در نیاید و الفاظ و عبارات تبیان و ترجمان نتواند. در آن ساعت قوّۀ عجیبی سراپای وجودم را احاطه نمود که بالمرّه خود را فراموش کردم و عقل و هوش از دست بدادم. حالتی دست داد مقدّس از حزن و سرور و کیفیّتی منزّه از ذکر و بیان همینقدر میدانم که با زیارت وجه صبیحش طیر روحم در فضای لامکان بپرواز آمد و جان و روانم با جهان

بالا و عالم لایتناهی دمساز گردید محو طلعت بیمثالش گشتم و از خمر بیانات روح پرورش نصیب موفور بردم. آنچه فرمود بسمع قبول اصغاء کردیم و آنچه از آیات و تعالیم بدیعه القا نمود در صفحهٔ ضمیر مرتسم ساختیم. در محضر مبارکش بنشستیم و چون پروانه حول سراجش مجتمع شدیم ولی از خود بیخود بودیم و گوئی در قید حیات نیستیم و چون آن هیکل مقدّس قیام فرمود و نا گهان ما را وداع نمود بخود آمدیم و جان رفته بابدان بازگشت امّا شکر ساحت محبوب را که دیگر حیات ما حیات اوّلیّه نبود بلکه نشئه ای جدید بود و روحی بس لطیف و بدیع."

و باز همین زائرعتبهٔ الهی از کیفیّت آخرین لحظاتی که به درک محضر مرکز میثاق موفّق شده مینویسد: "به قوّت و عظمت تعالیم مبارکش خوف ما به ایمان و ضعفمان به قدرت و حزنمان به سرور تبدیل شد. از فرط عشق و محبّت آن دلبر احدیّت خود را فراموش کردیم و چون برای استماع بیانات در مقابل آن وجود اقدس نشستیم بعضی از دوستان از شدّت عشق و غلیان احساسات اشک شوق از دیده جاری ساختند، آن تسلّی دهندهٔ قلوب آنان را نوازش فرمود و دلداری داد و امر فرمود اشک از دیدگان بزدایند و بمواهب الهیّه مسرور و شادمان باشند. ولی دلها نه چنان شیفتهٔ آن مه تابان و منجذب آن یار مهربان بود که سکون و آرامش میسّر گردد و غلبه بر جذبات شوقیّه مقدّر لهذا هیکل اقدس مجدّداً با اظهارعنایت و عطوفت لایتناهی فرمودند گریه نکنید گریه نکنید و تأکید فرمودند که تا اشک از دیده‌ها پاک نشود و صدور به محبّت محبوب مطمئن نگردد صحبت نخواهند فرمود و ما را تعلیم نخواهند داد."

خانم هرست نیز شخصاً در یکی از مکاتیب خویش مینویسد: "آن سه روز که در محضر مبارک گذراندم از بزرگترین و تاریخی ترین ایّام حیات من محسوب است ... قلم از وصف آن هیکل اقدس عاجز و بیان از توصیفش قاصراست. همینقدر از اعماق قلب معتقدم که او است مولا و آقا و سیّد ما. بزرگترین افتخار و عزّت و شرف و منقبت من در آن است که در این جهان به درک محضر انورش فائز شدم و دیده از وجه منیرش روشن کردم ... بدون تردید عبّاس افندی مسیح این عصر و هادی و منجی این نسل است و با وجود مقدّسش ما را انتظار ظهور جدیدی نه و ترصّد مسیح دیگری نیست." و در نامهٔ دیگر مینگارد: "باید اعتراف کنم که مرکز عهد و میثاق شگفت انگیز ترین نفسی است که در حیات خویش ملاقات نموده و یا در

عالم ناسوت انتظار ملاقات دارم. نفوذ و قدرت عظیمی که در آن طلعت اقدس موجود و بنفوسی که به فیض دیدارش موفّق القا مینماید غیر قابل تشریح است و بتصوّر و ادراک در نیاید. من بتمام قلب و روان به آن ذات مقدّس ایمان دارم و امیدوارم آنانکه رائحهٔ حیات از قمیص یوسف میثاق استشمام نموده‌اند و خود را در زمرهٔ محبین و مستظلّین در ظلّ حضرتش میشمارند جمیع عظمت و جلال او را در یابند و لسان به مدح و ثنایش بگشایند زیرا بیقین مبین او است ابن الله و او است نفسی که روح اب سماوی در وجود مبارکش متجلّی و مشرق است."

عنایات و الطاف هیکل مبارک نه تنها جاذب قلوب دوستان بود بلکه مغناطیس حبّش افئدهٔ بیگانگان را نیز مفتون و مجذوب میساخت چنانکه گماشتهٔ خانم هرست موسوم به رابرت تورنر از نژاد سیاه در اثر زیارت جمال پیمان و ملاحظهٔ جلال و عظمت آن نیّر تابان شیفته و حیران گردید و در حلقهٔ مؤمنین وارد شد و او اوّلین نفسی است که از بین سیاه پوستان امریک در ظلّ این امر اعظم در آمد و باین عنایت عظمی مفتخر گردید. مراتب اشتیاق و انجذاب این خادم سیاه بدرجه ای بود که حتّی پس از اینکه خانم ولینعمتش که او را بینهایت محترم و گرامی میداشت بنحو غیر منتظری متوقّف گردید و از ادامهٔ طریق عشق که خود بطیب خاطر و علاقهٔ وافر اختیار نموده بود باز ماند ابداً در حرارت و نورانیّت وی تأثیر نکرد و بهیچوجه از میزان ذوق و شوق و وله و محبّتی که الطاف مبارک حضرت عبدالبهاء در قلب او ایجاد کرده بود نکاست بلکه در خلوصش ثابت تر شد و در جذبه و شورش راسخ تر گردید.

زائرین که از صهبای عنایت الهیّه سرشار و از جام الست سرمست شده بودند پس از انجام این سفر تاریخی با عزمی قاطع و فؤادی منجذب و روحی مستبشر باوطان خویش معاودت نمودند و در اقالیم متّحدهٔ امریک به ترویج و تبشیر تعالیم رحمانی پرداختند تا اینکه دائرهٔ خدماتشان وسعت یافت و نطاق مجهوداتشان در اروپای غربی و ایالات و ولایات قارّهٔ امریکای شمالی منبسط گردید و کسب اهمّیّت نمود به درجه ای که مرکز عهد و میثاق الهی اراده فرمود که بمجرّد استخلاص از سجن بنفسه المقدّس قیام نماید و جهت ابلاغ کلمهٔ الله و تأسیس ملکوت الله بجهان غرب شتابد و به تشویق دوستان و تمشیت امور امریّهٔ آن سامان پردازد.

یکی از ورقات موقنات که پس از معاودت از کوی محبوب بکمال همّت و جانفشانی به خدمت امر الله و اعلاء کلمهٔ الله قیام نمود امهٔ الله المنقطعه می بولز بود که نامش از پیش مذکور گردید. این آیت هدی و منادی ملأ اعلی بموجب دستورات اکیدهء طلعت میثاق به تأسیس اوّلین مرکز بهائی قارّهٔ اروپ در پاریس مبادرت ورزید و در انجام این امر خطیر سعی و اهتمام وفیر مبذول داشت و آن مرکز امریّه بفاصلهٔ قلیل در اثر اقبال جمعی از نفوس خالصهٔ زکیّه تقویت گردید. از جمله مستظلّین در ظلّ کلمهٔ الله تماس بریکول بود. این نور مصوّر و روح مجسّم که مورد الطاف و عنایات بیکران هیکل پیمان واقع اوّلین فرد انگلیسی است که به شریعهٔ الهیّه وارد و الحاقش بیاران پاریس سبب مزید اشتعال آن جمع گردید.

دیگر هیپولیت دریفوس اوّل مؤمن فرانسوی که کتب و آثار و ترجمه‌ها و مسافرت ها و خدمات جلیلهٔ باهره اش علّت اشتهار و تمکّن امر الله در آن اقلیم شد. دیگر خانم لورا بارنی که بیانات گرانبهائی را که طیّ دورهٔ ممتدّ زیارتش در ارض مقصود از لسان مبارک در جواب اسئلهٔ خویش در مواضیع مختلفه اصغا نموده جمع آوری و تدوین کرد و بنام "مفاوضات عبدالبهاء" منتشر ساخت و با انجام این خدمت فراموش نشدنی گنجینه ای از حقایق روحانیّه و لئالی ثمینهٔ بدیعه برای اعقاب باقی گذاشت و افتخار ابدی برای خویش بیندوخت.

در سال ۱۹۰۲میلادی یعنی سه سنه پس از تشکیل اوّلین مرکز بهائی اروپ خانم می بولز که در آن هنگام بازدواج یکی از اهالی کانادا در آمده بود محلّ اقامت خود را به شهر مونترآل منتقل ساخت و در آن مرز و بوم به نشر نفحات حضرت قیّوم پرداخت و بنهایت حرارت و انجذاب باستقرار و استحکام شریعهٔ الله در خطّهٔ کانادا مألوف گردید.»۲۸۶

۲۸۶- ربانی، شوقی؛ قرن بدیع؛ صص ۵۱۵-۵۰۹.

ماکسیم هادسن ۲۸۷ (۱۸۵۳–۱۹۲۷): مخترع آمریکایی که روی تسلیحات نظامی کار می‌کرد. ایشان طی مکالمه‌ای که با حضرت عبدالبهاء داشت درباره‌ی موضوع صلح و جنگ با هیکل مبارک صحبت نمود. حضرت مولی‌الوری ایشان را ترغیب فرمودند که به‌جای جنگ بر روی موضوع صلح، تمرکز کند و از استعداد و تخصّص خویش در جهت ایجاد رفاه و صلح جامعه بشری استفاده نماید:

«هوش انسان که از اعظم مواهب است، در راه کشتن برادران خویش به کار می‌رود ... شما به‌عنوان دانشمند و مخترع برجسته از دانش و تخصص خود در راه هدم بنیان انسانی استفاده می‌کنید ... درحالی‌که بالعکس، مواهب ذاتی و تخصص و دانش شما باید صرف در اموری گردد که بانی صلح در بین ملل باشد. آنگونه است که بین ملل چنین از شما یاد می‌گردد که آقای مکسیم که مخترع تسلیحات نظامی بود از بانیان صلح گشته و بر نابودی خاندان بشر مهر اختتام زده است و شجر جنگ را از ریشه برکنده است.»۲۸۸

- Maxim Hudson ۲۸۷

۲۸۸ - نجم باختر؛ حضرت عبدالبهاء در نیویورک، جلد ۳؛ صص ۱۱-۱۰. (ترجمه)

دیوید استار جوردن[289] (۱۸۵۱-۱۹۳۱): دانشمند و محقّق و رئیس دانشگاه ایندیانا و مؤسّس دانشگاه استانفورد که به دعوت ایشان حضرت عبدالبهاء در این دانشگاه خطابه‌ای ایراد فرمودند. در معرّفی هیکل مبارک ایشان چنین گفت:

«از اینکه حضور چنین شخص معظمی نصیبمان گشته بسیار خرسندیم ... یکی از معلمین دینی دنیا، یکی از اخلاف انبیای عهد عتیق ... و گاهی از ایشان به‌عنوان پیامبر و بانی دین جدید نام برده می‌شود. اگرچه دقیقاً دین جدیدی نیست ... دین اخوت و برادری، پاک‌نیتی، دوستی میان مردم و ملل... شاید بتوان گفت که این دین، مظهر تمام ادیان قدیم است.»

گرترود کاسابیر[290] (۱۸۵۲-۱۹۳۴): عکّاس مشهور آمریکایی که آثاری از وی مانند عکسی به نام «مادرانه» و نقاشی‌اش از بومیان آمریکا بسیار زبان‌زد است. وی یکی از بانوان پیشرو در هنر عکّاسی در آمریکا بود. در تاریخ ۲۰ ژوئن ۱۹۱۲ مفتخر به عکّاسی از هیکل مبارک در آتلیه‌ی خود گردید.

- David Starr Jordan[289]
- Gertrude Kasebier[290]

چارلز ران کندی۲۹۱ (۱۸۷۱-۱۹۵۰): نمایشنامه‌نویسی که یکی از آثارش به نام «مسیح مصلوب» به شرف دیدار حضرت عبدالبهاء نائل شد و حضرتش بسیار تحت تأثیر این نمایشنامه قرار گرفتند.

رابرت لوس۲۹۲ (۱۸۶۲-۱۹۴۶): فرماندار ایالت ماساچوست که در بوستون به زیارت حضرت عبدالبهاء مفتخر گردید.

- Charles Rann Kennedy۲۹۱
- Robert Luce۲۹۲

لی مک کلانگ ۲۹۳ (۱۹۱۴-۱۸۷۰): بیست و دومین فرد ثروتمند آمریکایی بود که در شهر واشینگتن دی سی به زیارت حضرت عبدالبهاء نائل گردید. هنگامی‌که از وی درباره‌ی این دیدار، سؤال شد ابراز کرد که گویی در محضر مسیح بودم.

خاخام مارتین ابراهیم مایر ۲۹۴ (۱۹۲۳-۱۸۷۹): این فرد، خاخام کنیسه‌ی امانوئل در سانفرانسیسکو بود. حضرت عبدالبهاء حضّار در این کنیسه را با بیان عقایدی درباره‌ی وحدت ادیان ابراهیمی و طبیعت پیشرو ادیان به چالش کشیدند.

یوسف ضیاء پاشا: سفیر عثمانی در آمریکا که در زمان سفر مبارک به آمریکا از ایشان استقبال کرد.

جمال پاشا (۱۹۲۲-۱۸۷۲): فرماندار نظامی عثمانی که بعدها به مقام وزارت جنگ، ارتقاء پیدا کرد و به جرگه‌ی جوانان انقلابی ترک پیوست.۲۹۵

- Lee McClung۲۹۳
- Rabbi Martin Abraham Meyer۲۹۴
۲۹۵ - https://www.cgie.org.ir/fa/article/۲۲۳۴۰۲/جمال_پاشا

مدحت پاشا (۱۸۸۴–۱۸۲۲): نخست وزیر یا صدراعظم عثمانی که قبل از آن نیز فرمانداری ایالت تونا و بغداد را به عهده داشت. وی یکی از فعّالان اصلاحات در دوره‌ی اصلاحات، طی سال‌های ۱۸۳۹ الی ۱۸۷۸ بود. زمانی که مدحت پاشا برای دیدار رسمی به حیفا آمده بود به زیارت حضرت عبدالبهاء نائل شد که در آن دیدار از حضرتش دعوت نمود تا از بیروت دیدن کنند. در طی دیدار حضرت عبدالبهاء از بیروت به نحوی از ایشان استقبال رسمی نمود که این امر مایه‌ی اعتبار و تشخّص بیشتر بهائیان و جامعه‌ی بهائی گردید.

«در همین اوان بود که حضرت عبدالبهاء بر حسب دعوت مدحت پاشا یکی از صدراعظم‌های سابق عثمانی سفری به بیروت فرمودند. این ملاقات و همچنین تماس و معاشرت وجود مبارک با مصادر امور و مقامات روحانی آن بلد و مصاحبات و مفاوضات متعدّد آن حضرت با شیخ محمّد عبده که از شخصیّت‌های مهمّه محسوب همگی موجب ازدیاد شهرت و ارتقاء حیثیّت جامعه و انتشار صیت و صوت افراد ممتازهٔ آن گردید.»۲۹۶

به اعزاز دیدار حضرت عبدالبهاء از بیروت لوح مبارک «ارض باء» از یراعه‌ی حضرت بهاءالله نازل گردید.

محمّدعلی پاشا (خدیو مصر) فرماندار جنجالی عثمانی در مصر که بعدها نخست وزیر عثمانی شد.۲۹۷ اگرچه تمایلات خودمختارگرایانه داشت؛ امّا از معدود افراد

۲۹۶ - ربانی، شوقی؛ قرن بدیع؛ صص ۳۸۹–۳۸۸.

۲۹۷ https://rasekhoon.net/article/show/۸۵۱٤٦۸/ بررسی-تأثیر-و-نقش-محمّد-علی-پاشا- در-رشد-و-اعتلای-امپراتوری-عثمانی

عالی‌رتبه‌ی دولت عثمانی بود که سعی داشت نحوه‌ی حکومت را به مدرنیسم سوق دهد. حضرت بهاءالله در سه لوح، این شخص را مورد ملامت قرار دادند؛ چراکه هم پیروان ایشان را با تهمت‌های ناروا اسیر غل و زنجیر کرد و هم موجبات دسایس و نهایتاً تبعید ایشان را به عکّا فراهم آورد.

آدمیرال رابرت پری[298] (۱۸۵۶-۱۹۲۰): کاشف آمریکایی که به همراه گروه خود در سال ۱۹۰۹ به کشف قطب شمال دست پیدا کرد. این شخص در زمره‌ی اشخاص مفتخری بود که به زیارت حضرت عبدالبهاء در واشنگتن دی سی نائل گردید. درباره‌ی کشف قطب شمال و کنجکاوی عموم درباره‌ی اینکه در قطب شمال چه می‌گذرد حضرت عبدالبهاء به وی فرمودند:

«بشر برای مدّتی بسیار طولانی تمام فکر و ذکرش متوجّه قطب شمال بود و از خود مکرراً سؤال می‌نمود که قطب شمال در کجا واقع شده و در آن چه چیزهایی یافت می‌شود. هم اکنون که آدمیرال پری موفّق به کشف قطب شمال گردیده و به عالمیان نشان داده است که در آن‌جا هیچ چیز قابل ذکری یافت نمی‌شود دیگر خیال بشر از این نظر کاملاً جمع شده، و این آسودگی خیال را البتّه عالم بشریت مدیون این خدمت بزرگ آدمیرال پری می‌باشد.»[299]

لوییس پاتر[300] (۱۸۷۳-۱۹۱۲): مجسمه‌ساز آمریکایی که علاقه‌ی وافری به فرهنگ عرب و بادیه‌نشینی و بومیان آمریکا داشت. وی مدالی از حضرت عبدالبهاء طراحی نمود.

- Admiral Robert Peary [298]

[299] - تامپسون، ژولیت؛ خاطرات؛ ص ۲۵۲.

- Louis Potter [300]

امین ریحانی (۱۸۷۶-۱۹۴۰): یک نویسنده‌ی عرب آمریکایی-لبنانی که همچنین در زمره‌ی متفکّران و فعّالان سیاسی هم قرار داشت. وی ازجمله شخصیّت‌های اصلی در جنبش ادبی است که میان مهاجران آمریکای شمالی به راه افتاد. وی همچنین طرفدار ناسیونالیسم عربی بود. در برخی از آثارش حضرت بهاءالله و حضرت عبدالبهاء را بسیار ستوده است.

پریزیدنت تئودور روزولت۳۰۱، رئیس جمهور آمریکا (۱۸۵۸-۱۹۱۹): بعد از سال‌ها خدمت در منصب فرماندار عالی ایالت نیویورک، ریاست نیروی دریایی، به‌عنوان رهبر جنبش پیشرو در ایالات‌متحده‌ی آمریکا مطرح شد که تدابیر بسیاری جهت حفظ و گسترش پارک‌های ملّی آمریکا اندیشید و همچنین برای تغذیه‌ی شهروندان کشورش منابع عظیمی غذا تأمین کرد. بعد از شنیدن درباره‌ی برخی تعالیم امر مبارک در یکی از سخنرانی‌های عمومی و رسمی خود آشکارا این تعالیم را مورد تحسین قرار داد.

آلبرت کی اسمایلی۳۰۲ (۱۸۲۸-۱۹۱۲): یک عضو فرقه‌ی کواکر که فعال صلح بود و همچنین ریاست جامعه‌ی بین‌المللی صلح را بر عهده داشت. منطقه‌ی دریاچه موهونک متعلّق به خانواده‌ی وی بود که حضرت عبدالبهاء در آن مکان در تاریخ ۱۴ می ۱۹۱۲ خطابه ایراد فرمودند.

تئودور اسپایسر سیمپسون۳۰۳ (۱۸۷۱-۱۹۵۹): یک مجسمه‌ساز انگلیسی-آمریکایی که نیم‌تنه‌ای از حضرت عبدالبهاء طراحی و اجرا نمود که بسیار به هیکل مبارک شباهت داشت.

- President Theodore Roosevelt۳۰۱
- Albert K. Smiley۳۰۲
- Theodore Spicer-Simpson ۳۰۳

ویلیام سولزر[۳۰۴] (۱۸۶۳-۱۹۴۱): یکی از نمایندگان کنگره‌ی آمریکا، رئیس کمیته‌ی روابط خارجه و بعدها فرماندار نیویورک بود. ایشان بعد از ملاقات با حضرت عبدالبهاء اذعان کرد که گویی با یکی از پیامبران عهد عتیق ملاقات نموده است.

رابیندرانات تاگور[۳۰۵] (۱۸۶۱-۱۹۴۱): شاعر بنگالی که جایزه‌ی نوبل ادبیّات را در سال ۱۹۱۳ از آن خود کرد. وی مکرراً به زیارت حضرت عبدالبهاء در شیکاگو مفتخر گردید.

لئو تولستوی[۳۰۶] (۱۸۲۸-۱۹۱۰): یکی از افراد تأثیرگذار در ادبیّات روسی، نویسنده‌ی رمان‌های جاودانه‌ی «جنگ و صلح» و «آنا کارنینا» و داستان‌های کوتاهی همچون «مرگ ایوان ایلیچ» است. عمیقاً تحت تأثیر مسائلی از قبیل آموزش، عدالت و امور روحانی بود. وی مبدع دکترینی با عنوان عدم مقاومت در برابر شیطان بود که متفکّران و فعّالان بسیاری را به خود جذب کرد. زمانی که با حضرت بهاءالله آشنا شد اذعان داشت که کلید رمز حیات در دستان حضرت بهاءالله است. تا زمان مرگش به مکاتبه با حضرت عبدالبهاء ادامه داد و سعی داشت مستندات زندگی حضرت بهاءالله را جمع‌آوری نماید.

هائوزون هوانس توپاکیان[۳۰۷]: مشاور عالی ایران در ایالات متّحده‌ی آمریکا بود که از حضرت عبدالبهاء در منزل خویش در نیوجرسی، استقبال کرد.

- William Sulzer[۳۰۴]
- Rabindranath Tagore[۳۰۵]
- Leo Tolstoy[۳۰۶]
- Haozoun Hohannes Topakyan[۳۰۷]

پروفسور آرمینیوس وامبری[308] (۱۸۳۲-۱۹۱۳): شرق‌شناس و کاشف مجارستانی که به زبان‌های بسیاری تکلّم می‌نمود. وی در سفرهایش به ایران با بابیان بسیاری ملاقات نموده بود؛ همچنین با برخی از اعضای عائله‌ی مبارکه در استانبول دیدار کرد. وی در طی مکاتباتش با حضرت عبدالبهاء همیشه به فارسی سلیس می‌نگاشت:

«پیش از آنکه با شما از نزدیک ملاقات کنم با تعالیم دیانت شما آشنایی پیدا کردم. اشتیاق اعلای شما را تحسین می‌نمایم که در این برهه از سن خود قدم در راه اسفار جهانی گذارده‌اید تا افکار و تعالیم عالیه انسانی را منتشر نمایید.»

زمانی که وامبری بسیار سالخورده و بیمار بود در بوداپست زندگی می‌کرد که حضرت عبدالبهاء به ملاقات وی رفتند و همین سرآغاز دوستی عمیق بین این دو نفر شد. به‌محض مراجعت از سفر آمریکا و اروپا به مصر، حضرت عبدالبهاء لوحی خطاب به ایشان صادر فرمودند و وامبری چنین پاسخ داد:

«خاطره‌ی ملاقات با حضرت‌عالی و حضور متبرّکتان، به ذهنم متبادر کرد که باید آن‌قدر عمر کنم که مجدداً به زیارتتان فائز گردم ... اگر خداوند باری تعالی عمری دهد مفتخر خواهم بود که تحت هدایات شما به خدمت‌گزاریتان مشغول گردم. این دعای حقیقی من و از اعماق قلبم نشأت گرفته است.»

استفان اس وایز[309] (۱۸۷۴-۱۹۴۹): خاخام، فعّال سیاسی و از بنیان‌گذاران انجمن حمایت از رنگین‌پوستان آمریکا بود. وی در حاشیه اجلاس صلح نیویورک در تاریخ ۱۴ می ۱۹۱۲ موفّق به زیارت حضرت عبدالبهاء گردید.

- Professor Arminius Vambery[308]
- Stephen S. Wise[309]

شیخ علی یوسف: بنیان‌گذار روزنامه‌نگاری جدید در مصر بود. روزنامه‌ی «المؤیّد» را در مصر راه انداخت و بعدها مجلّه‌ای به همین نام نیز منتشر نمود. همچنین روزنامه‌ی «الادب» نیز توسّط وی پایه‌گذاری گردید. در مقالات و روزنامه‌هایش به بهائیان بسیار حمله می‌کرد؛ امّا پس از زیارت حضرت عبدالبهاء به یکباره تغییر نمود و این‌بار شروع به انتشار مطالبی در حمایت از بهائیان و حضرت عبدالبهاء و تحسین مراتب دانش و علم ایشان نسبت به ادیان و حکمت ذاتی ایشان کرد. مرتبه‌ی ارادتش در مرحله‌ی دوّم زیارتش بسیار فراتر رفت و جایگاه عالیه‌ی حضرتش را بسیار ستود.

جورجی زیدان: بنیان‌گذار و ویراستار مجله‌ی «الهلال» که موفّق به زیارت حضرت مولی‌الوری گردید و مقالات بسیاری در حمایت از هیکل مبارک و عهد و میثاق نگاشت.

فصل هشتم

حواریون حضرت عبدالبهاء

حضرت شوقی افندی نوزده بهائی غربی را که اسامی‌شان در ذیل آمده است؛ به‌عنوان «حواریون حضرت عبدالبهاء» و «منادیان میثاق» تسمیه و تعیین فرموده‌اند:

۱- دکتر جان اسلمنت

۲- تورنتون چیس

۳- هوارد مکنات

۴- سارا فارمر

۵- هیپولیت دریفوس بارنی

۶- لیلیان کیپس

۷- رابرت ترنر

۸- آلبرت شوارتز

۹- لوا گتسینگر

۱۰- ژوزف هانن

۱۱- چستر تاچر

۱۲- چارلز گرین‌لیف

۱۳- ایزابلا بریتینگهام

۱۴- مری تورنبرگ کروپر

۱۵- هلن گودال

۱۶- آرتور داج

۱۷- ویلیام هور

۱۸- ویلیام راندال

۱۹- دکتر جی آگور

# جان اسلمنت[310]
(۱۸۷۴–۱۹۲۵):

حضرت ولیّ محبوب امرالله به خاطر خدمات ارزشمند و اهتمام بیش از حدّ این نفس عزیز برای اعتلای امر مبارک، ایشان را بعد از صعودش به سمت ایادی امرالله منصوب فرمودند.

جناب اسلمنت در اواخر حیات به‌عنوان منشی هیکل مبارک حضرت ولیّ امرالله، قائم به خدمت بودند. دکتر اسلمنت نویسنده‌ی کتاب جاودانه‌ی «بهاءالله و عصر جدید»[311] است. بعد از ایمان به امر مبارک به خاطر اینکه تحصیلات پزشکی داشت؛ در سال ۱۹۱۴ مرکز خدمات پزشکی بریتانیا را تأسیس نمود. همیشه در جستجوی منابع مختلف بود تا آگاهی‌اش را از امر مبارک افزایش دهد و بعد از مدّتی روی برخی احکام بهائی ازجمله حکم صوم یا روزه، تحقیقات وسیعی انجام داد. علاوه بر تسلّط بر زبان‌های فرانسوی، آلمانی، اسپانیایی و اسپرانتو، در یادگیری زبان‌های فارسی و عربی اهتمام ورزید. در زمانی که مشغول نوشتن کتاب «بهاءالله و عصر جدید» بود از راهنمایی‌ها، هدایات، اصلاحات و ویرایش‌هایی که توسّط حضرت عبدالبهاء انجام می‌شد نهایت بهره را برد؛ ولی چاپ این کتاب بعد از صعود هیکل مبارک صورت پذیرفت. بعد از صعود حضرت عبدالبهاء، این بار هدایات حضرت ولی امرالله برای تکمیل این کتاب، راه‌گشا و مسلّم بود.

- John E. Esslemont[310]
- Baha'u'llah and the New Aea[311]

تورنتون چیس[312]

(۱۸۴۷–۱۹۱۲):

ایشان اولین آمریکائی مؤمن به دیانت بهائی است. ابتدا ویلیام جیمز و سپس ابراهیم خیرالله در جون ۱۸۹۴، درباره‌ی امر مبارک با تورنتون چیس صحبت نمودند. به‌محض تصدیق امر مبارک، شروع به تحقیق و جستجوی بیشتر نمود. از شغلش به‌عنوان نماینده‌ی بیمه استفاده کرد که در طی اسفار متعددش، به ابلاغ امر مبارک بپردازد. در آوریل ۱۹۰۷ به ارض اقدس، سفر کرد و به زیارت مولای مهربان، حضرت عبدالبهاء، مفتخر شد. دو کتاب از ایشان در زمینه‌ی دیانت بهائی موجود است. یکی از کتاب‌ها درباره‌ی شرح ایّام زیارتش در ارض اقدس است. در کتاب «در جلیلیه» شعری در مدح و ثنای حضرت عبدالبهاء سروده و در ضمن آن از هیکل مبارک رجای سفر به آمریکا را نموده است. اگرچه آن‌قدر زنده نماند تا بتواند به زیارت مولایش در آمریکا نائل گردد.

هوارد مک‌نات[313] (۱۸۵۹–۱۹۲۶):

ایشان در جلسات و کلاس‌هایی که توسط ابراهیم خیرالله اداره می‌شد؛ شرکت می‌کرد. در اولین شورای بهائیان نیویورک (شکل اوّلیه‌ای از محفل روحانی محلی) عضویّت داشت و در سال ۱۹۰۵ برای اولین بار در آمریکای شمالی اقدام به تشکیل ضیافت نوزده روزه نمود. این فکر از آنجا به ذهنش خطور کرد که در یک جلسه‌ی ضیافت در عکّا که توسط حضرت عبدالبهاء اداره می‌شد؛ شرکت کرده بود. بعد از

- Thornton Chase[312]
- Howard Macnutt[313]

مراجعت از زیارت، علاوه بر ایراد نطق و خطابه‌هایی شیوا درباره‌ی امر مبارک، مبادرت به نگارش و تکثیر جزوه‌ای به نام «وحدت از طریق عشق و محبّت» نمود. حضرت عبدالبهاء از ایشان خواستند که برای جلوگیری از خطرات ناشی از اقداماتِ ناقضینِ میثاق به شیکاگو سفر کند. آخرین اقدام ماندگار جناب مکنات جمع‌آوری و ویرایش خطابات حضرت عبدالبهاء در آمریکا است که با عنوان «مروّج صلح جهانی» ۳۱۴ انتشار یافت.

سارا جین فارمر ۳۱۵ (۱۹۱۶–۱۸۴۴):

در اواخر قرن نوزدهم و اوایل قرن بیستم خانم فارمر مدیر و صاحب مستقلّات گرین ایکر بود که این اراضی و املاک را در جهت ترویج صلح و اتّحاد دینی تقدیم نموده بود. در سال ۱۹۰۰ درحالی‌که با یکی از دوستانش برای یک سفر دریایی عازم مدیترانه شده بود؛ با برخی از دوستان ملاقات کرد که به عکّا می‌رفتند تا حضرت عبدالبهاء را ملاقات نمایند. پس سارا فارمر هم جهت اذن زیارت، به حضرت عبدالبهاء تلگراف زد تا ببیند مأذون است که با دوستانش به عکّا سفر کند که این درخواست به زیور قبول آراسته شد. پس از مراجعت از سفر عکّا و زیارت حضرت عبدالبهاء، شعله اشتیاقش برای ترویج امر مبارک زبانه کشید. از گرین ایکر برای ابلاغ کلمۀ الله بهره می‌برد و در طی جلساتی که در آن محل، برگزار می‌کرد با نطق‌های مؤثّر و جذّاب از تعالیم و آثار مبارکه سخن می‌گفت.

- The Promulgation of Universal Peace ۳۱۴
- Sarah Jane Farmer ۳۱۵

هیپولیت دریفوس بارنی ۳۱۶

(۱۸۷۳-۱۹۲۸):

ایشان حدود سال ۱۹۰۰ توسط خانم می مکسول به امر مبارک اقبال نمود. در سال ۱۹۰۳ موفّق به زیارت حضرت عبدالبهاء در عکّا شد. ایشان در چندین زبان تخصّص داشت؛ همچنین فارسی و عربی را نیز آموخت تا بتواند در ترجمه‌ی آثار مبارکه از فارسی و عربی به فرانسه اقدام نماید. ترجمه‌ی کتاب مستطاب ایقان، کتاب احکام، رساله‌ی ابن ذئب، رساله سؤال و جواب به زبان فرانسوی ازجمله آثار ایشان است. به علاوه کتابی با عنوان «مقالاتی درباره‌ی دیانت بهائی» را به رشته تحریر درآوردند. در طی سفر حضرت عبدالبهاء به پاریس، جناب هیپولیت دریفوس مترجم هیکل مبارک بودند و در زمان ولایت حضرت شوقی افندی، به‌عنوان وکیل ایشان در ارض اقدس، مشغول خدمت شد. ازدواج ایشان با خانم لورا بارنی و همراهی یکدیگر در اسفار مختلف، نقش بسیاری در تبلیغ و ترویج امر مبارک و نیز دفاع و حمایت از جامعه‌ی بهائی داشت.

لیلیان کِپِس ۳۱۷ (۱۸۳۲-۱۹۲۰):

خانم کِپِس از اولین مبلّغان برجسته‌ی دیانت بهائی در آمریکا است. در سال ۱۹۱۱ به ایران مسافرت کرد تا در اقدامات مربوط به مدرسه‌ی تربیت به خانم سوزان

- Hippolyte Dreyfus-Barney۳۱۶
- Lillian Kappes۳۱۷

مودی مساعدت نماید. درحالی‌که امتحانات کثیره‌ای را از سر گذراند در ایران، صعود نمود و در محلّی نزدیک مرقد جناب ورقا به خاک سپرده شد.

رابرت ترنر[318] (۱۹۰۹–۱۸۵۵):

اولین بهائی سیاه‌پوست که در سال ۱۸۹۸ موفّق به زیارت حضرت عبدالبهاء در ارض اقدس گردید. ایشان به‌عنوان مستخدم خانم فیبی هرست به این سفر آمده بود و در طی این زیارت، مورد الطاف و توجّه بی‌اندازه‌ی مولای مهربان قرار گرفت. حضرت عبدالبهاء به او فرمودند اگر بر امر مبارک، ثابت و مستقیم بماند، علّت ورود تمام نژاد سیاه به ملکوت الهی می‌گردد. حضرت عبدالبهاء در این لوح درباره‌ی آقای ترنر ذکر فرموده‌اند:

«تحیات ابدع ابهی به آقای ترنر، خادم خانم برازنده برسان و به او بگو که از کسالتش محزون نباشد چراکه به حیات ابدی فائز شده است و به طریق ملکوت الهی واصل

- Robert Turner[318]

گشته. ان شاءالله در ملکوت الهی درنهایت سرور و بهجت یکدیگر را ملاقات خواهیم کرد. از خدا می‌خواهم که در این دنیای مادی سکون و آرامش یابی.»۳۱۹

آلبرت شوارتز۳۲۰

(۱۸۷۱–۱۹۳۱):

ایشان تا زمان صعودش در سال ۱۹۳۱، به‌عنوان رئیس محفل ملّی جامعه‌ی بهائیان آلمان خدمت نمود. در سال ۱۹۱۳، آقای شوارتز و همسرش آلیس، همزمان با سفر حضرت عبدالبهاء به آلمان، چندین مرتبه افتخار میزبانی مولای مهربان را داشت. در زمان سفر هیکل مبارک به پاریس از مصاحبت حضرت عبدالبهاء بهره‌مند شد و چندین روز افتخار حضور در محضر مولای مهربان داشت. قبل از آنکه به زیارت حضرت عبدالبهاء در حیفا نائل شود؛ صعود مبارک واقع گردید؛ امّا در سفر بعدی به ارض اقدس به زیارت حضرت ولیّ امرالله نائل گردید. حضرت ولیّ امرالله در زمان درگذشت این شخص پیامی ارسال فرمودند به این مضمون:

«از خبر صعود خادم برازنده آلمانی بسیار محزون شدم. خدمات جاودانه و فناناپذیر ایشان در خاطر خواهد ماند. از ادعیه خالصانه و تسلیت قلبی حضرت ورقه‌ی علیا و من به جهت این غم اطمینان دهید.»۳۲۱ (ترجمه)

---

۳۱۹ - ترجمه به مضمون

۳۲۰ Albert Schwarz -

۳۲۱ Historical Dictionary of the Baha'I Faith -p ٤٣٠. - -

لوا گتسینگر [322] (۱۹۱۶–۱۸۷۱):

مجاهد و مبلّغ خستگی‌ناپذیر امر مبارک که از طرف حضرت عبدالبهاء به القاب «منادی میثاق»، «شعله»، «ام‌المبلغات غرب» مفتخر و متباهی گردید، در سال ۱۸۹۸ به زیارت مولای مهربان نائل شد و به نمایندگی از طرف هیکل مبارک، مأموریت یافت تا به همراه همسرش ادوارد گتسینگر برای تبلیغ و ترویج امر مبارک به سراسر عالم سفر نماید. در سال ۱۹۱۰ عریضه‌ای به حضور حضرت عبدالبهاء تقدیم کرد مبنی بر اینکه هیکل مبارک به آمریکا تشریف ببرند. حضرتش اقدام به این سفر را

موکول به ایجاد اتّحاد و ثبات در امر مبارک بین احبّاء فرمودند. به‌منظور ترویج و تحکیم پایه‌های امر مبارک در آمریکا سفرهای بسیار نمود که دکتر امین الله فرید نیز با ایشان همراهی می‌نمود. حضرت عبدالبهاء، مأموریت ملاقات با شاه ایران را همزمان با سفرش به پاریس به لوا سپردند. در این ملاقات لوا، شاه ایران، مظفرالدین‌شاه، را در جریان اخبار آزار و اذیّت بهائیان ایران قرار داد. اگرچه تا چندی این آزار و اذیّت‌ها تخفیف یافت؛ امّا این تغییرات چندان دوام نیافت. در آخرین زیارتش در ارض اقدس، حضرت عبدالبهاء از وی خواستند که به مصر سفر کند؛ چراکه به دلیل وقوع جنگ جهانی اوّل، مراودات با مصر قطع شده بود. لوا در زمان سفرش به مصر در سال ۱۹۱۶ صعود نمود.

Lua Getsinger – ۳۲۲

ژوزف هانن[323] (۱۹۲۰-۱۸۲۷):

جناب هانن به همراه همسرش پالین، از بهائیان و مبلّغان بسیار فعّال در واشنگتن بودند. تمرکز فعالیت‌های تبلیغی این زوج بر جامعه‌ی سیاه‌پوستان بود که ایادی امرالله جناب لویی گریگوری نیز از طریق این زوج، مؤمن گردید. در سال ۱۹۱۶، حضرت عبدالبهاء، مأموریت ابلاغ اولین لوح از الواح نقشه‌ی ملکوتی به ایالت‌های جنوبی آمریکا را به جناب هانن سپردند.

چارلز گرین‌لیف[324] (۱۹۲۰ -۱۸۵۷):

ابلاغ امر مبارک به ایشان توسط جناب تورنتون چیس صورت گرفت. در سال ۱۸۹۷ بعد از ایمان به دیانت بهائی در کلاس‌هایی که توسط ابراهیم خیر الله اداره می‌شد؛ شرکت جست. در اولین هیأت روحانی شیکاگو که به نوعی نقش محفل روحانی محلّ را ایفا می‌کرد؛ منصوب شد. بعد از صعودش در سال ۱۹۲۰ حضرت عبدالبهاء از ایشان به‌عنوان «روح مبارک» یاد فرمودند.

ایزابلا دی بریتینگهام[325] (۱۹۲۴-۱۸۵۲):

اولین بار توسّط یکی از خویشاوندان نزدیکش از امر مبارک، مطلع گردید و به همراه همسرش ایمان خود را اعلام نمود. خانم بریتینگهام پس از ایمان، آنی از تبلیغ دیانت بهائی غافل نشد. در سال ۱۹۰۱ به زیارت حضرت عبدالبهاء، نائل گردید. ایشان برای کمک به امر تبلیغ، کتابی با عنوان «ظهور حضرت بهاءالله، طی

- Joseph Hannen[323]

- Charles Greenleaf[324]

- Isabella D. Brittingham[325]

چهار درس»۳۲۶ نگاشت. تا زمان صعودش در سال ۱۹۲۴ مستمراً برای ابلاغ کلمهٔ الله سفر می‌نمود. به‌طور مرتب برای مولای مهربان، حضرت عبدالبهاء نامه می نگاشت و در پاسخ به مکاتباتش مفتخر به دریافت پنجاه‌وپنج لوح از طرف هیکل مبارک گردید. از دیگر تلاش‌های ایشان، مکاتبه دائم با نسوان بهائی در ایران بود تا ایشان را نسبت به اخذ حقوق مساوی با رجال، ترغیب نماید.

مری تورنبرگ کاپر ۳۲۷ (۱۹۳۸-؟):

این خانم اولین بهائی انگلیسی بود. بعد از خواندن نامه‌ای از طرف یکی از دوستان کالیفرنیایی‌اش که درباره‌ی دیانت بهائی برایش نوشته بود نام «حضرت باب» را در دائرةالمعارف وارد کرد. در مدّت زمان سفر هیکل مبارک حضرت عبدالبهاء به انگلستان ایشان همواره همراه و مساعد مولای مهربان بود و در طی سالیان ۱۹۰۲ تا ۱۹۰۶ چندین مرتبه به زیارت حضرت عبدالبهاء در ارض اقدس، نائل گردید و در طی حیات مبارک مداوماً با آن حضرت در تماس و مکاتبه بود.

هلن گودال ۳۲۸ (۱۹۲۲ – ۱۸۴۷):

ایشان در زمره‌ی یکی از بهائیان و مبلّغان فعّال دیانت بهائی بود که منزلش واقع در اوکلند ایالت کالیفرنیا محل برگزاری جلسات و فعّالیت‌های مختلف جامعه‌ی بهائی بود. آشنایی ایشان با امر مبارک از طریق دخترش اِلا صورت گرفت که او نیز از طریق فیبی هرست به دیانت بهائی مؤمن گردیده بود. منزل ایشان محل ملاقات‌های دائمی با جناب تورنتون چیس طی اسفارش به کالیفرنیا بود. زمانی که حضرت عبدالبهاء به کالیفرنیا تشریف برده بودند، این خانم به دعوت هیکل مبارک، مهمان ایشان بود. پس از بازگشت از زیارت ارض اقدس در سال ۱۹۰۸ مشغول نگارش یک کتاب با عنوان «درس‌های روزانه از زندگی در عکّا» گردید. حضرت

- Baha’u’llah in a Sequence of Four Lessons۳۲۶
- Mary Thornburgh- Copper۳۲۷
- Helen Goodall۳۲۸

عبدالبهاء یکی از الواح نقشه‌ی ملکوتی به اعزاز ایالات غربی را به‌افتخار ایشان نازل فرمودند.

آرتور داج[329] (۱۹۱۵-۱۸۴۹):

سال‌ها به دنبال جستجوی حقیقت در کلیساهای مختلف، درنهایت آن را توسّط ابراهیم خیرالله یافت و موجب گردید که هم خودش و همه خانواده‌اش به امر مبارک مؤمن گردند. در سال ۱۹۰۰ به همراه همسرش الیزابت موفّق به زیارت حضرت عبدالبهاء در ارض اقدس گردید و بعدها به‌عنوان یکی از اعضاء هیأت روحانی بهائیان نیویورک منصوب شد. بعدازآن مشغول تهیّه و نگارش یک کتاب از دیدگاه یک فرد غربی به امر مبارک گردید و عنوان آن را «ذات جدانشدنی عقل سلیم، علم و دین» نام نهاد. از ایشان آثار دیگری نیز به‌جا مانده است.

ویلیام اچ. هور[330] (۱۹۲۲ -۱۸۵۶):

ایشان در زمره‌ی اولین بهائیان آمریکا و از دوستان نزدیک تورنتون چیس بود. جناب هور به همراه همسرش آنا، آرتور و الیزابت داج، لوا و ادوارد گتسینگر از اعضای فعال جامعه‌ی بهائیان نیویورک بودند. در سال ۱۹۰۰ افتخار زیارت حضرت عبدالبهاء در عکّا نصیبش شد. اقامت دو هفته‌ای ایشان در عکّا و زیارت روزانه‌ی هیکل مبارک، فرصت مغتنمی بود تا بیان مسائلی که توسّط ابراهیم خیرالله باعث سردرگمی جامعه‌ی بهائی شده بود توسّط مولای مهربان، حل و فصل گردیده، حقیقت امر، واضح گردد. ملاقات و استفاضه از حضور جناب ابوالفضایل در عکّا مایه‌ی تعمیق ایشان در امر مبارک گردید. در بازگشت به آمریکا در سال ۱۹۰۰، به‌عنوان عضو

- Arthur Dodge[329]
- William H. Hoar[330]

اولین شورای بهائی نیویورک بزرگ، منصوب شد و سه سال نیز در شورای معبد بهائی به خدمت پرداخت.

دکتر جورج جاکوب آگور[331] (۱۹۲۷ –۱۸۵۳):

ایشان از اولین بهائیان هاوایی و اولین بهائی ساکن در ژاپن است. از سال ۱۹۱۴ الی ۱۹۱۹ در آن کشور اقامت نمود. بعدها خواهر و پسرش نیز به دیانت بهائی مؤمن شدند. جناب آگور، مفتخر به دریافت شش لوح از جانب حضرت عبدالبهاء است که اولین آنها حاوی تبیین یکی از آیات انجیل و بقیّه شامل تشویق و تحریص ایشان به خاطر خدمات برجسته‌اش بود. در سال ۱۹۱۹، حضرت عبدالبهاء به وی اجازه دادند که ژاپن را ترک کند و مجدداً خدمات ایشان را ستایش فرمودند. بعد از صعودش در جزایر هونولولو، حضرت ولیّ امرالله خدمات ایشان را به‌عنوان مبلّغ و مهاجر امرالله ستودند.

ویلیام هنری راندال[332] (۱۹۲۹–۱۸۶۳):

در زمان اقامت حضرت عبدالبهاء در بوستون، سه مرتبه به آن شهر، سفر نمود و در نتیجه‌ی زیارت مولای مهربان، باقی عمرش را وقف خدمت و تبلیغ امر الهی نمود. مصادف با صعودش، حضرت ولیّ امرالله مراتب اندوه عمیق خویش را ابراز فرموده، به خدمات برازنده‌اش به امر مبارک گواهی دادند.

- Dr. George Jacob Augur[331]

- William Henry Randall[332]

لورا کلیفورد بارنی[333]

(۱۸۷۹ - ۱۹۷۴):

حیات خستگی‌ناپذیر این مبلّغ امرالله که همه‌ی ثروت خانوادگی‌اش را صرف اقدامات خیرخواهانه و بشردوستانه نمود مایه‌ی اعجاب و شگفتی است. اشتهار نام ایشان در دیانت بهائی بیشتر به خاطر جمع‌آوری و نگارش بیانات حضرت عبدالبهاء در سفر این خانم به عکّا در بین سال‌های ۱۹۰۴ تا ۱۹۰۶ است که بعدها با نام «مفاوضات حضرت عبدالبهاء» منتشر شد و البتّه نقش همسرش جناب هیپولیت دریفوس، در کمک به تهیّه‌ی این اثر نیز قابل ذکر است. به‌منظور تعمیق و تحکیم بهائیان آمریکا، ایشان هزینه‌های سفر و معیشت جناب ابوالفضایل را متقبّل گردید. همچنین وی در انتشار کتاب «دلایل دیانت بهائی» یاری رساند. در طی سال‌های ۱۹۰۵ تا ۱۹۰۶ به ایران و قفقاز و روسیه سفر نمود. در ایران به‌راحتی فارسی صحبت می‌کرد؛ زیرا در زمان اقامتش در ارض اقدس فارسی را آموخته بود. ازجمله حقایق چشم‌گیر دیگر، مساعدت و همراهی لورا و همسرش جهت هماهنگی‌های لازم برای سفر هیکل مبارک حضرت عبدالبهاء به آمریکا در سال ۱۹۱۲ است. آخرین زیارت ایشان از ارض اقدس در سال ۱۹۲۱ اتّفاق افتاد. در فرانسه افتخار مشارکت در اقدامات پزشکی نصیبش گردید؛ ازجمله تأسیس بیمارستانی در آوینیون و خدمت در صلیب سرخ آمریکا و سازمان خدمات پزشکی آمریکا.

- Laura Clifford Barney[333]

فصل نهم

آثار حضرت عبدالبهاء

مرور کلی:

در دوره‌ای حدود شصت سال از عمر مبارک، یعنی از سال ۱۸۶۰ تا ۱۹۲۱، آثار ضبط و منتشر شده از قلم حضرت عبدالبهاء بالغ بر سی‌وشش هزار لوح، مکتوب و خطابه است. این مقدار از آثار، حاوی دریای بیکرانی از معانی و مفاهیم عالیه‌ی الهی است که جمع‌آوری، طبقه بندی و نظم دادن به آنها اراده‌ای آهنین می‌طلبد. در طی تبیینات و توضیحاتی که در همه‌ی این آثار به نحو آشکار و پنهان از قلم حضرت عبدالبهاء، صادر شده؛ این امر به‌وضوح به چشم می‌خورد که میل هیکل مبارک در همه‌ی احیان این بود که به‌عنوان «یاور امر مبارک» (نصرت) و تجلّی روح «خدمت به امر حضرت بهاءالله» (عبودیّت) شناخته گردند.

عنوان «عبدالبهاء» به معنی خادم بهاء است و دقیقاً عبارت از صفتی است که آرزو داشتند به ردای آن آراسته باشند. عالی‌ترین آرزوی مولای مهربان این بود که خادم حقیقی امر مبارکی گردد که در سیاه‌چال طهران بر قلب پدر بزرگوارشان نازل شد. در طول حیات مبارک، همواره براثر اقدام پدر جلیل القدر خویش حرکت فرمودند و هیچ‌گاه هیچ امری باعث نشد که از خدمت به امر الهی فراغت حاصل کنند. تنها خواسته و میل مبارک حرکت در این سبیل بود و نه هیچ امر دیگری. جهت توسیع دایره‌ی دیانت بهائی و ازدیاد عدد مؤمنین، مستمراً به امر تبلیغ مشغول بودند و استقرار ملکوت الهی و تأسیس بنای رفیع البنیان صلح عمومی و اخوّت جهانی بر بسیط زمین مورد نظر مبارک بود. به‌عنوان مرکز میثاق امر حضرت بهاءالله و مبیّن آیات الهی و روحی دمیده شده در کالبد جامعه‌ی نوشکفته‌ی دیانت بهائی، تمام جهد و تلاش مبارک این بود که شاهد نُضج و شکوفایی وحدت در تاروپود جامعه‌ی بهائی باشند و از هرگونه اختلاف و انشقاق، جلوگیری فرمایند.

آثار حضرت عبدالبهاء تنها نوشته‌هایی برخاسته از علایق شخصی ایشان نبود؛ بلکه به مناسبت مسؤولیّتی که نفس حضرت بهاءالله در وصیت‌نامه‌شان به ایشان تفویض فرموده بودند؛ حضرت عبدالبهاء مبیّن آیات الهی نیز محسوب می‌شدند. بنا به این مسؤولیّت خطیر، در حقیقت مولای مهربان در آثار و مکاتیب خویش جامعه‌ی نوپای

بهائی را تربیت می‌فرمودند تا بتوانند برداشت صحیح و کاملی از فحوای کلام الهی کسب نمایند و دچار کژفهمی و انحراف از منهج قویم الهی نگردند. این امر، خصوصاً در طی سالیان نخست ظهور دیانت بهائی بسیار ضروری بود تا پیروان امر مبارک از هرگونه سوء برداشت نسبت به اصالت دیانت بهائی برکنار باشند و همین‌طور رابطه‌ی آیین نازنین را با دستورهای ادیان قبلی، ازجمله آنچه در انجیل یا قرآن نازل شده بود؛ درک کنند و درنهایت، لوازم ضروریّه برای کسب حیات بهائی و التزام به لوازم عضویّت در جامعه بهائی را بیاموزند.

موضوع اصلی و برجسته در اکثر آثار حضرت عبدالبهاء، صلح عمومی است. شواهد این موضوع در کتب مختلف ازجمله « رساله‌ی مدنیه» که در سال ۱۸۷۵ صادر گردید و کتاب «مجموعه‌ی خطابات عبدالبهاء» که حاوی سخنرانی‌های مبارک در طی سفر به اروپا و آمریکای شمالی جمع‌آوری گردیده است؛ به چشم می‌خورد. خطابات مبارک در طی آن اسفار، به تعمیق احبّای غربی در امر مبارک، کمک چشم‌گیری نمود. در الواح مختلف ازجمله در لوحی که فقط چند ماه قبل از صعود مبارک در سال ۱۹۲۱ به‌افتخار دکتر آگوست فورل مرقوم فرمودند طبیعت روحانی انسان را دلیل اصلی فهم و ایجاد صلح و وحدت بین بشر بیان نمودند. هیکل مبارک به پرسش‌های مختلفی که به آراء و نظرات باب شده در آن زمان، نگرانی‌های عمومی، سؤالات فلسفی، اقتصادی، دینی و بسیاری موضوعات دیگر مربوط می‌شد؛ پاسخ‌های کامل و دقیق عنایت فرمودند. ثمره‌ی گردآوری برخی از این پاسخ‌ها در کتاب «مفاوضات عبدالبهاء»، تألیف گردید که در سال ۱۹۰۸ به زیور طبع آراسته شد. در مقام ریاست دیانت بهائی، از مؤمنان خواستند تا ضمن توسیع دایره‌ی نظر و دیدگاهشان، لحظه‌ای از تبلیغ امر مبارک، غفلت نورزند. در دوران تاریک جنگ جهانی اوّل، با نوشتن الواح نقشه‌ی ملکوتی(فرمان‌های تبلیغی) به احبّای آمریکای شمالی صلای عام دادند و از تک‌تک ایشان خواستند که برای ترویج پیام حضرت بهاءالله قیام نمایند.

فاصله‌ی بین صعود جمال مبارک در سال ۱۸۹۲ و صعود حضرت عبدالبهاء در سال ۱۹۲۱، مشحون از حوادث و حملات مختلفی بود که تمامیّت جامعه‌ی بهائی را نشانه گرفته بود. حملات داخلی از سوی ناقضین بی‌وفا و حملات خارجی از سوی حکمرانان بر پیکر امر، ضربه وارد می کرد. حضرت عبدالبهاء در همه‌ی احیان به‌عنوان مرکز میثاق به دفع این حملات پرداختند و به احبّا آموختند که به

عهدومیثاق مبارک متعهّد و وفادار باشند و درنهایت با تربیت جامعه‌ی بهائی آن را به دست جانشینان خویش، حضرت ولیّ امرالله و بیت‌العدل اعظم الهی سپردند. نکته‌ای که حائز و شایان توجّه و دقّت کثیر است، مضامین مندرج در الواح وصایای حضرت عبدالبهاء است که در ادامه‌ی جریان عظیم میثاق الهی، جانشین خویش را حضرت شوقی افندی معرّفی فرمودند و ریاست و اداره‌ی جامعه را به کف باکفایت آن حضرت سپردند. با این اقدام، حضرت عبدالبهاء مجدّداً جامعه‌ی بهائی را از خطر انشقاق و تجزّی نجات بخشیدند و به ایجاد وحدت و یکپارچگی پیروان این آیین نازنین مساعدت فرمودند.

«رساله‌ی سیاسیه» یکی دیگر از آثار مبارک است که خطاب به احبّای ایران صادر شد. در آن دوران، جامعه‌ی ایران دستخوش انقلاب و حوادث سیاسی و اجتماعی بسیاری بود. حضرت عبدالبهاء آشفتگی‌ها و مشکلات موجود در جامعه‌ی ایران را مدّ نظر قرار داده، فرمودند که دخالت بهائیان در این آشفتگی‌ها منجر به ایجاد تجزّی و اختلاف در جامعه‌ی بهائی خواهد شد و لذا بهائیان را از هرگونه دخالت در امور سیاسی برحذر فرمودند. نظم جهانی حضرت بهاءالله از طریق تفرقه و تجزّی جامعه‌ی بهائی قابل دستیابی نیست؛ بلکه تنها راه وصول به این منظر اعلی، تقلیب قلوب و نگرش افراد و رفتار و عمل به موجب تعالیم مبارکه و مذاکرات و مشاورات محترمانه و غیرخصمانه است.

دکتر یونس خان افروخته، پزشک حضرت عبدالبهاء که به‌عنوان کاتب و مترجم نیز در بین سال‌های ۱۹۰۰ تا ۱۹۰۹ در خدمت هیکل مبارک بود؛ خاطره‌ای از نحوه‌ی صدور آیات و تأثیر آن تا زمان حال بیان می‌دارد:

«ترتیب نزول آیات را زائرین و مسافرین ساحت قدس به اشکال مختلف ذکر کرده‌اند یکی گوید که حین نزول آیات ارکانم مرتعش میشد دیگری گوید که روحم پرواز میکرد یا خود را در عالم دیگر مشاهده مینمودم یکی گوید بچشم خود دیدم که سرکار آقا در آن واحد پذیرایی یار و اغیار نموده در حالیکه به ترکی فرمایش میفرمودند آیات عربی نازل میشد و کاتب حضور مینوشت دیگری گوید دیدم که با دست مبارک آیات عربی مینوشتند و با لسان ترکی فرمایش می‌فرمودند دیگری گوید دیدم که با دست، فارسی مینوشتند و آیات عربی را بکاتب القاء مینمودند. خلاصه آنکه یکی در سرعت قلم دم میزند و یکی از هیمنه‌ی تقریر حکایت میکند

و جمیع این شؤن اگر چه در ظاهر مبالغه‌آمیز بنظر میرسد اما در حقیقت بیان واقع است منتهی آنکه مطلب را هر کس باندازه‌ی فهم خود بیان نموده و راه اغراق و مبالغه هم نپیموده است ....

همینکه از مشاغل متعدده‌ی مختلفه‌ی یومیه فراغت حاصل میشد جناب آقا میرزا نورالدین را احضار فرموده مشغول القاء آیات میشدند و در این ضمن گاهی هم اتفاق میافتاد که الواح پاکنویس شده‌ی سابق همان دم تقدیم حضور میشد با نظر اجمالی به تصحیح و امضای آنها میپرداختند، اینجا بود که با دست مینوشتند و با لسان القاء میفرمودند زیرا حقیقت لایشغله شأن عن شأن بودند و تشتت حواس در آن ساحت راه نداشت اما در این ساعت مسافرین غریب بیچاره که در مسافرخانه یا در اطاق پایین یا در کوچه و بازار عکا پراکنده و پریشان و در اشتیاق لقاء آه میکشیدند لازم بود مشرف شوند هم بلقای محبوب فائز و هم از اصغاء کلمات که در جواب مسائل معضله نازل میشد مستفیض گردند. بلی آنها هم احضار شده میآمدند می‌نشستند و بعد از اظهار ملاطفت نسبت به ایشان باز نزول آیات شروع میشد گاهی با تلفظ ساده و صدای غرا و شمرده و گاهی با همان لحن ملیح روحپروری که زیارتنامه جمال ابهی را تلاوت میفرمودند نازل میشد حاضرین در بحر حیرت مستغرق بودند و ضمناً و تلویحاً بعضی جواب مسائل باطنی خود را می‌شنیدند و برخی درس عبرت میگرفتند. مجلس گرم میشد، ارواح بملکوت ابهی متوجه میگشت اما افسوس که این مجلس انس و خلوتگاه محبت خالی از اغیار نمیماند در خانه‌ی مبارک بروجه کل مفتوح بود — حاجب و دربان در این درگاه نیست — ناگاه یک یا دو یا چندین نفر وارد میشدند اگر اینها بسیار مبغض نبودند و لیاقت اصغاء این بیانات را داشتند بکلمات مرحبا اهلاً و سهلاً پذیرایی میشدند و بعد از چند کلمه اظهار ملاطفت نست بفرد فرد دوره‌ی نزول آیات شروع میشد و مجلس رونق میگرفت و اگر لایق این مقام نبودند یا عده‌ی آنها زیاده بر گنجایش اطاق بود به یک کلمه‌ی فی امان الله احباء را مرخص نموده بانجام کار خود بمقتضای وقت میپرداختند. این بود ترتیب نزول در وقتیکه بیکنفر کاتب القاء میشد. اما بیشتر اوقات — نوشتجات بقلم مبارک نازل و بهمین ترتیب و با همان پیش آمد انجام میگرفت یعنی در هنگام فراغت و بتنهایی قلم را دست گرفته مشغول میشدند اما سزاوار نمیدانستند که مسافرین خمیازه بکشند و منتظر و محتضر بمانند لهذا وقتیکه دسته‌های عرایض از جیب مبارک بیرون آورده ملاحظه

مینمودند و ارادهی صدور جواب میفرمودند و قلم دست گرفته مشغول تحریر میشدند، بیاد مسافرین هم بودند شاید بعضی صاحبان آن عرایض و برخی حامل آنها از اطراف مشرق زمین بودند. در هر صورت حال که قلم در گردش و اطاق مبارک خلوت خوب است آنها هم بیایند بنشینند و درک فیض کنند. بر حسب احضار همگی مشرف میشدند و مرحبا مرحبا، خوش آمدید، میشنیدند اما قلم در گردش بود و لسان باظهار شفقت و رأفت در حرکت گاهی کلمات منزله را تلفظ میفرمودند گاهی مجلس بسکوت میگذشت و گاهی سکوت را خود میشکستند و میفرمودند: صحبت کنید من میشنوم. البته آنها که محو و مات جمال بیمثال بودند زبان بتکلم نمیگشودند ولکن غالباً ورود مهمانهای ناخوانده سد سکوت را میشکست یا از مشایخ عرب یا از محترمین عثمانی کسی یا کسانی وارد میشدند، در این هنگام قعود و قیام بمقتضای رتبه و مقام ایشان بعمل میآمد بعد از تعارفات رسمی باز قلم بجولان میافتاد و لسان در حرکت، اگر کسی صحبت نمیکرد بعربها میفرمودند: یا شیخ اکلی کیف حالک؟ ... و اگر واردین ترک بودند و بمقتضای ادب ساکت مینشستند مکرر با آن قیافهی منیر و تبسمهای دلپذیر به ترکی میفرمودند: سوزن بیریر یرندن آچ — یعنی صحبت را از یکطرف باز کن ... تا اینکه یکنفر بصحبت مبادرت نماید و سایرین بشنوند و هیکل مبارک در آن صحبت شرکت کنند ... گاهی قیل و قال و گهی گفتگو و جنجال بود و در این هنگامه قلم مبارک از حرکت باز نمیماند».۳۳۴

آثار مکتوب مولای مهربان تا امروز نیز چراغ راه و مشعل فروزان حیات ماست. دکتر نادر سعیدی بهمنظور بررسی دقیقتر آثار مکتوب و خطابات مبارک، آنها را به سه بازهی زمانی تقسیم بندی نموده است. مرحلهی اوّل از سال ۱۸۶۰ تا ۱۸۹۲؛ مرحلهی دوّم از سال ۱۸۹۲ تا ۱۹۰۸ و مرحلهی سوم ۱۹۰۹ تا ۱۹۲۱.

مرحلهی اوّل، از سال ۱۸۶۰ تا ۱۸۹۲ که همزمان با ۳۲ سال آخر حیات حضرت بهاءالله است. مکاتبات و آثار این دورهی حضرت عبدالبهاء، به اشاره و امر جمال مبارک و برای گسترش و بسط فهم و آگاهی از اصول امر الهی صادر شده است. علاوه بر اینگونه آثار، برخی کتب دیگر نیز در این دوران از قلم حضرت عبدالبهاء

---

۳۳۴ - افروخته، یونس خان؛ خاطرات نهساله عکّا؛ صص ۲۵۴-۲۵۹.

نوشته شده است؛ ازجمله «مقاله‌ی شخصی سیّاح» که به ذکر تاریخ اولین سال‌های امر مبارک می‌پردازد، «رساله‌ی مدنیه» که حاوی اشارات و راهنمایی‌هایی عالی‌قدر و ارزشمند، خطاب به ملّت و دولت ایران صادر شده است. همچنین تفسیر حدیث کنت کنز، تفسیر بسم الله و یک تفسیر بر قرآن.

مرحله‌ی دوّم یا مرحله میانی، از سال ۱۸۹۲ تا ۱۹۰۸ یعنی از سال صعود حضرت بهاءالله تا زمان آزادی حضرت عبدالبهاء از سجن است. اثرات مشقّات و بلایایی که در این برهه بر هیکل مبارک وارد شدند در آثار حضرتش به‌خوبی نمایان است.

مرحله‌ی سوّم و آخر، از سال ۱۹۰۹ تا ۱۹۲۱ یعنی از سال آزادی هیکل مبارک تا زمان صعود حضرتش به سماء قدس الهی است. بین سال‌های ۱۹۱۱ تا ۱۹۱۳ سفرهای خطیر حضرت عبدالبهاء به اروپا و آمریکای شمالی صورت گرفت. مکاتیب و خطابات در طی اسفار، به منظور تبلیغ امرالله و تحکیم قوه‌ی ایمان در بهائیان غربی از طرف حضرت عبدالبهاء صادر گردید. خطابات مبارک که در طی این اسفار ایراد گردید در مجموعه‌ای به نام «ترویج صلح جهانی» جمع‌آوری گردید که این مجموعه تا ابد چراغ راه هدایت و تقویت بنیه‌ی ایمان مؤمنین خواهد بود. حضرت عبدالبهاء در ایّام جنگ جهانی اوّل در حیفا تشریف داشتند. مقصود مبارک این بود که بعد از خاتمه‌ی جنگ، ترتیب یک سفر به آسیای دور را بدهند که به علت وضعیت جسمانی و فقدان سلامت هیکل مبارک، مقدور نشد.

آثاری که در ذیل، فهرست شده‌اند در طی این سه مرحله نازل شده و شامل الواح، مناجات‌ها و خطابات است که اکثری از آنها چاپ و منتشر گردیده‌اند:

۱. مناجات‌های حضرت عبدالبهاء
۲. الواح نقشه‌ی ملکوتی (فرمان‌های تبلیغی)
۳. الواح وصایای مبارک
۴. خطابات در اروپا و آمریکا
۵. لوح افلاکیه
۶. لوح عهد و میثاق. تفسیری بر سوره‌ی غصن
۷. آخرین لوح خطاب به آمریکا: لوح عهد و میثاق
۸. لوح عمه خطاب به عزّیه خانم
۹. لوح آیات

۱۰. لوح دو ندای فلاح و نجاح

۱۱. لوح دکتر آگوست فورل

۱۲. لوح هفت شمع

۱۳. الواح هزار بیتی

۱۴. لوح خراسان

۱۵. الواح خطاب به انجن صلح لاهه

۱۶. لوح محفل شور

۱۷. لوح محبت

۱۸. لوح تنزیه و تقدیس

۱۹. لوح تربیت

۲۰. رساله‌ی مدنیه

۲۱. مکاتیب عبدالبهاء

۲۲. مقاله‌ی شخصی سیاح

۲۳. مفاوضات

۲۴. شرح فص نگین اسم اعظم

۲۵. شرح شهدای یزد و اصفهان

۲۶. رساله‌ی سیاسیه

۲۷. تذکرهٔ الوفا

۲۸. تفسیر بسم الله الرحمن الرحیم

۲۹. تفسیر حدیث کنت کنزاً مخفیا

۳۰. زیارت‌نامه

علاوه بر آثار فوق، مکاتیب بسیاری از قلم مبارک صادر شده است که ترتیب انتشار آنها چنین است:

- سه مجلد آن بین سال‌های ۱۹۱۰ تا ۱۹۲۱ در مصر
- از جلد ۴ تا ۸ بین سال‌های ۱۹۶۴ تا ۱۹۷۶ در طهران
- ۶ مجلد دیگر با عنوان «منتخباتی از مکاتیب حضرت عبدالبهاء» و حدوداً ۱۷۰۰ صفحه، در بین سال‌های ۱۹۷۵ تا ۲۰۰۵ در مرکز جهانی بهائی چاپ و منتشر گردید.

- یک جلد دیگر از «مکاتیب عبدالبهاء» که حاوی ۱۶۱ مکتوب مبارک است در سال ۱۹۸۲ به زیور طبع آراسته شد.

تنوّع مطالب مطروحه و مضامین عالیه‌ی این آثار، بسیار شگفت‌انگیز است و شامل مباحث تاریخی، علوم طبیعی، علوم دینی، فلسفه، فرهنگ، سؤالاتی درزمینه‌ی مسائل اجتماعی و اخلاقی، فضایل، جنبش‌های اجتماعی و سیاسی، شعر و ادبیات، شرح آیات قرآن و احادیث، پاسخ به سؤالات شخصی و محافل بهائی است. دامنه و عمق مطالب و مباحث در هرکدام از موضوعات مطرح شده توسّط حضرت عبدالبهاء در هر یک از الواح، به قدری گسترده و جامع است که برای توضیح هرکدام می‌توان کتب بسیاری تألیف کرد.

دوره‌ی اوّل: از ۱۸۶۰ تا ۱۸۹۲

تفسیر حدیث کنت کنز

این اثر پنجاه صفحه‌ای اولین اثر حضرت عبدالبهاء است که تفسیری بر حدیث «کنتُ کنزاً مخفیاً» است. حضرت ولیّ امرالله محل نگارش این تفسیر را در ایّام بغداد ذکر فرموده‌اند. اگرچه تاریخ دقیق نگارش این اثر مشخص نیست؛ امّا می‌توان حدس زد که در سنین شباب نگاشته شده است چراکه وقتی هیکل مبارک، بغداد را ترک فرمودند بیست‌ویک ساله بودند. این تفسیر بنا به اشاره‌ی حضرت بهاءالله در جواب به تقاضای یکی از صوفیان صاحب نام به نام علی شوکت پاشا و در توضیح حدیث قدسی «کنتُ کنزاً مخفیاً» از قلم حضرت عبدالبهاء صادر شد.

«کنت کنزاً مخفیا. فاحببت ان اعرف. فخلقت خلق لکی اعرف.»

این حدیث در زمره‌ی مهم‌ترین احادیث قدسی اسلامی است. معانی عالیه‌ی مکنون و مستور در این حدیث، حکایت از عشق الهی و بیان علت خلق کائنات دارد که توسّط حضرت محمّد (ص) نازل شده است. در طی قرون و اعصار مختلف، علما و عرفا، چه شیعه و چه سنّی، در درک و بیان حقایق مکنونه در این حدیث، عاجز مانده‌اند.

در تفسیر عمیق و دقیقی که توسّط حضرت عبدالبهاء بر این حدیث بیان گردید؛ چهار مفهوم اصلی این حدیث را تشریح و توضیح فرموده‌ان،، «کنز مخفی»، «عشق»، «خلقت» و «علم» که سه مفهوم از این چهار مفهوم در حدیث بیان شده است.

اولین ظهور وحدت الهی، ظهور عقل ملکوتی است که از عشق سر بر می‌آورد.

حضرت عبدالبهاء معنای کلمه‌ی عشق را با بیان مراتب عشق، برگرفته از آثار صوفیه و بیانات حضرت بهاءالله تبیین فرموده‌اند. حضرت بهاءالله در رساله‌ی هفت وادی در بیان وادی وحدت این مراتب را کاملاً اظهار فرموده‌اند. هفت وادی اثری عرفانی است که به سفر معنوی روح اشاره دارد و طالب حقیقت آن را به اعانت الهی و از طریق سعی و مجاهدت خویش درمی‌یابد. بنا به اظهار حضرت عبدالبهاء تفاسیر رایج تا آن زمان بنا به محدودیت‌های حاکم بر عقل بشر، بیان شده بوده؛ امّا این تفسیر بر اساس تبیینات مظهر ظهور، بیان شده که اصل علم الهی است. در این یوم الهی معنی حقیقی آیه‌ی کنز مخفی آشکار شد.

تفسیر حدیث «ما یسعنی ارضی و ...»

در انتهای دوران اقامت در ادرنه، حضرت عبدالبهاء تفسیری بر حدیث معروف «ما یسعنی ارضی و لا سمائی ولکن یسعنی قلب عبدی المؤمن» نگاشتند. در این حدیث بر معانی عالی و عمیقی که از قرآن برگرفته شده است و مفهوم توکّل و اعتماد که حق در انسان به ودیعه گذاشته تا پیامش را آشکار سازد؛ تأکید می‌فرمایند. حضرت بهاءالله این سنّت را در چندین اثر خویش ازجمله در هفت وادی تشریح فرموده‌اند:

«ای برادر من قلب لطیف بمنزلهٔ آیینه است آن را بصیقل حبّ و انقطاع از ما سوی الله پاک کن تا آفتاب حقیقی در آن جلوه نماید و صبح ازلی طالع شود و معنی لا یسعنی ارضی و لا سمائی ولکن یسعنی قلب عبدی المؤمن را آشکار و هویدا بینی و جان در دست گیری و بهزار حسرت نثار یار تازه نمائی.

و چون انوار تجلّی سلطان احدیّه بر عرش قلب و دل جلوس نمود نور او در جمیع اعضا و ارکان ظاهر میشود».۳۳۵

حضرت عبدالبهاء بیان میفرمایند که قلب مؤمن که کلام الهی را پذیرفت واجد نه خصیصهی مشخص خواهد شد: انقطاع، تواضع، استقامت، صبر، اعتماد به حق، اطاعت صرف از خداوند، ایمان مطلق به خدا، شهادت به اینکه خداوند خالق همه چیز است و تسلیم صرف در برابر خداوند.

رسالهی مدنیه

اثر معجز شیم دیگر از آثار حضرت عبدالبهاء، «رساله اسرار الغیبیه لاسباب المدنیه» است. این اثر به اشارهی جمال مبارک نگاشته شد که دربارهی مسائل اقتصادی، سیاسی و اجتماعی مطرح آن زمان صحبت شده است. مخاطب اصلی این اثر فاخر، شاه ایران، روحانیون، روشنفکران و صاحبمنصبان ایران بودند. محض عدم ایجاد تعصّب و سوگیری در بین مخاطبان و تنها به نیّت اصلاح امور و وضعیّت مملکت در آن زمان، حضرت عبدالبهاء آن را بدون نام منتشر فرمودند و در آن نکات اساسی و ارزشمندی دربارهی اصلاح شرایط و وضعیت آن زمان ایران، پیشنهاد نمودند.

پادشاه ایران، ناصرالدینشاه، در سال ۱۸۷۳ سفری به غرب نمود. در اصل، برنامهریزی این سفر از جانب صدراعظم وی، میرزا حسینخان مشیرالدّوله صورت گرفت. نیّت اصلی صدراعظم این بود که شاه مستقیماً در جریان پیشرفتهای تمدّن اروپایی قرار گیرد شاید بتوان برخی از این امکانات را در کشور ایران، ایجاد و گسترش داد و باعث رشد و آبادانی کشور گردید. وی میدانست که اگر به وضعیت نابسامان و اسفناکی که بر کشور، حاکم است خاتمه داده نشود؛ بدن بی جان این خطّه، رو به زوال و موت خواهد رفت.

---

۳۳۵ - بهاءالله، حضرت؛ هفت وادی و چهار وادی؛ هفت وادی (کتابخانه آثار بهائی).

اصول و مبانی که در رساله‌ی مدنیه پیشنهاد شده است همگی لوازم و عقاید و پیشنهادهایی را بیان می‌کند که در مسیر اصلاح و نوسازی و گسترش ایران، بسیار کاربردی و مؤثر خواهد بود.

حضرت عبدالبهاء این‌گونه تشریح می‌فرمایند:

«بر اولی الأبصار معلوم و واضح بوده که چون در این ایّام رأی جهان‌آرای پادشاهی بر تمدّن و ترقّی و آسایش و راحت اهالی ایران و معموریّت و آبادی بلدان قرار یافته و بصرافت طبع ید یمین رعیّت‌پروری و عدالت‌گستری را از آستین همّت کامله و غیرت تامّه برآورده تا بانوار عدل آفاق ایران را محسود ممالک شرق و غرب فرماید و نشأهٔ اولای اعصار اوّلیّه ممتازه ایران در عروق و شریان اهالی و متوطّنین این دیار سریان نماید لهذا این عبد لازم دانسته که بشکرانه این همّت کلّیّه مختصری در بعضی موادّ لازمه لوجه الله مرقوم نماید و از تصریح اسم خویش احتراز نموده تا واضح و مبرهن گردد که مقصدی جز خیر کل نداشته و ندارم بلکه چون دلالت بر خیر را عین عمل خیر دانسته لهذا بدین چند کلمه نصحیّه ابنای وطن خویش را چون ناصح امین لوجه الله متذکّر مینمایم و ربّ خبیر شاهد و گواه است که جز صرف خیر مقصدی نداشته چه که این آواره بادیه محبّهٔ الله بعالمی افتاده که دست تحسین و تزییف و تصدیق و تکذیب کل کوتاه است انّما نطعمکم لوجه الله و ما نرید منکم جزآءً و لا شکوراً.»۳۳۶.

آخرین بار که تمدّن ایرانی توانست مراحل عزّت و شکوفایی را طی نماید در زمان حکومت سلسله‌ی صفویّه بود. (۱۵۰۲ - ۱۷۳۶) در زمان سلسله‌ی قاجار حدوداً بین سال‌های ۱۷۸۹ تا ۱۹۲۵ وضعیت ایران به هیچ عنوان مناسب نبود. حضور نیروهای خارجی که قصد بهره‌برداری و استعمار ایران را داشتند؛ زیرساخت‌های پوسیده و غیراصولی، بی سوادی عمومی، اشرافیان فاسد و تضادها و مناقشات بین روحانیون و شاه به این اوضاع، دامن می‌زد. حضرت ولیّ عزیز امرالله در توصیف روحانیون می‌فرمایند:

---

۳۳۶ - عبدالبهاء، حضرت؛ رسالهٔ مدنیّه (کتابخانه آثار بهائی).

«... بغایت متعصّب و فاسد و از رتبه و مقام خویش در خوف و هراس بودند. این جماعت که زمام ناس در قبضهٔ قدرت آنان واقع با جمیع افکار مترقّی و طالب حرّیت و آزادی مخالفت مینمودند».۳۳۷

همزمان با این اوضاع در ایران، اروپای غربی وارد عصر روشنگری و رنسانس هنرها می‌شد. فرضیّات مدرن آن روز در اروپا بر پایه‌ی بازار آزاد و جمهوری‌خواهی و کشف اصول بنیادین علوم مدرن بود و از همه مهم‌تر انقلاب صنعتی باعث آغاز حکمرانی اروپا بر دنیا شد.

امّا در دنیای اسلام، مواجهه و استقبال نسبت به اصول و عقاید جدید به کندی صورت می‌گرفت و همچنان بر همان روش‌ها و اصول اجتماعی و سیاسی و اقتصادی و دینی سابق خود اصرار می‌ورزیدند. اولین حکومت اسلامی که شروع به همراهی و شرکت در این تغییر نمود؛ امپراتوری عثمانی بود. عثمانی‌ها در سده‌ی ۱۸۰۰ بسیاری از مناطق تحت تسلط خویش را از دست داده بودند و حکومتشان رو به افول بود؛ پس لازم بود چاره‌ای بیندیشند.

امّا اوضاع در ایران از آن هم بدتر بود. چراکه هیچ‌گونه اقدامی در راه اصلاحات و به‌روزرسانی وضعیت کشور انجام نمی‌شد و تنها در اواخر قرن ۱۹ میلادی بود که برخی حرکت‌ها و جنبش‌ها در این زمینه اتفاق افتاد. شاید بتوان برای تأخیر در پیوستن ایران به جنبش جهانی روشنگری و مدرنیزم، چهار علت نام برد: اولین علت، تعارض و مقابله‌ی شدید علما و روحانیون دینی نسبت به هرگونه تجدّد، خصوصاً آنهایی بود که از سمت غرب وارد می‌شد. اصولاً روحانیون نسبت به هرگونه نوگرایی و تجدّد، روی خوشی نشان نمی‌دادند. با دامن‌زدن به این تفکّر که غرب‌گرایی به هر شکلی مایه‌ی نابودی بنیان‌های اصیل دینی است هرگونه تجدد و اصلاحات، تکفیر می‌شد. حتّی این تفکّرات واپس‌گرایانه مانع پذیرش افکار جدیدی از جانب افراد خارجی می‌شد؛ خصوصاً اگر مشخّص می‌شد که این افکار، مربوط به فردی غیرمسلمان باشد. روحانیون مسلمانی که مدعی بودند اروپای قرون وسطایی تمامی پیشرفت و تمدّنش را در سایه‌ی پیشرفت‌های علمی و تکنولوژیکی دنیای اسلام به دست آورده است؛ کسر شأن می‌دانستند که بپذیرند اکنون از دنیای غرب،

---

۳۳۷ - ربانی، شوقی؛ قرن بدیع؛ ص ۴۱.

عقب افتاده‌اند و هرگونه پذیرش از جانب غرب را نشانه‌ای از ذلّت برای خود می‌پنداشتند. روحانیون اکثراً ثروت خود و نزدیکانشان را از مردم و نهادهای رسمی به دست می‌آوردند و قوی‌ترین و نیرومندترین پایگاه اجتماعی متعلّق به این طبقه بود. در زمان صفویّه، تشیّع، مذهب رسمی ایران اعلام گردید و شاه، رسماً خود را نایب امام غایب می‌خواند. طی دوران سلطنت قاجارها، ثروت و اعتبار اجتماعی روحانیون به حدّی رسیده بود که مدعی سهمی از حکومت باشند. اعلان این ادّعا باعث تحریک افکار مردم شد؛ خصوصاً آنهایی که در شهرها و روستاها زندگی می‌کردند و در نظر آنان جایگاه روحانیون بسیار والا بود.

علّت دوّم اینکه هیچ‌گونه ایدئولوژی و پایگاه فکری قابل عرضه‌ای برای اینکه کشور را به سمت پیشرفت سوق دهد؛ وجود نداشت. بیشتر روشنفکران ایرانی به تغییرات بنیادینی نظر داشتند که بتواند مرزهای پیشرفت ایران را به جلو براند.

علّت سوّم به این نکته اشاره دارد که اکثر کشورهای پیشرفته‌ی آن زمان، منافع خویش را در دخالت در امور داخلی و تسلّط بر منابع باارزش کشورهای دیگر ازجمله ایران می‌دانستند و سعی داشتند که ازنظر سیاسی و جغرافیایی و اجتماعی تسلّط خویش را گسترش دهند که البتّه این دیدگاه به هیچ عنوان همسو با منافع کشور تحت سلطه نبود. پس نه‌تنها هیچ برنامه‌ای برای توسعه و مدرنیزم قابل طرح نبود و بنیادهای دینی نیز به این ماجرا دامن می‌زد.

قبل از نشر رساله‌ی مدنیه، ایجاد اصلاحات اجتماعی به‌طور گسترده در بین گروه‌های روشنفکر و طبقه‌ی متفکر جامعه موردبحث بود؛ امّا انجام این اصلاحات توسط ناصرالدین‌شاه به تعویق می‌افتاد. تنها پس از روشن شدن شعله‌ی انقلاب مشروطیّت در سال ۱۹۰۶ بود که افکار اصلاح طلبانه، جانی دوباره گرفت و راهی به‌سوی عملی شدن یافت. این امر به اهتمام میرزا حسین‌خان مشیرالدّوله بود. وی اولین صدراعظمی بود که تلاش کرد عقاید و افکار متجدّدانه را که برگرفته از مکاتب غربی بود؛ در ایران گسترش دهد که البتّه مجدداً با مخالفت گروه سنّتی روبه‌رو شد.

«رساله‌ی مدنیه» با عبارتی آغاز می‌گردد که خداوند را به خاطر ارزانی داشتن موهبت عقل به انسان می‌ستاید:

«بدایع حمد و ثنا و جوامع شکر و سپاس درگاه احدیّت پروردگاری را سزاست که از بین کافّهٔ حقایق کونیّه حقیقت انسانیّه را بدانش و هوش که نیّرین اعظمین عالم کون و امکان است مفتخر و ممتاز فرمود ...»۳۳۸

و در ادامه بیان می‌فرمایندکه نهایت افتخار یک فرد به این است که: «... مفخرت انسان در آن است که بین ملأ امکان منشأ خیری گردد»۳۳۹ همه‌ی مردم را دعوت می‌فرمایند تا: «... از هر جهت باسباب آسایش و راحت و سعادت و معارف و تمدّن و صنایع و عزّت و شرف و علوّ منزلت جمعیّت بشریّه تشبّث»۳۴۰ نمایند؛ و اگر چنین کنند: «... این قطعه مبارکه ایرانیّه مرکز سنوح کمالات انسانیّه در جمیع مراتب گشته آینهٔ جهان‌نمای جهان مدنیّت شود»۳۴۱. سپس در نعت حضرت محمّد می‌فرمایند:

«جوهر ذکر و ثنا مطلع علم لدنّی و مشرق وحی الهی و عترت طاهره‌اش را لایق و سزاست که از اشعّهٔ ساطعهٔ حکمت بالغه و معارف کلّیّه‌اش سکّان متوحّشه اقلیم یثرب و بطحا خارق‌العاده در اندک زمانی از حضیض جهل و نادانی باعلی درجه علم و دانائی عروج و صعود نمودند بقسمی که در فجر امکان چون نجوم سعادت و مدنیّت بدرخشیدند و مرکز فنون و معارف و علوم و خصایص انسانیّه گشتند.»۳۴۲

سپس به تقدیر از مساعی شاه ایران می‌پردازند که مصدر تغییرات و پیشرفت در ایران شده‌اند:

«... چون در این ایّام رأی جهان‌آرای پادشاهی بر تمدّن و ترقّی و آسایش و راحت اهالی ایران و معموریّت و آبادی بلدان قرار یافته و بصرافت طبع ید یمین رعیّت‌پروری و عدالت‌گستری را از آستین همّت کامله و غیرت تامّه برآورده تا بانوار

<hr>

۳۳۸ - عبدالبهاء، حضرت؛ رسالهٔ مدنیّه (کتابخانه آثار بهائی).
۳۳۹ - همان‌جا.
۳۴۰ - همان‌جا.
۳۴۱ - همان‌جا.
۳۴۲ - همان‌جا.

عدل آفاق ایران را محسود ممالک شرق و غرب فرماید و نشأه اولای اعصار اوّلیّه ممتازه ایران در عروق و شریان اهالی و متوطّنین این دیار سریان نماید ...».۳۴۳

حضرتش تبیین می‌فرمایند که نگاشتن این رساله، تنها به نیت خیر و آبادانی کشور ایران صورت گرفته نه به طلب نام و رسم و نشان؛ به همین علّت از نگاشتن نام خود پرهیز فرموده‌اند:

«... لهذا این عبد لازم دانسته که بشکرانه این همّت کلّیّه مختصری در بعضی موادّ لازمه لوجه الله مرقوم نماید و از تصریح اسم خویش احتراز نموده تا واضح و مبرهن گردد که مقصدی جز خیر کل نداشته و ندارم بلکه چون دلالت بر خیر را عین عمل خیر دانسته لهذا بدین چند کلمه نصحیّه ابنای وطن خویش را چون ناصح امین لوجه الله متذکّر مینمایم ...».۳۴۴

در ادامه خوانندگان را متذکّر می‌دارند که قرون و اعصار ماضیه‌ی ایران را به یاد آورند که شهرتش به چه میزان درخشنده و تابناک بوده است:

«در ازمنهٔ سابقه مملکت ایران بمنزله قلب عالم و چون شمع افروخته بین انجمن آفاق منوّر بود عزّت و سعادتش چون صبح صادق از افق کائنات طالع و نور جهان‌افروز معارفش در اقطار مشارق و مغارب منتشر ...».۳۴۵

پس از مقایسه برتری و علوّ مقام ایران باستان با اوضاع اسفناک آن زمان، حضرتش مردم ایران را صلای عام داده، می‌فرمایند:

« حال ای اهل ایران باید قدری از سکر هوی بهوش آمده و از غفلت و کاهلی بیدار گشته بنظر انصاف نظر کنیم آیا غیرت و همّت انسان قائل بر آن میشود که چنین خطّهٔ مبارکه که منشأ تمدّن عالم و مبدأ عزّت و سعادت بنی‌آدم بوده و مغبوط آفاق و محسود کلّ ملل شرق و غرب امکان حال محلّ تأسّف کلّ قبایل و شعوب گردد ...

---

۳۴۳ - همان‌جا.

۳۴۴ - همان‌جا.

۳۴۵ - همان‌جا.

... بعضی نفوس که عقول و افکارشان بعلل اغراض ذاتیّه مختل و روشنائی رأی و تصوّراتشان بغبار خودپرستی و ظلمات منفعت شخصیّه محجوب و مکدّر همّتشان مصروف شهوات نفسیّه و غیرتشان محوّل بر وسایل ریاسیّه علم مغایرت برافراخته و آغاز شکایت نموده‌اند ... بعضی گویند که این افکار جدیدهٔ ممالک بعیده است و منافی مقتضیات حالیّه و اطوار قدیمه ایران ... که این قوانین بلاد کفریّه است و مغایر اصول مرعیّهٔ شرعیّه ... حزبی بر آنند که باید تشبّث بوسایلی نمود که اهل ایران خود ایجاد اصلاحات لازمه سیاسیّه و معارف عمومیّه و مدنیّت تامّه کامله نمایند لزوم اقتباس از سایر طوایف نه.»۳۴۶

در ادامه حضرت عبدالبهاء با طرح این سؤال، خوانندگان را به بیان براهین وا می‌دارند که:

«... کدام یک از این اساس محکم متین و بنیان حصین رزین مباین مقتضیات حسنهٔ حالیّه و منافی لوازم خیریّه سیاسیّه ایران و مخالف صوالح مستحسنه و منافع عمومیّه جمهور است آیا توسیع دایره معارف و تشیید ارکان فنون و علوم نافعه و ترویج صنایع کامله از امور مضرّه است ...».۳۴۷

حضرت عبدالبهاء ضمن اشاره به حدیث اسلامی درمورد کسب علم می‌فرمایند: «... آیا حدیث مشهور اطلبوا العلم ولو بالصّین را فراموش نموده‌اند ...».۳۴۸

هیکل مبارک به‌عنوان شاهد، منش و روش حضرت محمّد را در برخورد با افکار و عقاید جدید از سوی ملل دیگر یادآوری می‌فرمایند:

«حضرت سلمان بحضور مطلع وحی الهی و مهبط تجلّیات و فیض نامتناهی حاضر عرض نمود که در ممالک فرسیّه بجهت محافظت و صیانت خود از اعدا باطراف مملکت حفر خندق نمایند و این بجهت محافظه از هجوم بغتی بسیار موافق و مفید آیا آن منبع عقل کلّی و معدن حکمت و علم الهی فرمودند که این از عادات ممالک شرکیّه کفریّه مجوس است و اهل توحید را اتبّاع جایز نه و یا آنکه جمیع موحّدین

<hr>

۳۴۶ - همان‌جا.

۳۴۷ - همان‌جا.

۳۴۸ - همان‌جا.

را سریعاً بحفر خندق امر فرمودند حتّی بنفس مبارک آلت حفر را برداشته و بمعاونت اصحاب و احباب قیام فرمودند».۳۴۹

اگرچه نمی‌توان نسبت به تأثیری که نشر رساله‌ی مدنیه بر اوضاع ایران گذاشت تخمین دقیقی ارائه کرد؛ امّا باید در نظر داشت در همان احیان، همزمان با جنبش مشروطه که به نقطه‌ی اوج خود رسیده بود، در سال ۱۹۰۶ قانون اساسی نیز در حال نگارش بود. با توجّه به اینکه بهائیان در ایران، تحت آزار و اذیّت قرار داشتند، امّا معدود روشنفکرانی بودند که به‌رغم ترس از امنیّت و آبروی خویش مایل بودند از بیانات حضرت عبدالبهاء که در رساله‌ی مدنیه اعلان فرموده بودند؛ استفاده کنند.

همزمان با انتشار رساله‌ی مدنیه کتاب دیگری نیز باهمان حال وهوای تجدّد طلبی، مسلمانان را دعوت به کنار گذاشتن شیوه‌های غلط و قدیمی تفکّر و توجّه به روش‌های مدرن در دنیا می‌نمود. حضرت عبدالبهاء با اشاره به نظرات نویسندگان اروپایی که دیدگاه مثبتی نسبت به اسلام داشتند بیان می‌فرمایند که بضاعت سواد و تحصیل، خاک حاصل‌خیزی برای امراض اجتماعی است:

«... علّت عظمای جور و فتور و عدم عدل و حقّانیّت و انتظام امور از قلّت تدیّن حقیقی و عدم معارف جمهور است».۳۵۰

حضرتش تأکید می‌فرمایند برای ایجاد یک جامعه‌ی آرام، لازم است که قوانین و اصولی مدوّن گردد. در فقدان عدالت هیچ توسعه پایداری وجود ندارد:

«نظر باینکه اعظم وسیلهٔ آسایش و راحت اهالی و اکبر واسطهٔ ترقّی جمهور اعالی و ادانی این امر اهمّ اتمّ است لذا باید علمائی که واقفند بر مسائل شرعیّه الهیّه در این مجلس کبیر اوّلاً یک منهج قویم و صراط مستقیمی بجهت قطع دعاوی عموم تعیین و تألیف نموده بامر حضرت سلطان در جمیع ولایات منتشر گردد و بر موجب آن حکم جاری شود بسیار این امر مهمّ را اهتمام لازم است».۳۵۱

<hr>

۳۴۹ - همان‌جا.

۳۵۰ - همان‌جا.

۳۵۱ - همان‌جا.

حتّی تأکید می‌فرمایند که هیأتی منتخب از افراد برای پیشرفت اجتماعی بسیار لازم و ضروری است:

«و بنظر این عبد چنان می‌آید که اگر انتخاب اعضای موقّته در مجالس ممالک محروسه منوط برضایت و انتخاب جمهور باشد احسن است چه که اعضای منتخبه از این جهت قدری در امور عدل و داد را مراعات مینمایند که مبادا صیت و شهرتشان مذموم گردد و از درجه حسن توجّه اهالی ساقط شوند».۳۵۲

با اعلان چنین نظرات و آرای بنیادین از سوی حضرت عبدالبهاء درباره‌ی جامعه‌ای با تاریخی طولانی از سلسله‌های پادشاهی و فقدان یک حکومت دموکراتیک، نشان می‌دهد که ایشان از زمان خویش بسیار فراتر می‌نگریستند. به نظر یکی از نویسندگان اروپایی، حضرت عبدالبهاء نقش دین را در ایجاد تغییرات بنیادین در جامعه، بسیار محوری و اصولی می‌دانستند:

«علما سراج هدایتند بین ملأ عالم و نجوم سعادتند مشرق و لایح از افق طوایف و امم سلسبیل حیاتند انفس میّته جهل و نادانی را و معین صافی کمالاتند تشنگان بادیهٔ نقص و گمراهی را مطلع آیات توحیدند و مطّلع بر حقایق قرآن مجید طبیب حاذقند جسم معلول عالم را و تریاق فاروق اعظمند».۳۵۳

دیانت، بهترین اسباب به جهت ایجاد وحدت و مؤثّرترین انگیزه برای رشد و پیشرفت اجتماع است. ایشان می‌افزایند که تغییر نباید مستمسکی برای ترک دیانت باشد و البتّه دیانت نیز باید وسیله‌ی تغییر در رفتار و اعمال گردد نه اینکه باعث تولید و ترویج تعصّب شود:

«... صفات مقدّسهٔ اهل ایمان عدل و انصاف و بردباری و مرحمت و مکرمت و حقوق‌پروری و صداقت و امانت و وفاداری و محبّت و ملاطفت و غیرت و حمیّت و انسانیّت است».۳۵۴

---

۳۵۲ – همان‌جا.

۳۵۳ – همان‌جا.

۳۵۴ – همان‌جا.

تغییرات بنیادین جامعه با هدف حصول صلح و وحدت، همیشه در ظل ظهور مظهر الهی بوده است. تمدّن حقیقی می‌بایست در ظلّ اصول اخلاقی بنا شود وگرنه «... تمدّن صوری بی تمدّن اخلاق حکم اضغاث احلام داشته ...۳۵۵» و تنها در زمان ظهور مظهر الهی است که چنین تمدّنی قابلیت شکوفائی می‌یابد:

«... در بعثت انبیای الهی قوّهٔ اتّحاد حقیقی باطنی و ظاهری قبایل و طوایف متضادّهٔ متقاتله را در ظلّ کلمهٔ واحده جمع نموده صدهزار جان حکم جان واحد یافته و هزاران نفوس بهیئت شخص یگانه مجسّم گشته.۳۵۶»

در چنین روزگاری صلح جهانی، تعلیم و تربیت جهانی، حکومت و امنیّت جهانی حاصل خواهد شد.

اگرچه رساله‌ی مدنیه به اشاره‌ی جمال اقدس ابهی، توسّط حضرت عبدالبهاء خطاب به مردم ایران به جهت بسط افکار آنان و اطّلاع از پیام الهی نگاشته شد؛ ولی این کتاب، داروی شفابخشی است که در تمام کشورهای عالم قابلیت عمل و کاربرد دارد و در سایه‌ی عمل به راهکارهای آن می‌توان به انوار ظهور جدید پی برد.

مقاله‌ی شخص سیّاح

این کتاب نیز در زمره‌ی آثار مهم دیگری از حضرت عبدالبهاء است. در این کتاب، هیکل مبارک به بیان تاریخ دیانت بابی پرداخته‌اند و مخاطب آن، عموم مردم هستند و به‌مانند «رساله‌ی مدنیه» در این کتاب نیز نامی از نویسنده برده نشده. این کتاب در سال ۱۸۸۶ نگاشته شد۳۵۷؛ ولی در سال ۱۸۹۰ به فارسی چاپ و نشر گردید. ادوارد براون این کتاب را به انگلیسی ترجمه و توضیحاتی به آن اضافه کرد. نسخه‌ی اصل و فارسی کتاب توسّط هنرمند گران‌قدر جناب مشکین قلم در سال ۱۸۹۱ توسّط انتشارات دانشگاه کمبریج منتشر شد. در زمان سفر حضرت

۳۵۵ - همان‌جا.

۳۵۶ - همان‌جا.

۳۵۷ https://bahai-library.com/books/tn/tn.intro.html -

عبدالبهاء به شیکاگو در سال ۱۹۱۲، احبّاء را تشویق می‌فرمودند که این کتاب را مطالعه نمایند. اگرچه جای شک است آیا کتابی که آن زمان در دست احبّای آمریکایی بود همین ترجمه ذکر شده باشد.

ادوارد براون در زمان جوانی شیفته‌ی تاریخ، حیات و آثار دیانت بابی گردید؛ امّا هیچ‌گاه این حس را نسبت به ظهور دیانت بهائی و پیامبری حضرت بهاءالله اعلام نکرد. در تمام طول زندگانی‌اش مکاتبه و ملاقات با ازلی‌ها را ادامه داد و اخبار و اطلاعات نادرستی را که از ازلی‌های دریافت می‌کرد؛ درست می‌شمرد و متأسّفانه به چاپ و نشر آنها اقدام می‌کرد.

ادوارد براون در زمان سفرش به شرق در سال ۱۸۹۰، چهار مرتبه به زیارت حضرت بهاءالله در عکّا نائل شد. در این سفر بود که جناب زین المقرّبین نسخه‌ای از کتاب «مقاله‌ی شخصی سیّاح» را به وی داد ولی نامی از نویسنده‌ی آن به میان نیاورد. البتّه تا آن زمان دو سال شده بود که کتاب در بین بهائیان انتشار یافته بود. یک سال طول کشید که براون، ترجمه‌ی این کتاب را به اتمام برساند و در طی این مدّت، مدام با حضرت عبدالبهاء مکاتبه می‌نمود و گزارش پیشرفت کار خویش را به هیکل مبارک می‌داد بدون اینکه بداند حضرت عبدالبهاء نویسنده‌ی این کتاب هستند و بنا به دلایلی هیکل مبارک نیز هیچ گاه بیان نفرمودند که نویسنده‌ی این اثر هستند. این ترجمه به همراه نسخه‌ی فارسیِ استنساخ‌شده توسط جناب زین‌المقرّبین منتشر شد که حاوی حواشی غیردقیقی است که توسط ازلی‌ها به ادوارد براون داده شده بود؛ زیرا براون چند هفته‌ای را در قبرس با ازلی‌ها گذرانده بود. بعدازانتشار، براون رغبتی به شناختن نویسنده‌ی اصلی کتاب نشان نداد و البتّه نسخه‌ی کامل‌تر دیگری توسط جناب مشکین قلم در هندوستان چاپ گردید. در معرّفی کتاب «کاشان یا کتاب نقطه الکاف» که تاریخ دیگری درباره‌ی دیانت بابی است و توسّط یکی از ازلی‌ها نگاشته شده، ادوارد براون یکی از منتقدان حضرت عبدالبهاء است. اگرچه که در زمان صعود حضرت عبدالبهاء، پیام تسلیت شایسته‌ای نگاشت.

در پاراگراف اوّل «مقاله‌ی شخصی سیّاح»، این تصوّر به ذهن خواننده متبادر می‌شود که نویسنده یک مسافر بی‌طرفی است که تنها از یک واقعه‌ای که شاهد آن بوده است؛ حکایت می‌کند:

«در خصوص شخص معروف به باب و حقیقت احوال این طائفه روایات مختلفه و تفاصیل متباینه در السن و افواه ناس و صحائف تاریخ و اوراق حوادث ایران و اروپ مندرجست لکن از تباین و تخالف اقوال و روایات هیچ یک چنانچه باید اعتماد را نشاید بعضی بنهایت ذمّ و قدح زبان گشودند و بعضی از اوراق حوادث اجنبیّه در معرض مدح سخنی راندند و حزبی مسموعات خویش را نگاشتند و تعرّضی بذمّ و مدح ننمودند».۳۵۸

زندگانی حضرت عبدالبهاء در اکثر سال‌های حیات در زندان و تبعید گذشت نه در سفر. نام مبارکشان در کلّ این مقاله برده نشده و این حس به خواننده القاء می‌شود که ایشان یک مشاهده‌گر بی‌غرض و بی‌طرفی است که هیچ ارتباطی با این دیانت ندارد. درنتیجه، تمام توجّه خواننده به موضوع و محتویات کتاب جلب می‌گردد نه شخصیّت حضرت عبدالبهاء. در این اثر، ذکری از معجزات و اهداف روحانی بیان نفرموده‌اند؛ بلکه بیشتر همان سبکی را رعایت فرموده‌اند که در «رساله‌ی مدنیه» به چشم می‌خورد. میل مبارک این بوده که هرگونه مانعی را از مسیر حقیقت‌طلبی خواننده بردارند و وی را با حقیقت تحریف‌نشده روبه‌رو نمایند. حتّی بهائیان انگلستان در زمانی که این اثر چاپ گردید از نویسنده‌ی آن مطلع نبودند تا اینکه حضرت شوقی افندی تصریح فرمودند که صاحب این اثر حضرت عبدالبهاء هستند.

تفسیر «بسم الله الرّحمن الرّحیم»

یکی از آثار شاخص حضرت عبدالبهاء، تفسیر ایشان بر «بسم الله الرحمن الرحیم» است. این اثر در سال ۱۸۹۱ به خواهش «آقا عبدالله بن ملأ محمّد» نگاشته شد. هنگامی‌که این شخص به حضور حضرت بهاءالله مشرّف شد در زمره‌ی ازلی‌ها بود؛ امّا ملاقات با جمال مبارک چنان اثری در وجود وی گذاشت که تبدیل به یکی از مؤمنان مخلص جمال مبارک گردید. وی تقاضای نزول این تفسیر را از حضرت بهاءالله نمود و حضرت بهاءالله تبیین و تفسیر این آیه را به حضرت عبدالبهاء سپردند.

شیخ احمد احسائی و حضرت باب نیز تفاسیری بر اولین عبارت قرآن مجید نگاشته بودند. حدیث مشهوری از حضرت علی (ع) به این مضمون است: «ما فی کلام الله

---

۳۵۸ - عبدالبهاء، حضرت؛ مقاله شخصی سیّاح (کتابخانه آثار بهائی).

فی السبع المثانی و ما فیه فی البسمله و ما فیه فی الباء و ما فیه فی النقطه و انا نقطه تحت باء بسم الله»۳۵۹. ضمن اینکه شیخ احمد احسائی، حضرت باب و حضرت عبدالبهاء نسبت به این حدیث، صحّه می‌گذارند؛ تفسیر شیخ احمد احسائی بیشتر بر پایه‌ی مفاهیم اسلامی بیان شده است؛ ولی تفسیر حضرت اعلی از جایگاه و منظری وسیع‌تر و به‌عنوان مبشّر دیانت حضرت بهاءالله است. حضرت اعلی نوع دیگری از عبارت افتتاحیه را در آثار خویش ازجمله «کتاب مستطاب بیان» ذکر فرموده‌اند. این کتاب با مصدر «بسم الله الامنع الاقدس» آغاز می‌گردد؛ و حضرت عبدالبهاء با نگرش جدیدی تفسیر را بیان می‌فرمایند و از همان تعبیر، امّا در عبارتی جدید ذکر می‌فرمایند: «بسمه الحاکم الا ما کان و ما یکون».

افراد بسیاری از حضور حضرت عبدالبهاء استدعا نمودند که از هیکل مبارک حضرت بهاءالله تقاضای یک تفسیر بر این عبارت بفرمایند. حضرت عبدالبهاء چنین فرمودند؛ امّا جمال مبارک فرمودند که سرکار آقا این تفسیر را بنگارند. در این لوح، حضرت عبدالبهاء به شرح دقیق حرف «باء» می‌پردازند و در ادامه، معانی و توضیحات باقی کلمات ازجمله «اسم»، «الله»، «الرحمن» و «الرحیم» را بیان می‌فرمایند.

«و لنرجع الی بیان الباء و نقول انها متضمنة معنی الالف المطلقة الالهیة بشؤنها و اطوارها اللینیة و القائمة و المتحرکة و المبسوطة و نحوها فی البسملة التی هی عنوان کتاب القدم بالطراز الاول المشتملة علی جمیع المعانی الالهیة و الحقائق الربانیة و الاسرار الکونیة المبتدء فیها بالحرف الاول من الاسم الاعظم بالوجه الاتم الاقوم کما قال امام الهدی جعفر بن محمد الصادق علیه السلام فی تفسیر البسملة الباء بهاءالله». ۳۶۰.

لوح خراسان

قبل از وقوع صعود حضرت بهاءالله، هیکل مبارک از حضرت عبدالبهاء خواستند که لوحی خطاب به احبّای خراسان بنگارند. در لوح خراسان که به نثر فاخر عربی

۳۵۹ - شیرازی، ابوالقاسم؛ کوثر نامه؛ شیراز؛ ص۱۵۲.

۳۶۰ - عبدالبهاء، حضرت؛ مکاتیب عبدالبهاء، جلد ۱؛ ص ۳۹.

نگاشته شده؛ حضرت عبدالبهاء احبّای آن خطّه را به علت مجاهدت‌ها و ثبوت و رسوخ در امر مبارک ستوده‌اند و ایشان را تشویق می‌فرمایند که صبور و مستقیم در راه خدمت به امر محبوب عالمیان، گام بردارند. هیکل مبارک، مؤمنان را مطمئن می‌فرمایند که حجباتی که مردم را از شناسایی امر محبوب عالمیان بازداشته؛ خرق خواهد شد و حقیقت امر الهی آشکار خواهد گردید و معاندان امر الهی همانند عهود و قرون سابقه، همگی مخذول و منکوب خواهند شد.

دوره‌ی میانی، سال‌های ۱۸۹۲ الی ۱۹۰۸

رساله‌ی سیاسیه

اولین اثر حضرت عبدالبهاء بعدازانتصاب به‌جانشینی حضرت بهاءالله و ریاست دیانت بهائی «رساله‌ی سیاسیه» است که به سیاق «رساله‌ی مدنیه» نگاشته شده است.

این اثر در سال ۱۸۹۳ با خطّ خوشِ جناب مشکین قلم، نسخه‌برداری شد و سال بعد در بمبئی چاپ گردید. هیکل مبارک در این کتاب به سؤالات امین السّلطان پاسخ داده‌اند که بعدها صدر اعظم گردید و در آن به مسائلی از قبیل دخالت روحانیون در امور سیاسی و حکومت کشورها اشاره می‌فرمایند. جناب ابن اصدق، یکی از چهار نفر ایادی امرالله که از طرف حضرت بهاءالله منصوب گردیده بود، نسخه‌ای از این اثر را برای ناصرالدین‌شاه فرستاد. البتّه حضرت عبدالبهاء تأکید فرموده بودند که در انتشار این اثر، نهایت حکمت صورت پذیرد.

در ابتدای این اثر، حضرت عبدالبهاء علت نگارش آن را چنین بیان می‌فرمایند:

«هیئت اجتماعیّهٔ بشریه بالطبع محتاج روابط و ضوابط ضروریه است چه که بدون این روابط صیانت و سلامت نیابد و امنیّت و سعادت نیابد عزت مقدسهٔ انسان رخ ننماید ...».۳۶۱

نگارش «رساله‌ی سیاسیه » مقارن با نهضت تنباکو در ایران بود. در آن زمان استفاده از تنباکو بسیار رایج شده بود و همچنین تنباکوی ایران در بازارهای جهانی به قیمت بالا به فروش می‌رسید. به خاطر بدهی‌های دولت به روسیه و بریتانیا، حکومت قاجار حقّ امتیاز بهره‌برداری از تنباکو را به مدّت پنجاه سال به شخصی به نام «تالبوت» بخشید که این امر به ضرر بازرگانان ایرانی بود. به همین علت، تجّار ایرانی با جامعه‌ی روحانیّت متّحد شدند تا نسبت به این قرارداد، اعتراض نمایند.

علما و روحانیون با کمک تجّار، تصمیم بر افشا نمودن سیاست خارجی حکومت نمودند که البتّه همیشه مخالفت خود را نسبت به آن اعلام کرده بودند. دلیل دیگر این مخالفت، به خطر افتادن منافع اقتصادی خودشان نیز بود؛ چراکه بسیاری از زمین‌های علما زیر کشت تنباکو بود. در اواخر سال ۱۸۹۱ یکی از روحانیون سرشناس ایران به نام «میرزا حسن شیرازی»، فتوا به حرمت مصرف تنباکو داد. این فتوا مورد حمایت گسترده‌ی ایرانیان واقع شد. این اطاعت، نشان از عمق حمایت و پایگاه اجتماعی روحانیون داشت. درنهایت، بعد از گسترش این اعتراض سراسری، شاه که از عدم مداخله‌ی بریتانیا در اعطای حق امتیاز آگاه بود؛ آن را لغو کرد.

در این رساله، حضرت عبدالبهاء به علما درباره‌ی دخالتشان در امور سیاسیه هشدار می‌دهند:

«وظیفهٔ علماء و فریضهٔ فقها مواظبت امور روحانیّه و ترویج شئون رحمانیّه است و هر وقت علمای دین مبین و ارکان شرع متین در عالم سیاسی مدخلی جستند و رائی زدند و تدبیری نمودند تشتیت شمل موحّدین شد و تفریق جمع مؤمنین گشت نائره فساد برافروخت و نیران عناد جهانی را بسوخت مملکت تاراج و تالان شد و رعیت اسیر و دستگیر عوانان».۳۶۲

---

۳۶۱ - عبدالبهاء، حضرت؛ رسالهٔ سیاسیه؛ ص ۳۶.
https://reference.bahai.org/fa/t/ab/RST
۳۶۲ - همان؛ صص ۲۱- ۲۰.

حضرتش توضیح می‌فرمایند که امر سیاست در حوزه‌ی مدنیّت و حکومت است و حوزه و اختیارات روحانیون از مرجعی دیگر سرچشمه می‌گیرد و عملکردی دیگر دارد. برای تشریح این مطلب از چندین دوره‌ی تاریخی در ایران و امپراتوری عثمانی نام می‌برند که دخالت علما در کار سیاست و حکومت، این کشورها را به مرز نابودی کشاند. مثلاً در زمان حمله‌ی ترکمان‌ها در عصر صفویّه، برافروخته شدن شعله‌ی جنگ‌های قبیله‌ای در زمان آقا محمّد خان، فتوای جهاد در زمان فتحعلی‌شاه، تحریک گسترده‌ی مردم در زمان حکومت سلطان عبدالعزیز در عثمانی که در همه‌ی این تحریکات یک چیز مشترک بود: شایعه‌ای مذبذبانه.

دسایس روحانیون و ناشایستگی آنان در بسیاری اوقات موجب آشفتگی و ناآرامی‌های اجتماعی می‌شد:

«... چون مراجعت بتاریخ نمائی از این قبیل وقایع بیحد و بی‌پایان یابی که اساس جمیع مداخله رؤسای دین در امور سیاسیه بوده این نفوس مصدر تشریع احکام الهی هستند نه تنفیذ یعنی چون حکومت در امور کلّیه و جزئیّه مقتضای شریعت الهیّه و حقیقت احکام ربّانیّه را استفسار نماید آنچه مستنبط از احکام اللّه و موافق شریعت اللّه است بیان نمایند دیگر در امور سیاسی و رعیّت پروری و ضبط و ربط مهام امور و صلاح و فلاح ملکی و تمشیت قواعد و قانون مملکتی و امور خارجی و داخلی چه اطلاع دارند.» ۳۶۳

در ادامه هیکل مبارک آن دسته از روحانیون را که مقاصد خالص دارند؛ مورد عنایت وافره قرار می‌دهند:

«و اما دانایان پاک دل پاک جانند هر یک رحمت یزدانند و موهبت رحمن شمع هدایتند و سراج عنایت بارقۀ حقیقتند و حافظ شریعت میزان عدالتند و سلطان امانت صبح صادقند و نخل باسق فجر لامعند و نجم ساطع ینبوع عرفانند و معین ماء عذب حیوان مربی نفوسند و مبشّر قلوب هادی اممند و منادی حق بین بنی آدم آیت کبری هستند و رایت علیا جواهر وجودند و لطائف موجود مظهر تنزیهند و مشرق آفتاب تقدیس از هستی خاکدان فانی بیزارند و از هوی و هوس عالم انسانی

<hr>

۳۶۳ - همان؛ صص ۳۰ -۲۹.

در کنار در مجامع وجود سرمست محامد و نعوت رب ودودند و در محفل تجلی و شهود در رکوع و سجود بنیان الهی را رکن رکینند و دین مبین را حصن حصین تشنگانرا عذب فراتند و گمگشتگانرا سبیل نجات در حدائق توحید طیور شکورند و در انجمن تفرید شمع پر نور علمای ربّانیند و وارثان نبوی واقفان اسرارند و سرخیل گروه ابرار».۳۶۴

مسؤولیّت حکومت آن است که به صلاح مردم، تصمیم گیرد و عدالت، کلید روابط کامله بین ملوک و مملوک است. از جانب مردم همیشه باید اطاعت و وفاداری به مملکت مدّنظر باشد و گِردِ هیچ‌گونه آشوب و ناآرامی نگردند. در حقیقت، قوانین الهی و احکام حکومتی می‌بایست به‌منزله‌ی خیر عموم اجتماع باشد. حضرت عبدالبهاء این رساله را با این نصیحت به‌پایان می‌برند که همگی برای آفرینش یک عصر جدید به پا خیزند چراکه همّت لازم است و قول به تنهایی راه به‌جایی نمی‌برد.

الواح هزار بیتی

بعد از صعود حضرت بهاءالله، ناقضین امر به جرگه‌ی میرزا محمّد علی، برادر ناتنی حضرت عبدالبهاء، پیوستند. همان شخصی که حضرت ولیّ امرالله او را «مرکز نقض» خطاب فرمودند. برادر دیگر حضرت عبدالبهاء، میرزا بدیع الله، هم همراه ناقضین شد. این دو برادر که تشنه‌ی قدرت بودند نهایت حسادت را به حضرت عبدالبهاء روا داشتند.

به‌منظور دفع شر و حملات ناقضین، حضرت عبدالبهاء الواح بسیاری نازل فرمودند که از مهم‌ترین آنها، «الواح هزاربیتی» است که علّت تسمیه‌ی آن طولانی‌بودن این الواح است.

اولین لوح در حوالی سال ۱۸۹۶ و خطاب به جلیل خویی نازل شد. این فرد، مسگری از اهالی آذربایجان بود که در بین مؤمنان، صاحب جایگاهی ویژه بود. وی به این افتخار و موهبت نائل شده بود که مخاطب قلم مبارک حضرت بهاءالله قرار گیرد و

در جواب سؤالات ایشان درباره‌ی عصمت کبری، لوح اشراقات نازل گردد. وی از شاگردان جمال بروجردی بود. جمال بروجردی، مجتهدی بود که بهائی شد و بسیار به تبلیغ امر مبارک مشغول گردی؛ امّا بعداً به جرگه‌ی ناقضان پیوست. بعد از صعود حضرت بهاءالله، جمال بروجردی، شاگرد خویش جلیل خویی را به‌عنوان نماینده‌ی خویش در آذربایجان منصوب کرد و وی را دلالت لازم نمود تا در قلوب مؤمنان آن سامان نسبت به حضرت عبدالبهاء تخم نفاق بکارد.

حضرت عبدالبهاء به جناب میرزا محمود زرقانی، یکی از مؤمنان ثابت قدم که بعدها هیکل مبارک را در سفرهای غرب همراهی نمود؛ امر فرمودند که لوح هزار بیتی را به تبریز ببرد و برای جلیل خویی به صدای بلند بخواند؛ امّا لوح را به وی تسلیم ننماید و به ارض اقدس برگردد. حکمت عدم تسلیم لوح به وی آن بود که جلیل خویی نتواند از آن به‌عنوان وسیله‌ای برای تحریک و تهییج فعالیت‌های ناقضان استفاده کند. حرص و طمع سیری‌ناپذیر خویی به قدرت و شهرت، باعث شد که وی در رفتارش تغییری ایجاد نکند و درنهایت از صفحه‌ی امرالله محو شود.

در این لوح، حضرت عبدالبهاء درباره‌ی عهد و میثاق و جانشینی‌شان که هم در کتاب اقدس و هم در وصیت‌نامه‌ی مبارک حضرت بهاءالله به نام «کتابُ عهدی» و در دیگر الواح نازله از قلم اعلی درباره‌ی عهد و میثاق، تصریح شده؛ توضیح می‌فرمایند. همچنین اشاره می‌فرمایند که کمی قبل از صعود پدر بزرگوارشان، حضرت بهاءالله صندوقچه‌ای حاوی دست‌نوشته‌های مبارک، مُهر و اشیای ارزشمند دیگر را به ایشان تسلیم می‌نمایند؛ ولی برادر حسود، میرزا بدیع الله آن صندوقچه را ربود و هرگز بازنگرداند.

حضرت عبدالبهاء درباره‌ی خود از القابی مانند «بنده‌ای از بندگان بهاءالله» و «خاک ره اقدام» اشاره می‌فرمودند. این عمل به معنای این بود که حضرتش جز آرزوی خدمت در سبیل جمال مبارک هدفی ندارند.

برادر ناتنی ایشان میرزا محمّدعلی، به حضرت عبدالبهاء اتّهام وارد کرد که ایشان ادّعای پیامبری نموده است. جالب اینجا بود که این اتّهام از سوی ناقضینی وارد شد که خود را حامل امانت الهی و مظهر الهی می‌دانستند؛ امّا همچنان حضرت عبدالبهاء برای خود صفت «عبد» را انتخاب فرمودند.

شرارت به آنجا رسید که ناقضین شایع کردند که حضرت عبدالبهاء برای اینکه مؤمنان از گرد ایشان نروند به آنها مبلغی می‌دهند. حضرت عبدالبهاء از کسانی که ایشان را در ارض اقدس، ملاقات کرده بودند؛ پرسیدند آیا در زمان حضور در ارض اقدس نشانه‌ای از ثروت در زندگی ایشان دیده‌اند. هیکل مبارک به احبّا توصیه فرمودند که در امر مبارک، استوار و ثابت‌قدم باشند و از اقدامات ناشایست ناقضین محزون نگردند.

حضرت عبدالبهاء در لوح هزار بیتی خاطره‌ی مربوط به‌جانشینی بعد از صعود پیامبر اسلام را مرور می‌فرمایند و به بیان مشکلاتی که بین خلافت ابوبکر و عمر و عثمان و حضرت علی پیش آمد؛ اشاره می‌فرمایند. بعد اضافه می‌کنند که حال، ما عهدومیثاقی داریم که دِرع امر الهی است امّا تصوّر نمایید بدون آن چه اتفاقی می‌افتاد. هر فردی برای رفع مباحثات احکام باید به مجتهد رجوع می‌کرد و این خود باعث بروز مخاصمات بیشتر می‌گردید. اگر به خاطر تصریح در آیات کتاب مستطاب اقدس و کتاب عهد نبود؛ ناقضین وی را زنده زنده می‌سوزاندند. چنین عهدومیثاقی که به دست شارع مقدّس آن برای اطمینان پیروانش بنا نهاده شده در تاریخ بشری بی‌سابقه است.

لوح دوّم در الواح هزار بیتی کمی بعد از اولین لوح، صادر شد و خطاب به میرزا ابوالفضایل گلپایگانی از بزرگ‌ترین محقّقان بهائی در زمان خویش بود. به خواهش میرزا محمود افنان، جناب ابوالفضایل در سال ۱۸۹۱ به سمرقند و بخارا سفر کرد تا به تبلیغ امر مبارک بپردازد. در آن زمان از سوی علمای شیعه‌ی سمرقند، حملاتی به امر مبارک، وارد شد؛ چراکه آنان دیانت بهائی را مخالف وعود شیعه درباره‌ی مهدی موعود می‌پنداشتند و بنابراین شرایط جناب ابوالفضایل کتاب «فصل الخطاب» را به‌عنوان دفاعیه‌ای برای امر مبارک نگاشتند.

وی در سال ۱۸۹۲ بعد از شنیدن خبر صعود حضرت بهاءالله و غلبه‌ی حزن شدید، راه انزوا در پیش گرفت؛ ولی بعد از مدّتی در سال ۱۸۹۴ حضرت عبدالبهاء از ایشان دعوت فرمودند تا به ارض اقدس سفر کند. در این اقامت که ده ماه به طول انجامید جناب ابوالفضایل برای جلوگیری از هرگونه تشتّت و مباحثات بیشتر به هیچ‌یک از اقدامات ناقضین وقعی ننهادند و دفاعیه و یا کتابی ننگاشتند.

حضرت عبدالبهاء ایشان را به اسکندریه و قاهره در مصر فرستادند تا به تبلیغ امر مبارک قیام نماید. در زمان اقامتش در مصر، قضیه‌ی سوء قصد و ترور ناصرالدین‌شاه واقع شد. دشمنان امر از این واقعه سوءاستفاده کردند تا دخالت بهائیان را در این ماجرا اثبات نمایند و این امر، باعث رشته اقداماتی علیه بهائیان در مصر گردید. انتشار برخی از آثار وی ازجمله «کتاب فراید»، «دفاعیه درباره‌ی کتاب اقدس» و «الدُرَرُ البهائیه» و سلسله مقالاتی درباره‌ی تاریخ امر مبارک باعث شد که ایشان را به‌عنوان بهائی بشناسند و از طرف دانشگاه الازهر قاهره، کافر و مرتد اعلام شد.

در پاسخ به سؤالات ایشان درباره‌ی علّت وجود ناقضین عهدومیثاق، حضرت عبدالبهاء لوح دوم از الواح هزاربیتی را ارسال فرمودند. هیکل مبارک تشریح می‌فرمایند که ثبات قدم، لازم است؛ چراکه برخی لساناً به امری معترف‌اند؛ ولی در خلوت، نفاق را دامن می‌زنند.

زمان بسیار زیادی از اوقات هیکل مبارک صرف تکذیب مکاتیبی می‌شد که بدون تأیید ایشان، ارسال می‌گردید و موجب کاشته شدن بذر کینه و نفاق در قلوب مؤمنان می‌شد. ناقضین عهدومیثاق به گمان خود توانسته بودند تیشه به ریشه‌ی امر مبارک بزنند و لذا به خیال اینکه در مخالفت با حضرت عبدالبهاء به پیروزی رسیده‌اند؛ به جشن و شادمانی می‌پرداختند. علاج، مختص مؤمنانی بود که در امر، مستقیم ماندند و بر عهدومیثاق، استوار بودند؛ چندان‌که موجب ناامیدی و پریشانی ناقضین گردید. در پاسخ به سؤال درباره‌ی رتبه‌ی الوهیّت ایشان، حضرت عبدالبهاء بیان زیر را در لوحی دیگر مرقوم فرموده‌اند که دیدگاه واقعی‌شان را در این‌باره نشان می‌دهد:

«نام من عبدالبهاءست. صفت من عبدالبهاءست. حقیقت من عبدالبهاءست. نعت من عبدالبهاءست. رقّیت به جمال قدم اکلیل جلیل من و تاج وهّاج من است و خدمت به نوع انسان آئین قدیم من ... نه اسمی دارد نه لقبی. نه ذکری خواهد نه نعتی، جز عبدالبهآء. این است آرزوی من. این است اعظم آمال من. این است حیات ابدی من. این است عزّت سرمدی من.»۳۶۵

- https://www.bahai.org/fa/abdul-baha/significance ۳۶۵

لوح هفت شمع اتّحاد

این لوح در پاسخ به خانم «جین الیزابت وایت»۳۶۶ همسر رئیس کلیسای لیبرتی اسکاتلند مرقوم گردید. همسر خانم وایت، «دکتر الکساندر وایت»، یک کشیش اسکاتلندی بود که مابین سال‌های ۱۹۰۹ تا ۱۹۱۶ مدیریت مدرسه‌ی دیواینیتی۳۶۷ در ادینبورگ را به عهده داشت. تاریخ دقیق صدور این لوح مشخص نیست. در سال ۱۹۰۵ خانم وایت و خواهرش خانم «تورنبرگ کراپر» به مصر سفر کردند. در آنجا بود که خانم وایت، خواهرش را ترغیب کرد که برای زیارت حضرت عبدالبهاء وی را همراهی نماید. خانم وایت با ادوارد براون مشورت کرد که آیا امکان سفرش به ارض اقدس وجود دارد و وی خانم وایت را بسیار به این سفر، تشویق نمود. در آن زمان حضرت عبدالبهاء همچنان به‌عنوان زندانی امپراتوری عثمانی بودند و بیم آن می‌رفت که حضور ملاقات‌کنندگان غربی باعث مشکلاتی شود؛ بنابراین ممکن بود قبل از زمان برنامه‌ریزی شده مجبور به ترک ارض اقدس گردند؛ بنابراین خانم وایت طی نامه‌ای سؤالات خویش را به حضور حضرت عبدالبهاء تقدیم کرد و در جواب این خانم، لوح «هفت شمع اتّحاد» مرقوم گردید.

این زیارت، تأثیر عمیق روحانی بر این خانم نهاد. چنان که پس از بازگشت از سفر، شروع به فعالیت‌های تبلیغی در بین اقوام و دوستان و افراد ساکن در ادینبورگ نمود. تلاش‌های خستگی‌ناپذیر وی برای ملاقات با افراد سرشناس جامعه باعث شد تا در سال ۱۹۱۲ حضرت عبدالبهاء از این شهر بازدید فرمایند. در سال ۱۹۱۰ خانم وایت نسخی از کلمات مبارکه‌ی مکنونه‌ی حضرت بهاءالله را بین شرکت‌کنندگان کنفرانس بین‌المللی مسیحیان که در شهر ادینبورگ برگزار می‌گردید؛ توزیع کرد. زیارت دوّم این خانم در سال ۱۹۱۱ در لندن بود که بعدازآن نیز در سال ۱۹۱۲ افتخار میزبانی هیکل مبارک حضرت عبدالبهاء را در ادینبورگ یافت.

- Jane Elizabeth Whyte ۳۶۶
- Divinity School۳۶۷

موضوع اصلی «لوح هفت شمع اتّحاد» درباره‌ی وحدت به‌عنوان اساسی‌ترین اصل دیانت حضرت بهاءالله است. حضرت عبدالبهاء بیان می‌فرمایند که حصول وحدت در گذشته میّسر نبوده است؛ امّا در این عصر، قابل دستیابی است.

«شمع اول وحدت سیاسیست و جزئی اثری از آن ظاهر گردیده و شمع دوم وحدت آراء در امور عظیمه است آن نیز عنقریب اثرش ظاهر گردد و شمع سوّم وحدت آزادیست آن نیز قطعیاً حاصل گردد و شمع چهارم وحدت دینی است این اصل اساس است و شاهد این وحدت در انجمن عالم بقوت الهیه جلوه نماید و شمع پنجم وحدت وطنیت در این قرن این اتحاد و یگانگی نیز بنهایت قوت ظاهر شود جمیع ملل عالم عاقبت خود را اهل وطن واحد شمارند و شمع ششم وحدت جنس است جمیع من علی الارض مانند جنس واحد شوند و شمع هفتم وحدت لسان است یعنی لسانی ایجاد گردد که عموم خلق تحصیل آن نمایند و با یکدیگر مکالمه کنند این امور که ذکر شد جمیعاً قطعی الحصولست زیرا قوّتی ملکوتیه مؤیّد آن.»۳۶۸

در این لوح، حضرت عبدالبهاء قرن آتی، یعنی قرن بیستم، را قرن انوار تسمیه فرموده‌اند اگرچه همگان شاهد بروز بحران‌ها و بی‌نظمی‌هایی بودند؛ امّا حضرت عبدالبهاء این قرن را به‌عنوان قرنی که صلح از آن سر برمی‌آورد؛ می‌دیدند. وسایل ارتباطی و حمل‌ونقل عمومی باعث شد که پنج قاره، حکم یک قطعه‌ی واحده یابند. همه‌ی دول عالم به نوعی به یکدیگر وابسته بودند و باید منافع سیاسی، اقتصادی، کشاورزی، تولید و بازرگانی را با یکدیگر به اشتراک می‌گذاشتند. الگوها و وسایل جدید ارتباط جمعی و رسانه‌ها این اجازه را می‌داد که همگان ازنظرات یکدیگر مطلع گردند. عوامل مادّی و معنوی برای حصول صلح در کنار یکدیگر جمع شدند. به همین علت این قرن، قرن انوار نامیده شد. قدم بعدی این است که بشر تا زمانی که فرصت از دست نرفته به تأسیس صلح در این عالم کمک نماید و آن را تسریع بخشد.

---

۳۶۸ - عبدالبهاء؛ مکاتیب عبدالبهاء، جلد ۱؛ صص ۳۵۷-۳۵۸.

مفاوضات حضرت عبدالبهاء

در طی سالیانی که مشحون از حوادث سخت بود؛ «لورا کلیفورد بارنی» برای زیارت حضرت مولی‌الوری عازم ارض اقدس شد. این اقامت، قریب به دو سال طول کشید و این فرصت مبارک را در اختیار وی قرار داد که بتواند سؤالات خویش را از حضرت عبدالبهاء بپرسد. آن زمان، منزل حضرت عبدالبهاء در بیت «عبدالله پاشا» در عکّا واقع بود. در طی این مکالمات، لورا و ده نفر دیگر از طائفان، سؤالات خویش را می‌پرسیدند و هیکل مبارک، پاسخ می‌فرمودند. پاسخ مبارک به سؤالات اوّلیه از این مجموعه بود که بعدها تألیف گردید و به تأیید هیکل مبارک رسید و تحت عنوان «مفاوضات عبدالبهاء» چاپ شد. این کتاب به فارسی، انگلیسی و فرانسوی ترجمه شد و در سال ۱۹۰۸ به هلند و لندن و در سال ۱۹۰۹ نیز به فرانسه رسید. حضرت شوقی ربانی همواره همه احبّاء را تشویق می‌فرمودند که این اثر ارزشمند را مطالعه نمایند.

این کتاب، حاوی موضوعات متنوعه‌ای از سؤالات رایجی است که ذهن بشر را در آن زمان به خود مشغول کرده بود. در تألیف این کتاب، پنج بخش جداگانه دیده می‌شود: اوّل، تأثیر پیامبران بر تکامل انسان که شامل مواردی از قبیل اثبات وجود خداوند، به‌عنوان علت اوّلیه و قدیمی، تأثیر پیامبران و مظاهر ظهور و تفاسیر هیکل مبارک از نُبُوات دانیال و اشعیا و بشارات به ظهور حضرت باب و حضرت بهاءالله در کتب مقدّسه‌ی قبل است. بخش دوّم به مباحثی مربوط می‌شود که سؤالات راجع به انجیل و دیانت مسیحی است و حضرت عبدالبهاء مجدّداً به تفسیر رموز در کتاب مقدّس انجیل و مثلاً معنی حقیقی تثلیث می‌پردازند.

«حال اگر گوئیم که آفتاب در دو آئینه یکی مسیح و دیگری روح القدس مشاهده نمودیم یعنی سه آفتاب مشاهده کردیم یکی در آسمان و دو دیگر در زمین صادقیم و اگر بگوئیم یک آفتابست فردانیّت محض است شریک و مثیلی ندارد باز هم صادقیم.»۳۶۹

---

۳۶۹ - بارنی، لورا کلیفورد؛ مفاوضات عبدالبهاء؛ ص ۸۷.

حضرتش تصریح می‌فرمایند که بر اساس بیانات حضرت بهاءالله، ذات حق قابل شناسایی مخلوقات نیست و برای حق، صعود و نزول نیست.

«حقیقت الوهیّت که منزّه و مقدّس از ادراک کائنات است و ابداً بتصوّر اهل عقول و ادراک نیاید و مبرّا از جمیع تصوّرات آن حقیقت ربّانیّه تقسیم قبول ننماید زیرا تقسیم و تعدّد از خصائص خلق است که ممکن الوجود است نه از عوارض طارئه بر واجب الوجود حقیقت الهیّه مقدّس از توحید است تا چه رسد بتعدّد و آن حقیقت ربوبیّت را تنزّل در مقامات و مراتب عین نقص و منافی کمال و ممتنع و محال همواره در علوّ تقدیس و تنزیه بوده و هست و آنچه ذکر میشود از ظهور و اشراق الهی مقصد تجلّی الهی است نه تنزّل در مراتب وجود».۳۷۰

در بخش سوّم درباره‌ی قوّت و شرایط مظاهر ظهور الهی، حضرت عبدالبهاء درباره‌ی ظهور الهی و چرخه‌ی حیات ادیان به‌عنوان بخشی از چرخه‌ی جهانی و طبیعی حیات، اشاره می‌فرمایند:

«... هر یک از مظاهر ظهور الهیّه را دوریست زمانی که در آن دوره احکام و شریعتش جاری و ساریست چون دور او بظهور مظهر جدید منتهی شود دوره جدید ابتدا گردد و بر این منوال دورها آید و منتهی گردد و تجدّد یابد تا یک دوره کلّیّه در عالم وجود بانتها رسد و حوادث کلّیّه و وقایع عظیمه واقع شود که بکلّی خبر و اثر از پیش نماند پس دور جدید کلّی در عالم وجود آغاز نماید زیرا عالم وجود را بدایتی نیست ...».۳۷۱

در بخش چهارم، موضوع به قدرت و وضعیت انسان، مربوط می‌شود و شامل موضوعات متنوع و گسترده‌ای درباره‌ی انسان است. مثلاً چطور انسان از حیوان متمایز می‌گردد؛ جاودانگی روح انسانی و موضوعات ماورای فیزیکی مانند قوه‌ی اراده‌ی آزاد. همچنین حضرت مولی‌الوری بیان می‌فرمایند که تفاوت است بین آنچه تحت اختیار انسان است و آنچه خارج از اختیار اوست:

---

۳۷۰ - همان؛ ص ۸۶.

۳۷۱ - همان؛ ص ۱۲۱.

«... اموری که در تحت اختیار انسان است مثل عدل و انصاف و ظلم و اعتساف مختصراً اعمال خیریّه و افعال شرّیه این واضح و مشهود است که اراده انسان در این اعمال مدخلی عظیم دارد و امّا اموریست که انسان بر آن مجبول و مجبور است مثل خواب و ممات و عروض امراض و انحطاط قوی و ضرر و زیان این امور در تحت اراده انسان نیست و مسؤول از آن نه زیرا مجبور بر آنست امّا در اعمال خیریّه و افعال شریّه مخیّر است و باختیار خویش ارتکاب آن نماید».۳۷۲

در بخش پنجم، مسائل گوناگونی مطرح می‌گردد که موضوعات رایج و موردبحث بین مردم آمریکا بود. باید توجّه داشت که این مطالب، مربوط به سال‌های قبل از جنگ جهانی اوّل بود که صحبت از جنگ و صلح کاملاً رواج داشت. درعین‌حال، عصر انقلاب صنعتی، موجد رشد ثروت گردیده بود؛ امّا همچنان مسائل اجتماعی و اقتصادی بر سر زبان‌ها بود. در بخشی که مربوط به اعتصابات است؛ حضرت عبدالبهاء کاملاً درباره‌ی تجمیع ثروت در دست تعداد کمی از نفوس، هشدار می‌دهند:

«... سبب اصلی این مشکلات قوانین طبیعی مدنیّت حاضره است زیرا نتیجه این قوانین این که نفوسی معدود بیش از لزوم ثروت بی پایان یابند و اکثری برهنه و عریان و بی سر و سامان مانند و این مخالف عدالت و مروّت و انصاف و عین اعتساف و مباین رضای حضرت رحمن ...».۳۷۳

سال‌های اوّلیه‌ی قرن بیستم، سراسر مشحون از اضطراب بود و همین امر، مردم را به یافتن یک عقیده‌ی روحانی و معنوی که برایشان آسایش و امنیت روحی به ارمغان آورد؛ سوق می‌داد؛ بنابراین بسیاری از مردم نسبت به عقاید فلسفی و عرفانی شرق، اشتیاق پیدا کرده بودند؛ ازجمله تناسخ که حضرت عبدالبهاء این امر را مخالف قوانین طبیعت و غیر ممکن دانستند.

---

۳۷۲ - همان؛ ص ۱۸۷.
۳۷۳ - همان؛ ص ۲۰۶.

«... در تجدّد و عود تغییر ماهیّت ممکن نه زیرا جوهر نقص بعود و رجوع حقیقت کمال نگردد ظلمت صرف بعود و رجوع مصدر نور نشود حقیقت عجز برجعت قدرت و قوّت نشود و ماهیّت ناسوتیّه بعود و رجوع حقیقت ملکوتیّه نشود ...».۳۷۴

نسخه‌برداری از این مکالمات که برای نسل‌ها اندیشه‌ی بهائیان را سیراب می‌نماید توسّط همکار لورا بارنی، خانم «آتل روزنبرگ» انجام شد. این خانم یکی از مؤمنان اوّلیه‌ی انگلستان بود و نقش بسیار مؤثّری در انتشار امر مبارک در غرب داشت. خانم روزنبرگ در خانواده‌ای هنرمند به دنیا آمد و بعدها نقاش حرفه‌ای و مینیاتوریست شد. در سال ۱۸۹۹ با امر مبارک از طریق خانم «تورنبرگ- کراپر» آشنا شد زیرا در اجتماعات مختلف با ایشان مراوده داشت. خانم روزنبرگ تا زمان صعودش در سال ۱۹۳۰ همچنان قائم به خدمات بود ازجمله نگارش، تألیف و انتشار کتب مختلف، ترتیب دادن اجتماعات بهائی و عضویت در مؤسسه‌ی اداری بهائی در انگلستان در دهه‌ی ۱۹۲۰. خانم روزنبرگ افتخار زیارت حضرت عبدالبهاء را در سه موقعیّت مختلف یافت همچنین نهایت تلاش را برای سفر مبارک به لندن نمود. بعدها افتخار یافت که به‌عنوان منشی مخصوص حضرت ولیّ امرالله خدمت نماید و در امر ترجمه، هیکل مبارک را یاری رساند.

دکتر یونس خان افروخته که در حضور حضرت عبدالبهاء خدمت می‌نمود خاطرات ایّام نگارش این کتاب را چنین بیان می‌نماید:

«میس بارنی که بعدها بواسطه‌ی ازدواج با مسیو هیپولیت دریفوس، مادام دریفوس بارنی خوانده شد اشتیاق تامی برای تحصیل کمالات روحانی و کسب فیوضات معنوی داشت و حضرت عبدالبهاء او را به لقب امةالبهاء مفتخر و سرافراز فرمودند در زمان تشرف این عبد سه مرتبه برای کسب فیض مشرف شد، دفعه‌ی اخیر امةالله میس روزنبرگ اهل لندن را بعنوان منشی و کاتب همراه آورد و تقریبا مدت یکسال توقف نمود و در بحر اعظم معارف الهی غوص نمود و لالی گرانبها به چنگ آورد از فرط اشتیاق که برای درک حقایق و معانی داشت زندگانی مدینه‌ی مطموره‌ی عکا و بیت محقر سجن محبوب امکان را به جمیع قصور عالیه ممالک غرب ترجیح میداد با داشتن ثروت و استطاعت و مال و منال در عنفوان جوانی با این ترتیب

<hr>

۳۷۴ - همان؛ ص ۲۱۵.

زندگانی علاقه‌ی مفرطی داشت اوقات خود را در خدمت ورقات مقدسه میگذرانید و برای تمرین زبان انگلیسی ایشان مساعدت مینمود و در بحبوحه‌ی انقلابات عکا در حال انزواء و اعتکاف با کمال روح و ریحان بجمع‌آوری آثار مبارک اشتغال داشت و در عوالم توجه بطور قلب و سینای فؤاد، شعله‌ی انوار ربانی مشاهده میکرد و حقائق و معانی الهی کشف مینمود با این حال تقوائی که داشت منظور نظر عنایت بود و گاهی بر سبیل مزاح باو میفرمودند تو باید در این فصل گرمای تابستان در قصور و عمارات عالیه‌ی ییلاقی سویس و جبال با صفای اروپا زندگانی کنی در این مدینه‌ی خرابه‌ی عکا با ما فقرای مسجون چرا بسر میبری؟ خلاصه اینگونه اشارات تلطف‌آمیز بسیار میشنید و بر خلوص و اشتیاق میافزود در هنگام توقف یکساله‌ی خود انتشار فیض بر حقائق و رموز امری آشنا شد بلکه وسیله‌ی انتشار فیض الهی در بین خلق گردید یک کتاب بسیار مهمی از بیانات مبارک بیادگار گذاشت و این فلسفه‌ی دیانتی متین را بلسان فارسی و انگلیسی در تحت عنوان کتاب مفاوضات عبدالبهاء تدوین نمود و ترتیب جمع‌آوری این کتاب از اینقرار است:

... این گفتگو بر سر ناهار که نام اصلی این کتاب است هر چند خوب وسیله‌ای بود که هیکل مبارک ساعت معینی را برای صرف غذا جلوس فرموده و غذای مأکول مسلمی را تناول فرمایند و مثل سایر اوقات بی ترتیب و بساعتهای مختلف بنان و زیتون یا نان و پنیر اکتفا نفرمایند ولکن اوقاتیکه برای تفهیم مطالب و تشریح نکات صرف میشد دیگر فرصت اکل طعام باقی نمیماند چنانکه در عوض حصول غذای جسم باعطای غذای روح می‌پرداختند. در هر حال خاطر مبارک از این زحمت بهیچوجه آزرده نبود و از این خستگی اظهار ملالت نمیفرمودند مخصوصاً یکروز که از سر سفره برخاستند مختصر اظهار خستگی نموده سپس باین عبارت اظهار مسرت فرمودند: باز خوب است که الحمدلله بعد از اینهمه زحمت مطلب را خوب میفهمد و رفع خستگی میشود اگر با همه این تفصیل مطالب را خوب درک نمیکرد من چه میکردم؟ مقصود این است که هیکل مبارک از زحمات این خانم راضی و مسرور بودند. ترتیب جلوس در سر سفره بیشتر اوقات چنان بود که هیکل مبارک در رأس میز و در طرف دست چپ میس بارنی و زیر دست ایشان میس روزنبرگ سپس یکعده‌ی هشت یا نه نفر دیگر از مسافرین با مجاورین حاضر بودند و این عبد عموما در زیر دست مبارک روبروی میس بارنی می‌نشستم سؤالات ایشانرا از انگلیسی بفارسی ترجمه نموده جواب مبارک را مجدداً بانگلیسی ترجمه و ابلاغ میکردم و

امةالله روزنبرگ سؤال و جواب هر دو را به سرعت مینوشت اما باید دانست که مطلب باین سهولت و سادگی انجام نمیگرفت زیرا میس بارنی ناچار بود مطلب خود را اوّلاً بمترجم بفهماند و مترجم عین مطلب را فهمیده یا درست نفهمیده بسمع مبارک برساند و جواب را سنجیده یا نسنجیده بزبان انگلیسی اما با لحن شرقی و اصطلاح امری ترجمه نماید میس روزنبرگ مسموع خود را برشته‌ی تحریر در آورد اگر از برای شخص سائل اقناع حاصل نمیشد تکرار مطالب لازم و این تکرار موجب اطاله‌ی کلام و باعث تأخیر و تعطیل اکل طعام میگردید. خوشبختانه این خانم مانند امةالله مادام دوکاناوارو، مذکور در فصل ثالث این کتاب تازه تصدیق و عاری از اصطلاحات امری نبود و نسبت بمترجم حضور غبطه و حسد نمیورزید که چرا از برکت دانایی من بفیض عظمی نائل شدی و باینگونه حقائق آشنا گشتی لهذا هیچ اعتراضی نسبت باین عبد وارد نیاورد و هنچنین کاتب حروف از بهائیان مشهور و معروف بود و مانند مستر فلپس افکار فلسفی شخصی خود را بر مطالب نمیافزود لهذا اصطلاحات امری و الفاظ شرقی را به سهولت میفهمید و محاورات بخوبی و خوشی بانتهاء میرسید اما مسأله‌ی کل و شرب غالباً معطل و معّوق میماند زیرا تغذیه‌ی روح بر تغذیه‌ی جسم برتری میجست طرز بیان مبارک در تشریح و توضیح مطالب بقسمی بود که مستمع را مفتون و مدهوش مینمود حتی گاهی اتفاق میافتاد که ایراد و اعتراض سائل را قبلاً تذکر میدادند و جواب آنرا گوشزد مینمودند کما اینکه یکروز که موضوع (در وجود شر نیست) بیانات میفرمودند یک مرتبه متبسّمانه باین عبد تذکر دادند: حالا خواهد پرسید که پس خدا عقرب را چرا خلق کرده است؟ دقیقه‌ای طول نکشید که امةالبهاء بی اختیار همین مطلب را سؤال کرد فرمودند: دیدی گفتم پس در جواب بگو: این امر وجودی است، بلی عقرب شر است اما بالنسبه بما ولکن بالنسبه بخودش شر نیست بلکه این سم سلاح اوست که با آن نیش محافظه خویش نماید اما چون عنصر این سم با عنصر ما تطابق نمیدهد لهذا شر است.

خلاصه آنکه اشارات از این قبیل بسیار شنیده میشد و باعث فرح و انبساط میگردید گاهی نگرانی خاطر مبارک از این بود که چرا این عبد از این سفره گسترده و نعمتهای آماده کمتر استفاده میکنم پی در پی میفرمودند: حالا غذاء بخور بعد صحبت کن. اما این عبد بقدری در بحر معانی مستغرق و از صهبای عنایت سرشار بودم که لقمه‌های جسمانی چندان لذتی نمی‌بخشید خصوصاً وقتیکه با آن قیافه‌ی

متبسم و بشاش که یکی از آداب مهمان نوازی مبارک بود کلمه‌ای بر سبیل مزاح میفرمودند و این سفره جسمانی را به عشاء ربانی و بمائده‌ی آسمانی تبدیل میفرمودند یکروز که اصرار میفرمودند که غذا بخور و بعد صحبت کن و بنده هم سرگرم مطالب بودم از میس بارنی پرسیدند مترجم را بانگلیسی چه میگویید؟ عرض کرد - اینترپریتر - فرمودند: گرسنه را چه میگویند عرض کرد - هانگری - بعد با انگشت مبارک اشاره نمود فرمودند: هانگری اینترپریتر، هانگری اینترپریتر، از این اشاره من خیلی کیف کردم نمیدانم کسی دیگر بجای من بود چه میکرد این لقب شاهانه برای من باقی ماند و مهری باین عنوان تهیه نمودم اما از اصطلاح دائمی مبارک که عبارت از جناب خان بود صرفنظر نمودم باری چند ماهی صحبتهای سفره باین ترتیب جاری بود تا اینکه اهل بیت مبارک و منتسبین که این بیانات را شنیدند باین نکته بر خوردند که اگر میس بارنی در بحر اعظم الهی غوص ننموده بود این لآلی گرانبها در قعر این دریا تا ابد بی ثمر میماند و این جواهر رحمانی در عمق معادن معانی مستور بود پس حالا که این لآلی مکنونه مکشوف گردید خوب است عین الفاظ مبارک هم بزبان فارسی در اوراق و صفحات روزگار باقی و برقرار بماند لهذا از حضور مبارک تمنی نمودند یکنفر نویسنده در محضر انور حضور یابد و عین کلمات گوهربار را دانه دانه بر چیند و در سلک در شاهوار در آورد الحمدلله این مسئول با جابت مقرون و جناب میرزا منیر ابن مرحوم میرزا محمد قلی باین سمت مأمور گردید و همه روزه جوار مبارک نشست وکلمات را برشته‌ی تحریر در آورد اما این ترتیب تحریر هم برای هیکل مبارک خالی از زحمت نبود زیرا تصحیح و تنظیم آن باز بعهده‌ی مبارک بود و همچنین جمع آوری بیانات گذشته از روی ترجمه‌ی انگلیسی و تنظیم آن بسیار طولانی شد و میس بارنی زحمت بسیار تحمل نمود خلاصه آنکه وقتیکه دو ثلث کتاب نوشته شد مسافرت اروپای این عبد پیش آمد و خدمت ترجمه به عهده‌ی صبایای مبارکه محول گردید و ضمناً امةالبهاء بواسطه‌ی کثرت ممارست و تمرین و مطالعه‌ی کلمات الهی در زبان فارسی تسلط یافت و این خدمت را در عالم امر بخوبی انجام داد و این یادگار فنا ناپذیر را از خود باقی گذاشت.»۳۷۵

---

۳۷۵ - افروخته، یونس خان؛ خاطرات نه ساله؛ صص ۴۲۰-۴۱۴.

بعد از تألیف کتاب مفاوضات، حضرت عبدالبهاء طی سه لوح به لورا بارنی فرمودند که از این کتاب برای تبلیغ امر الهی و تعلیم به احبّاء استفاده نماید. بیت‌العدل اعظم الهی در ستایش عمل گران‌قدر این بانوی ارجمند می‌فرمایند:

«یکی از نخستین افرادی که در پاریس توسط مری مکسول به امر مبارک اقبال نمود و با تألیف کتاب مفاوضات به شهرتی فناناپذیر در همه‌ی اعصار ادیان الهی نائل شد.»۳۷۶

دوره‌ی اخیر: از ۱۹۰۸ تا ۱۹۲۱

از این دوره، خطابات مبارکه، الواح نقشه‌ی ملکوتی، تذکرةالوفا، الواح وصایا و آثاری دیگر به‌جا مانده است.

به‌رغم یک عمر حبس و تبعید و محرومیت، حضرت عبدالبهاء هیچ‌گاه آسوده و مشغول استراحت نبودند تا اینکه بر اثر انقلاب «جوانان ترک» در سال ۱۹۰۸ از حبس آزاد شدند. به‌جای آن در سال ۱۹۱۱ قیام فرمودند و با وجود احداث سن ۶۷ سالگی برای تبلیغ امر پدر بزرگوارشان اقدام فرمودند. در طی ماه‌های آگوست تا دسامبر ۱۹۱۱ به تبلیغ امر در فرانسه و انگستان پرداختند و پس از آن از طریق آب‌های اقیانوس اطلس عازم قاره آمریکای شمالی شدند که سفری ۲۳۹ روزه بود و تقریباً تمام قاره را طی فرمودند. قبل از عزیمت به ارض اقدس، هیکل مبارک مجدداً به اروپا بازگشتند و از دسامبر ۱۹۱۲ تا ژوئن ۱۹۱۳ با نفوس بسیاری چه در فرانسه و انگلستان و چه در آلمان و اتریش ملاقات نمودند.

در طی این سفرها، حضرت عبدالبهاء حدود ۶۳۳ خطابه، ایراد فرمودند که این سوای مکالمات و خطابات خصوصی است. هیکل مبارک هیچ‌گاه متن خطابه‌ی خویش را از قبل آماده نمی‌فرمودند. در ابتدای صحبت، چشمان مبارک را می‌بستند گویی منتظر ایصال تأییدات الهی بودند تا ایشان را الهام ببخشد. در خطابات حضرتش که اکثر مخاطبان از کلیه‌ی ادیان و فِرَق و طبقات به چشم می‌خوردند؛

---

۳۷۶ - ترجمه به مضمون: پیام بیت العدل اعظم الهی خطاب به محفل ملی بهائیان فرانسه، ۲۲ آگست ۱۹۷۴.

موضوعات مختلفی از جمله مواضیع روحانی، روح و موضوعاتی مربوط به دیانت مسیح به چشم می‌خورد؛ امّا در خطابات مبارک که مخاطب آن بهائیان بودند اغلب به سؤالات دینی، نظم اداری، روح و هسته‌ی اصلی جامعه‌ی بهائی، موقف ایشان به‌عنوان مرکز عهدومیثاق و اشاره‌ی مکرر به اینکه ایشان رجعت حضرت مسیح نیستند؛ اشاره می‌فرمودند.

خطابات مبارک در اسفار غرب در مجله‌ی «نجم باختر» چاپ می‌شد و همچنین در مجلدات مختلفی ازجمله «ترویج صلح جهانی» (مربوط به خطابات قاره‌ی آمریکا)، «خطابات پاریس» (خطابات مبارک در فرانسه) و «خطابات لندن» (مربوط به خطابات در انگلستان) انتشار یافت. نسخه‌ی فارسی نیز از این خطابات منتشر شد که شامل صدوبیست‌وشش خطابه است که پنجاه‌وشش خطابه مربوط به آمریکای شمالی، شصت خطابه مربوط به سفر اوّل اروپا و ده خطابه مربوط به سفر دوّم به اروپا است.

خطابات مبارکه همیشه مختصر و حدوداً بین پانزده تا بیست‌وپنج دقیقه بیشتر طول نمی‌کشید؛ درحالی‌که معمول آن زمان بود که سخنرانی‌ها بیش از یک ساعت ادامه می‌یافت. خطابات مبارک بیشتر حول این پنج محور می‌گردد:

۱. خلاصه‌ای از تاریخ دیانت بهائی، حیات حضرت بهاءالله، تعالیم اجتماعی دیانت بهائی، صلح عمومی و وحدت امم
۲. اثبات وجود خدا، زندگی پس از مرگ و دلایل خلقت جهان
۳. علائم ظهور جدید الهی
۴. اثبات حقّانیت مظاهر مقدّسه‌ی قبلی
۵. نیاز به تعلیم روحانی و وحدت همه ابنای بشر

ازآنجاکه آثار بسیار اندکی از تعالیم دیانت بهائی در دسترس مؤمنان اوّلیه در آمریکا و اروپا بود، بسیاری از احبّاء با تعالیم دیانت بهائی آشنایی نداشتند؛ بنابراین یکی از مقاصد این خطابات، تعلیم احبّا درباره‌ی تعالیم دیانت بهائی بود. هیکل مبارک درباره‌ی حیات حضرت بهاءالله با آنان سخن می‌گفتند:

«جمال مبارک حضرت بهاءالله، از نجبا و خاندان برجسته ایرانی بودند. از همان اوان کودکی در زمره خویشان و اقربا ممتاز بودند. همگان اقرار می‌کردند که این کودک

دارای قوه خارق العاده ای است. از حیث حکمت و هوش و علم و آگاهی سرآمد بودند. ایشان نسبت به سن و سال و اطرافیانشان بسیار تقدم فکری و رفتاری داشتند. هرکسی که ایشان را می‌شناخت نسبت به نبوغ ایشان اذعان می‌نمود. در آن زمان معمول بود که طفلی به این درجه از سرآمدی و نبوغ زنده نمی‌ماند و به بلوغ نمی‌رسد. هیکل مبارک هیچ‌گاه به هیچ مدرسه‌ای وارد نشدند و این امر در بین اهالی ایران زمین مسلم است لیکن قدرت حل مسائل و درایت ایشان زبانزد خاص و عام بود و همه برای حل مشکلاتشان به ایشان مراجعه می‌کردند. در هر مجلس بحثی چه علمی چه فلسفی حضور هیکل مبارک حلال همه مسائل و غوامض بود.»۳۷۷

محور تعالیم مبارک وحدت است:

«هدف اصلی و اساسی دین الهی استقرار صلح و یگانگی در بین مردمان است. حقیقت ادیان یکی است بنابراین تحقق کمالات آنها یکی است و جهانی است چه از طریق اصول و عوامل روحانی یا مادی باشد. همان‌طور که در عالم مادی تنها یک خورشید است یک اقیانوس است یک قطره باران است و یک فضاست به همین نحو در عالم روحانی نیز یک حقیقت واحده است که اساس و محوریت صلح و اتّحاد میان قبائل و ملل مختلف را شکل می‌دهد و متحقق می‌سازد.»۳۷۸

در سال‌های قبل از جنگ جهانی اوّل، ترس از برافروخته شدن شعله‌های جنگ، در بین عموم مردم شایع شده بود. در خطابات متعددی، حضرت عبدالبهاء لزوم تلاش برای تحقّق صلح در بین اقوام و ملل مختلف را بیان فرمودند و تأکید نمودند که این امر، تنها در سایه‌ی تأییدات روحانی و مدد تعالیم الهی میسّر است:

«امروز عالم بشر محتاج وحدت عالم انسانی است محتاج صلح عمومی است و این اساس عظیم را یک قوّه عظیمه لازم تا ترویج یابد این واضح است که وحدت عالم انسانی و صلح عمومی بواسطهٔ قواء مادیه ترویج نشود بواسطهٔ قوّهٔ سیاسی تأسیس نگردد چه که فوائد سیاسیه ملل مختلف است و منافع دول متفاوت و متعارض و بواسطهٔ قوه جنسی و وطنی نیز ترویج نشود چه که این قواء بشریّه است و ضعیف

____

۳۷۷ - ترجمه به مضمون: ترویج، حضرت عبدالبهاء، ص ۲۵.

۳۷۸ - ترجمه به مضمون: همان؛ ص ۹۸.

و نفس اختلاف جنس و تباین وطن مانع از اتّحاد و اتّفاق است معلوم است ترویج این وحدت عالم انسانی که جوهر تعلیم مظاهر مقدّسه است ممکن نیست مگر بقوّه روحانیه مگر بنفثات روح القدس سایر قوا ضعیف است نمیتواند ترویج نماید.»۳۷۹

حضرت مولی‌الوری یکی از تعالیم مصرّحه‌ی دیانت بهائی را درباره‌ی اختیار زبان واحد بین‌المللی بیان می‌فرمودند که در آن زمان با ظهور زبان جدید اسپرانتو بسیاری از گروه‌ها نسبت به تعلیم یک زبان واحد بین‌المللی نگرش مثبتی داشتند:

«این قرن قرن نورانی است اکتشافاتش بسیار است اختراعاتش بسیار و مشروعاتش بسیار و بسبب این آثار از سائر قرون ممتاز و اعظم مشروع این قرن وحدت عالم انسانی است و همچنین وحدت لسان سبب الفت بین قلوب است سبب حصول اتحاد است سبب زوال سوء تفاهم است سبب ظهور حقیقت است وسبب محبت جمیع بشر است و سبب تفهیم و تفهم است که اهم امور در عالم انسانی است هر فردی از افراد بشر بجهت وحدت لسان میتواند بر افکار عموم بشر اطلاع یابد بسبب وحدت لسان انسان میتواند باسرار قرون ماضیه مطلع شود و بکمال سهولت تحصیل علوم و فنون موجوده کند زیرا در مدارس شرق وغرب اهالی باید چند سال زحمت بکشند تا تحصیل السن نمایند. ... خلاصه تفهیم و تفهم منوط بلسان واحد است باید تلمیذ و معلم وحدت لسان داشته باشند تا تفهیم و تفهم حاصل شود چه که در عالم انسان امری اعظم از تفهیم و تفهم نیست تربیت صحیح منوط بتفهیم و تفهم است تعلیم علوم منوط باین است و این است سبب تحصیل معارف عمومی و باین سبب انسان از هر امری واقف شود پس اگر وحدت لسان باشد جمیع افراد بشر بآسانی یکدیگر تفهیم نمایند.»۳۸۰

در دورانی که در مغرب زمین، تفکّر عمومی به سمت انکار خدا و عدم اعتقاد به دین و جایگزینی آنها با نظام‌های دیگر پیش می‌رفت؛ حضرت عبدالبهاء درباره‌ی اثبات وجود خداوند خطاباتی ایراد فرمودند:

«یکی از دلایل که برای اثبات نیروی الهی اقامه می‌گردد این است که همیشه اشیا با مخالف و متضادش شناخته می‌شوند. هرجا که تاریکی نباشد نور احساس

---

۳۷۹ - عبدالبهاء؛ خطابات حضرت عبدالبهاء، جلد ۲؛ ص ۱۷.

۳۸۰ - عبدالبهاء؛ خطابات حضرت عبدالبهاء، جلد ۳؛ صص ۹۱-۹۰.

نمی‌شود. هروقت که مرگ نباشد حیات شناخته نمی‌شود. وقتی‌که جهل موجود نباشد علم واقعیت پیدا نمی‌کند. پس برای شناخت هر چیزی وجود متضادش نیز لازم است. روز و شب در پی هم می‌آیند که هرکدام از یکدیگر متمایز می‌گردند. شب به خودی خود نشانگر و گواهی است که روز در پی می‌آید. روز گواه این است که شبی از پی روان است. در عدم وجود واقعیت شب حقیقت روز شناخته نمی‌شد. اگر مرگی نباشد که حیات معنی پیدا نمی‌کرد. پس شناخت هر پدیده‌ای در حضور متضاد آن معنی پیدا می‌کند.»۳۸۱

به همین منوال، در زمانه‌ی اضطراب‌ها و نگرانی‌ها، همه به دنبال ملجأیی بودند که بتوانند نسبت به زندگی پس از مرگ، اطمینان یابند. حضرت عبدالبهاء مخاطبان خود را نسبت به این امر، اطمینان می‌بخشیدند:

«در همه ادیان الهی ... این اعتقاد وجود دارد که روح بعد از مرگ جسم باقی و برقرار است. ادعیه برای ارتقا روح و مغفرت و آمرزش رفتگان به ایشان می‌رسد. اگر قرار بود روح هم به همراه جسم از بین برود تمام این جهان بی معنا بود... اگر بعد از مرگ جسم، ترقی برای روح امکان‌پذیر نبود پس این همه ادعیه برای ارتقا روحانی چه ثمری داشت؟»۳۸۲

پیشرفت‌های چشم‌گیر علمی در قرن نوزدهم، مبادی روحانی و دینی را به چالش می‌کشیدند. حضرت عبدالبهاء در عین اینکه مباحثات علمی را تأیید می‌نمودند و ضرورت پیشرفت‌های علمی را می‌ستودند؛ امّا تأکید مبارک بر این بود که وجود خداوند غیرقابل انکار است.

«لهذا ما همین قدر میگوئیم که این خدا خدای قدیم است خدای تازه نیست سلطنت خدا سلطنت قدیم است سلطنت جدید نیست این سلطنت سلطنت شش هزار ساله نیست این کون نامتناهی را نگاه کنید این دستگاه باین عظمت و این سلطنت باین شوکت کار چند قرون نیست اسماء و صفات الهی قدیم است و نفس اسماء و صفات الهی مستدعی وجود کائنات است مستدعی خلقت است مستدعی جمیع حقایق کونیّه است خدا را خالق گوئیم بسیار خوب خالقیّت بوجود مخلوق

---

۳۸۱ - ترجمه به مضمون: ترویج، حضرت عبدالبهاء؛ ص ۸۲.

۳۸۲ - ترجمه به مضمون: خطابات حضرت عبدالبهاء در پاریس(Paris Talks)؛ ص ۸۹.

منوط اگر مخلوق نباشد خالقیّت خدا چگونه تحقّق یابد میگوئیم رازق است اگر رزق ندهد چگونه رازق است میگوئیم ربّ است اگر مربوب نباشد چگونه ربّ است پس خدا خالق از قدیم است رازق از قدیم است ربّ از قدیم است و از قدیم مخلوق داشته و از قدیم مرزوق داشته و از قدیم مربوب داشته پس هیچ شبهه نماند که سلطنت الهی قدیم است سلطنت رعیّت میخواهد لشکر میخواهد خزائن و دفائن میخواهد وزراء و وکلاء میخواهد میشود پادشاهی تصوّر نمود بدون مملکت بدون رعیّت بدون لشکر بدون وزراء آنان که میگویند وقتی بوده که خدا نه خلقی داشته نه لشکری داشته نه رعیّتی داشته فی الحقیقه خدا را عزل میکنند یعنی تازه منصوب شده تازه سریر سلطنت تأسیس نموده طفل شیر خوار چنین چیز نمیگوید لهذا خداوند باری تعالی همیشه خالق بوده رازق بوده محیی بوده سمیع بوده و بصیر بوده همچنین که ذات الهی قدیم است فیض الهی نیز قدیم است و فیوضات او من علی الارض را احاطه نموده خداوند چون من حیث الذّات نا محدود است من حیث الاسمآء و الصّفات نیز غیر محدود حقیقت الوهیّت چون نا محدود است فیض او نیز نا محدود است الوهیّت او قدیم است نهایتی ندارد کمالات او قدیم است نهایتی ندارد ربوبیّت او قدیم است نهایتی ندارد پس همان قسم که نفثات روح‌القدس در پیش بر عالم وجود فیض بخشید همین قسم فیض روح القدس او مستمرّ است انتهائی ندارد نمی‌توانیم بگوئیم که فیض او بآخر رسیده است اگر بگوئیم فیض او منتهی میشود الوهیّت او منتهی می‌شود فیض آفتاب و حرارت آفتاب ابدی است و سرمدی است و اگر روزی بیاید که فیض و حرارت آفتاب منقطع گردد آفتاب در ظلمت ماند زیرا شمس بدون حرارت و ضیاء شمس نیست تاریکی است پس اگر بخواهیم فیوضات الهی را محدود کنیم خود خدا را محدود کرده‌ایم».۳۸۳

حضرت عبدالبهاء در زمان ایراد خطابات، هیچ‌گونه یادداشتی تهیّه نمی‌کردند. تنها لحظه‌ای در خویش فرومی‌رفتند و از روح قدسی طلب تأیید و مدد می‌نمودند تا کلماتشان را نفوذ بخشد. تنها یک بار متن خطابه خویش را تهیّه نمودند و آن هم مربوط به کنفرانس صلح «موهونک لیک» بود که بعدها این متن چاپ گردید. این کنفرانس که در سال ۱۸۱۶ توسط «آلبرت کی اسمایلی» پایه‌گذاری شده بود،

---

۳۸۳ - عبدالبهاء؛ خطابات حضرت عبدالبهاء، جلد ۲؛ صص ۱۰۴-۱۰۲.

محلی بود که اشخاصی با افکار صلح‌طلبانه را گرد هم می‌کرد. ازجمله افراد برجسته که در این کنفرانس شرکت می‌کردند «ویلیام هووارد تافت» و «اندرو کارنگی» بودند. کنفرانس صلح موهونک نقش برجسته‌ای در تجمیع تلاش‌های افراد مختلف در برقراری صلح از طریق تشکیل مؤسسات و کنفرانس‌هایی از قبیل کنفرانس صلح لاهه، سازمان جهانی صلح و لیگ اجرای صلح داشت.

خطابه‌ی حضرت عبدالبهاء در غروب چهارشنبه ۱۵ ماه می در بخش بین‌المللی کنفرانس ایراد گردید. درحالی‌که همه‌ی دویست‌وپنجاه نفر میهمان کنفرانس حاضر بودند، خطابه مبارک با تمجید از قرن جدید آغاز گردید:

«این قرن قرن انوار و فیوضات است. در ایّام ماضیه وحدت بین ملل و ادیان تأسیس گردید، امّا در این قرن وحدت عالم انسانی تأسیس گردیده، لهذا این عصر اعظم قرون است.»۳۸۴

سپس به معرّفی حضرت بهاءالله پرداختند:

«... در همچو وقتی حضرت بهاءالله ظاهر شدند. اعلان وحدت عالم انسانی فرمود که جمیع خلق بندگان خداوندند. حضرت بهاءالله به جمیع ملوک نوشت و الواحی به جمیع علماء در ایران فرستاد. لهذا کسانی که متابعت حضرت بهاءالله نمودند حال درنهایت الفت و اتّحادند. چون در مجلس آنها وارد می‌شوی، مسیحی، یهودی، زردشتی، مسلمان، همه درنهایت الفت و محبت‌اند ...»۳۸۵

در این خطابه، حضرت عبدالبهاء هشت تعلیم از تعالیم اساسی حضرت بهاءالله ازجمله تحرّی حقیقت، وحدت نوع بشر، برابری زن و مرد، لزوم تطابق علم و دین، رفع همه‌ی تعصّبات، ظهور عدل الهی از طریق تعدیل ثروت و فقر، ضرورت دین و قوه‌ی روح القدس برای تغییر جوامع انسانی را برشمردند. در مدّت کمتر از پانزده دقیقه سرکار آقا این امر عظیم را درنهایت صراحت و قدرت به حاضرین که همگی به نیّت دستیابی به صلح جهانی در آن جلسه گرد آمده بودند معرّفی نمودند.۳۸۶

<hr>

۳۸۴ - همان؛ ص ۲۵۷.

۳۸۵ - زرقانی، محمود؛ بدایع الآثار، جلد ۱؛ ص ۳۰۳.

۳۸۶ - عهدیه، حسین؛ حضرت عبدالبهاء در نیویورک؛ صص ۱۰۱-۱۰۲.

حضرت عبدالبهاء تأثیر عمیقی در جامعه‌ی غرب برجا نهادند. هر کجا که تشریف می‌بردند همگی معتقد بودند که ایشان از پیامبران الهی هستند؛ امّا حضرتش همیشه این اعتقاد را رد می‌فرمودند و تنها خویش را بنده‌ی درگاه الهی معرفی می‌نمودند. با جمع‌آوری و تألیف خطابات مختلفه هیکل مبارک در طی این اسفار گنجینه‌ی گران‌قدری برای تعمیق و شناخت تعالیم و مفاهیم عالیه‌ی امر مبارک برای بهائیان عالم به ارمغان خواهد ماند.

تذکره الوفا

دقیقاً بعد از بازگشت هیکل مبارک از سفرهای غرب، جنگ جهانی اوّل آغاز گردید. اگرچه شعله‌های اوّلیه‌ی جنگ از اروپا آغاز شد؛ خیلی زود به ناحیه‌ای که حضرت عبدالبهاء در آن سکونت داشتند یعنی بخش‌هایی از خاک عثمانی نیز سرایت کرد. به همین علت ارتباطات ارض اقدس با پیروان امر مبارک در سراسر عالم قطع شد. بنا به دعوت شیخ صالح، حضرت عبدالبهاء و عائله‌ی مبارک و احبّای مقیم حیفا و عکّا از این شهرها خارج شدند و به روستای ابوسنان، مهاجرت کردند تا از خطر جنگ در امان مانند. قطع ارتباط با دنیای خارج از فلسطین این امکان را برای حضرت عبدالبهاء فراهم آورد تا فرصت نمایند و بتوانند قصّه‌ی زندگانی هفتاد نفر از مؤمنان اوّلیه‌ی امر مبارک را بنگارند. تذکرةالوفا شرح زندگانی و قصّه‌ی دلدادگی، خلوص و فداکاری‌های مؤمنانی است که حضرت عبدالبهاء در صفحات این کتاب برای آیندگان به‌جا گذارده‌اند. این کتاب در سال ۱۹۲۴ به همت آقا محمّدحسین کهربایی در حیفا چاپ گردید و در سال ۱۹۷۱ به انگلیسی ترجمه شد که از سوی «مؤسّسه‌ی مطبوعات امری آمریکا» به چاپ رسید.

در شرح زندگی هر یک از این قدما، هیکل مبارک فضایل اخلاقی این مؤمنان را به تصویر کشیده‌اند؛ شاید که خوانندگان بتوانند با تأسّی به روش و منش حیات روحانی این اشخاص در زندگی روزمره‌ی خویش، آیینه‌ی تمام‌نمای فضایل اخلاقی گردند. داستان تعهّد، استقامت و عشق الهی این مؤمنان، حکایت از آن دارد که همگی ما دارای قابلیت و استعداد احراز مقامات عالیه‌ی روحانی هستیم؛ البته اگر مسیر خدمت را بپیماییم.

حضرت عبدالبهاء برخی از این افراد را به‌عنوان مثال والگوی فضایل نام برده‌اند:

«و از جملهٔ نفوس مبارکه روح المخلصین له الفداء جناب استاد اسمعیل معمار است این مرد خدا در طهران معمارباشی امین‌الدّوله فرّخ خان بود و در نهایت عزّت و اعتبار بود و بخوشی و کامرانی و عزّت و احترام زندگانی مینمود این شخص نورانی سرگشته و سودائی شد و مفتون و شیدائی گشت عشق الهی چنان نائرهئی افروخت که پرده و حجاب بسوخت و گریبان بمحبّت جانان بدرید و در طهران مشهور برکن بهائیان شد

امین‌الدّوله در بدایت بسیار حمایت کرد ولی او را احضار نموده گفت استاد در نزد من بسیار عزیزی و تا توانستم ترا حمایت و محافظت کردم ولی شاه از حقیقت حال تو آگاه گشته و میدانی که چقدر غضوب و خونخوار است میترسم که بغتةً ترا بدار زند لهذا خوشتر آنکه از این دیار بدیار دیگر سفر نمائید و از این خطر برهید.

حضرت استاد با نهایت فرح و مسرّت کار و بار را بگذاشت و از اموال و منال چشم پوشید و عازم عراق گشت ولی در غایت افلاس ایّامی بسر میبرد حرمی تازه داشت و تعلّقی بی‌اندازه مادرزن به عراق آمد و بدسائس و حیله‌های چند دختر خویش را بعنوان موقّت باجازهٔ استاد به طهران برد بورود کرمانشاه نزد مجتهد رفت که داماد من از دین برگشته لهذا دختر من بر او حرام است باری مجتهد طلاق داده و از برای دیگری نکاح نمود این خبر چون به بغداد رسید این شخص مؤمن صادق بخندید و گفت الحمد للّه که در سبیل الهی از برای من هیچ چیز باقی نماند حتّی حرم رفت و باین جانفشانی و پاکبازی موفّق شدم.

باری چون جمال قدم و اسم اعظم روحی له الفداء از بغداد حرکت به رومیلی فرمودند احبّای الهی در بغداد ماندند بعد اهالی بغداد بر احباب قیام کردند و آن مظلومان را باسیری به موصل فرستادند این استاد جلیل با وجود پیری و ناتوانی پیاده بی زاد و توشه جبال و بیابان و تلال و درّه قطع نموده و بسجن اعظم وصول یافت وقتی جمال مبارک از برای او این غزل ملّای رومی را مرقوم فرمودند که جناب استاد توجّه بنقطهٔ اولی و حضرت اعلی نماید و این نغمه را بآهنگ خوش بسراید لهذا شبهای تار و تاریک طیّ مسافت مینمود و این غزل را تغنّی میکرد.

۲۹۵

ای عشق منم از تو سرگشته و سودائی

و اندر همهٔ عالم مشهور بشیدائی

در نامهٔ مجنونان از نام من آغازند

زین پیش اگر بودم سردفتر دانائی

ای بادهفروش من سرمایهٔ جوش من

ای از تو خروش من من نایم و تو نائی

گر زندگیم خواهی در من نفسی دردم

من مردهٔ صدساله تو جان مسیحائی

اوّل تو و آخر تو ظاهر تو و باطن تو

مستور ز هر چشمی در عین هویدائی

باری این مرغ بال و پر شکسته باین آهنگ بدیع مشغول آهنگ کوی مقصود نمود خفیّاً بقشله وارد گشت ولی خسته و ناتوان ایّامی چند بشرف لقا فائز بود بعد مأمور بسکنی در حیفا شد و خود را به حیفا رسانید نه منزلی نه مأوائی نه لانهئی و نه کاشانهئی و نه آبی و نه دانهئی در مغارهئی خارج شهر منزل نمود و مجموعهٔ صغیری تهیّه و تدارک کرد چند انگشتر خزف و انگشتانه و سنجاق و غیره در آن گذاشت و از صبح تا ظهر میگشت یک روز بیست پاره یک روز سی پاره روز پرمداخلش چهل پاره بوده رجوع بمغاره میکرد و بلقمهٔ نانی قناعت مینمود و بتسبیح و تقدیس ربّ ودود میپرداخت هر دم شکرانه بر زبان میراند که الحمد للّه باین موهبت عظمی فائز شدم و از دوست و آشنا بیگانه گشتم و در این مغاره لانه و آشیانه نمودم و از خریداران یوسف الهی شمرده شدم چه نعمتی است اعظم از این.

باری در این حالت صعود نمود و از لسان مبارک بکرّات و مرّات در حقّ او رضایت مسموع گشت مشمول الطاف بود و منظور نظر کبریا علیه التّحیّة و الثّنآء و علیه البهآء الأبهی».۳۸۷

میرزا محمّد علی افنان یک مثال زنده و مظهر جانفشانی و ایمان بود:

«واقعاً چه وجه نورانی داشت سراپا قطعهٔ نور بود انسان چون بوجه مبارکش نگاه میکرد مسرور میشد چه که در نهایت ثبوت و رسوخ و ایمان و ایقان بود و روی بشوش داشت بسیار نفس مبارکی بود روز بروز ترقّی میکرد روز بروز بر ایمان و ایقان و نورانیّت و انجذاب و اشتعال میافزود چند روزی که در سجن اعظم بود ترقّی فوق‌العاده نمود مقصد اینست که کالسکهٔ ایشان میان عکّا و حیفا بود که انسان احساس نورانیّت و روحانیّت میکرد».۳۸۸

جناب محمّد علی اصفهانی همه اوقات در حالت شکرگزاری بود:

«ایّام خویش را بنهایت سرور و شادمانی میگذراند کسب خفیفی داشت هر روز تا بظهر مشغول بکسب بود و بعد از ظهر سماور و چای را در ترک شبدیز بسته یا بباغ و راغ میرفت یا بصحرائی میشتافت یا در مزرعه بود یا در باغ رضوان بود و یا در قصر بشرف لقا فائز. ببحر هر نعمتی میرفت که این چای امروز چقدر خوش‌طعم و خوش‌رائحه و خوش‌رنگ است این صحرا چقدر دلنشین است و این گلها چه قدر رنگین هر چیزی را میگفت عطری دارد حتّی آب و هوا را فی‌الحقیقه بسروری وقت میگذراند که وصف ندارد هر کس میگفت که پادشاهان عالم را چنین فرح عظیم میسّر نه این پیر مرد در نهایت فراغت است و غایت مسرّت و از قضای اتّفاقی از بهترین طعام تناول مینمود و در عکّا در بهترین مقام منزل داشت سبحان‌الله در سجن و چنین راحت و آسایش و خوشی و شادمانی».۳۸۹

جناب میرزا مهدی کاشانی خاضعانه و فروتنانه در سبیل الهی همه‌ی مشقّات را تحمّل می‌نمود و همواره راضی و خوشنود بود:

۳۸۷ - عبدالبهاء، حضرت؛ تذکره الوفاء؛ شمارهٔ ۹ (کتابخانه آثار بهائی).

۳۸۸ - همان؛ شمارهٔ ۵.

۳۸۹ - همان؛ شمارهٔ ۷.

«این ذات مکرّم بین خلق محترم بود ولی در سبیل محبّت الله بی نام و نشان گشت و انواع بلایا و رزایا تحمّل نمود و هیچ وقت شکوه ننمود راضی بقضا بود و راه تسلیم و رضا میپیمود مشمول نظر عنایت بود و در درگاه کبریا مقرّب لهذا از بدایت حیات تا نهایت بر حالت واحده مستغرق بحر رضا بود و ربّ ادرکنی ادرکنی میگفت تا آنکه بجهان پنهان صعود نمود».۳۹۰

حاجی محمّد خان ازجمله متحرّیانی بود که هرچه را از امر مبارک می‌شنید؛ نمی‌پذیرفت تا اینکه خود به شناخت و عرفان حقیقی فائز گردید:

«و از جملهٔ مهاجرین و مجاورین حاجی محمّد خان از اهل سیستانست این ذات مکرّم از طائفهٔ بلوچ بود در ریعان جوانی شوری در سر افتاد و بسلک عرفا درآمد درویش فانی شد و از وطن خویش برون آمد بقاعدهٔ درویشان در جستجوی مرشد کامل و باصطلاح قلندران مشتاق پیر مغان گردید. بهر کوی بجستجوی رفت و با هر نفسی گفتگو نمود از هیچ طائفه‌ئی چه عارف و چه حکیم و چه شیخی رائحهٔ محبّت الله استشمام ننمود ...

لهذا بمجرّد استماع ندا از ملکوت اعلی فریاد بلی برآورد و چون باد بادیه‌پیما شد مسافات بعیده طیّ نمود و بسجن اعظم وارد گشت و بشرف لقا فائز گردید بمجرّد مشاهدهٔ طلعت نورا منجذب شد و مراجعت به ایران کرد تا با مدّعیان طریقت و رفقای سابق طالبان حقیقت ملاقات نماید و آنچه مقتضای وفا و فریضهٔ ذمّتست مجرا دارد».۳۹۱

حاج علی عسگر تبریزی حیاتی لبریز از صداقت و راستی پیشه ساخت.

«در ارض سرّ قدری اجناس بهمراه برداشت و بشهر جمعه‌بازار شتافت که مدار معاش تحصیل نماید بضاعتی مزجات داشت و از هجوم طرّاران بباد داد چون خبر بقونسول ایران رسید قونسول تقریری بحکومت داد و مبلغ گزافی بقلم آورد که اموال مسروقه مبلغی وافر بود از قضای اتّفاق دزدان گرفتار شدند و متموّل بودند قرار بر تحقیق مسئله شد قونسول حاجی را احضار نمود و گفت این سارقان پردولتند

---

۳۹۰ - همان؛ شمارهٔ ۳۷.
۳۹۱ - همان؛ شمارهٔ ۳۵.

و من در تقریر خویش بحکومت مبلغی وافر نوشته‌ام لهذا شما بمجلس استنطاق بروید و مطابق آنچه من نوشته‌ام تقریر دهید.

حاجی بزرگوار گفت سرکار خان اموال مسروقه چیزی جزئیست چگونه من بر خلاف واقع تقریر دهم در مجلس استنطاق عین واقع را خواهم گفت و جز این تکلیف خویش ندانم.

قونسول گفت حاجی خوب وسیلهئی بدست آمده ما و تو هر دو مداخل خواهیم نمود چنین منفعت عظیمی را از دست مده.

جناب حاجی فرمود حضرت خان جواب خدا را چگونه بدهم از من دست بردار جز عین واقع نگویم.

قونسول متغیّر شد تهدید کرد که تو میخواهی مرا تکذیب کنی و رسوا نمائی تو را حبس کنم و نفی نمایم و هر اذیّتی بر تو وارد آورم الآن تو را تسلیم پولیس کنم و میگویم مغضوب دولت است باید دستبسته بحدود ایران رسد.

آن شخص بزرگوار تبسّم نمود گفت جناب خان ما جان خویش را فدای صدق و راستی نموده‌ایم و از هر چیز درگذشته‌ایم حال ما را بکذب و افترا دلالت میفرمائید البتّه آنچه میتوانی بکن من از راستی و حقّ‌پرستی رو نگردانم.

قونسول چون ملاحظه کرد آن شخص جلیل ممکن نیست که خلاف واقع کلمهئی بر زبان راند لهذا خواهش نمود پس بهتر آن است که شما از اینجا بروید تا بحکومت بنگارم که صاحب مال اینجا نیست رفته است والّا من رسوا خواهم شد.

جناب حاجی رجوع به ادرنه نموده و نامی از اموال مسروقه نبردند این قضیّه شهرت یافت و سبب حیرت دیگران گردید.

باری آن پیر بی‌نظیر در ادرنه مانند دیگران اسیر شد و در رکاب جمال مبارک بسجن اعظم این زندان بلا شتافت ولی با جمیع خاندان سنین چند بنهایت شکرانیّت در سبیل الهی مسجون بود مسجونی سبب سرور و شادمانی بود و زندان او را ایوان در این مدّت کلمهئی جز شکر و حمد از او استماع نشد هر چه عوانان بر ظلم افزودند او خوشنودتر گردید و از فم مطهّر بکرّات و مرّات در حقّ او اظهار عنایت مسموع شد میفرمودند من از او راضی هستم باری این روح مصوّر بعد از

سنینی چند در نهایت ثبوت و استقامت و فرح و مسرّت از عالم خاک بجهان پاک شتافت و اثری عظیم گذاشت.»۳۹۲

حضرت عبدالبهاء تلاش‌ها و اقدامات مجدّانه‌ی تبلیغی مؤمنان اوّلیه را بارز فرموده و می‌ستودند. ازجمله حاج میرزا محمّدتقی:

«و چون در بغداد بشرف لقا فائز شد بعد از رجوع به ایران بلسان فصیح نیز مباشرت بتبلیغ کرد تبلیغ چنین باید بلسان فصیح و قلم سریع و حسن اخلاق و حلاوت گفتار و خوشی رفتار و کردار حتّی اعدا و خصما شهادت بر علویّت و روحانیّت او میدادند که این شخص از جهت رفتار و گفتار و تقوی و امانت و دیانت بی‌نظیر است و در جمیع شئون فرید و وحید ولی حیف که بهائیست یعنی مثل ما بی‌باک و بی‌مبالات و مرتکب سیّئات و منهمک در شهوات و مطیع نفس و هوی نیست سبحان‌اللّه ملاحظه نمودند که بمجرّد وصول نفحات جنّت ابهی بمشامّ آن مطلع هدی منقلب شد و منقطع گشت و مشکوة شعاع شمس حقیقت شد باری متنبّه نشدند.

ایّامی که در یزد بود بظاهر مشغول تجارت ولی بحقیقت سبب انتشار نور هدایت مقصدی جز اعلای کلمهٔ اللّه نداشت و آرزوئی جز نشر نفحات اللّه نمینمود و فکری جز تقرّب بارگاه کبریا نمیکرد و ذکری جز ترتیل آیات اللّه نداشت مظهر رضای جمال مبارک بود و مطلع عطای اسم اعظم بکرّات و مرآت از فم مطهّر نهایت رضایت در حقّ او استماع گردید لهذا یقین کلّ بود که مصدر امر عظیمی خواهد شد.»۳۹۳

حضرت عبدالبهاء درباره‌ی جناب سید محمّد تقی منشادی، شخصی که با استقامتش در عهدومیثاق الهی، گوی سبقت را ربود؛ چنین می‌فرمایند:

«بعد از صعود نیّر ملأ اعلی ثابت و راسخ بر عهد و پیمان و مانند سیف قاطع در مقابل ناقضان آنان هرچند بلطائف الحیل کوشیدند و مافوق تصوّر احترام و مهربانی مجرا داشتند و سفرهٔ مهنّا نهادند و عیش مهیّا شایان رایگان نمودند تا بتوانند رخنه در ثبوت و رسوخ او نمایند روز بروز بر استقامت افزود و از هر فکری آزاد بود و از

---

۳۹۲ - همان؛ شمارهٔ ۶۲.

۳۹۳ - همان؛ شمارهٔ ۴۷.

غیر میثاق الهی بیزار و چون مأیوس از تزلزل او شدند انواع جفا روا داشتند و در صدد پریشانی او افتادند ولی او جوهر ثبوت بود و حقیقت استقامت. و چون بتحریک بیوفایان عبدالحمید خان در صدد تعرّض باین عبد افتاد و جناب آقا سیّد تقی نزد جمهور مشهور بارسال و مرسول اوراق لهذا مجبور بر آن شدم که او را به پورت‌سعید ارسال دارم و اوراق را بوسائط غیر معروفه نزد او فرستم و او باطراف ارسال نماید باین تدبیر بیوفایان و عوانان نتوانستند که اوراق بدست آرند حتّی هیئت تفتیشیّه در اواخر ایّام عبدالحمید چون حاضر گشتند و بتحریک آشنایان بیگانه بفکر قلع و قمع شجرهٔ مبارکه افتادند حتّی مصمّم بر آن شدند که این عبد را یا بقعر دریا اندازند و یا به فیزان بفرستند این مقرّر بود لهذا کوشیدند که ورقهئی بدست آرند عاجز و قاصر ماندند».۳۹۴

الواح نقشه‌ی ملکوتی(فرمان‌های تبلیغی)

در فاصله‌ی مارچ ۱۹۱۶ تا ۱۹۱۷ و در اثنای جنگ جهانی اوّل، حضرت عبدالبهاء، خطاب به احبّای آمریکا و کانادا، چهارده لوح صادر فرمودند که به «الواح نقشه‌ی ملکوتی» نامیده شده است. هشت لوح در سال ۱۹۱۶ و شش لوح دیگر در سال ۱۹۱۷ صادر گردید. پنج لوح اوّل در نجم باختر منتشر گردید. همه‌ی چهارده لوح برای اولین بار در سال ۱۹۱۹ در ضمن اعیاد رضوان در کانونشن ملی که در هتل مک آلپاین شهر نیویورک برگزار می‌گردید به سمع همگان رسید. حضرت عبدالبهاء این کانونشن را «کانونشن میثاق» نامیدند؛ چراکه هم صلا به حمایت از نقشه‌های تبلیغی امر مبارک می‌داد و هم نقش مهمّی در تثبیت مفهوم میثاق داشت.

این الواح توسّط عدّه‌ای از کودکان و جوانان تلاوت گردید که در زمره‌ی ایشان ماری مکسول خردسال هم بود که بعد از ازدواجش با حضرت شوقی افندی، «امه‌البهاء روحیه خانم» نام گرفت.

اشجار کانونشن میثاق سریعاً به ثمر نشست. میس مارثاروت، اقدام به اولین سفر تبلیغی خویش دور جهان نمود که در بیست سال بعدی از باقی سال‌های زندگی‌اش چندین مرتبه‌ی دیگر تکرار شد. وی اولین شخصی است که برای تبلیغ به آمریکای جنوبی سفر نمود. هیأت «وحدت معبد بهائی» که مسؤول ساخت بنای مشرق‌الاذکار ویلمت، ایلینوی بود؛ در سال ۱۹۲۵ یک هیأت تبلیغی را منصوب نمود.

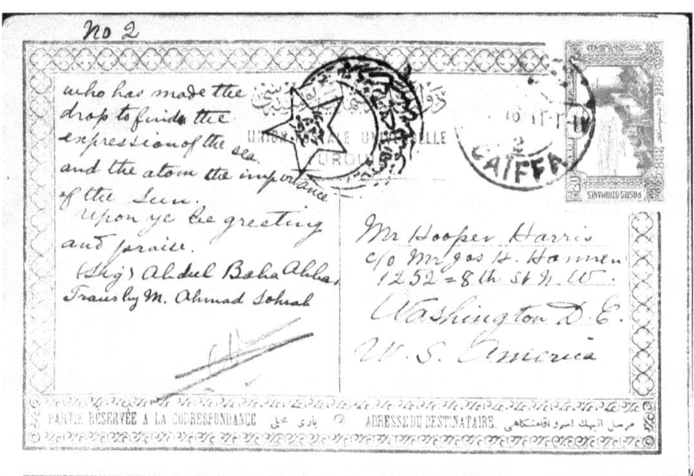

اگرچه مخاطب الواح ملکوتی، بهائیان آمریکا بودند؛ حضرت شوقی افندی این الواح را به‌عنوان خطابیه به بهائیان سراسر عالم شمرده‌اند. هیکل مبارک حضرت ولی امرالله نقشه‌ی کبیر اکبر ده‌ساله را به عنوان یک مرحله از جریان مستمر اجرای الواح نقشه‌ی ملکوتی معرفی فرمودند. حضرت ولیّ امرالله الواح نقشه‌ی ملکوتی را در زمره‌ی یکی از سه منشور مکتوب امر مبارک برشمرده‌اند: الواح نقشه‌ی ملکوتی به‌منظور تبلیغ امر مبارک، الواح وصایای حضرت عبدالبهاء به‌عنوان پیشبرد نظم اداری دیانت بهائی و لوح کرمل نازله از قلم حضرت بهاءالله به‌عنوان پیشبرد مرکز جهانی بهائی. بیت‌العدل اعظم الهی درباره‌ی اجرای الواح نقشه‌ی ملکوتی چنین خاطرنشان فرموده‌اند:

«همان‌گونه که آنجناب، بدون تردید مطلعید، الواح نقشهٔ ملکوتی که حضرت عبدالبهاء آنها را در خلال جنگ اول جهانی صادر فرمودند، بمنزلهٔ منشور و دستور

تبلیغ امرالله محسوب می‌شوند. کلیهٔ نقشه‌های تبلیغی که مولای محبوب و توانا طرح و اجراء فرمودند و نیز تمامی نقشه‌هایی که من‌بعد توسط بیت العدل اعظم طراحی و اجراء خواهد شد، همه در واقع مراحلی از این طرح تبلیغی اصلی و کلی می‌باشند که مرکز عهد و میثاق ربانی جهت اشاعه و انتشار پیام نجات‌بخش حضرت بهاءالله تصور و تصویر فرموده‌اند ...».۳۹۵

مقصد اصلی از صدور الواح نقشه‌ی ملکوتی، ارتفاع ندا خطاب به مهاجران بود که در سراسر عالم، پراکنده شوند و نفحات‌الله را در کل جهان منتشر نمایند:

«این ندآء الهی چون از خطّهٔ امریک به اروپ و آسیا و افریک و استرالیا و جزائر پاسیفیک رسد احبّای امریک بر سریر سلطنت ابدیّه جلوس نمایند و صیت نورانیّت و هدایت ایشان به آفاق رسد و آوازهٔ بزرگواریشان جهانگیر گردد».۳۹۶

«ای یاران الفت الفت محبت محبت اتحاد اتحاد تا قوهٔ امر بهائی در عالم وجود ظاهر و آشکار گردد».۳۹۷

در این مناجات حضرت عبدالبهاء برای ناشرین نفحات‌الله آرزوی انقطاع می‌فرمایند:

«ربّ اجعلنی منقطعاً عن دونک متشبثاً بذیل عنایتک مخلصاً فی دینک ثابتاً علی محبتک عاملاً بما أمرتنی به فی کتابک».۳۹۸

نفحات تبلیغ همچنین باید از طریق آثار مکتوب نیز منتشر گردد:

«کتب و رسائلی بلسانهای این ممالک و جزائر یا ترجمه نمایند و یا تألیف کنند و در این ممالک و جزائر نشر دهند».۳۹۹

در یکی از الواح، خطاب به ایالات جنوبی، هیکل مبارک حضرت عبدالبهاء بیان می‌فرمایند که مشهورترین افراد از مناطق معتدل برخاسته‌اند:

---

۳۹۵ - هورن‌بی، هلن؛ انوار هدایت؛ ص ۶۱۰.

۳۹۶ - ربانی، شوقی؛ قرن بدیع، ص ۵۰۴.

۳۹۷ - عبدالبهاء؛ مکاتیب حضرت عبدالبهاء، جلد ۳؛ ص ۳۰.

۳۹۸ - همان؛ ص ۵۷.

۳۹۹ - ربانی، شوقی؛ ظهور عدل الهی؛ ص ۱۳۵.

«فلاسفهٔ قرون اولی و علماء قرون وسطی و فلاسفهٔ قرون اخیره جمیع بر آنند که بهترین اقالیم منطقهٔ معتدله است زیرا عقول و افکار در نهایت کمال است و استعداد و قابلیّت مدنیّت در غایت قوّت چون بدقّت نظر در تاریخ نمائید واضح شود که مشاهیر رجال اکثر از منطقهٔ معتدله جلوه نموده و اقلّ قلیلی از منطقهٔ بارده و منطقهٔ حارّه‌اند». ۴۰۰

پنج لوح اوّل از الواح ملکوتی را بر روی کارت پستال، مرقوم فرمودند؛ چراکه درایّام جنگ جهانی تمام پاکت‌های پستی باز می‌شدند و این امر، ارتباط را به تأخیر می‌انداخت. الواح، همزمان به فارسی و انگلیسی نوشته می‌شد و به امضای مبارک حضرت عبدالبهاء می‌رسید. این الواح برای اشخاصی مانند هوپر هریس، دکتر ضیا بغدادی، هلن گودال، می مکسول و ژوزف هانن ارسال می‌گردیدند که درنهایت برای ژوزف هانن در واشنگتن دی سی پست می‌شدند و وی به آدرس‌های موردنظر هیکل مبارک می‌فرستاد. الواح دیگر در یکی از اتاق‌های مقام اعلی نگهداری می‌شد تا زمان مناسب برای انتشار و ارسال آنها فرا برسد.

جناب هوپر هریس دانبار یک وکیل اهل نیویورک بود که در سال ۱۸۹۸ به دیانت بهائی ایمان آورد و در حلقه‌ی اولین مؤمنان آن جامعه‌ی نوپا در آمد. در سال ۱۹۰۰ میلادی در اولین هیأت شور بهائی منصوب گردید. همچنین ایشان از اعضای جامعه‌ی آموزش ایران آمریکا ۴۰۱ بودند که از فعالیت بهائیان آمریکایی برای کمک به امر تحصیل در مدارس بهائی ایران، حمایت می‌نمودند. در سال ۱۹۱۲ که هیکل مبارک در سفرهایشان در آمریکا و کانادا تشریف داشتند؛ منزل ایشان به قدوم مبارک حضرت عبدالبهاء متبرّک گردید.

حوالی سال ۱۹۰۳ در شهر واشنگتن، جناب جوزف هانن، به همراه همسرش، پاولین، دو دخترش و مادر همسرش، بهائی شد. ایشان زاده‌ی سال ۱۸۷۲ در الگنی ایالت پنسیلوانیا بودند و مدیریت یک شرکت دارو سازی را به عهده داشت. جناب هانن ابتدا در لجنه‌ی جامعه‌ی بهائیان واشینگتن و سپس در هیأت مدیره‌ی اصلی هیأت وحدت معبد، خدمت نمود. تمرکز ایشان به همراه همسرش و لوا گتسینگر

<hr>

۴۰۰ - عبدالبهاء، حضرت؛ الواح نقشهٔ ملکوتی، شمارهٔ ۱۰ (کتابخانه آثار بهائی).

۴۰۱ - Vice-president of Persian American Education Society

بر تبلیغ جامعه‌ی سیاه‌پوستان آمریکا بود. جناب لویی گریگوری یک وکیل سیاه‌پوست آمریکایی که بعدها به سمت ایادی امرالله نیز برگزیده شد، ازجمله مؤمنانی است که توسط جناب هانن با امر مبارک آشنا و بهائی گردید. پنج لوح از الواح به نام ایشان صادر شده است.

دکتر ضیاء بغدادی منتسب به یکی از خاندان برجسته‌ی مؤمنان اوّلیه است. پدرش محمّد مصطفی بغدادی یکی از مجاوران حضرت بهاءالله بود و پدربزرگش نیز شیخ محمود شبلی بود که از سال ۱۸۴۴ بابی شد و از پیروان حضرت طاهره محسوب می‌گردید. دکتر بغدادی در سال ۱۸۸۴ در بیروت لبنان به دنیا آمد. حضرت بهاءالله ایشان را ضیاء نامیدند که به معنی نور است. دکتر بغدادی تحصیلات خویش را در دانشکده‌ی آمریکایی بیروت به اتمام رساند. به توصیه‌ی حضرت عبدالبهاء وی به شیکاگو نقل‌مکان کرد و یکی از اعضای مهم جامعه‌ی بهائیان آمریکا گردید. دکتر بغدادی بسیاری از الواح حضرت عبدالبهاء را به انگلیسی ترجمه کرد. همچنین ویراستاری صفحات فارسی مجله‌ی نجم باختر را نیز انجام می‌داد و به علاوه در طی سفرهای حضرت عبدالبهاء در سال ۱۹۱۲ همراهشان بود. الواح خطاب به ایالات مرکزی برای ایشان ارسال می‌شد. دکتر بغدادی هم عضو محفل روحانی شیکاگو و هم عضو هیأت مدیره‌ی وحدت معبد بهائی بود. در طی آشوب‌های معروف به تابستان سرخ در سال ۱۹۱۹ که سفیدپوستان افراطی سیاه‌پوستان را می‌کشتند، دکتر بغدادی غذا و دارو برای سیاه‌پوستان تهیّه می‌کرد. وی در سال ۱۹۳۷ در آگوستای جورجیا صعود نمود و همزمان با صعودش حضرت ولیّ امرالله از جامعه‌ی بهائی شیکاگو خواستند که به‌افتخار ایشان جلسات تذکر شایسته‌ای ترتیب دهند.

هلن میرال استورتوانت گودال، زاده‌ی سال ۱۸۴۷، با یک تاجر بسیار ثروتمند اهل سانفرانسیسکو ازدواج کرد. در سال ۱۸۹۸ توسّط یکی از دوستان لوا گتسینگر با امر مبارک آشنا شد. این خانم، همراه با دخترش رنج سفر تا نیویورک را تحمّل نمود تا در کلاس‌های تبلیغی آنتوان حداد شرکت نماید و همان جا بود که در سال ۱۸۹۸ به دیانت بهائی اقبال نمود. بعد از بازگشت از این سفر، هلن و دخترش اِلا، شروع به تبلیغ امر مبارک نمودند؛ جلسات بزرگی در منزلشان برگزار می‌کردند و در زمان سفر هیکل مبارک به اوکلند میزبان حضرت عبدالبهاء بودند. بعد از شنیدن خبر صعود حضرت عبدالبهاء نتوانست با سوگ این فقدان سر کند و چند ماه بعد

در فوریه سال ۱۹۲۲ صعود نمود. از طرف هیکل مبارک حضرت ولیّ امرالله جزء حواریون حضرت عبدالبهاء محسوب گردید.

سال ۱۹۰۸ در شهر پاریس، می مکسول توسط فیبی هرست دعوت شد تا قصد زیارت مولای مهربان در ارض اقدس بنماید. می تأثیرات شگرف زیارت هیکل مبارک را چنین به خاطر می‌آورد:

«خودم را روی اقدام مبارک یافتم. ایشان درنهایت ملاطفت مرا بلند فرمودند و در کنار خویش نگاه داشتند و در تمام مدّت به لسان فارسی کلمات شفقت‌باری می‌فرمودند که قلب مرا می فشرد. آه از آن اولین زیارتی که نه دردی بود نه حتّی شادی و نه هیچ چیز دیگری که بتوانم به زبان بیاورم. گویی که یکباره به اوج پرواز کرده بودم و روحم با ملکوت الهی در تماس بود. اثر این برخورد چنان عمیق، نیرومند، خالص و روحانی بود که مرا در خود فروکشید.»۴۰۲

بعد از ازدواج با ویلیام سادرلند به مونترال مهاجرت کرد. منزل این زوج روحانی، محل تجمع یار و اغیار و محافل روحانی بود. در زمان سفر حضرت عبدالبهاء، منزل ایشان به قدوم مبارک، مزیّن گردید و هیکل مبارک منزلشان را به‌عنوان منزل من خطاب فرمودند. بعدها حضرت ولیّ امرالله این منزل را به‌عنوان مکان متبرّک نامیدند. می همچنان که عضو هیأت مدیره‌ی هیأت مشرق‌الاذکار بود در اولین محفل ملّی بهائیان آمریکا و کانادا نیز عضویت داشت. حضرت ولیّ امرالله با دختر خانم می با نام مری ازدواج فرمودند که بعد از ازدواج نام «روحیه» را به ایشان عطا فرمودند. می مکسول در سال ۱۹۴۰ در شهر بوینس‌آیرس، در جایی که به‌عنوان مهاجر خدمت می‌نمود، صعود نمود.

در ادامه، فهرست چهارده لوح از الواح نقشه‌ی ملکوتی ذکر گردیده است:

____

۱. لوح به‌افتخار احبّای ایالات شمال شرقی

لوح مبارکی است که صبح یکشنبه ۲۶ مارچ ۱۹۱۶ در بهجی در اتاق مبارک به‌افتخار احبّای نه ایالت شمال شرقی ایالات متّحده‌ی امریکا صادر گشته است.

۲. لوح به‌افتخار احبّای ایالات جنوبی

لوح مبارکی است که صبح دوشنبه ۲۷ مارچ ۱۹۱۶ در باغچه‌ی خارج روضه‌ی مبارکه در بهجی به‌افتخار احبّای شانزده ایالت جنوبی ایالات‌متحده‌ی امریکا صادر گشته است.

۳. لوح به‌افتخار احبّای ایالات مرکزی

لوح مبارکی است که صبح چهارشنبه ۲۹ مارچ ۱۹۱۶ در بهجی به‌افتخار احبّای دوازده ایالت مرکزی ایالات متّحده‌ی امریکا صادر گشته است.

۴. لوح به‌افتخار احبّای ایالات غربی

لوح مبارکی است که صبح شنبه اوّل آوریل ۱۹۱۶ در بهجی به‌افتخار احبّای یازده ایالت غربی ایالات متّحده‌ی امریکا صادر گشته است.

۵. لوح به‌افتخار احبّای کانادا

لوح مبارکی است که صبح چهارشنبه پنجم آوریل ۱۹۱۶ در باغچه‌ی خارج روضه‌ی مبارکه در بهجی به‌افتخار احبّای کانادا صادر گشته است.

۶. لوح به‌افتخار احبّای ایالات‌متحده و کانادا

لوح مبارکی است که صبح شنبه هشتم آوریل ۱۹۱۶ در باغچه‌ی خارج روضه‌ی مبارکه در بهجی به‌افتخار مجامع و محافل احبّای ایالات‌متحده و کانادا صادر گشته است.

۷. لوح به‌افتخار احبّای ایالات‌متحده و کانادا

لوح مبارکی است که صبح سه‌شنبه‌ی یازدهم آوریل ۱۹۱۶ در بهجی به‌افتخار احبّای ایالات‌متحده و کانادا صادر گشته است.

۸. لوح به‌افتخار احبّای ایالات‌متحده و کانادا

لوح مبارکی است که صبح چهارشنبه ۱۹ آوریل در اتاق مبارک و صبح ۲۰ آوریل در مسافرخانه و صبح ۲۲ آوریل در باغچه‌ی خارج روضه‌ی مبارکه در بهجی به‌افتخار مجامع و محافل احبّای ایالات‌متحده و کانادا صادر گشته است.

۹. لوح به‌افتخار احبّای ایالات شمال شرقی

که به‌افتخار احبّا و امآء رحمن نه ایالت شمال شرقی ایالات‌متحده، صبح روز جمعه ۲ فوریه ۱۹۱۷ در بالاخانه‌ی اسماعیل آقا در بیت مبارک حیفا از قلم مرکز میثاق صادر گشته است.

۱۰. لوح به‌افتخار احبّای ایالات جنوبی

که به‌افتخار احبّا و امآء رحمن شانزده ایالت جنوبی ایالات‌متحده، صبح روز شنبه ۳ فوریه ۱۹۱۷ در بالاخانه‌ی اسماعیل آقا در بیت مبارک حیفا از قلم مرکز میثاق صادر گشته است.

۱۱. لوح به‌افتخار احبّای ایالات مرکزی

که به‌افتخار احبّا و امآء رحمن دوازده ایالت مرکزی ایالات‌متحده، قبل از ظهر پنج‌شنبه ۸ فوریه ۱۹۱۷ در اتاق جمال مبارک در بیت مبارک عکّا از قلم مرکز میثاق صادر گشته است.

۱۲. لوح به‌افتخار احبّای ایالات غربی

که به‌افتخار احبّا و امآء رحمن یازده ایالت غربی ایالات‌متحده، شب پنج‌شنبه ۱۵ فوریه ۱۹۱۷ در اتاق جمال مبارک در بیت مبارک عکّا از قلم مرکز میثاق صادر گشته است.

۱۳. لوح به‌افتخار احبّای کانادا

که به‌افتخار احبّا و امآء رحمن ایالات کانادا، صبح چهارشنبه ۲۱ فوریه ۱۹۱۷ در اتاق جمال مبارک در بیت مبارک عکّا از قلم مرکز میثاق صادر گشته است.

۱۴. لوح به‌افتخار احبّای ایالات‌متحده و کانادا

که به‌افتخار احبّا و امآء رحمن ایالات‌متحده و کانادا، بعدازظهرروز پنج‌شنبه ۸ مارچ ۱۹۱۷ در بالاخانه‌ی اسماعیل‌آقا در بیت مبارک حیفا از قلم مرکز میثاق صادر گشته است.

الواح وصایا

از مهم‌ترین آثار حضرت عبدالبهاء، وصیت‌نامه‌ی هیکل مبارک به نام الواح وصایا است. در این اثر مهمین، مولای مهربان، به‌منظور حفظ وحدت امرمبارک، جانشین خویش را معیّن فرمودند. اقدامی بی‌نظیر که در همه‌ی اعصار و ادیان، بی‌سابقه است.

حضرت ولیّ امرالله درباره‌ی اهمیّت کتاب اقدس و الواح وصایا چنین می‌فرمایند:

«... الواح وصایا توأم با کتاب اقدس بمنزلۀ گنجینۀ گرانبهائی است که عناصر بی نظیر مدنیّت الهیّه را که تأسیسش مقصد اصلی دیانت بهائی است در بر دارد.»۴۰۳

و همچنین:

---

۴۰۳ - ربانی، شوقی؛ نظم جهانی بهائی؛ ص ۹.

«... حضرت بهاءالله در کتاب اقدس و حضرت عبدالبهاء در الواح وصایا که مؤیّد و متمّم و ملازم کتاب اقدس است اصول کلّی بنیان جامعهٔ بهائی را بنحوی بیان فرموده‌اند که احدی منکر آن نتواند شد. و بر اساس این اصول تشکیلاتی خداداده است که آئین حضرت بهاءالله یعنی سفینهٔ نجات عالم انسانی باید شکل یابد و تجسّم پذیرد و بر همان اساس است که جمیع مواهب آیندهٔ نوع انسان تحقّق می‌یابد و قدرت شکست ناپذیر امر بهائی استوار می‌گردد.»۴۰۴

حضرت ولیّ امرالله، کتاب مستطاب اقدس را منشور تمدن جهانی آینده نامیده‌اند. همچنین تصریح می‌فرمایند که هسته‌ی ایجاد بیت‌العدل اعظم الهی در الواح وصایا مندمج است:

«... ارجاع وظائف و اختیارات وسیعه به بیت العدل اعظم الهی واضع احکام و شرایع غیر منصوصه و برائت آن مجمع عظیم از هرگونه مسؤولیّت در قبال ملّت و عدم الزامش در اتّباع نظرات و عقاید منتخبین خویش و وجود مقرّرات مخصوصه جهة اجرای انتخابات عمومی و آزاد از طرف کافّهٔ پیروان آیین یزدانی در تعیین مرجع تشریع کلّاً از شؤون و خصائصی است که به نظم اداری حضرت بهاءالله اختصاص داشته و آن را از انظمهٔ موجودهٔ بشریّه منفصل و ممتاز میسازد.»۴۰۵

در دستخط حضرت ولی امرالله در سال ۱۹۲۹ مجدداً هیکل مبارک تأکید می‌فرمایند که هنوز نسبت به درک صحیح از الواح وصایا مبارک نائل نیامده‌ایم:

«ما هنوز از لحاظ زمانی باین سند عظیم یعنی الواح وصایا بسیار نزدیکیم و از ادراک کامل مضامینش و از اطّلاع بر اسرار مکنونه اش عاجز و ناتوان. فقط نسلهای آینده می‌توانند بر قدر و منزلت این شاهکار الهی که دست قدرت مهندس اعظم عالم برای وحدت و نصرت امر جهانگیرش آفریده است فی الجمله وقوف یابند. فقط آیندگانند که قادرند ارزش تأکیدات شگفت‌انگیزی را که در این سند عظیم بر دو مؤسّسهٔ بیت‌العدل اعظم و مؤسّسه ولایت امرالله نهاده شده دریابند و از اهمیت کلمات شدید حضرت عبدالبهاء که در مورد ناقضین بر عهد و میثاق در الواح وصایا بیان فرموده است با خبر شوند. فقط آیندگانند که می‌توانند ادراک نمایند که

<hr>

۴۰۴ - همان؛ ص ۲۶.

۴۰۵ - همان؛ ص ۶۶۳.

مؤسّساتی را که حضرت عبدالبهاء ایجاد فرموده چقدر با وضع اجتماع آینده که مقدّر است از میان آشوب و هرج و مرج عصر حاضر برخیزد مناسبت و موافقت خواهد داشت ...».۴۰۶

اولین قسمت الواح وصایا در تاریک‌ترین ایّام حیات مبارک و همزمان با ورود هیأت بازرسی به ارض اقدس صادر گشته است. بخش دوّم محتملاً در سال ۱۹۰۷ صادر شده که همزمان با ورود مجدد هیأت بازرسی براثر دسیسه‌های برادر ناتنی هیکل مبارک، یعنی میرزا محمّدعلی است. هیکل مبارک در این بخش، ذکر می‌فرمایند که در خطر عظیم هستند؛ امّا مشخص نیست که بخش سوّم در چه زمانی صادر شده است.

اموگن هواگ در ۱۵ ژانویه ۱۹۲۲ برای کمک به روحا خانم در ترجمه‌ی قسمت اوّل الواح وصایا شروع به کار نمود. میرزا محمّدخان روز بعدازآن به آنان پیوست. اموگن شرح داده که اگرچه کار بسیار سختی بود؛ ولی در ۲۲ همان ماه، ترجمه‌ی قسمت اوّل به اتمام رسید. در تاریخ ۷ فوریه، اموگن با کمک حضرت ولیّ امرالله طی پنج ساعت الواح وصایا را تایپ نمود. در ۲۴ فوریه اموگن ترجمه‌ی کامل الواح وصایا را که توسّط هیکل مبارک حضرت ولیّ امرالله انجام شده بود؛ تایپ نمود.

نخستین‌باردر تاریخ ۳ ژانویه ۱۹۲۲ الواح وصایا در حضور عموم خوانده شد. در این وقت، چهل روز از صعود مبارک گذشته بود تا هم مراسم مختلف به‌پایان برسد و هم فرصتی باشد که حضرت شوقی ربانی به ارض اقدس، مراجعت فرمایند. در جریان محفلی که به اعزاز هیکل مبارک حضرت عبدالبهاء برگزار گردید؛ نسخه‌ی اصل الواح وصایا که به دستخط مبارک حضرت مولی‌الوری نگاشته شده بود، توسط میرزا یوسف وجدانی و آقا محمّدتقی اصفهانی با صوتی ملیح تلاوت گردید که هر کلمه‌ی آن موجد تهییج امواج روحانی در قلوب حاضران گردید.

در مکتوبی اموگن هواگ این مجمع روحانی را چنین توصیف می‌نماید:

«در اولین هفته‌ی ورودم کار زیادی برای انجام دادن نداشتم؛ امّا بعدازآن با ترجمه‌ی الواح، بسیار مشغول شدم. لیدی بلامفیلد نیز اینجاست و در حال جمع‌آوری و تألیف

____

۴۰۶ - ربانی، شوقی؛ نظم جهانی بهائی؛ ص ۱۵.

مدارک و مستندات مربوط به واقعه‌ی صعود مبارک تا استقرار عرش آن حضرت در مقام اعلی و همچنین مراسم مختلف در روزهای پنجم و نهم و چهلم بعد از صعود است.

حضرت شوقی افندی ورود فرمودند و درحالی‌که سعی می‌نمودند بر سوگ عمیق خویش غلبه فرمایند؛ دیگران را نیز از پریشان‌حالی و غم شدید تسکین می‌دادند.

بعد از گذشت چهل روز از صعود مبارک، الواح وصایا در جمع عمومی تلاوت گردید. سوگواران از جمیع اقطار آمدند؛ از مصر، بیروت، دمشق، آمریکا، انگلستان، آلمان و ایران. در هفتم ژانویه الواح وصایای مبارک توسط منشی مبارک در سالن بیت مبارک در فضایی آکنده از اشک و آه مؤمنان زیارت گردید. همگی از رنج و مصیبتی که از سمت ناقضین بی‌وفا به هیکل مبارک وارد گشته بود؛ آگاه شدند و حضرت شوقی افندی را به‌عنوان ولیّ امرالله پذیرفتند.»۴۰۷

در حقیقت، حضرت عبدالبهاء با صدور الواح وصایا از آینده‌ی امر مبارک، حفاظت و صیانت فرمودند.

تفاسیر

حضرت عبدالبهاء تفاسیر دیگری نیز بر آیات مقدس نگاشته‌اند. از ده اثر برتر، هفت تفسیر مربوط به تفسیر آیات قرآنی و سه مورد دیگر مربوط به تفسیر احادیث اسلامی است.

حضرت عبدالبهاء اغلب برای تشریح مسائل از زبان نمادین استفاده می‌فرمودند و برای توضیح کُنه مطالب، از اعداد و حروف، بهره می‌بردند. حتّی این روش را درباره‌ی تبیین احکام ادیان سابق نیز به کار می‌گرفتند. همیشه خواننده را دعوت می‌فرمودند که در زمان تلاوت آیات، تفکّر و تعمّق نمایند تا معانی عمیقه‌ی آن را دریابند.

---

۴۰۷ - ترجمه به مضمون: نقل قول از هاگ، ایموگی؛ «ایموگی هاگ، مهاجر نمونه»، میل امینه، اخبار بهائی؛ ش ۵۱۱؛ صص ۱۱-۶.

در تفسیر سوره‌ی «رعد» سیزدهمین سوره‌ی قرآن که شامل چهل‌وسه آیه است و از سوره‌های مدنی محسوب است، تأکید مبارک بر تفسیر آیه‌ی ۱۷ است. تفسیر حضرت عبدالبهاء حول محور ستایش خداوند، جایگاه رفیع‌البنیان موعود ادیان، معنی آسمان، اراده و آب معنوی است.

سوره‌ی کهف، سوره‌ی هجدهم از سوره‌های قرآن و نازل در مکّه است. این سوره، یک‌صدوده آیه دارد. تفسیر مبارک مربوط به آیات ۶۰ تا ۹۶ این سوره است که به داستان اصحاب کهف می‌پردازد. البتّه در بسیاری دیگر از الواح و رسالات دیگر نیز حضرت عبدالبهاء از اصحاب کهف، نام برده‌اند.

سوره‌ی بیست‌وپنجم قرآن، سوره‌ای مکّی است که هفتادوهفت آیه دارد و نام آن فرقان است. فرقان نام دیگر قرآن است و اشاره به موضوع آن دارد. گروهی از اهالی مکّه در مقابل قرآن، علم مخالفت برافراشتند؛ ولی عدّه‌ای دیگر که از پیروان مخلص حضرت محمّد بودند همچنان وفادار و مستقیم باقی ماندند. در این تفسیر، حضرت عبدالبهاء به توضیح و تفسیر آیات ۴۵ و ۴۶ می‌پردازند. در این تفسیر به وحدت ظهور حضرت باب و حضرت بهاءالله پرداخته و این ظهورات را تجلّی ظهور حق روی زمین توصیف می‌فرمایند. پس از ظهور یک دیانت جدید، رهبران دینی تدریجاً جوهره‌ی اصلی دیانت را که مایه‌ی ترقّیِ روحانیِ عالم انسانی است؛ از یاد بردند و به‌جای آن مشغول به امور ظاهری و مادّی دیانت گشتند. هیکل مبارک برای اثبات این نظر و اندیشه، شواهدی تاریخی را بیان می‌فرمایند.

عنوان سوره‌ی روم که سوره‌ی سی‌ام قرآن و از سوره‌های مکّی است از نام کشور روم، اقتباس گردیده است. در این سوره به غلبه‌ی امپراتوری پارس بر رومیان اشاره شده است. اگرچه در این سوره به‌ظاهر از یک امر تاریخی صحبت شده است؛ ولی حضرت عبدالبهاء از کلمه الروم نه معنی استخراج و بیان فرموده‌اند که عمق کلام الهیه و ابعاد معنوی آن را به تصویر می‌کشد. بر اساس تفسیر مبارک، الروم، غلبه‌ی پارسیان بر رومیان همچنین به معانی زیر نیز مقرون است:

۱.‏ حجاب‌های مرتفعه‌ی ظاهره که براثر ظهور الهی برداشته شدند.
۲.‏ نفسانیّات و تعصّباتی که براثر رشد روحانی حاصل از ظهور الهی از میان رفتند.

۳. ارواح مخلصه‌ای که به مظهر ظهور الهی توجّه نمودند و به‌رغم امتحانات الهی ثابت و مستقیم ماندند.

٤. احکام الهی که به مرور زمان بر انسان‌ها غلبه یافت و با هر ظهور جدیدی تجدید شد.

٥. حقایق و ظرفیت‌های موجود در کل آفریدگان الهی و عصاره‌ی تمام قابلیت‌های آنها مغلوب شکوه و جلال خداوند گردید و با ظهور جدید به هر موجودی استعداد و قابلیت تازه‌ای عطا شد.

٦. تفکّرات مربوط به وجود و خلقت، قبل از ظهور مظهر الهی مانند حجاب‌هایی بودند که با طلوع نور الهی خرق شدند و در بحر ظهور الهی وجودی تازه یافتند.

۷. غلبه‌ی زندگی روحانی بر مراتب جسمانی بدن انسان در این کره‌ی خاکی.

۸. تصوّرات موهوم و خیالات باطل انسانی که با ظهور الهی رنگ می‌بازد.

۹. مراتب روح و آنچه موجب جاودانگی و ترقّی آن می‌شود.

در این تفسیر، هیکل مبارک همچنین مراحل ترقّی روح را در نُه مرحله بیان می‌فرمایند:

۱. احاطه‌ی روح که توسّط نیروهای مادی و شرورانه احاطه شده است.

۲. نفس لوامه که به واسطه‌ی نزول و سقوطش پشیمان است.

۳. روح مطمئنه که خداوند را به یاد می‌آورد و آیاتش را در خلق الهی مشاهده می‌کند.

٤. روح سلیمه که به مرحله‌ی اطاعت و رضایت رسیده است.

٥. روحی که در پیشگاه الهی پذیرفته شده؛ چراکه به رتبه‌ی اغماض از علایقش رسیده است.

٦. روح کامله که منعکس‌کننده‌ی صفات الهی است.

۷. روح ملکوت الهی که کاملاً منقطع است و حقیقتش مبیّن وحدت الهی است.

۸. روح قاهره‌ی ملکوتی که فراتر از فهم و ادراک انسانی است و دارای مرجعیت، غلبه و اقتدار، نیروی مطلق و فراتر از هرگونه حدودات و تکثّر است.

با بیان مغلوبیت رومیان، هیکل مبارک تشریح می‌فرمایند که روح، نزول می‌کند و مغلوب هرکدام از مراتب می‌گردد.

سوره‌ی قلم، سوره‌ی ۶۸ قرآن مجید که شامل پنجاه‌ودو آیه است در پاسخ به کسانی نازل شده است که حضرت محمّد را مجنون و دیوانه خطاب می‌کردند. خداوند این موقعیّت را به پیروانش عطا کرد که به وی ایمان بیاورند؛ امّا آنان چنین نکردند و درنهایت، اسیر ندامت و حرمان شدند. در تفسیر این سوره، حضرت عبدالبهاء به تشریح «بسم »(به نام) در «بسم الله الرحمن الرحیم » می‌پردازند. هیکل مبارک تفسیر عددی حرف با در «بسم » را بیان می‌فرمایند که این حرف مساوی عدد دو است و حرف ظاهره با مساوی یک می‌شود زیرا عدد حرف الف، یک است.

سوره‌ی ۷۲ قرآن با نام قلم که در مکّه نازل شد؛ بیست‌وهشت آیه دارد و درباره‌ی جنّ است. کلمه‌ی جنّ از ریشه‌ی پنهان شدن می‌آید و اشاره به موجوداتی فرازمینی دارد که از دید انسان‌ها مخفی هستند و اثراتشان بر عالم انسانی مثبت، خنثی و یا منفی است. این اندیشه که از قبل از ظهور اسلام رواج داشت بعد از دیانت اسلام نیز همچنان باقی ماند. حضرت مولی‌الوری به بسط معنی مخفی می‌پردازند و این‌گونه تشریح می‌فرمایند که معانی عالیه‌ی کلمات الهی از دید بندگانی که به آن ایمان نمی‌آوردند؛ مخفی است.

در تفسیر یکی از احادیث مربوط به امام علی (ع) درباره‌ی فرشتگان و دیوان، حضرت عبدالبهاء ضمن تشریح معانی مندمج در آن، توضیح می‌فرمایند که این حدیث، اشاره به حضرت باب دارد.

الواح لاهه

پس از جنگ جهانی اوّل، حضرت عبدالبهاء طی دو مکتوب خطاب به کمیته‌ی اجرائی هیأت مرکزی برای اجرای صلح دائمی، اصول دیانت بهائی را تشریح و لزوم

صلح عمومی را بیان فرمودند. در این الواح به لزوم تشکیل یک کمیته‌ی مرکزی برای همکاری جهت تقابل با کشوری که علیه کشوری دیگر برخیزد؛ اشاره فرمودند.

قبل از صدور این الواح، جناب احمد یزدانی به همراه ایادی امرالله، جناب ابن اصدق، اساس‌نامه‌ی این هیأت را که در روزنامه منتشر شده بود؛ مطالعه نموده بودند؛ سپس مکتوبی خطاب به هیأت مرکزی ارسال نموده، ایشان را با تعالیم بهائی آشنا ساخته بود. ایشان به ترغیب این هیأت پرداختند تا طی نامه‌ای سؤالات خویش را به حضور حضرت عبدالبهاء ارسال نمایند و خواستار راهنمایی هیکل مبارک گردند؛ بنابراین آن هیأت نامه‌ای به تاریخ ۱۱ فوریه ۱۹۱۶ نوشتند؛ ولی متأسّفانه به خاطر وضعیت جنگی، این نامه در زمان مقرر به دست حضرت عبدالبهاء نرسید. حضرت مولی‌الوری پس از دریافت نامه بی‌درنگ به آن پاسخ دادند که لوح اول لاهه است و در ماه ژوئن سال ۱۹۲۰ توسط جناب احمد یزدانی و جناب ابن اصدق به لاهه آورده شد؛ اما این هیأت در ژوئن سال ۱۹۱۹ به علّت معاهده‌ی ورسای منحل گردیده بود و این اثر مبارک به‌عنوان منبع الهامی جهت ایجاد صلح عمومی در این شهر به یادگار ماند.

در این لوح مبارک، حضرت عبدالبهاء برخی از اصول دیانت بهائی را تشریح فرموده‌اند. ازجمله:

- اعلان صلح عمومی
- تحرّی حقیقت
- یگانگی نوع بشر
- دین باید سبب الفت و محبت باشد
- لزوم تطابق دین با علم و عقل
- ترک تعصّبات مذهبی، سیاسی، نژادی و اقتصادی
- خط و زبان واحد
- تساوی حقوق زن و مرد
- اشتراک داوطلبانه‌ی ثروت (مواسات)
- استخلاص بشر از دام طبیعت مادّی
- دین، حصن حصین است
- تمدّن مادّی باید ملهم از تمدّن ملکوت گردد.

○   تعلیم و تربیت عمومی

○   عدالت و حقوق

حضرت عبدالبهاء تصریح می‌فرمایند که وصول به تغییرات عظیم اقتصادی و سیاسی و فرهنگی تنها در سایه‌ی صلح عمومی امکان‌پذیر است. همچنین اشاره می‌فرمایند که کمیته‌ی ملل که به تازگی تشکیل شده است؛ بسیار محدودتر از آن است که از عهده‌ی اجرای صلح عمومی برآید؛ بنابراین محکمه‌ی کبری لازم است:

«... محکمهٔ کبری که حضرت بهاءالله بیان فرموده این وظیفهٔ مقدّسه را بنهایت قدرت و قوّت ایفا خواهد کرد و آن اینست که مجالس ملّیهٔ هر دولت و ملّت یعنی پارلمانت اشخاصی از نخبهٔ آن ملّت که در جمیع قوانین حقوق بین دولی و بین مللی مطّلع و در فنون متفنّن و بر احتیاجات ضروریّهٔ عالم انسانی در این ایّام واقف دو شخص یا سه شخص انتخاب نمایند بحسب کثرت و قلّت آن ملّت این اشخاص که از طرف مجلس ملّی یعنی پارلمانت انتخاب شده‌اند مجلس اعیان نیز تصدیق نمایند و همچنین مجلس شیوخ و همچنین هیئت وزرا و همچنین رئیس جمهور یا امپراطور تا این اشخاص منتخب عموم آن ملّت و دولت باشند از این اشخاص محکمهٔ کبری تشکیل میشود و جمیع عالم بشر در آن مشترک است زیرا هر یک از این نمایندگان عبارت از تمام آن ملّتست چون این محکمهٔ کبری در مسئله‌ئی از مسائل بین‌المللی یا بالاتّفاق یا بالاکثریّهٔ حکم فرماید نه مدّعی را بهانه‌ئی ماند نه مدّعی علیه را اعتراضی هر گاه دولتی از دول یا ملّتی از ملل در اجرای تنفیذ حکم مبرم محکمهٔ کبری تعلّل و تراخی نماید عالم انسانی بر او قیام کند زیرا ظهیر این محکمهٔ کبری جمیع دول و ملل عالمند ملاحظه فرمائید که چه اساس متینی است ولکن از جمعیّت محدود و محصور مقصود چنانکه باید و شاید حصول نیابد ...».۴۰۸

نکته‌ی شگفت‌انگیز اینکه این نهاد در پاسخ به لوح لاهه نامه‌ای به تاریخ ۱۲ ژوئن ۱۹۲۰ نگاشت که در جواب این نامه، حضرت عبدالبهاء لوح دوّم را صادر و در آن مجدداً بر اهمیّت صلح، تأکید فرمودند:

---

۴۰۸ - عبدالبهاء، حضرت؛ الواح خطاب به جمعیت لاهه برای اجرای صلح عمومی؛ لوح اوّل لاهه (کتابخانه آثار بهائی).

«... امروز اهمّ مسائل از مهامّ امور در عالم انسانی مسئلهٔ صلح عمومی است و اعظم وسیلهٔ حیات و سعادت عالم انسانی و جز باین حقیقت ساطعه ابداً عالم انسانی آسایش حقیقی نیابد ...».۴۰۹

لوح خطاب به دکتر فورل

یکی از نفوس برجسته‌ی عصر خویش که عمیقاً درباره‌ی مسائلی مانند صلح، اتّحاد نوع بشر، علوم و پیشرفت اجتماعی، تفکّر و دقّت نظر داشت، دانشمند مبرّز سوئیسی دکتر آگوست فورل (۱۸۴۸-۱۹۳۱) بود. تصویر ایشان از سال ۱۹۷۸ تا ۲۰۰۰ بر روی اسکناس‌های هزار فرانکی سوئیس چاپ می‌شد. ایشان استاد درس روان‌درمانی در دانشگاه زوریخ و همچنین مدیر آسایشگاه روانی بولگورلی بود. تحقیقات بسیاری درباره‌ی آناتومی مغز، ادراک احساس در حشرات، بهداشت روانی و نظریه‌ی نورون‌های مغزی انجام داد. بعدها از طریق دامادش از دیانت بهائی مطلع شد. به‌رغم از سرگذراندن یک عارضه‌ی مغزی توانست مجدداً نیروی خود را بازیابد و توانایی نوشتن را به دست آورد و به حضرت عبدالبهاء نامه‌ای بنگارد و در آن به تشریح تعارضات فکری و درونی خود درباره‌ی اصول علمی و حقایق جذّاب روحانی دیانت بهائی بپردازد.

«... امّا در اینجا باید اصلی‌ترین سؤال خود را بنگارم. باید بگویم که در سن هفتادودوسالگی همچنان مسحور حقیقت علم هستم ... برخی از اصول دیانت بهائی و همچنین تبیینات مربوط به آنها را مطالعه نموده‌ام. به نظر می‌رسد که جناب‌عالی در نوشتجات خویش مادّی‌گرایان را متّهم به نوعی خطا نموده‌اید که تنها تقیّد به تعصّبی خاص در افکار مادّی‌گرایی می‌تواند به آن متّهم گردد ... من به یگانه‌انگاری معتقدم و اینکه عملکرد مغز و ذهن یا روح انسانی یک کلّ جدایی‌ناپذیرند؛ بنابراین نمی‌توانم بپذیرم که بعد از مرگ که عقل انسان از بین می‌رود؛ ذهن و روح بتوانند به زندگی خود ادامه دهند. این یگانه انگاری مربوط به بخش علم است و به صورت قیاسی ثابت شده است. از طرف دیگر درباره‌ی مسائل مربوط به متافیزیک، شخصاً خود را لا أدری می‌دانم؛ مانند آنچه فیلسوف بزرگ سقراط یا داروین معتقد بودند.

---

۴۰۹ - عبدالبهاء، حضرت؛ الواح خطاب به جمعیت لاهه برای اجرای صلح عمومی؛ لوح دوّم لاهه (کتابخانه آثار بهائی).

به این معنی که خدا برای من تنها یک عصاره‌ای است از کائنات، یا احتمالاً مطلق؛ امّا مطمئناً برای بشر ناشناخته است؛ بنابراین به نظر بی‌فایده است که خداوند را واجد شرایط و ویژگی‌هایی بدانیم یا حتّی بدون هیچ هدفی. خداوند که به‌عنوان یک واقعیّت مطلق متافیزیکی می‌شناسیم، منشأ تمام خوبی‌ها و بدی‌هاست؛ چه برای ما چه برای هر مخلوق دیگری. چرا؟ نمی‌دانیم و هر تلاشی برای توضیح آن بی‌فایده به نظر می‌رسد. هرگاه درصدد شناخت خداوند بر می‌آییم تنها در دام دور باطل می‌افتیم. به همین دلیل در سن شانزده‌سالگی از دیانت مسیحی کناره گرفتم و به هیچ کیشی معتقد نیستم.

در مباحثات خویش با مدّعیان مادّی‌گرایی شما تصریح نموده‌اید که خداوند خود هشیار است. یک نیروی اراده و انتخاب و اینکه خداوند نهایت کمال است؛ امّا خودهشیاری و اراده و انتخاب از ویژگی‌های افراد بشری است و هیچ‌گونه عقیده‌ای مبنی بر اینکه کمال به چه معناست نداریم. احتمالاً خدای شما شخصی است یعنی چیزی شبیه یک انسان کامل. به‌رغم همه‌ی ستایشم بابت اصول انسانی جناب‌عالی، باید اعتراف کنم که اصول ملکوتی شما را در نمی‌یابم؛ و حالا این است سؤال من:

آیا امکان دارد با توجّه به اعتقادم به یگانه‌انگاری (مونیسم) که در بالا تشریح کردم به دیانت بهائی روی آورم بدون اینکه مسبّب فریب خویش و دیگران گردم؟»

حضرت عبدالبهاء در پاسخ به دکتر فورل یک لوح بیست‌وهشت صفحه‌ای صادر فرمودند که در آن توضیحات متافیزیکی، بینش‌های اصلی و تعالیم روحانی بیان نموده‌اند.

در این لوح بیان می‌فرمایند که بین مادّی گرایان و فلاسفه‌ی خداگرا تفاوت قائل هستند:

«مقصد از طبیعیّونی که عقائدشان در مسئلۀ الوهیّت ذکر شد حزبی از طبیعیّون تنگ‌نظر محسوس‌پرست است که بحواسّ خمسه مقیّد و میزان ادراک نزدشان میزان حسّ است که هر محسوس را محتوم شمرند و غیر محسوس را معدوم و یا مشبوه دانند حتّی وجود الوهیّت را بکلّی مظنون نگرند». ۴۱۰

---

۴۱۰ - عبدالبهاء، حضرت؛ لوح دکتر فورل (کتابخانه آثار بهائی).

سپس تشریح می‌فرمایند که روح در مقایسه با ذهن و فکر، بدون محدودیت است:

«... عقل بقوّهٔ روح ادراک و تصوّر و تصرّف دارد ولی روح قوّهٔ آزاد است عقل بواسطهٔ محسوسات ادراک معقولات کند ولکن روح طلوعات غیر محدوده دارد عقل در دائرهٔ محدود است و روح غیر محدود عقل ادراکات بواسطهٔ قوای محسوسه دارد نظیر باصره و سامعه و ذائقه و شامّه و لامسه ولکن روح آزاد است چنانکه ملاحظه مینمائید که در حالت یقظه و حالت خواب سیر و حرکت دارد ...».۴۱۱

اگرچه که انسان، بخشی از عالم طبیعت است؛ امّا با قوای عقلانی و روح می‌تواند بر طبیعت غلبه نماید که خود حکایت از حضور یک حقیقت غیرقابل مشهود است:

«... عقل استدلال بر وجود یک حقیقت غیر مرئیّه نماید که محیط بر کائناتست و در هر رتبهئی از مراتب ظهور و بروزی دارد ولی حقیقتش فوق ادراک عقول چنانکه رتبهٔ جماد ادراک حقیقت نبات و کمال نباتی را ننماید و نبات ادراک حقیقت حیوانی را نتواند و حیوان ادراک حقیقت کاشفهٔ انسان که محیط بر سائر اشیاء است نتواند.

حیوان اسیر طبیعت است و از قوانین و نوامیس طبیعت تجاوز نکند ولی در انسان قوّهٔ کاشفه‌ایست که محیط بر طبیعت است که قوانین طبیعت را در هم شکند مثلاً جمیع جماد و نبات و حیوان اسیر طبیعتند این آفتاب باین عظمت چنان اسیر طبیعت است که هیچ اراده ندارد و از قوانین طبیعت سر موئی تجاوز نتواند و همچنین سائر کائنات از جماد و نبات و حیوان هیچ یک از نوامیس طبیعت تجاوز نتواند بلکه کلّ اسیر طبیعتند ولی انسان هرچند جسمش اسیر طبیعت ولکن روح و عقلش آزاد و حاکم بر طبیعت».۴۱۲

انسان، قادر به کشف اسرار طبیعت و مهار آن است:

«... قوّهٔ کهربائی این قوّهٔ سرکش عاصی که کوه را میشکافد انسان این قوّه را در زجاجه حبس مینماید و این خرق قانون طبیعت است و همچنین اسرار مکنونهٔ طبیعت که بحکم طبیعت باید مخفی بماند انسان آن اسرار مکنونهٔ طبیعت را کشف

---

۴۱۱ – همان‌جا.
۴۱۲ – همان‌جا.

نماید و از حیّز غیب بحیّز شهود میآورد و این نیز خرق قانون طبیعت است و همچنین خواصّ اشیاء از اسرار طبیعت است انسان او را کشف مینماید و همچنین وقایع ماضیه که از عالم طبیعت مفقود شده ولکن انسان کشف مینماید ...».۴۱۳

حضرت عبدالبهاء بیان میفرمایند اینکه انسان را تنها بخشی از طبیعت بدانیم کاملاً با این موضوع که وی دارای قابلیّتهایی است و طبیعت، فاقد آنهاست؛ متناقض است:

«اگر نفسی تخطّر نماید که انسان جزئی از عالم طبیعت است و چون جامع این کمالات است این کمالات جلوهئی از عالم طبیعت است پس طبیعت واجد این کمالاتست نه فاقد در جواب گوئیم که جزء تابع کلّ است ممکن نیست که در جزء کمالاتی تحقّق یابد که کلّ از آن محروم باشد».۴۱۴

چون انسان محدود است، قابلیّت شناخت حق را ندارد؛ چراکه وی نامحدود است:

«امّا حقیقت الوهیّت فیالحقیقهٔ مجرّد است یعنی تجرّد حقیقی و ادراک مستحیل زیرا آنچه بتصوّر انسان آید آن حقیقت محدوده است نه نامتناهی محاط است نه محیط و ادراک انسان فائق و محیط بر آن ...».۴۱۵

صفاتی که به حقّ نسبت میدهیم مربوط به این مرتبه از وجود است:

«امّا صفات و کمالاتی از اراده و علم و قدرت و صفات قدیمه که از برای آن حقیقت لاهوتیّه میشماریم این از مقتضیات مشاهدهٔ آثار وجود در حیّز شهود است نه کمالات حقیقی آن حقیقت الوهیّت که ادراک ممکن نیست ...».۴۱۶

ما صفات الهی را بر اساس عظمت و جلالش میشناسیم:

«... این اوصاف و کمالاتی که از برای حقیقت الوهیّت میشمریم این را از وجود و شهود کائنات اقتباس کردهایم نه اینکه بحقیقت و کمالات الهیّه پیبردهایم اینکه

<hr>

۴۱۳ - همانجا.
۴۱۴ - همانجا.
۴۱۵ - همانجا.
۴۱۶ - همانجا.

میگوئیم حقیقت الوهیّت مدرک و مختار است نه اینست که اراده و اختیار الوهیّت را کشف نموده‌ایم بلکه این را از فیوضات الوهیّت که در حقایق اشیاء جلوه نموده است اقتباس نموده‌ایم».۴۱۷

در سال ۱۹۲۰ دکتر فورل به دیانت بهائی ایمان آورد و اذعان نمود که:

«... این دیانت، دیانت حقیقی برای آسایش اجتماعی است؛ بدون ترویج تعصّب و یا حضور هیچ مرجع دینی. همه‌ی مردمان این جهان را به یکدیگر متّصل می‌نماید. تعالیم بهائی اهل عالم را در سراسر کره‌ی ارض به وحدت و اتّفاق و محبّت و ائتلاف دعوت می‌نماید. آرزوی من این است که ترقّی نماید و موجب سعادت عالم انسانی گردد!»

۴۱۷ - همان‌جا.

فصل دهم

کاتبان و مترجمان حضرت عبدالبهاء

کاتبان:

حضرت ولیّ امرالله (۱۹۵۷-۱۸۹۷):

حضرت عبدالبهاء ایشان را به این سِمَت منصوب فرمودند و از سال ۱۹۲۱ تا زمان صعودشان مکاتبات با عالم بهائی ادامه داشت. نیز تحصیلات مجدّانهی ایشان در بیروت و دانشگاه آکسفورد باعث شده بود که حضرت ولیّامرالله ترجمهی همزمان بیانات و آثار حضرت عبدالبهاء را نیز به عهده داشته باشند.

میرزا محسن افنان:

یکی از بهائیان مخلصی که درنهایت با طوبی خانم، دختر حضرت عبدالبهاء، ازدواج نمود.

روحی افنان (۱۹۷۱-۱۸۹۹):

ایشان نوهی حضرت عبدالبهاء است. در بیروت و انگلستان تحصیل کرد و در دوران اقامت حضرت ولی امرالله در اروپا همراه ایشان بود و بهعنوان منشی حضرت ولی امرالله ایفای نقش نمود؛ ولی بعدها از جامعهی بهائی طرد شد.

دکتر یونس افروخته (۱۹۴۸-۱۸۸۵):

بین سالهای ۱۹۰۰ تا ۱۹۰۹ در حضور حضرت عبدالبهاء بهعنوان منشی، مترجم، نماینده و پزشک، خدمت نمود. بعد از فارغالتحصیل شدن از دانشگاه پزشکی بیروت در بیمارستان صحّت که توسط بهائیان تأسیس شده بود؛ در سمت پزشک ارشد مشغول به خدمت بود. در زمانی که در عکّا مشرف بود مشغول ترجمهی بخشهایی از جلسات پرسش و پاسخ گردید که بعدها با عنوان «مفاوضات عبدالبهاء» چاپ شد.

عزیزالله بهادر

دکتر امین الله فرید (۱۸۸۲-۱۹۵۳):

دکتر فرید، خواهرزاده‌ی منیره خانم است. این شخص در طی سفرهای هیکل مبارک به غرب، افتخار همراهی ایشان را داشت. بعدها به علّت دریافت پنهانی و نامناسب تبرّعات از برخی افراد که انتصابشان به جامعه‌ی بهائی جای شُبهه داشت؛ از جامعه‌ی بهائی طرد گردید.

میرزا احمد اصفهانی [احمد سهراب] (۱۸۹۳-۱۹۵۸):

از سال ۱۹۱۲ تا ۱۹۱۹ مترجم و منشی حضرت عبدالبهاء بود. زمانی که بسیار جوان بود روانه‌ی آمریکا شد و انگلیسی را خیلی خوب فراگرفت و در طی سفر هیکل مبارک به آمریکا، مترجم حضرت عبدالبهاء بود. همچنین به احبّای غربی در ترجمه‌ی برخی از آثار به انگلیسی و تعمیق آنان در امر مبارک، مساعدت نمود. یک دفتر خاطرات از این فرد به‌جا مانده است. وی بعدها به جمع ناقضین پیوست.

میرزا اسدالله اصفهانی:

وی شوهرخواهر منیره خانم، حرم حضرت عبدالبهاء و پدر دکتر امین الله فرید بود و کسی بود که عرش مطهّر حضرت اعلی را از ایران به ارض اقدس منتقل نمود و درنهایت هم به جمع ناقضین پیوست.

علیقلی خان (۱۸۷۹-۱۹۶۶):

یکی از سفیران ایرانی و یک زباندان بود. وی برخی از آثار مبارکه ازجمله کتاب مستطاب ایقان، هفت وادی و بشارات را به انگلیسی ترجمه کرد. همچنین بعضی از مکاتبات هیکل مبارک با احبّای غربی را به انگلیسی ترجمه می‌نمود. اشتغال در سمت کاردار رسمی دولت ایران در سفارت ایران، واقع در واشنگتن ازجمله مقام‌های رسمی ایشان بود. حضرت عبدالبهاء در سال ۱۹۰۴ ازدواج ایشان را با خانم فلورانس از خانواده‌های سرشناس بوستون به نشانه اتّحاد شرق و غرب، بسیار تمجید

فرمودند. دختر این زوج، خانم مرضیه گِیل (۱۹۰۸-۱۹۹۳) یکی از نویسندگان و مترجمان برجسته‌ی بهائی است که چندین کتاب به انگلیسی نگاشت. ازجمله آثار ایشان ترجمه‌ی هفت وادی به زبان انگلیسی و ترجمه‌ی رساله‌ی مدنیه است.

عزیزالله مصباح:

شاعر صاحب قریحه‌ای که آثارش به زبان فارسی، عربی و فرانسه بسیار مورد پسند و استقبال قرار گرفت. به دلیل استقبال از کتاب «مُنشآت مصباح» چندین بار تجدید چاپ شد. زمانی که در بیروت دانشجو بود موفّق به زیارت حضرت عبدالبهاء گردید. مولای عزیز ایشان را بسیار تشویق نمود که به ایران سفر نماید و در مدرسه‌ی تربیت، خدمت نماید.

صبحی، فضل‌الله مهتدی (۱۸۹۸-۱۹۶۲):

تا قبل از صعود هیکل مبارک به‌عنوان منشی خدمت می‌کرد؛ امّا بعد از صعود به جمع ناقضین پیوست.

دکتر حبیب مؤید (۱۸۸۸-۱۹۷۱):

ایشان نیز ازجمله کاتبان حضرت عبدالبهاء محسوب هستند. بر اساس دستور حضرت عبدالبهاء به همراهی یکی دیگر از احبّاء به آلمان سفر کرد تا بتوانند با القاآت و شبهات ناقضین در آن کشور، مقابله نمایند. در دانشگاه بیروت در رشته‌ی پزشکی تحصیل کرد و در طی جنگ جهانی اوّل در اراضی مقدّسه، مشغول ارائه‌ی خدمات پزشکی بود. بعد از مراجعت به ایران در محفل روحانی ملّی قائم به خدمت بود. سال‌های افتخار خدمت در حضور حضرت عبدالبهاء را در یک کتاب خاطرات، جمع‌آوری نمود. ایشان در یک خانواده‌ی بهائیِ مؤمن به دنیا آمده بودند و برادرشان از شهدای امر مبارک‌اند.

حبیب‌الله عین‌الملک:

ایشان فرزند آقا رضای قناد شیرازی است که بعدها توسط حضرت ولیّ امرالله از جامعه‌ی امر طرد گردید.

مشکین قلم (۱۹۱۲-۱۸۲۶):

یکی از نوزده نفر حواریون حضرت بهاءالله بود. ایشان در هنر خطاطی، استادی برجسته بود که امروزه نیز در بین اساتید خطاطی و نگارشِ صاحب سبک در این زمینه، از وی نام برده می‌شود. با وجود اینکه خیلی پیشتر درباره‌ی امر مبارک شنیده بود؛ ولی به درجه‌ی اقناع نرسید تا اینکه خود قدم در عرصه‌ی تحقیق و تفحّص نهاد. همچنان در حال تحقیق بود که جمال مبارک را در ادرنه زیارت نمود. پس از آن به دستور حضرت بهاءالله به سفرهای تبلیغی رفت و با هنر خطاطی‌اش مردم را مجذوب می‌نمود. زمانی که حضرت بهاءالله به عکّا تبعید شدند، مشکین قلم به همراه میرزا یحیی و برخی از اطرافیانش به قبرس تبعید شد. در سال ۱۸۸۶ و پس از گذشت نه سال از تبعید، اذن حرکت به عکّا به وی داده شد و تا سال ۱۸۹۲ و صعود حضرت بهاءالله در عکّا بود. پس از آن برای امر تبلیغ، عازم مصر، سوریه و هندوستان شد. ایشان در سال ۱۹۱۲ درحیفا صعود نمود. از طرف هیکل مبارک حضرت عبدالبهاء مفتخر به دریافت لقب «میرعماد ثانی» گردید. میرعماد یکی از مشهورترین و برجسته‌ترین خطاطان ایرانی است که در عصر صفویّه می‌زیسته است.

طرازالله سمندری:

نام طرازالله به معنی زیور خدا از طرف حضرت بهاءالله به ایشان اعطا گردید. در سال ۱۹۵۱ از طرف حضرت ولیّ عزیز امرالله، به‌عنوان یکی از ایادی امرالله منصوب شدند. در لوحی به‌افتخار ایشان که از قلم مبارک حضرت عبدالبهاء صادر شده از وی با عناوینی از قبیل شمع درخشان، علّت فرح قلوب، معدن سرور، علّت شادی قلب‌ها یاد فرموده‌اند. در سال ۱۸۹۱ به زیارت حضرت بهاءالله در عکّا مفتخر گردید. از اقامت ایشان مدّت شش ماه گذشته بود که صعود جمال مبارک واقع شد و پس

از آن چهار ماه دیگر نیز در عکّا بودند. ایشان چندین مرتبه‌ی دیگر نیز به‌افتخار زیارت، نائل گردید که در طیّ یکی از آن سفرها به‌عنوان یکی از کاتبان حضرت عبدالبهاء خدمت می‌کرد. بعد از صعود حضرت عبدالبهاء، افتخار خدمت به حضرت ولیّ امرالله نیز شامل حالش گردید. علاوه بر خدمات برجسته‌اش به هیاکل مقدسه، ایشان در هنر خوشنویسی نیز به درجات عالی دست پیدا کرد.

میرزا هادی شیرازی:

ایشان پدر حضرت ولیّ امرالله می‌باشند که با بزرگ‌ترین دختر حضرت عبدالبهاء، ضیائیه خانم، ازدواج نمود.

میرزا محمود زرقانی (۱۹۲۴–۱۸۷۵):

در سفرهای اروپا و آمریکای حضرت عبدالبهاء ازجمله همراهان مبارک بود. یادداشت‌های روزانه‌ی خود را از این سفرها در کتابچه‌ای می‌نوشت که بعدها با نام خاطرات محمود(بدایع‌الآثار) چاپ شد. در زمان اقامتش در ارض اقدس به‌عنوان مترجم برخی الواح و مکاتیب حضرت عبدالبهاء خدمت می‌نمود. در سال ۱۹۰۳ برای تبلیغ امر مبارک به هندوستان سفر کرد و زبان اردو را فرا گرفت.

میرزا منیر زین:

در سفر حضرت عبدالبهاء به مصر در سال ۱۹۱۰ همراهشان بود؛ امّا از ادامه‌ی سفر با هیکل مبارک به اروپا محروم شد؛ چراکه هیأت پزشکی در ایتالیا چشمان ایشان را عفونی تشخیص داد و اجازه‌ی سفر به اروپا نیافت. میرزا منیر، فرزند جناب زین المقرّبین بود و بعدها به جمع ناقضین پیوست.

میرزا نورالدین زین:

در حضور حضرت عبدالبهاء و بعد حضرت ولیّ امرالله به‌عنوان کاتب، خدمت نمود. ایشان نیز فرزند دیگر جناب زین المقرّبین است.

مترجمان:

افراد ذیل ازجمله مترجمانی بودند که به حضرت عبدالبهاء در ترجمه‌ی مکاتیب و الواح خدمت نمودند:

۱. حضرت ولیّ امرالله
۲. آنتوان حداد
۳. میرزا رفیع کاشانی
۴. میرزا حسین روحی
۵. علیقلی خان
۶. دکتر امین الله فرید
۷. میرزا احمد اصفهانی (احمد سهراب)
۸. لوا گتسینگر
۹. میرزا منیر زین
۱۰. دکتر ضیا بغدادی
۱۱. دکتر لطف الله حکیم
۱۲. دکتر یونس افروخته
۱۳. عزیزالله بهادر
۱۴. حاج سید محمّد تقی منشادی
۱۵. روحی افنان

توضیحات:

تمامی منابعی که در ترجمه‌ی عین بیانات مبارکه استفاده شده است از این فایل‌های ورد یا پی‌دی‌اف کتب به اشتراک گذاشته‌شده از سه منبع زیر دانلود گردیده‌اند:

https://reference.bahai.org/fa/t/ab/

https://bahai-library.com/

https://oceanoflights.org

لذا ممکن است املای برخی از کلمات با نسخ قدیمی و چاپی متفاوت باشد.

۲- بخش ششم درنسخه انگلیسی موجود نیست و بعداً توسط نویسنده‌ی محترم به ترجمه‌ی فارسی افزوده شده است؛ بنابراین شاید به نظر برسد که برخی مطالب در چند موضع، تکرار شده است.

۳- متون آثار مبارکه نقل شده، بدون هرگونه ویرایش و یک‌دست‌سازی رسم خط و نشانه‌گذاری در متن آمده است.

کتابنامه:

الف) حضرت بهاءالله

۱. بهاءالله؛ آثار قلم اعلی، ج ۴؛ طهران: مؤسّسه‌ی ملی مطبوعات امری؛ ۱۳۳ بدیع (۱۳۵۵ه‍.ش)

۲. بهاءالله؛ آثار قلم اعلی، جلد ۳ (هفت وادی)؛ گردآوری و شرح: عبدالحمید اشراق خاوری؛ طهران: مؤسّسه‌ی ملی مطبوعات امری؛ بی‌تا.

www.bahai.org/fa/library/authoritative-texts/bahaullah/seven-valleys-four-valleys

۳. بهاءالله؛ الواح حضرت بهاءالله به ملوک و روسا، سوره‌ی ملوک؛ بی‌جا: بی‌نا؛ بی‌تا.

۴. بهاءالله؛ کتاب مستطاب ایقان؛

۵. بهاءالله؛ مائده‌ی آسمانی، ج ۴؛ گردآوری: عبدالحمید اشراق‌خاوری؛ طهران: مؤسّسه‌ی ملی مطبوعات امری؛ بی‌تا.

۶. بهاءالله؛ مجموعه الواح جمال اقدس ابهی، طبع آلمان

ب) حضرت عبدالبهاء:

۷. عبدالبهاء؛ تذکرة الوفا فی ترجمه حیاة قدما الاحباء، عبدالبهاء؛ مطبعه عباسیه، حیفا، سنه ۱۳۴۳ هجری (ژانویه ۱۹۲۳ م).
https://reference.bahai.org/fa/t/se
https://www.bahai.org/fa/library/authoritative-texts/abdul-baha/memorials-faithful/

۸. عبدالبهاء؛ رساله‌ی سیاسیه؛ طهران: مؤسّسۀ ملی مطبوعات امری؛ ۹۱ بدیع(۱۳۱۳ه‍.ش) [براساس نسخۀ چاپ شده در هندوستان].

۹. عبدالبهاء؛ رساله‌ی مدنیه؛ مطبعه کردستان علمیه؛ طبع ۱۳۲۹.

۱۰. عبدالبهاء؛ مجموعه‌ی خطابات حضرت عبدالبهاء، جلد اول؛ لانگنهاین (آلمان): لجنۀ ملّی نشر آثار امری به لسان‌های فارسی و عربی؛ ۱۹۸۴ میلادی.

۱۱. عبدالبهاء؛ مجموعه‌ی خطابات حضرت عبدالبهاء، جلد دوم؛ لانگنهاین (آلمان): لجنۀ ملی نشر آثار امری به لسان‌های فارسی و عربی؛ ۱۹۸۴.

۱۲. عبدالبهاء؛ مجموعه‌ی خطابات حضرت عبدالبهاء، جلد سوم؛ لانگنهاین (آلمان): لجنهٔ ملی نشر آثار امری به لسان‌های فارسی و عربی؛ بی‌تا.

۱۳. عبدالبهاء؛ خطابات حضرت عبدالبهاء در پاریس(Paris Talks)؛ انگلستان: انتشارات تراست؛ بی‌تا.

۱٤. عبدالبهاء؛ مقاله‌ی شخصی سیّاح؛ لانگنهاین(آلمان): مؤسّسه‌ی مطبوعات امری آلمان، لجنه‌ی ملّی نشر آثار امری به لسان فارسی و عربی؛ بی‌تا.

۱٥. عبدالبهاء؛ مکاتیب حضرت عبدالبهاء، جلد اول؛ طهران: مؤسّسه‌ی ملی مطبوعات امری؛ ۱۹۱۰ میلادی.

۱٦. عبدالبهاء؛ مکاتیب حضرت عبدالبهاء، جلد سوم؛ مصر: ناشر: فرج‌الله زکی الکردی؛ ۱۹۲۱ میلادی.

پ) حضرت ولی امرالله:

۱۷. ربّانی، شوقی؛ دور بهائی؛ ترجمه: لانگنهاین(آلمان): لجنهٔ ملّی نشر آثار امری به زبان های فارسی و عربی؛ نشر سوم، ۱٤٤ بدیع (۱۹۸۸ میلادی).

۱۸. ربانی، شوقی؛ ظهور عدل الهی؛ ترجمه: ؟؛

۱۹. ربّانی، شوقی؛ قرن بدیع (نسخه‌ی تک جلدی)؛ ترجمه: نصرالله مودت؛ دانداس (اونتاریو): مؤسّسهٔ معارف بهائی به لسان فارسی؛ چاپ دوم با تجدیدنظر، ۱٤۹ بدیع (۱۹۹۲ میلادی).

۲۰. ربانی، شوقی؛ نظم بدیع جهانی؛ ترجمه: هوشمند فتح‌اعظم؛

ت) سایر نویسندگان:

۲۱. اشراق خاوری، عبدالحمید؛ ایّام تسعه؛ طهران: مؤسّسه‌ی ملّی مطبوعات امری؛ ۱۰۳ بدیع (۱۳۲٥ ه‍.ش).

۲۲. افروخته، یونس خان؛ خاطرات نه‌ساله‌ی عکا؛ طهران: مؤسسه‌ی ملی مطبوعات امری؛ بی‌تا. (بازنشر آمریکا)

۲۳. بارنی، لورا کلیفورد؛ النّور الأبهی فی مفاوضات عبدالبهاء؛ لیدن: مطبعهٔ بریل؛ ۱۹۰۸.

https://reference.bahai.org/fa/t/ab /

۲٤. تامپسون، ژولیت؛ خاطرات؛ ترجمه: افسانه بهجتی ثابت، موسسه سنچری پرس، استرالیا

۲٥. جیاگری، یوگو؛ شوقی افندی؛ ترجمه: فریده تمدن؛ اسپانیا: نشر نحل؛ بی‌تا.

۲٦. دایره‌ی نصوص و الواح مرکز جهانی؛ بهائیه خانم، حضرت ورقه‌ی علیا؛ بی‌تا.

۲۷. روتشتاین، ناتان؛ عشق و بندگی؛

۲۸. زرقانی، محمود؛ بدایع‌الآثار(سفرنامه عبدالبهاء به اروپا و امریکا)، جلد اول؛ آلمان: مؤسّسه‌ی ملی مطبوعات امری؛ بی‌تا.

۲۹. زرقانی، محمود؛ بدایع‌الآثار(سفرنامه عبدالبهاء به اروپا و امریکا)، جلد دوم؛ هندوستان: انتشارات کریمی پریس؛ چاپ اول؛ ۱۹۲۱میلادی.

۳۰. عهدیه، حسین و چاپمن، هیلاری؛ حضرت عبدالبهاءء در نیویورک؛ ترجمه‌ی مریم روحانی سیسان؛ لانگنهاین (آلمان): مؤسسه‌ی مطبوعات امری؛ بی‌تا.

۳۱. فیضی، ابوالقاسم؛ هدیه‌ی عشق؛

۳۲. فیضی، محمدعلی؛ حیات حضرت عبدالبهاء؛ طهران: مؤسّسه‌ی ملی مطبوعات امری؛ ۱۲۸بدیع (۱۳۵۰ه.ش).

۳۳. کاپ، استان وود؛ خاطرات؛

۳٤. محمودی، هوشنگ؛ یادداشت‌هایی درباره‌ی حضرت عبدالبهاء، جلد اول؛ طهران: مؤسسهٔ ملی مطبوعات امری؛ ۱۳۰ بدیع (۱۳۵۲ ه.ش).

۳۵. محمودی، هوشنگ؛یادداشت‌هایی درباره‌ی حضرت عبدالبهاء، جلد دوم؛ طهران: مؤسسهٔ ملی مطبوعات امری؛ ۱۳۰ بدیع (۱۳۵۲ه.ش).

۳٦. مؤیّد، حبیب؛ خاطرات حبیب؛ طهران؛ مؤسسه‌ی ملی مطبوعات امری؛ ۱۲۹ بدیع(۱۳۵۱ ه.ش).

۳۷. هورن‌بی، هلن؛ انوار هدایت؛ ترجمه: بی‌نا؛ بی‌جا: بی‌نا؛ ۱۳۸۱.

ث) منابعی که در بخش ششم مورداستفاده قرار گرفته است:

۱. ربّانی، شوقی؛ قرن بدیع (نسخه‌ی تک جلدی)؛ ترجمه‌ی: نصرالله مودت؛ دانداس (اونتاریو): مؤسّسه‌ی معارف بهائی به لسان فارسی؛ چاپ دوم با تجدیدنظر، ۱۴۹ بدیع (۱۹۹۲ میلادی).

۲. موقر بالیوزی، حسن؛ حضرت عبدالبهاء؛

۳. میرزا حیدر علی اصفهانی؛ بهجت الصدور؛

۴. Baha'i News, ۱۹۱۰,Dec

۵. In the Heart of Events, (The Baha'i Faith in Egypt), A narrative by Rowshan and Nabil Mustapha.

۶. Memories of Shoghi Effendi, Baha'i World, vol.۱۹.

۷. The Master in Egypt, edited by Ahang Rababni,